设备管理新思维新模式

第4版

李葆文 编著

机械工业出版社

本书对国际上一些典型工业国家的设备管理模式进行了比较详尽的介绍，同时还介绍了 21 世纪国际设备管理的新发展、新趋势及新思维。本书对第 3 版的内容进行了删减、补充和修改，将 20 世纪设备管理的历史发展内容进行了简化，将 21 世纪的新理念、新模式分章阐述，补充了最新的发展内容，并概括地对人机系统精细化管理平台——TnPM+加以描述。

本书可作为当代企业经理、厂长和设备管理人员的参考书，还可以作为高校企业资源计划、资产管理等专业的教材，也适宜作为企业高级管理人员的培训教材。

图书在版编目（CIP）数据

设备管理新思维新模式/李葆文编著. —4 版. —北京：机械工业出版社，2019.8（2024.2 重印）
ISBN 978-7-111-63333-4

Ⅰ. ①设… Ⅱ. ①李… Ⅲ. ①设备管理 Ⅳ. ①F273.4

中国版本图书馆 CIP 数据核字（2019）第 155698 号

机械工业出版社（北京市百万庄大街 22 号　邮政编码 100037）
策划编辑：李万宇　责任编辑：李万宇　何　洋
责任校对：樊钟英　封面设计：马精明
责任印制：郜　敏
北京富资园科技发展有限公司印刷
2024 年 2 月第 4 版第 6 次印刷
140mm×203mm·15.375 印张·408 千字
标准书号：ISBN 978-7-111-63333-4
定价：59.00 元

电话服务　　　　　　　网络服务
客服电话：010-88361066　机　工　官　网：www.cmpbook.com
　　　　　010-88379833　机　工　官　博：weibo.com/cmp1952
　　　　　010-68326294　金　书　网：www.golden-book.com
封底无防伪标均为盗版　机工教育服务网：www.cmpedu.com

第4版前言

《设备管理新思维新模式》第1版问世十几年来，受到了国内设备管理工作者的广泛关注。第1版、第2版和第3版都经过多次印刷，仍然受到了读者的青睐。在此，笔者衷心感谢广大读者的支持和信任。

笔者在许多工厂、矿山、港口，都发现不少设备管理工作者曾经反复读过《设备管理新思维新模式》的不同版本。这本书伴随着他们的企业设备管理水平不断进步。甚至有读者拿着翻旧了的书找笔者签名，这让笔者十分感动，也让笔者有了改版更新的冲动。

近年来，笔者几乎每年都要出国参加一两次设备管理相关国际会议，一直密切关注和研究国际设备维修管理的动向和最新发展趋势，并与国际上设备管理领域的专家和组织建立了密切的合作关系。

笔者所创立的人机系统精细化管理体系——TnPM已经在祖国大地遍地开花，有效地带动了我国设备管理的进步。与时俱进的TnPM已经发展成为更加科学完备的人机系统精细化管理平台。因为赋予了新时代的内容，称之为TnPM+。我们具有自主知识产权的管理体系，已经被越来越多的国内外企业所认同和推进，成为制造业设备管理的重要抓手。

笔者还有幸主导参与了中国设备管理协会《设备管理体系 要求》这个标准的编纂工作。这是我国设备管理方面的第一个团体标准，具有里程碑意义。

历史不断进步，随着工业4.0的出现和中国制造2025的提出，国内外的设备管理也在无声的进步之中，笔者决定对本书进行再一次的补充和修订。一方面，将前几章的内容进行压缩和精简,旨在进行基本的框架介绍,有兴趣的读者可以进一步检索和参阅相关资料;另一方面,对于近年来发展起来的设备管理新思维、新模式和新方法,留出更多篇幅加以详细介绍。值得骄傲的是,随着我国制造业的不断进步,不少新思维、新模式和新方法诞生于中国这片沃土,并不断地生根、开花结果。笔者希望本书能够为中国制造插上腾飞的翅膀。

作 者

目 录

第 4 版前言

第一章　20 世纪设备管理历史回顾 …………………………………… 1
第一节　苏联的计划预修制 …………………………………………… 1
第二节　欧美发达国家设备维修管理综述 …………………………… 8
第三节　日本的 TPM 及其在世界的影响 …………………………… 32

第二章　21 世纪国际设备管理新理念 ………………………………… 39
第一节　设备管理新理念 ……………………………………………… 39
第二节　维修工程系统概念 …………………………………………… 50
第三节　寿命周期费用（LCC）、寿命周期利润（LCP）和寿命
　　　　周期管理（LCM） …………………………………………… 53
第四节　追求卓越的维修策略 ………………………………………… 55
第五节　维修组织文化和维修组织 …………………………………… 61
第六节　精益维修 ……………………………………………………… 67
第七节　绿色维修和设备健康管理 …………………………………… 70
第八节　设备知识资产管理 …………………………………………… 77
第九节　维修工程教育 ………………………………………………… 80
第十节　维修中的人因失误管理 ……………………………………… 86
第十一节　维修外包的发展趋势及其管理 …………………………… 89
第十二节　维修与设备管理水平和绩效管理 ………………………… 95
第十三节　戴明博士对设备管理的见解 ……………………………… 113
第十四节　设备管理一二三四五 ……………………………………… 114
第十五节　设备资产管理的悖论 ……………………………………… 122
第十六节　设备管理的 3P 和四性发展论述 ………………………… 132
第十七节　工业维护 4.0 ……………………………………………… 134
第十八节　资产管理标准 ISO 55000 ………………………………… 139

第三章 与时俱进的国际设备管理新模式 ... 145
第一节 从预知维修到状态维修（CBM）... 145
第二节 以利用率为中心的维修（ACM）... 148
第三节 全面计划质量维修（TPQM）... 152
第四节 适应性维修（AM）... 155
第五节 可靠性维修（RBM）... 158
第六节 以可靠性为中心的维修（RCM）及其新发展 ... 163
第七节 风险检查（RBI）和风险维护（RBM）... 183
第八节 费用有效性维修（CEM）... 189
第九节 以资金为中心的维修（MCM）... 191
第十节 价值驱动维修（VDM）... 196
第十一节 赛车式维修（PIT STOP）... 200
第十二节 全面质量维修（TQMain）... 204
第十三节 失效模式驱动的维修体系（FMDM）... 207
第十四节 寿命周期风险维修（LCRM）... 209
第十五节 大数据驱动的维修体系（BDDM）... 213
第十六节 资产完整性管理（AIM）... 218
第十七节 其他相关维修模式综述 ... 224

第四章 中国特色的设备维修与管理 ... 232
第一节 21世纪是我国设备管理的创新时代 ... 235
第二节 企业设备管理的策划与设计 ... 238
第三节 设备管理的战略与战术契合 ... 243
第四节 设备管理思维与模式创新 ... 247
第五节 合同化维修价格生成体系 ... 261
第六节 设备工作会议管理 ... 263
第七节 流程工业设备的组合维修策略 ... 273
第八节 建立和完善我国的维修工程教育体系 ... 277
第九节 绿色维修、再制造工程和设备健康管理 ... 283
第十节 维修组织结构探索与资源配置 ... 292
第十一节 人因失误和人的可靠性管理 ... 298
第十二节 设备管理的系统思考 ... 301
第十三节 设备管理组织修炼 ... 310

第十四节　标准《设备管理体系 要求》——我国设备管理的里程碑 …… 322

第五章　人机系统精细化管理平台——TnPM+ …… 330

第一节　企业的人机系统 …… 330
第二节　精细化人机系统要从现场做起 …… 332
第三节　优化行为，形成规范，养成习惯 …… 355
第四节　构建科学完备的检维修防护体系 …… 363
第五节　营造活跃的现场持续改善文化 …… 385
第六节　缔造可持续进步的人机系统 …… 407
第七节　TnPM+工匠育成体系 …… 412
第八节　TnPM+六力三同N型班组建设 …… 424
第九节　TnPM+设备安全管理 …… 433
第十节　TnPM+对智能维护体系的设计 …… 441
第十一节　精益TnPM+ …… 456
第十二节　TnPM+的五阶六维评价体系与《设备管理体系 要求》 …… 472
第十三节　人机系统精细化管理平台——TnPM+ …… 474

第一章　20世纪设备管理历史回顾

第一节　苏联的计划预修制

苏联是以"计划预修制"为主导的设备管理体制，这一制度是1923—1955年经过三十多年的不断实践和完善而逐渐形成的。

一、计划预修制的含义

为了防止生产设备的意外故障，应按照预定的计划进行一系列预防性修理，即计划预修制，其全称是"设备的统一计划预修和使用制度"。其目的是保障设备正常运行和良好的生产能力，减少和避免设备因不正常的磨损、老化和腐蚀而造成的损坏，延长设备使用寿命，充分发挥设备潜力。

计划预修制规定，设备在经过规定的开动时间以后，要进行预防性的定期检查、调整和各类计划修理。在计划预修制中，各种不同设备的保养、修理周期、周期结构和间隔期是确定的。在这个规定的基础上，组织实施预防性的定期检查、保养和修理。

计划预修制是依据设备磨损规律而制定的，也是在深入研究了设备磨损规律后逐渐形成、完善的。设备磨损一般存在如图1.1-1所示的三个顺序阶段。第一阶段为磨合阶段（AB段），这是设备的初期使用阶段，这时设备零部件接触面磨损较为剧烈，较快地消除了表面加工原有的粗糙部分，形成最佳表面粗糙度；第二阶段为渐近磨损阶段（BC段），此阶段是在一定的工作条件下，以相对恒定的速度磨损；第三阶段为加剧磨损阶段（CD段），即设备磨损到一定程度，磨损加剧，以致影响设备的正常运行。

按照以上显示的规律，设备维修的最佳选择点应该是在设备

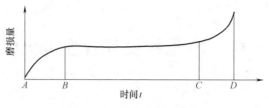

图 1.1-1 设备磨损三阶段

由渐近磨损转化为加剧磨损之前,即应选择在 C 点附近。从磨损规律上分析,计划预修制有其科学、合理的内容。按照计划预修制执行,显然可以减少或避免设备故障的偶然性、意外性和自发性。计划预修制还可以大大减少意外故障停机造成的损失,减少因故障停机而增加的劳动量和维修费用。

二、不同类型的计划预修制

苏联早期建立了三种不同的维修制度,都属于计划预修制。

1. 检查后修理制度

这是一种以检查获得的状态资料或统计资料为基础的计划预修制。它形成于 20 世纪 30 年代中期。检查或修理制度曾在苏联得到过相当广泛的推行。这种制度是通过定期的设备检查,确定设备的状态,根据设备状态拟定修理周期和修理类别(级别),然后再编制设备修理计划。

这种修理制度可以使修理工作纳入计划的轨道,并有可能预防设备的磨损。这种体制把定期检查作为制订计划的先决条件,比传统的事后维修前进了一大步。但是,它也存在着很多不足,因为当时的检查仪器、手段、技术都比较落后,状态的判断包含一定的主观因素,尤其是对于复杂程度比较高的设备,以当时的诊断技术,很难对设备状态做出准确的判断,因而影响计划的准确性。

2. 标准修理制度

这是一种以经验为依据的计划预修制。首先根据经验制订修理计划;计划一旦制订,则按规定的周期对设备进行强制性修理，即在规定的期限内强制更换零件；按事先编制的维修内容、工作量和工艺路线及维修标准进行强制性修理。

这种制度于 1932—1933 年建立，直至 1945 年之前，曾做过多次修订，但在苏联的推行一直不甚成功。因为经验可能包含各种不科学的因素，零件的磨损允许极限与规定的使用周期很难完全符合，对计划的准确性影响很大，往往造成维修过剩，反而增加了维修费用和停机时间损失；对那些因为磨损导致的故障停机，可能发生重大事故、人身伤害及经济损失等后果。但是，这种制度仍有其积极的意义。

3. 定期修理制度

这是一种以磨损规律为依据，以周期为基础的计划预修制。它于 20 世纪 30 年代初期自发产生，在不断完善中逐渐形成了自己的理论。1939 年《机器制造企业设备定期修理制度》一书出版，向各机器制造企业推广这一体制；第二次世界大战后才得到比较广泛的推行。1955 年又出版了《机器制造企业工艺设备的统一计划预修制度》一书，经苏联部长会议批准，这一制度作为全苏联统一的设备修理制度，并得到全面推广。

定期修理制度要求根据不同的设备特点、工作条件，研究其磨损规律，分析其开动台时和修理工作量之间的关系；然后对设备使用周期、维修工作量和内容做出明确的规定，以此保证设备处于经常性的正常状态。苏联后来的计划预修制就是在这一制度的基础上逐渐发展完善的。

三、计划预修制的实施要点及内容

计划预修制的依据是磨损，即认为影响设备运行的主要因素是磨损，而机器开动时间又决定着磨损的程度。因此，要研究和制定合理的开动台时周期，对设备进行定期预防维修，防止设备急剧磨损失效，以达到延长设备寿命和减少设备维修工作量的目的。

这一制度有两大支柱：修理周期结构和修理复杂系数。

所谓修理周期，是指两次大修理之间的间隔时间；而修理周期结构,是指在一个修理周期中,按规定的顺序进行的不同规模的计划维修或保养维护的次序,如定期检查、小修、中修、大修等。

对于不同设备,按照其磨损程度和维修工作量的不同,确定不同的修理类别及顺序、间隔时间。设备的修理周期结构可以用数字代码或字母代码表示,如一台设备以1—2—6—9表示其修理周期结构,意思是1次大修(K),2次中修(C),6次小修(M),还有9次检查调整(O)。这一修理周期结构如图1.1-2所示。

K—O—M—O—M—O—C—O—M—O—M—O—C—O—M—O—M—O—K

图 1.1-2 修理周期结构

上述修理周期结构还可以字母形式表示为"K—M—M—C—M—M—C—M—M—K"。在每两次修理之间安排一次检查调整。

修理复杂系数是表示设备复杂程度的一个基本单位,用来计算劳动量和物资消耗量,从而确定维修工时定额、材料定额等。

1955年形成的完整的计划预修制,对所有的机械、电气设备都规定了修理复杂系数和修理周期结构,所有设备的维修都按照计划执行。

1. 计划预修制的实施要点

(1) 利用计划修理达到故障预防的基本原则

首先,设备在经过一定周期的运行之后,按照修理计划中的保养、修理周期结构执行,应可以满足设备状态的基本需要。其次,为消除设备故障缺陷所给出的计划维修工作量,应能够保证设备正常运行到下一次计划维修;中间穿插进行的检查维修,应纳入整个维修计划统筹考虑,检查维修量的确定,应保证设备实际正常运行的周期与计划维修周期一致;维修工作量应依据所寻求的最优维修间隔期和维修周期结构中的排列顺序确定。最后,在两次定期维修之间应进行计划检查,以保证更可靠的预防。

计划预修制的核心是把设备维修纳入计划的轨道。这里存在一个计划准确性的问题。只有当计划维修的周期接近设备磨损发生故障的实际周期时,这种维修计划才是最佳的,其经济效益才是显著的。否则，如果实际停机在计划维修之前，会造成停机时间过多的生产损失；或者产生维修过剩，导致维修费用增加，也是不经济的。

（2）计划预修制依据的基本原则

1）为消除运行磨损所确定的维修工作量，取决于以下因素：①设备的工作条件；②设备的维修特性；③维修和技术维护工作的质量要求；④设备无维修运行台时；⑤维修工人的平均劳动生产率水平。

2）无维修运行台时的多少，决定着维修工作量的多少。如果设备长期运行而不进行维修，为恢复其正常工作性能而进行的维修工作量必然会增大。

3）设备在确定的运行周期进行维修，其维修工作量应该是固定的，即按照保证设备正常运行的计划进行，定期维修的工作量是稳定的。

4）设备在运行一定时间后，进行强制的计划维修，可以避免磨损加剧和因此可能增加的维修工作量。优化的、准确的计划维修周期，应可以达到最小维修工作量，同时保持设备的正常运行。

5）设备维修的基本需求，可以通过循环的以相同维修周期结构进行的计划维修来解决。

2. 计划预修制度的内容

所谓计划预修，就是在设备运行一定台时后，按照既定的计划进行检查、维护和修理（包含大修、中修及小修）。检查、维护和修理的次序与期限，是根据设备的功能、特点、规格与工作条件确定的。在计划预修制的工程实践中，还可以通过对设备运行规律进行更深入的了解，适当调整维修间隔期，以便更符合实际，达到降低维修成本、提高维修质量和保证设备正常运行的目标。

计划预修制的主要工作内容如下：

1）工作分类。把具体工作分成几类，明确各类的内容。

①检查与维护：清洁、润滑、精度检查和技术状态检查。②计划性修理：小修理、中修理和大修理。

2）确定结构。制定各种不同设备的维修周期、维修间隔期和维修周期结构。

①维修周期：正在运行的设备从一次大修理到下次大修理的运行时间，又称"设备大修理周期"。②维修间隔期：两次相邻的同级计划维修的运行间隔时间（这种计划维修不一定是大修理）。③维修周期结构：设备在一个大修理周期之内的检查、维护和各类计划维修的轮换排列次序。这在前面已做过介绍。前文图1.1-2给出的是一个普通车床的维修周期结构的例子，这个结构是 K—O—M—O—M—O—C—O—M—O—M—O—C—O—M—O—M—O—K。K、O、M、C 的含义已在前面做过介绍。从这个维修周期结构可以看出，普通车床在一个大修理周期内共有18次定期维修，且其比例为

$$K：C：M：O=1：2：6：9$$

3）定出系数。制定出各种不同类型设备的修理复杂系数。

修理复杂系数是计划预修制中的重要指标。维修定额，如停机时间定额、维修劳动量定额、日常维护定额、材料消耗定额、维修费用定额等的计算，都离不开修理复杂系数。

一般来讲，设备越复杂，规格尺寸越大，设备精度越高，自动化程度越高，其复杂系数也就越大。复杂系数是按照各种类型设备的结构特点、工艺性能、规格尺寸等因素来确定的。

制定设备复杂系数是一项十分复杂和烦琐的工作。首先，对不同类型的常用或典型设备，先给出一个标准复杂系数，然后再通过比较或经验公式的计算，推出同类其他非典型或非常用设备的复杂系数。例如，C620-1车床（中心高200mm，顶尖距1000mm）的标准复杂系数为11，以此来确定其他可比设备的复杂系数。这种分析比较有三种方法：①工时比较法。实际维修工时与单位复杂系数工时定额比较得出。②部件分析比较法。根据设备结构特点和部件的复杂程度，与已知复杂系数的类似结构和

部件比较，分别求出各个部件的复杂系数，再汇总求出整台设备的复杂系数。③整台设备比较法。以已知复杂系数的设备为标准，将类似设备与之比较，求出后者的复杂系数。这种方法很粗略，不准确。

复杂系数也可以通过经验公式计算。如车床的复杂系数 R 为

$$R = \alpha(K_1 h + K_2 L + K_3 n)$$

式中 α——结构特点系数，如普通车床为 1，精密车床为 1.25；

    h——床身至顶尖高（cm）；

K_1，K_2，K_3——加权系数，$K_1 = 0.025$，$K_2 = 0.002$，$K_3 = 0.2$（有变速器）、0.1（无变速器）；

    L——顶尖距（cm）；

    n——主轴变速级数。

为了便于应用设备复杂系数，做好计划预修制，苏联在国家标准中已计算出各种设备的复杂系数，平时应用时只需查表即可确定。但是，从以上确定设备复杂系数的方法可以看出，无论采取哪种评估方法，都包含一定的主观因素，而且计算比较粗略。这样制定的标准与维修实际往往存在一定差异，也会造成一定矛盾，这是它的不足之处。

4）组织实施。通过组织和监督来保障计划预修制的落实。有了以上基础，便可以根据设备的实际情况编制预防性维修、保养、检查和检验计划，并采取相关的技术组织措施，监督实施。

5）其他内容。计划预修制的实践创造出更细、更丰富的内容。这些内容包括建立设备维修保养规范，制定各种维修定额（如停修台日定额、故障率定额、备件储备定额、材料消耗定额等），建立技术文件管理规范，建立维修质量标准，确定维修组织结构和分工，组织备品备件生产，采用先进维修工艺等。

四、计划预修制的产生背景及优缺点

苏联计划预修制的形成，一方面是由于当时生产力的发展水平不够高，生产设备以机械为主，设备的复杂系数不高，故障多来自磨损，并且当时的故障诊断设备仪器及其技术不够发达，管理科学也不够先进；另一方面，受当时计划经济体制的制约，一切以计划为准，对维修的经济性考虑甚少。

计划预修制以磨损规律为依据，是长期实践经验的总结，这一体制与传统的事后维修相比是一大进步。因为它可以把故障隐患消灭在萌芽状态，避免大量严重故障或事故的发生，也减少了因事后维修造成的停机损失。

这一体制也存在着明显的缺点。一方面，由于强调预防维修，按规定时间安排维修，往往出现设备的劣化尚未达到该修理的程度或远远超过该修理程度的情况，也就是出现维修过剩或维修不足的情况。维修过剩则增加了生产成本，影响企业的经济效益；维修不足则可能造成故障停机和事后维修，仍会影响经济效益。设备大修时，要求全面恢复设备的技术状态、性能和精度，比较明显地存在维修过剩的现象。另外，这一体制强调操作工和维修人员的明确分工，只注重专业维修人员的修理，忽视广大操作工人的参与，忽视设备的日常维护保养，设备使用部门与维修部门常常互不协调，甚至矛盾、对立，导致出现用设备的人不管设备、管设备的人不用设备的脱节现象。而且，因为设备管理和修理计划的制订等一切都按预先的规定进行，不能确切地反映客观实际，经济和技术效果都不十分理想。因为按管理顺序分工，所以职责呆板，维修组织形式上缺乏经济性，管理层次也过于繁复等。

第二节　欧美发达国家设备维修管理综述

一、预防维修体制

美国是在两次世界大战中逐渐发展起来的工业国家，随着生产的发展，必然带来对设备管理认识的升华。

美国于1925年提出预防维修，英文为 Preventive Maintenance，简称PM。预防维修基本上是以检查为主的维修体制，其出发点是改变原有的事后维修做法，防患于未然，减少故障和事故，减少停机损失，提高生产效益。这一维修体制相对于传统的维修是一大进步，但由于当时的检查手段、诊断仪器设备还比较落后，有些故障，尤其是深层次的故障，不一定能及时发现，因而也就很难避免故障停机和事后维修。这一维修体制以设备实际状况为依据安排维修计划，比较注意维修的经济性。与苏联的计划预修制比较，这也是它的优势。

二、生产维修体制

在原预防维修体制的基础上，1954年，美国又提出生产维修思想，英文为 Productive Maintenance，简称也是PM。生产维修体制是以生产为中心，为生产服务的一种维修体制。它由四种具体的维修方式构成：

1. 维修预防（Maintenance Prevention，MP）

维修预防是一种很好的思想，它提倡在设计制造阶段就认真考虑设备的可靠性和维修性问题，从设计、生产上提高设备素质，从根本上防止故障和事故的发生，减少和避免维修。英国设备综合工程学的概念包含或吸收了美国维修预防的思想。

2. 事后维修（Breakdown Maintenance，BM）

事后维修是最早期的一种维修方式，即发生故障再修，不坏不修。之所以仍保留这种维修方式，一方面是因为设备检查诊断不可能发现所有的故障隐患，设备故障在生产中时有发生；另一方面，对于后果不严重的故障，如不会严重影响生产、安全以及环境，这种维修方式是经济的，可以最大限度地延长设备的有效使用时间。因此，事后维修是一种可行实用的维修策略。

3. 改善维修（Corrective Maintenance，CM）

改善维修也称纠正性维修，一般是在设备耗损故障阶段使用的维修策略，是指通过换件或者修复活动恢复设备功能的过程。

4. 预防维修（Preventive Maintenance，PM）

美国的预防维修以检查为基础，包括定期维修和预知维修两方面的内容。定期维修又称 TBM，即以时间间隔期为基础的维修；预知维修是利用检测、状态监测和诊断技术，对设备状态进行预测，有针对性地安排维修，事先对故障加以排除，从而避免和减少故障停机损失。

三、后勤工程学

后勤工程学的英文是 Logistics。它起源于军事工程，是研究武器装备存储、供给、运输、修理、维护的新兴学科。

在军事上，后勤工程主要是指系统和装备的保障，涉及装备的维修计划、保养、物资供应、运输、装卸、技术资料管理及人员培训等。

后勤工程学最早提出了寿命周期费用的概念，它还吸取了可靠性的理论，成为军事和工商业全系统综合管理和保障方面比较彻底的科学。

近年来，受当代世界上科学技术、社会及经济发展的影响，人们已在更广的层面上认识了"后勤"这个概念。后勤工程学的领域正在迅猛发展。美国后勤工程师学会（The Society of Logistics Engineers，SOLE）把后勤工程学的定义补充为："对于保障目标、计划、设计和实施的各项要求，以及资源的供应与维持等有关的管理、工程与技术业务的艺术与科学。"

后勤工程学中有以下基本术语：

1. 后勤保障

后勤保障是指为了使系统在计划的寿命周期内具有有效和经济的保障，所需要考虑的全部内容。具体如下：

1）维修规划。维修规划应贯穿在系统设计、制造、使用的各个阶段。以维修规划为中心，把相关的后勤保障统筹起来。

2）供应保障。主要是指备件、配件、消耗品的管理，软件试验，保障设施、运输装卸设备、培训设备、技术文件的筹集，仓储业务，原材料及零配件的采购和分配，维修人员的提供。

3) 试验和保障设备。包括各种工具、监测设备、诊断检验设备、计量校准设备、维修工作台等。

4) 运输和装卸。包括全部运输和装卸设备、容器、包装材料和设备、存储运输设备及运输工作本身。

5) 人员和培训。包括安装、检查、运行、装卸和维修的全部人员的培训。对作业人员工作量和水平，对维修工作量和难度，都要进行量化。

6) 设施。包括工厂、房地产、房屋、车间、实验室、修理设施、基建设施、活动建筑及公共设施（如热、电、水、能、环境、通信等）。

2. 综合后勤保障

综合后勤保障是指管理职能，即向服务对象提供规划、资金和手段上的支持，保证其获得满意性能的设备，并在寿命周期内能高效、经济地得到后勤保障。

3. 后勤保障分析

后勤保障分析是指在系统研制初期，采用定量的方法对后勤保障的方案、内容、维修、寿命周期费用进行分析，并对用户使用过程中的后勤保障能力进行评定。这种分析是反复进行的，旨在不断地反馈和优化。

4. 维修等级

维修等级是根据作业复杂程度、对人员技术水平的要求及所需设施来划分的。它共分为以下三级：

1) 使用部门维修。使用部门维修即用户的现场维修，也称分队级维修，如定期检查、清扫、维护、调整、局部更换零件、部件等。它所包含的任务一般由设备使用者自己完成。其主要任务是设备的定期检测、目视检查、清洗擦拭、外部调整、润滑保养及拆卸更换某些易损零件等。这是初级的基本维修、维护。

2) 中间维修。中间维修又称中继级维修，是由固定的专职部门和设施，以流动或半流动方式对装备进行专业化维修。一般配备带有测试仪器、维修工具及备品、配件的专用车到现场进行维修服务，能较快排除故障，恢复设备功能。中继级维修是由机动的、半机动的或固定的、专业化的维修机构组成的。与分队级维修比较，这一级维修人员的素质、技术装备、可承担的维修任务技术难度都较高。在这一级维修中，待修设备要做更多拆卸及零部件的更换或修理。一般中继站设有固定车间，装备有测试维修设备及帐篷的维修流动车。固定车间用来加工配件，修复某些零件，支援现场维修；流动车用于奔赴各设备现场处理设备故障。

3）基地维修。这是最高级的维修，即由基本固定的专业修理厂进行设备的维修。这些修理厂一般配备先进的、复杂设备和备件，修理工作效率较高，甚至可以流水作业。维修人员的专业素质一般比较高，维修质量和效率均比较好。基地多为某种专业化的维修厂或某设备、武器制造厂。基地有专门的具有较高技能的维修人员，有专门化的检测和维修设备。凡超出中间维修能力范围所能解决的设备维修问题，均由基地维修加以保障。基地甚至配备有某种易损零部件的流水线加工设备。

基地维修可以完成的主要工作有彻底大修、翻修、设备校准及其他高难度的维修任务，此外还承担稳定的零配件供给工作。

系统全寿命周期中的后勤包括系统的规划、分析、设计试验、生产、分配、用户使用期的维护和保障及系统的淘汰。后勤在各个阶段的主要功能见表1.2-1。

表1.2-1 系统全寿命周期各个阶段后勤的主要功能

全寿命周期的阶段	后勤的功能
确定用户要求	了解用户对系统功能的要求及以往系统的缺陷
规划与初步设计	市场分析、可行性研究、任务要求分析、使用要求、维修方案、设计准则、后勤计划
预研与初始系统设计	系统分配、系统分析、优化、综合、技术设计、设计保障预测及初始后勤保障分析，方案确定
细节设计与研制	系统细节设计、设计物质保障分析、设计评审、后勤保障分析、后勤保障要素的供给；系统试验与鉴定；资料数据的收集、分析与反馈

(续)

全寿命周期的阶段	后勤的功能
生产与施工	系统生产与施工；原材料采购、流通与库存；包装、储存、分配、运输、交通管理、通信、数据处理、用户服务、后勤管理；后勤保障要素的供给、能力评价；数据收集、分析与反馈
系统使用与寿命周期保障	系统使用；维修保障——供应保障、测试与保障设备、人员培训、设施、运输与安装、用户服务及后勤管理；后勤保障能力评价；数据收集、分析与反馈
系统淘汰	系统淘汰决策、系统回收与处理及后勤保障要求、原材料供应中止

系统全寿命周期中的费用效果是以系统能否完成其规定功能，即系统有效度和全寿命周期费用来衡量的。

所谓的系统有效度（System Effectiveness），是指系统可能完成预定功能的程度。它常用以下一个或多个指标来度量：

1) 系统性能参数（System Performance Parameters），如动力设备的功率、飞机的航程、兵器的摧毁能力、车辆的运输能力及雷达的性能精度等。

2) 利用率（Availability），是指系统在得到任务要求之后，进入可工作状态的程度。它是工作时间和停机时间的函数。

3) 可依赖性（Dependability），是指系统在运行中某一时刻或若干时刻的工作状态的度量。它也是工作时间和停机时间的函数。

以上各个指标的综合构成了系统有效度。费用效果又将有效度作为重要因素。

系统全寿命周期中的经济性主要体现在对设备寿命周期费用的研究和分析上。设备系统的寿命周期费用的构成如图1.2-1所示。

一般地，设备系统寿命周期中各种费用分布及总费用分布可分别由图1.2-2a和图1.2-2b所示。

图1.2-2c给出了A、B、C三个不同的系统在同一寿命周期

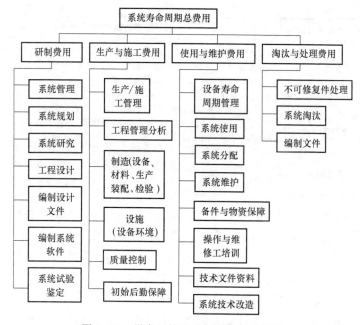

图 1.2-1 设备系统寿命周期费用的构成

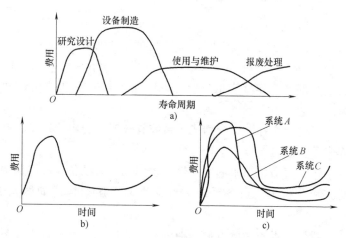

图 1.2-2 系统寿命周期与费用曲线
a) 设备寿命周期各种费用分布　b) 设备寿命周期图总费用
c) 不同系统寿命周期费用比较

中费用的差异，三条曲线下面所包含的面积即代表了系统的总费用。通过对总费用的比较，可以对相似功能、相似寿命周期的不同设备做出更经济的选择。

后勤工程学强调对维修策略的研究。所谓的维修策略，是指从一定的技术经济因素考虑，对设备或其零部件所应进行的维修方式和程度的规定。在实施具体的维修策略之前，可以先列出若干可行的维修策略，然后根据它对设备性能的影响，从经济、技术等各方面做综合考虑，加以评价，选择最优方案实施。

按照维修策略的要求，产品可以设计成不可修复的、局部可修复的和全部可修复的。不可修复的产品一般为成本较低、结构简单的零部件，使用一定时间即自行报废，采取"弃件"方式处理；局部可修复的产品可以通过各种灵活方式进行修复，如修补、部分零件更换、部分线路及元器件更换、部分修复等；全部可修复的产品则要求产品从外到内，从部件到元器件均可以做无替换的修复。相应地，根据产品的维修特性，所实施的维修策略可以从不同的方案中进行选择。

后勤工程学还注重对后勤保障的分析。所谓的后勤保障分析(Logistic Support Analysis)，是对后勤保障能力的综合分析，为解决问题而对各种分析技术的综合运用。它主要表现在一个问题的两个侧面：①设计结构对后勤保障所产生的直接影响；②后勤保障对设计结构所构成的反馈作用。

后勤保障分析应以设备系统全寿命周期的实际过程为基础，遵循一定的逻辑顺序，得到科学的分析结果，然后反馈到设备系统的全寿命周期管理之中。

四、英国的设备综合工程学

1970年，在国际设备工程年会上，英国人丹尼斯·帕克斯(Dennis Parkes)发表了一篇论文，题为《设备综合工程学——设备工程的改革》，第一次提出"设备综合工程学"的概念。设备综合工程学的英文原名为 Terotechnology，原意为"具有实用价值或工业用途的科学技术"。它作为现代管理的一门新兴学科而不断发展。

英国工商部设备综合工程委员会事务局负责人曾不无感慨地指出："由英国人兴起的产业革命扩展到全世界，引起了公害和事故，特别是影响了人与人之间的关系。解决这些问题，是英国人的责任。因此，我们提倡设备综合工程学。"为了有力地推行这一新兴学科在工业中的应用，英国在政府的工商部内设置了专门的设备综合工程学委员会，作为政府行为对设备工程进行计划、组织、领导。

这一委员会的设置过程大体如下。1967年，在丹尼斯·帕克斯的建议下，英国政府设立了维修保养技术部，其主要任务是：

1）指导中小企业进行计划维修。
2）制定维修保养标准和组织交流维修保养经验。
3）调查维修保养费用和影响停机时间的主要因素。

1970年，在英国工商部下还设立了"经管委员会"，后更名为"设备综合工程委员会"，可见英国政府对这一工作的重视。1975年4月，英国政府还成立了"国家设备综合工程中心"（National Terotechnology Center，NTC），由丹尼斯·帕克斯任负责人。该中心通过发行刊物介绍设备综合工程典型实例，还召开各种研讨会以推动设备综合工程学的发展。

设备综合工程学的要点之一是寻求设备寿命周期费用最经济。

所谓设备寿命周期费用（Life Cycle Cost，LCC），是指设备全寿命周期所花费的总费用。

设备寿命周期费用=设备设置费+设备维持费+处理费

设备设置费包括研究费（规划费、调研费）、设计费、制造费、设备购置费、运输费、安装调试费等。

设备维持费包括能源费、维修费、日常保养费、操作工人工资及与设备有关的各种杂费，如保管、安全、保险、环保费等。

处理费包括设备报废的解体、销毁、环保处理等费用。

设备寿命周期费用分布如图 1.2-3 所示。

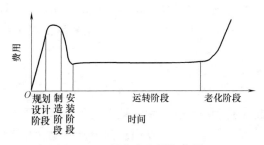

图 1.2-3 设备寿命周期费用

研究表明，有些设备的设置费较高，但维持费却较低；而另一些设备虽然设置费较低，但维持费却较高，有的甚至高于设置费的几倍、几十倍。因此，应对设备全寿命周期的设置费和维持费做综合的研究权衡，以寿命周期最经济为目标进行综合管理。

不少研究资料表明，设备一出厂就已经决定了其整个寿命周期的总费用。也就是说，设备的价格决定着设置费，而其可靠性又决定着维持费。一台机械性能、可靠性、维修性好的设备，在保持较高工作效率的同时，在使用中的维修、保养及能源消耗费用都较少。因此，设备使用初期的决策，对于其整个寿命周期费用的经济性影响很大，应给予足够的重视。

常规设备管理工作包括下述内容：①设备规划、选型和购置；②设备安装和调试；③设备验收和移交生产；④设备分类和档案管理；⑤设备封存和调拨；⑥设备报废和更新；⑦设备管理机构设置；⑧维修体系的建立；⑨目标管理；⑩人员管理；⑪各种责任制；⑫使用维护管理；⑬维修管理；⑭故障管理；⑮事故管理；⑯备品、配件管理；⑰润滑管理；⑱动力、容器管理；⑲设备技术和精度管理；⑳材料管理；㉑文件资料管理等。

以上管理工作无不关系着工程技术、财务经济和管理方法这三个方面的内容。设备综合工程学认为：

（1）技术是基础

设备是科学技术的产物，涉及科学技术的各个领域，涉及的学科包括机械、力学、电学、热学、化学、可靠性工程、维修工程、故障诊断理论、摩擦学、润滑理论及存储论等。随着科学技术的不断深入发展,设备综合管理将越来越依赖于技术和管理科学。

(2) 管理是手段

近年来不断涌现和发展起来的管理科学,如系统论、运筹学、信息论、行为科学及作为管理工具的计算机系统,无疑也是设备综合管理的手段。设备从引进到报废的全过程都应该运用科学的管理手段,也只有运用科学的管理手段才能搞好设备综合管理。

(3) 经济是目的

企业的经营目标是提高经济效益,设备管理也应该为这个目标服务。设备综合工程就是以最经济的设备寿命周期费用,创造最好的经济效益。一方面,要从设备整个寿命周期综合管理,降低费用;另一方面,要努力提高设备利用率和工作效率。

设备工程包括设备的设计、制造、管理与维修等,其结构如图 1.2-4 所示。

设备综合工程学主张以系统论研究设备全寿命周期管理。

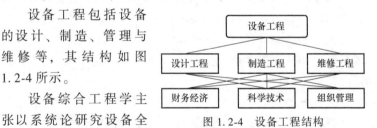

图 1.2-4 设备工程结构

由于英国工商部的大力支持和推行,在短短十几年里,设备综合工程学在英国迅速发展。一方面,各种机构的设立、刊物的出版、大学专业的设置,使设备综合工程学的思想得到迅速传播;另一方面,广大企业经过实践,针对设备周期中的薄弱环节采取措施,取得了经济成效,也使这一观点被更多的厂长、经理和工程师所接受,于是在企业得到越来越广泛的推行。

自从丹尼斯·帕克斯提出设备综合工程学的理论以来,这一观点得到了国际上广泛的认同和接受。

五、其他一些国家的维修管理简介

1. 瑞典的设备维修管理体制

瑞典属于北欧的工业发达国家,在汽车、机器人、发电设备、焊接设备、造船、核电设备、造纸、轴承及高压输电设备等方面均居世界领先地位。发达的工业依赖于先进的设备和良好的设备管理,瑞典在设备维修管理理论和实践两方面都有自己的特色。

瑞典在20世纪50年代前,维修科学研究的对象为摩擦、磨损和润滑,基本实施事后维修加上润滑和周末清理的设备管理体制。1952年,瑞典工程师开始注意对设备的测绘和检查,工厂也出现了专门从事维修的工人。1959年,瑞典建立了标准化的润滑制度。同年,受美国预防维修思想的影响,瑞典建立了第一个实用的预防维修(PM)管理制度,提出改变过去的"需要时进行维修"为"对预防维修的作业时间进行计划"。在这期间,可靠性工程、可维修性理论和综合工程学不断涌现和发展,也推动了瑞典设备管理的理论研究和实践。

从20世纪70年代到80年代,瑞典工业进入以状态监测为基础的预防维修时期。

随着计算机的发展,在20世纪80年代前后,系统工程、计算机及行为科学进入维修管理之中。维修工程开始运用现代管理科学,如工业工程(IE)、价值工程(VE)、质量控制(QC)和系统工程(SF)等科学方法指导实践。在实践上,重视信息的反馈和处理,强调建立一个有效的预防维修系统,实现整个生产系统的状态控制及环境控制。计算机的应用更加普遍,瑞典许多企业建立起自己的计算机设备管理信息系统,运用计算机进行设备管理与维修。

20世纪90年代,维修科学朝着多学科组合、维修组织科学化方向发展。在实践上开始了更多的合同维修(即社会化、专业化维修)、更多的状态维修和更有计划的维修(并不是计划维修制度);维修技术更加先进,计算机应用更加普遍,维修在企业中的地位更加重要，不亚于生产计划、质量控制和生产经营。

瑞典维修队伍的成长是从量到质的发展。一方面，维修管理人员逐步掌握可靠性工程、维修性工程、经济学、系统工程、计算机技术等；另一方面，维修工人朝着一专多能的方向发展，他们既懂机械，又懂电气、仪表。无论维修管理人员或维修工人，都必须经过专门培训，其使用的工具、仪器、设备配备也不断改善。

维修与生产部门的关系由互相制约、责备逐步转变为服务和沟通。这体现在计划的交流，班前碰头会，维修部门见缝插针，充分利用生产间隙维修，维修部门与生产部门共同管好重点设备，以及解决双方矛盾的协商精神。

在瑞典，维修技术的新发展主要体现在：

1) 状态监测技术的进步。如容器、管道内部监测、厚度测量、裂纹测量、泄漏测量、温度测量、振动监测、转速测量、滚动轴承冲击脉冲测量、液压系统参数测量、激光测量、油料光谱分析及计算机监测等。

2) 修理技术的发展。如热喷涂、刷镀、金属扣合、带压堵漏、喷射冷冻修理水管、塑料和橡胶胶接、冷态成型材料、特种流动式现场修理设备、平面精研、特种焊接、填封材料等。

3) 电子计算机的发展。计算机的应用主要是在预防维修系统、备件库存与订货管理、设备技术档案与资料管理、周期费用计算、经济分析、维修计划的编制等方面。

瑞典社会化维修体制的进步表现在两个方面：一是专业修理公司的发展；二是维修技术咨询公司的兴旺。

瑞典的维修社会化、专业化发展较快。目前，除大型机械企业设有专门的修理车间外，一般企业只有小型的维修站和少数维修人员。其主要任务是日常维护、清洁润滑、检查和排除故障。其他大量的设备修理工作和部分管理工作，则委托专业的修理公司或咨询公司来完成。

瑞典在设备可靠性理论、故障分类理论研究的基础上，发展了一整套科学合理的维修管理体制。

结合本国实际情况，瑞典在设备维修管理方面创建了自己的特有模式。瑞典把维修方式分为两种：一种为预防性维修，包括直接预防维修（定期维修、维护保养等）和间接预防维修（状态维修）；另一种为纠正性维修，主要为事后维修，如图 1.2-5 所示。

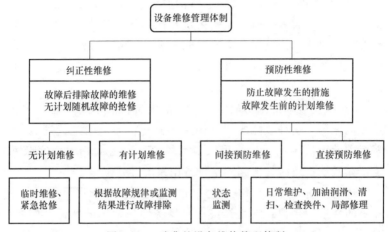

图 1.2-5 瑞典的设备维修管理体制

直接预防维修的重点在于日常维护、加油润滑、清扫、检查换件和局部修理；间接预防维修的重点在于设备运转时或停机时，利用人的感官进行主观检测，或使用简单工具和复杂仪器设备对设备进行客观监测。

纠正性维修实际上就是事后维修，也就是突发性、随机性故障的紧急抢修。这种维修既能造成停机损失，又可能增加维修费。因此，瑞典的企业主张研究和掌握故障规律，或利用状态监测，把这类无计划维修转化成有计划维修。

瑞典还对随机故障和规律性故障进行了研究。这两种故障均可分为有故障发展期和无故障发展期。对于不同种类的故障，应采用不同的维修方式。研究认为：

1) 有发展期的规律性故障。腐蚀、磨损性故障均有一个发展过程,可以采用状态监测,事先预测其严重程度,进行状态维修。

2) 无发展期的规律性故障。疲劳性磨损是有规律的,但何时出现断裂却无准确的发展期。有些电气元件的老化过程也类似。因此,这类故障多采用定期换件或定期维修。

3) 有发展期的随机故障。所谓有发展期的随机故障,是指那些无规律性故障,但其发生和发展有一个过程,它的发展有某种先兆。因此,可以通过监测,选择适当时机,对设备进行预防维修。如某些轴承,其故障的出现是无规律的,但可以检测出某种先兆,失效的发展是逐渐的,有一个时间段。

4) 无发展期的随机故障。如冲击破裂、液压气动元件的突发性损坏等。这种故障既无规律又无先兆,无法确定其发展期,因而也就无法预测,只能采取事后维修,或者利用备用冗余系统,在系统失效时马上起动平行备用系统继续工作。

从以上研究可以看出,维修方式的选择主要依据两点:一是故障的性质、规律;二是经济性。经济性是根本的目标。例如,对于那些规律性故障,可以采取计划定期修理的方式;对于有发展期的随机故障,则较经济、可靠的方式是状态监测、状态维修;要尽可能减少那些无计划维修,减少故障停机损失,提高设备利用率。

瑞典的故障规律分类和维修方式选择如图 1.2-6 所示。

瑞典的预防维修系统是由比较完善和科学的人工管理系统,逐渐发展为计算机管理系统的。其人工管理系统由 14 种表格组成:设备台账;维修总表(PM 活动卡);日常维护台账数字表;日常保养周手册;PM 卡;预防维修说明书;修理报告;派工单;备件需求卡;故障报告;周故障记录;设备档案;经济分析卡;周预防维修小结。

瑞典的社会化、专业化维修服务体系相当发达,一些专业化公司包括咨询培训公司、金属刷镀公司、液压气动公司、焊接公

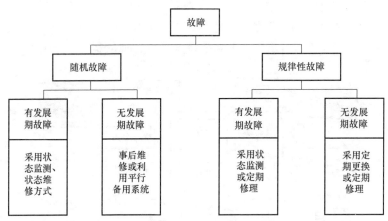

图 1.2-6 瑞典的故障规律分类和维修方式选择

司、导轨修复公司以及备品备件公司等。一方面，各企业请这些专业化维修公司到设备现场进行维修服务；另一方面，瑞典的许多生产厂家也建立了专门的产品售后维修服务队伍，在世界各地设立维修点，为用户提供快速、优质的服务。这反过来也提高了公司的信誉，促进了产品的销售。

设备维修的专业化、社会化是工业高度发展的必然结果。专业化维修公司是靠维修周期短、质量高和成本低而受到广大企业欢迎的。瑞典的维修咨询和培训非常活跃。这些咨询培训公司有的是综合性的，有的是专业性的，如液压技术公司、振动技术公司、设备状态监测专业化公司等。一般这些咨询公司人员少、专业经验丰富、水平高、工作效率也高。

2. 意大利的设备维修管理体制

意大利在第二次世界大战后仍是一个比较落后的、以农业为主的国家。20 世纪 50—60 年代是意大利经济蓬勃发展时期。1957—1971 年，其社会生产总值增长 1.84 倍，高于美国、德国，仅次于日本，居西方国家第二位。1973 年的石油危机给整个西方世界蒙上阴影，意大利的经济也因此一蹶不振，连续 12 年经济衰退。

随着经济的振兴，意大利的支柱产业加快了国际化进程。工业的发展也带动了设备维修管理事业的发展。

如图 1.2-7 所示为意大利的设备维修管理体制的基本架构。

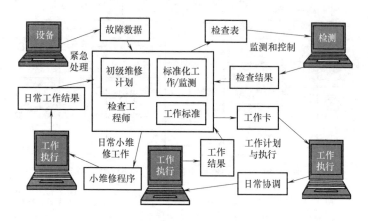

图 1.2-7 设备维修管理体制的基本架构

企业重视损失分析，图 1.2-8 为时间分类、主要指标和损失评价。

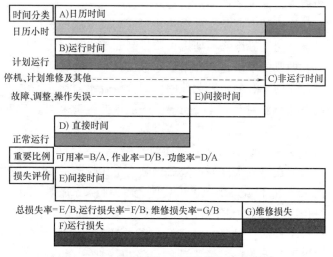

图 1.2-8 时间分类、主要指标和损失评价

按照上述分类，对于每一个记录，一般都用一个损失代码、一个部件代码、一个原因代码和维修时间、人力来表示。上述运行损失与维修损失又可以进一步细分，如图 1.2-9 所示。

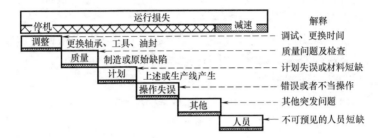

图 1.2-9　运行损失与维修损失的细分

与故障相关联，企业还编纂了机器手册，就是将整个生产线一步步分解，直到最基本零件的清单。从整体到零件的分解包括以下内容：

1) 生产线。能完成产品加工和输送的一整套设备。

2) 机器（设备）。能完成一个有意义的工件加工的若干动作的组合。

3) 动作。设备中可以完成某一单一动作的若干部件的组合。

4) 部件。简单或复杂的设备组件。

5) 备件或元件。由一个编码所代表的简单或复杂元件。

机器手册的具体编码方式如图 1.2-10 所示。

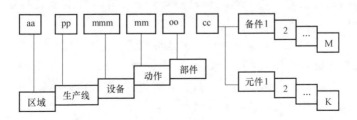

图 1.2-10　机器手册的编码方式

这个编码可以写成"aa-pp-mmm-mm-oo-cc"的形式，其中 aa 代表区域，pp 代表生产线，mmm 代表机器或设备，mm 代表动作，oo 代表部件，cc 代表元件。通过编码，维修管理人员可以将现场工作与后台管理有机地结合起来，形成计算机设备管理信息系统。

值得指出的是，故障编码、维修技能小组编码、故障原因编码以及故障对策编码等，对于故障分析起着重要的作用。下面介绍几种编码的例子。

1) 故障编码：701——机械故障；702——电气故障；703——液压故障；731——压缩空气短缺……

2) 维修技能小组编码：M——机械维修；E——电气维修；I——液压维修；L——电子维修；A——其他维修……

3) 故障原因编码：AGE——老化；BIP——检测失误；BSR——备件维修失误；BWP——操作失误；LAL——润滑不足；VIB——振动；WEA——磨损……

4) 故障对策编码：MOC——元件修改；NIS——新检测标准；BRE——故障修复；TOP——人员培训；MOT——监测；NCS——新清洁标准；NOI——新操作说明……

针对上述编码，结合诊断实际，可以进行如下分析工作：

1) 简单对照。例如，原因：BWP（操作失误）或 BSR（备件维修失误）；对策：MOC（元件修改）或 TOP（人员培训）。

2) 简单统计分析。由于通过检测工程师的检测和紧急处理报告所反映的内容，相关的停机、原因、对策、设备、部件编码及停机时间等资料均已具备且积累起来，很容易进行统计分析。

3) 深层次分析。除了上述分析以外，还通过检测工程师、维修人员和操作人员参加的日工作例会、月工作例会和现场例会，对疑难问题做深层次分析，并对设备提出改进（技术改造）计划。这些会议应该是有准备的和有效率的。

4) 完成报告。报告包括日、月报告，事故报告等。

3. 德国的设备维修管理体制

德国设备维护的历史是简短的。在工业化大规模生产的初期，设备非常简陋，工人既能操作机器，同时又对机器进行保养，这种"既是生产工人，又是维护工人"的状态持续了很长时间，那时并没有专门的维护部门。后来随着电的出现和应用，机械化程度提高了，生产设备也变得复杂了，这给维护行业提出了新的课题。于是，企业开始培养专门的人才，对设备进行保养，称之为辅助工或保养工。这样，一个新的工种被分离出来了。

1970年，国家工业发展联合会与德国机械制造协会在杜伊斯堡联合举办了一次学术交流会。大会的主要议题虽然与设备维护没有紧密的联系，但参加这次会议的人员却有许多是来自欧洲各国从事设备维护的专业人员，他们在会上呼吁，今后设备维护将越来越重要，应立即着手建立一个协会，以适应今后工业发展的需要。

1972年，欧洲设备维护联合会决定在维也纳举办学术年会，但后来由于主办人去世，这次会议不得不改在德国的威士巴登举行。这对德国来讲并不是坏事，它加速了德国设备维护发展的步伐。1973年，德国决定举办自己的设备维护学术年会，在德国南部大城市斯图加特举办了题为"设备维护——生产之助手"的第一次设备维护学术研讨会。这标志着德国新的设备维护体制的开始。

德国设备管理的基本理论，是建立在寿命周期费用基础上的。在20世纪六七十年代，德国逐渐形成"设备管理"这一说法。其代表人物是经济学家曼纳尔和奥伯霍夫，主张从整体性的角度研究设备直接维修费用和故障后果费用（间接维修费），以及寿命周期不同阶段的资本成本（折旧）和生产成本（人工、能源、材料等）。

德国是一个讲求精确化的国家，其工业标准对设备管理有明确的定义。德国工业标准DIN 31051是设备维护理论的核心。这个标准给维修下的定义是"维持和恢复系统中技术手段的规定状态及确定和评估其实际状态的措施"。

按照这个标准，设备维护被分为以下三部分：

1）日常维护：这是最经常、最主要的工作，占日常工作量的75%左右，成本占设备维护总成本的25%左右。德国企业把设备的日常维护看得与质量管理同等重要。

2）检查：设备的检查占总工作量的5%左右，成本占维修总成本的10%左右。设备检查以设备技术状态监测为主，在这个基础上再执行计划维修体制。这就避免了传统的计划维修体制的维修不足、维修过剩等的盲目性和浪费。

3）维修：主要内容包括设备故障排除、设备技术改造和坏损零件修复。其工作量占总工作量的20%左右，而成本占总成本的65%左右。

图1.2-11给出了维修工作量和成本的比较。

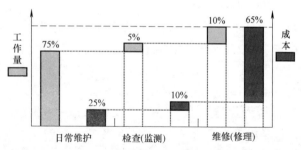

图1.2-11　维修工作量和成本的比较

设备维修以恢复设备技术状态为核心，一般遵循如图1.2-12所示的程序进行。

在德国企业中，维修受到普遍重视。设备多、自动化程度高的企业，维修人员的比例可达20%以上，费用占总支出的6%~12%。人们将维修视为再投资而予以重视。

一般而言，德国企业会维持一支规模较小、精干的维修队伍。现代的趋势表明，良好的设备维护保养和检修足可以保证设

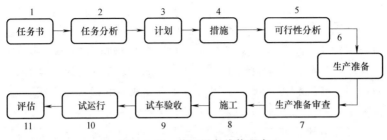

图 1.2-12　德国设备维修程序

备正常运行，因而大修是可以避免的。遇到大的项修任务，可以请生产厂家或社会上的专业化维修部门协助进行，这样还可以降低维修成本。

德国企业的设备维修人员一般技术都比较全面，几乎每个维修工人都掌握了车、铣、磨、钻、焊技能。

值得指出的是，德国的设备维修注重恢复设备技术性能，而不拘泥于保持原设计图不变。例如，在不影响整体性能的情况下，可以在某些不太重要的部位重新钻孔、加工螺纹、安装定位、固定螺钉、选用类似配件，不一定非要选择原尺寸、形状、规格的配件。

另外，从维修工时费用日益提高的大趋势出发，德国的维修把节约维修作业工时、降低维修成本放到重要位置。例如，在维修液压缸时，如果锈死的液压缸端盖经氧气加热也难以拆下，为了节约工时，维修人员会用电锯锯开，再加工一个新的端盖。

德国的设备维修管理体制又可分为集约型和粗放型。集约型维修的目标是充分发挥设备潜力，延长使用寿命，尽可能采用预防维修。它主要用于价值高昂、自动化程度高、关键的流程设备及工艺和技术进步缓慢的设备。粗放型维修不追求设备潜力的充分利用和使用寿命延长，多采用事后维修方式。它主要用于设计使用寿命较短、故障后果费用较低及经济磨损快于其技术磨损的设备。

维修计划是在检查基础上制订的，首先要制订检查和保养计划。

现代设备的设置有三种方式：租赁、购置和自制。租赁已成为德国企业设备设置的一个重要手段。企业的设备到底是租赁、购置还是自制，主要看使用期哪个成本更低；企业应维持什么样的自制、购置和租赁设备比例，也要看总成本的最优值平衡点落在哪里。

维修策略也有三种方式：①操作工人自己维修；②企业专门维修人员维修；③企业外承包者维修。到底采用哪一种策略，或以什么样的比例搭配，也有一个优化和平衡的问题。

维修策略的选择应以降低成本为出发点。但是，不论采取何种维修策略，企业发展的大趋势是操作工人越来越少，维修工人越来越多。专业化、社会化维修在德国也比较普及。德国的工业设备维修公司能够提供的服务包括维修咨询、维修计划及实施、设备安装及现代化改装、事故分析处理、旧设备拆卸等。

目前德国企业都在尽可能压缩备件仓储，降低生产成本。当然，如果因为缺少备件而影响设备运行，造成停机损失，也是得不偿失的。这就要求企业对合理库存做出规划和决策，以最低成本为目标，以不影响生产的最佳库存为备件管理模式。

4. 法国的设备维修管理体制

法国作为西方发达国家之一，其设备管理也比较先进。

（1）维修机构精干

法国企业内的维修人员比较精干。例如，一个 1500 多人的大厂，年产值达 10 亿法郎，设备上千台，而维修人员不到 90 人。其中，40 人左右在车间负责日常维修，40 人左右在维修中心，包括机修加工车间和备件库。维修中心和各车间的维修工人有明确的分工。维修中心负责排除车间解决不了的设备故障，以及新设备的安装调试、配件修理、供应等。维修中心的维修人员技术高超，既可以出图又能动手，具有机电一体化及气动、液压的全面知识。车间维修工人也能够对设备进行拆装、调试、润滑、保养，并能够快速排除一般故障。

(2) 维修体制的多样化

法国的维修体制以预防维修为主，结合定期、状态维修，这种切合企业实际状况所实行的维修体制，可以把故障率和维修成本控制在较低水平。

法国企业中的重点设备实行检查管理。一般，每到周五，负责车间维修的工程师将下周的检修计划从计算机中提出来，交给维修领班，维修领班也将本周的检修记录反馈上来，及时输入计算机，实行动态管理。

法国企业在维修方式上也有一定灵活性。如利用非生产期和休假期间，对较大的设备故障或关键的、平时停不下来的瓶颈设备进行检修。同时，法国十分重视设备维护保养工作，某些工厂的设备已运行 20 年甚至 40 年以上，目前仍可充分利用。主要原因就是企业严格执行保养制度，保证了较高的设备完好状况。

法国企业对车间操作工人承担维修任务有深刻认识。例如，一个操作工人发现设备坏了用时 3min，找车间主任汇报 3min，主任通知维修工人 4min，维修工人排除故障 4min，重新起动设备 1min。整个过程共 15min，而维修才用了 5min。如果操作工人能够自己修复设备，就可以节省 10min。所以，企业的目标是把操作工人培养成多技能的操作者。

(3) 法国企业中的技术改造

法国在设备现代化进程中，新设备投资和改造旧设备并重，其原则是：及时采用新技术，既要效率高，又要经济效益好；对旧设备充分利用，但维修费用不能超过使用价值。为了使企业有更新设备的能力，机床折旧年限一般规定为 7 年左右。

设备改造的内容包括检测设备的更新和增添，改善与设备管理相关的交通、通信、信息系统，改善包装、库存设备。法国的不少企业都利用可编程控制器，对设备在检修时进行技术改造。法国十分重视设备革新，把生产中关键设备的革新、改造作为工厂技术研究机构的课题来完成。

(4) 法国企业中的设备备件管理

法国的一些企业设有两级备件库：一级为全厂中心备件库，储备各车间的通用备件，贵重精密备件；另一级是车间备件库，储备车间设备的专用备件、易损件及经过修复后还能使用的备件。每个车间都设有以铁网为隔墙的双层活动房，下层是维修间，上层可摆放备件，由维修组长进行管理。

法国企业的备件管理一般采用计算机化管理。全厂备件往往只由一个人负责，在中心备件库，也仅由一个人保管成千上万种不同备件，仓库有自动升降取送零件装置。欧洲的订货周期是15天，所以库存保持15天的储备量即可。这可以大大减少库存量和流动资金的占有。

(5) 法国企业中的维修人员培训

法国企业为了适应现代化生产需要，十分重视人员培训。车间中有的操作工人每年脱产300h参加技术学习。其学习内容多数是结合本厂实际编写的，包括初级技术知识、气动技术、液压技术、电气原理和自动化知识等。法国的维修人员待遇高过操作人员，大约高出15%。生产线的线长、操作班长多数从有经验的维修人员中选拔，因为这些人领导的班组，今后不仅可以操作，还要能担负设备维修任务。

第三节 日本的TPM及其在世界的影响

TPM（Total Productive Maintenance）又称全面生产维护、全员生产保全，是日本前设备管理协会（中岛清一等人）在美国生产维修体制之后，在日本的Nippondenso电器公司试点的基础上，于1970年正式提出的。

20世纪50年代初期，日本基本上是学习美国的设备管理经验。随着日本经济的增长，在设备管理上一方面继续学习其他国家的好经验，另一方面进行了适合日本国情的创造，这就产生了全面生产维护体制。这一体制既有对美国生产维修体制的继承，又有英国综合工程学的思想，还吸收了我国"鞍钢宪法"中提出"台台(设备)有人管,人人有专责"这种吸收工人参加、走群众路线、提倡合理化建议及劳动竞赛的做法。最重要的一点是,日本人身体力行地把全面生产维护体制贯彻到底,产生了突出的效果。

1. TPM 给企业带来的效益

为什么 TPM 在日本乃至全世界都得到承认并不断发展呢?这主要是因为实行 TPM 可以使企业获得良好的经济效益和广告效应,充分发挥设备的生产潜力,并使企业树立起良好的社会形象。

自从 TPM 在日本乃至世界各国企业中推行以来,给企业创造了可观的经济效益,同时也增加了企业的无形资产。我国随着改革开放,国内大批企业引进 TPM 体系,也取得了明显成效。

TPM 给企业带来的效益体现在产品成本、质量、生产率、库存周转、安全与环境保护以及职工的劳动情绪等方面,如图 1.3-1 所示。

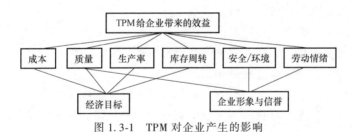

图 1.3-1 TPM 对企业产生的影响

2. 全面生产维护的基本概念和特点

TPM 可以称为"全员参加的生产维护"或"带有日本特色的美式生产维修",它是各种现代理论在企业生产中的综合运用。TPM 的理论基础包含维修预防、预防维修、系统工程、生产维修、行为科学、维修改善、可靠性工程,以及生态学、可维修性工程、工程经济学、综合工程、后勤工程学等理念和方法。

(1) 全面生产维护 (TPM) 的定义

按照日本工程师学会 (JIPE), TPM 有如下定义:

1）以最高的设备综合效率为目标。
2）确立以设备全寿命周期为目标的全系统预防维修。
3）对设备的计划、使用、维修等，所有部门都要参加。
4）从企业的最高管理层到第一线职工全体参加。
5）实行动机管理，即通过开展小组的自主活动来推进生产维护。

（2）全面生产维护的特点

日本的全面生产维护与原来的生产维修相比，主要突出一个"全"字。"全"有三方面含义，即全效率、全系统和全员参加。所谓的全效率，是指设备寿命周期费用评价和设备综合效率；全系统是指生产维修的各个侧面均包括在内，如预防维修、维修预防、必要的事后维修和改善维修；全员参加是指 TPM 维修体制的群众性特征，从公司经理到相关处室，直到全体操作工人都要参加，尤其是要开展操作工人的自主小组活动。

TPM 的主要目标落在"全效率"上。"全效率"在于限制和降低六大损失：

1）设备停机时间损失。
2）设置与调整停机损失。
3）闲置、空转与短暂停机损失。
4）速度降低（速度损失）。
5）残、次、废品损失，边角料损失（缺陷损失）。
6）初期产量损失（由安装到稳定生产间隔）。

有了这三个"全"，生产维修得到更好的贯彻执行，能使生产维修的目标得到更有力的保障。这也是日本全面生产维护的独特之处。

随着 TPM 的不断发展，日本把这一从上到下、全系统参与的设备维修管理体制的目标提到了更高水平，又提出了"停机为零！废品为零！事故为零！"的奋斗目标。

3. 全面生产维护的开展过程

推行 TPM 要从三大要素的实现方面下功夫，这三大要素分别是：

1) 提高（操作、工作）技能。
2) 改进（工作、精神）面貌。
3) 改善（企业、操作）环境。

即使是在日本的企业里，推行这一体制也不是一件容易的事情，需要领导层下定决心，而且要有一套较好的开展程序。全面生产维护大体上分成 4 个阶段和 12 个具体步骤，其推进过程可归纳为表 1.3-1。

表 1.3-1 TPM 的推进过程

阶段	步骤	主要内容
准备阶段	1. 领导层表达引进体系的决心	领导讲演宣布 TPM 开始，承诺，表决心
	2. TPM 引进宣传和人员培训	按不同层次组织培训，利用各种媒体宣传教育
	3. 建立 TPM 推进机构	成立各级 TPM 推进委员会和专业组织
	4. 制定 TPM 基本方针和目标	找出基准点和设定目标结果
	5. 制订 TPM 推进总计划	计划从 TPM 引进开始到最后评估为止
开始阶段	6. TPM 正式起步	举行仪式，开大会，请订货、协作等相关公司参加，宣布 TPM 正式开始实施
实施、推进阶段	7. 提高设备综合效率措施	选定典型设备，由专业指导小组协助攻关
	8. 建立自主维修体制	步骤、方式及诊断方法
	9. 维修部门制订维修计划	定期、预知维修、备品、工具、图样及施工管理
	10. 提高操作和维修技能的培训	分层次进行各种技能培训
	11. 建立前期设备管理体制	MP 设计，早期管理程序设计，寿命周期费用评估
巩固阶段	12. 总结提高，全面推行 TPM	总结评估，接受 PM 奖审查，制定更高目标

4 个阶段的主要工作和作用是：

1) 准备阶段。引进 TPM 计划，营造适宜的环境和氛围。这就如同产品的设计阶段。

2) 开始阶段。TPM 活动的开始仪式，通过广告宣传造出声势。这就相当于下达产品生产任务书。

3) 实施、推进阶段。制定目标，落实各项措施，步步深入。这就相当于产品加工、组装过程。

4) 巩固阶段。检查评估推行 TPM 的结果，制定新目标。这就相当于产品检查、产品改进设计过程。

4. 设备综合效率

TPM 追求的是设备效率最大化，为此设计了设备综合效率指标加以度量。

影响设备综合效率的主要因素是停机损失、速度损失和废品损失。它们分别由时间开动率、性能开动率和合格品率反映出来，故得到下面的设备综合效率公式：

设备综合效率=时间开动率×性能开动率×合格品率

$$时间开动率 = \frac{工作时间}{负荷时间} \times 100\%$$

式中，负荷时间为规定的作业时间减去每天的停机时间，即

负荷时间=总工作时间-计划停机时间-

非设备因素造成的停机时间

工作时间则是负荷时间减去那些非计划停机时间，如故障停机、设备调整和更换刀具、工夹具停机等。

减少六大损失与设备综合效率（OEE）计算的关系如图 1.3-2 所示。

在日本全面生产维护体制中，要求企业的设备时间开动率不低于 90%，性能开动率不低于 95%，合格品率不低于 99%，这样设备综合效率才不低于 85%。这也是 TPM 所要求达到的目标。

由于不同资料，对设备综合效率中英文单词的译法不尽相同。为了便于读者对照参考，现给出以上计算中出现各种术语的英文原文。

- 总工作时间——Total Available Time
- 计划停机时间——Planned Down Time
- 负荷时间——Loading Time

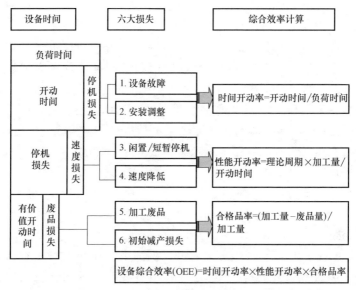

图 1.3-2 设备综合效率的计算和减少六大损失的关系

- 工作时间——Operation Time
- 停机时间——Down Time
- 时间开动率——Availability
- 性能开动率——Performance Efficiency
- 净开动率——Net Operation Rate
- 速度开动率——Operating Speed Rate
- 理论加工周期——Theoretical Cycle Time
- 实际加工周期——Actual Cycle Time
- 加工数量——Processed Amount
- 合格品率——Rate of Quality Products
- 设备综合效率——Overall Equipment Efficiency

5. TPM 在全世界的推广和影响

日本在本国推行 TPM 的同时，还注意对外交流和宣传。

虽然 PM 产生于美国，1987 年，当中岛清一率代表团访问美国辛辛那提参加第四届国际维修会议，在匹兹堡的 TPM 专题会议上宣讲 TPM 时，有 80 多个美国企业的 150 多名代表参加了会议，美国企业对 TPM 表现出极大的热情。

1987 年 12 月，在巴西的圣保罗和阿雷格里港举办了"TPM 管理干部培训班"，TPM 随后在巴西和墨西哥等发展中国家推行，并取得了一定成效。

在意大利，15%~20% 的企业在推行 TPM，也有的企业遇到工会的抵制，导致推行工作无法深入下去。

在英国和斯堪的那维亚地区，成立了"TPM 中心""TPM 俱乐部"。

到目前为止，在挪威、意大利、马来西亚、巴西、葡萄牙、西班牙、韩国、美国、中国、印度和新加坡等国都举行过 TPM 研讨班。

TPM 的国际会议也频繁召开。例如，1991 年在日本东京召开"91TPM 世界大会"；1992 年 4 月在比利时的布鲁塞尔举行"欧洲公司最高领导人 TPM 会议"；1992 年 6 月在英国伯明翰召开一次 TPM 会议；1992 年 9 月在美国芝加哥召开另一次 TPM 会议。

1995 年 TPM 世界大会在日本东京召开，参加会议的代表约 800 多人，其中有 300 多人来自北美、拉丁美洲、欧洲和亚洲各国，这次会议受到了国际维修界的瞩目。

总之，据不完全统计，目前世界上引入 TPM 的国家和地区有美国、南美地区、墨西哥、韩国、泰国、马来西亚、中国、法国、挪威、瑞典、芬兰、英国、意大利、葡萄牙、西班牙等。TPM 在全世界范围内产生了较大的影响。

第二章 21世纪国际设备管理新理念

第一节 设备管理新理念

近年来,国际上对设备维修管理新经验和新概念的讨论十分活跃。维修管理除了技术、经济的管理,更离不开对人和人机系统协调关系的管理。

比利时的沃特·休斯(Wout Theuws)提出了维修管理的第一观念:企业是自己的造币机,只有它转起来,自己才有钱花。他指出,资产成本是让火车跑起来的成本,是失去机会的成本和浪费。从竞争角度看,维修管理要面对批量小、库存低、设备高效率利用,对设备速度要求高,维修费用要不断下降的压力。关于成本改善,维修经理要随时思考什么工具可以开发利用,哪种工具可实现日常改善。

休斯认为,人是成功的第一要素。在企业要树立主人翁精神,要达成共识,要创新,要提倡走动式管理和无指责管理。维修管理者不应该等出错才去现场,要多听取员工感受。

维修经理要关注过程,将过程划分为"关键—支持—合作"三部分,要形成PDCA循环。其流程如图2.1-1所示。

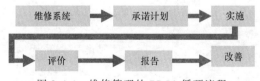

图 2.1-1 维修管理的 PDCA 循环流程

关于成本改善,休斯认为应该包含两个方面:一是日日改善,即小步骤、低投入、各方面、对同一装置的改善;二是蛙跳式改善,即投入更多资金,采取完全不同方式,是生产、设备的大改变。两者都不可偏废。

维修经理应该不断通过行动减少服务成本。不少公司知道怎么做，但是不做；好公司不但知道怎么做，而且去做。这非常简单有效！

应该挑战"固定成本"的概念：没有固定成本，所有成本都可变！向"因为成本是固定的，所以我们什么也做不了"的思想挑战：成本在哪里？成本不是你付出的，而是从你自己的钱堆里捡回来的！

休斯提出维修经理应该注重知识管理："知识与技能"是企业重要的资产；"利用我们已知的"——不要再从头学习；如果知道怎么做，可以提高工作效率3倍；全球化使知识管理成为价值最大化的关键；如果成功的关键是已知的，为什么还要再去寻找？不要再证明别人证明过的东西！

休斯认为维修经理要聚焦过程：因为在当代企业，时间、金钱的消耗都很大，尽量不要走错路；并不是所有的事情都重要，要真正抓住重点！

图 2.1-2 指出了维修经理应该关注的重点。从图可以看出，多数设备需要处理的问题数量并不多；而处理问题数量多的设备数量较少，这大致符合 80/20 分布律。维修经理应该更关注那些问题多但是数量少的设备，要积极与维修技术人员和操作人员沟

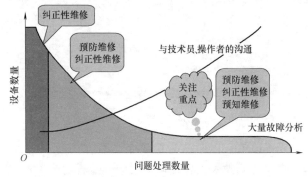

图 2.1-2　维修经理关注的重点

通；要对这些设备采取预防维修、预知维修以及纠正性维修模式处理，快速解决问题。对多数问题较少的设备，视情况采取纠正性维修或者预防维修加纠正性维修来处理。

休斯认为维修经理要主动向故障学习，因为犯了错误最容易进步。可通过如图 2.1-3 所示的过程总结提高。

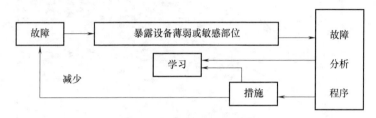

图 2.1-3　向故障学习的过程

西班牙的哲拉德·阿瓦莱滋（Gerard Alvarez）系统地描述了整个设备寿命周期内维修的作用，各阶段的作用各具自身特色，其阶段划分如图 2.1-4 所示。

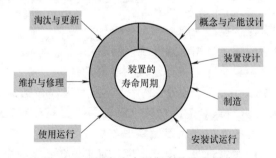

图 2.1-4　设备寿命周期内的阶段划分

他认为，在各阶段都有良好的维修管理与缺乏维修管理相比，对过程成本的影响效果大不相同，如图 2.1-5 所示。

瑞典的詹·佛兰伦（Jan Franlund）提出维修管理要做显形英雄或者隐形英雄的论点。所谓的显形英雄，就是解决出现的故障问题；而隐形英雄，则要防止故障发生，或者通过任何经济的、非事后处理的方式解决问题，达到综合费用最小化的目标。

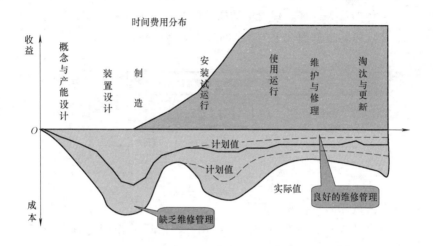

图 2.1-5　各阶段的维修管理对过程成本的影响效果

设备管理者应该设法让隐形英雄变成显形英雄。佛兰伦通过隐形英雄的概念阐述了费用有效性维修的思路。

为什么不少企业把维修看成不必要的成本？图 2.1-6 给出了维修的直接费用、外部维修费用、间接费用（包括故障停机损失对 OEE 的影响）对企业收入的影响。

那么，维修管理到底要做隐形英雄还是显形英雄？图 2.1-7 给出了最好的逻辑说明。也就是说，对于设备状态的应对或者处理，始终要遵循经济合理的原则。

这让人联想到我国古代名医扁鹊的故事。大家在赞美扁鹊的医术时，扁鹊说："我的两个哥哥都比我厉害。大哥常给附近村民开些偏方秘诀，村民的小病药到病除，不会发展成大病；二哥将自己研究的养生之道教给村民，左邻右舍从来不得大病，村里百岁老人很多。你们病入膏肓才找到我，所以把我显露出来。"这个故事告诉我们要做隐形英雄，要运用好预防策略。

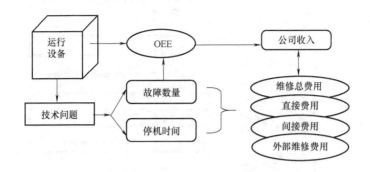

图 2.1-6 维修直接费用间接费用对企业收入的影响

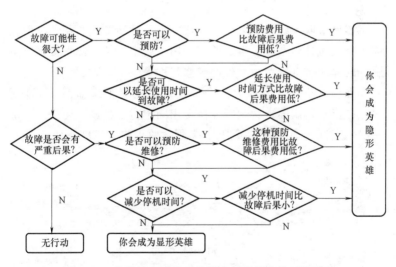

图 2.1-7 维修管理做隐形英雄或显形英雄的逻辑说明

维修投资回报（ROMI）是无预防维修损失的费用与预防维修实际费用之差。其具体项目如图 2.1-8 所示。首先，在采取无预防维修策略时，一定存在纠正性维修的风险，其中包括人-机-料无利用成本、净收入损失等，这一块的总和为故障的总经济后果。

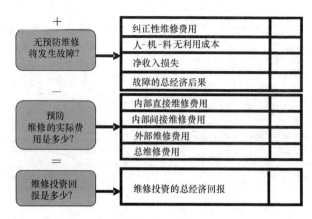

图 2.1-8　维修投资回报（ROMI）

如果采取预防维修策略，上述的损失就转变成收益了，但应该扣除预防维修本身发生的所有费用，其中包括内部直接维修费用、内部间接维修费用、外部维修费用等。

维修效益可以表现为寿命周期利润的增值，如图 2.1-9 所示。在资本费用固定、运行支持费用固定时，维修费用投入增加一定幅度（下面带斜线条带），实现的收入将大幅度增加（上面

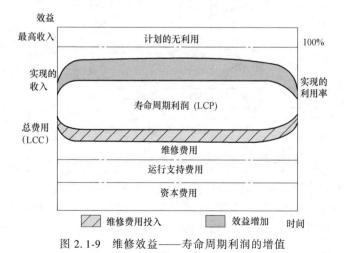

图 2.1-9　维修效益——寿命周期利润的增值

条带)。这表明适当增加的维修费用投入可以使企业的收入增加、利润提升。维修经理、部长可以用这个图来说服企业的高层决策者——维修费用投入是有收益的!

这两块费用之差则是预防维修的投资回报。虽然从概念上预防维修优于事后纠正性维修,但是否采取预防性维修,最终要看维修投资回报。尽管其计算有时是困难的,但维修经理具备这些概念是十分重要的。

维修管理从显形英雄变成隐形英雄,是逐渐由"高维修投入——低效益产出"到"低维修投入——低效益产出",再到"高维修投入-高效益产出",最后到"低维修投入-高效益产出"的不断追求、不断优化的过程,如图2.1-10所示。

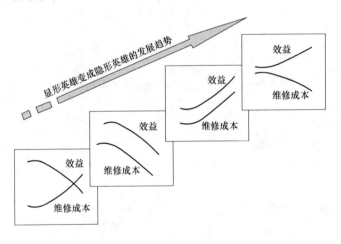

图2.1-10 从显形英雄变成隐形英雄的发展趋势

英国的布莱克·阿莱顿(Black Aladen)在他的《时间之剑》报告中提出用热力学第二定律来描述故障过程的概念。

他指出能量从集中到分散,如降落伞从高空下降,空气不断被挤出伞外,潜能在耗散;又如纸张燃烧与氧作用,生成水和二氧化碳,变成灰,也是能量的耗散过程,如图2.1-11所示。

他认为,故障过程就是系统的无组织过程。这个过程中往往存在一个故障激发器,让激发的能量作用于设备,促使故障发生。这一过程如图 2.1-12 所示。

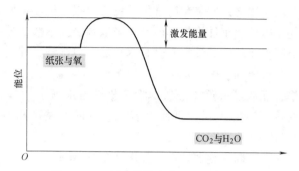

图 2.1-11　纸张燃烧中能量的耗散过程

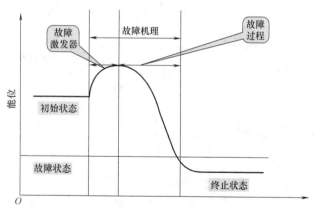

图 2.1-12　故障的激发过程

阿莱顿认为,能量倾向于从集中之处扩展开来,降落伞在下降过程中将空气挤出伞外,随着时间的推移,势能转化为摩擦热能,使伞速下降。纸张燃烧也是此过程,纸燃烧时与氧作用,生成水和二氧化碳,可以认为纸与氧处于较高能位,而水与二氧化碳处于低能位。扩散的障碍是物理和化学的纽带。例如,大的岩石不会马上成为一堆砂,是因为岩石化学键的凝聚作用。纸和氧也不会自动变成二氧化碳和水，因为化学键阻碍能量扩散，而明火可以打破这些键的捆绑，明火即为激发能量。人拿一根木棒，然后把它折断，人的能量打破木棒分子的捆绑，但未改变木棒能级。把人与棒放在一个系统里，整个能级也耗散、下降了。

谈到维修，因为失效才有维修，如无失效就不需要维修。热动力学第二定律包含三个要素：故障过程、故障激发器与故障状态。

1) 故障过程——系统的无组织过程。

2) 故障激发器——激活的能量作用于物体，促使故障发生，称为故障激发器。

3) 故障状态——功能的丧失。

系统无故障工作的条件是：初始能级要足够高，使系统工作；初始能级与故障能级之差要足够大，以抵御劣化。

谈到热动力学第二定律的应用，阿莱顿指出：

1) 如果没有故障激发器，时间与故障往往无关；故障激发器是让时效故障转化为随机故障的关键。

2) 周期性地激发能量也可以导致故障发生。

按照热动力学第二定律，既然故障是必然倾向，维修管理应专注于故障管理：

1) 改变人的行为，定义人的动作规范，不产生激发能量。

2) 清楚故障机理就是清楚故障激发能量。

3) 检查、监测，发现潜在激发能量的作用过程。

4) 改变系统设计及物理状况，控制初始能量和激发能量位置。

故障管理有以下几种方式：

1) 预知与状态维修。

2) 故障检查技术。

3) 改变系统物理状态，减少、控制故障过程和故障激发能量。

4) 改变人的行为。

5) 改变系统设计,控制故障后果。

西班牙的路易斯·阿曼德拉(Luis Amendola)对国际维修管理与维修工程的发展提出了自己的见解。他首先给出几个重要术语:

1) KPI——关键性能指标(Key Performance Index)。
2) BSC——平衡计分卡(Balanced Score Card)。
3) 财务状况——联系着目标、指标和管理指标。
4) EVA——经济价值的增加(Economic Value Added)。
5) ROI——投资回报(Return Over Investment)。
6) ROCE——税前利润占总资本投资比例(Return on Capital Employed)。

这里,EVA(增值)= 收入-费用-资本成本。

他认为,维修策略与实践应该专注于创造增值活动。企业的战略模型联系着企业的愿景和目标,也联系着任务计划和实践行动,而这些要素之间也是相互关联

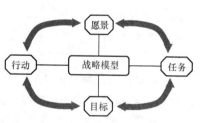

图 2.1-13 指标平衡系统

的。这些指标的平衡系统如图 2.1-13 所示。

为了让维修管理进入良性循环,在企业愿景的驱使下,首先应该进行策略分析,将策略落实到行动计划;下一步就需要考虑资源配置和相关指标;为了实现目标,需要对过程进行

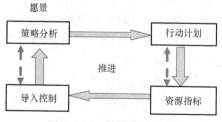

图 2.1-14 策略实施模型

控制;最后又回到策略,这有些类似 PDCA 循环过程。策略实施模型如图 2.1-14 所示。

什么是世界级企业的哲学？图 2.1-15 给出了世界级企业维修管理的基本概念。首先要有科学的维修组织作为支撑；除了企业内部组织结构设计，还要做好外部资源整合，将服务与原材料供应商进行良好的集成。这里，承包商的承诺与效率对组织效率也有明显的影响。

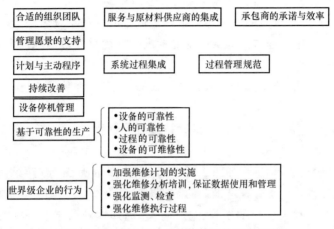

图 2.1-15　世界级企业维修管理的基本概念

世界级企业的维修管理还需要合理的管理愿景的设计和支持。为了实现愿景，要有切实可行的计划和工作程序，并将系统过程集成对接，形成管理闭环；将过程的执行进行规范，以保证执行的正确性，减少偏差和随意性。

世界级企业的另外一个共同特征是持续改善。改善是没有止境的，从维修管理的角度，就是要聚焦于减少停机损失，做好停机管理，建立起基于可靠性的生产体系，对设备的可靠性、人的可靠性、过程的可靠性进行管理，以及在设备前期管理和技术改造中关注设备的可维修性。

世界级企业致力于保证维修计划的准确实施；不断强化对员工进行诊断分析、维修能力的培训；注意数据采集和挖掘，保证正确地使用和管理数据，采集设备数据的主要方式是通过设备监测和检查;强化维修执行过程管理是保证维修质量的基础。

第二节 维修工程系统概念

智利的阿道夫·安德列尼(Adolfo Arata Andreani)等提出维修工程化(Engineerization)进展的概念。他们认为,维修工程化包括三个方面的内容:项目、控制和改善。

1) 项目阶段的基本要求是确定适合的生产系统维修策略和技术,推进管理与计算机系统的标准化,优化外协资源的利用,管理好备件与材料。

2) 控制阶段的基本要求是检查与开发维修评价和管理程序。

3) 改善活动的要求是推动持续改善过程,对维修组织的文化进行引导。

维修工程化进程如图 2.2-1 所示。由图中所见,预防维修水平最低也是工程化程度最低的阶段即紧急抢修;随着预防维修水平的提升和工程化的发展,分别进入周期性预防维修、状态维修、预知维修,最后达到改善 LCC、RCM、MC 的最高阶段。其中,LCC 为寿命周期费用,RCM 为以可靠性为中心的维修,MC 为维修持续改善。

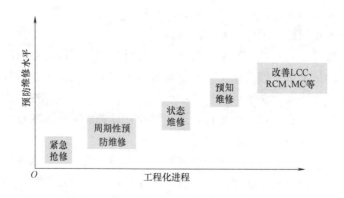

图 2.2-1 维修工程化进程

当代的维修工程化可划分为以下阶段：

第一阶段：系统逻辑描述，设备对企业的功能、逻辑和影响分析。

第二阶段：从两个输入渠道采集数据，一个来自设备功能历史记录分析，另一个来自基准和生产商说明的数据，以掌握设备状况。

第三阶段：寿命周期阶段确定，通过对曲线调整进行概率分析，建立设备历史表现特征。

第四阶段：系统分析，确定可靠性、可利用率、维修与失效损失。

第五阶段：关键性分析，关键部件及其对整个系统影响分析。

第六阶段：维修策略定义，定性与定量分析某些策略（如预防、预测、纠正性维修），优化其结果。

第七阶段：改善活动，涉及系统设计和再设计，冗余备份，设备更新和新系统设计。

第八阶段：生产维修计划，程序结束，制订每个具体行动计划。

第九阶段：改善，在已获得的结果和已进行的推进活动中重新开始持续改善流程。

有效维修的基础是通过主计划—维修工程化—分析—维修信息—结果—维修执行的循环和不断改善来实现的。这里，维修工程化是将设备信息按照以上各阶段的描述做工程化的梳理，最后落实到实施主计划中，然后通过不断地维修实践，对数据进行分析，持续地改进和完善。有效维修的基础如图 2.2-2 所示。维修工程的详细展开概念流程如图 2.2-3 所示。这里，MTBF 和 MTTR 分别代表平均故障间隔期和平均修理时间。

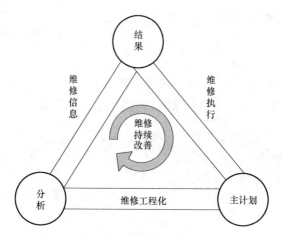

图 2.2-2　有效维修的基础

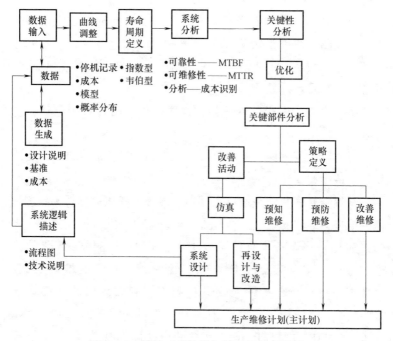

图 2.2-3　维修工程的详细展开概念流程图

第三节 寿命周期费用（LCC）、寿命周期利润（LCP）和寿命周期管理（LCM）

近年来，国际上在设备寿命周期费用（LCC）、寿命周期利润（LCP）和寿命周期管理（LCM）方面的讨论一直十分活跃。

乌拉圭的撒迪亚哥·布兰诺（Satiago Sotayo Blano）论述了寿命周期与资产管理的关系。他认为，设备寿命周期费用是由初期投资、运行费用、维护费用和停机损失费用构成的；而停机损失是设备停机率、平均停机时间与单位时间停机损失三个因子的乘积。在他的这个公式里，包含了停机的机会损失，因而这是一个更广义的寿命周期费用概念。另外，他描述的投资回报（ROA）公式是寿命周期利润与设备资产值的比，其中寿命周期利润是寿命周期收益与寿命周期费用之差。

值得指出的是，撒迪亚哥还构造了维修组织结果的度量公式。他认为，维修组织结果是领导、组织工作质量（也称系统质量）与员工对计划和策略接受、认同程度的乘积。这个公式一定程度上反映了组织绩效的实质，但也有其不全面性，除了员工对计划、策略的认同之外，组织长期形成的规范和执行力也至关重要。撒迪亚哥的公式结构如图 2.3-1 所示。

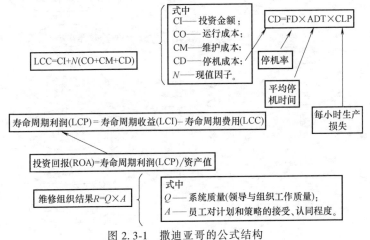

图 2.3-1 撒迪亚哥的公式结构

匈牙利的拉焦斯在项目追求卓越的报告中也提出了项目 LCC 概念。拉焦斯给出一个更广义的 LCC 概念：从变革和设计、研发阶段开始，其费用主要体现在立项、实验、相关专门设备以及测试等方面；到项目进展、成熟阶段，其费用体现在供应、生产和市场运作；到项目衰减和结束阶段，其费用体现在维修服务、结算以及拆除等方面。其结构如图 2.3-2 所示。

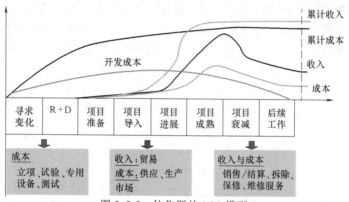

图 2.3-2　拉焦斯的 LCC 模型

拉焦斯在其 LCC 概念下提出了卓越维修模型，如图 2.3-3 所

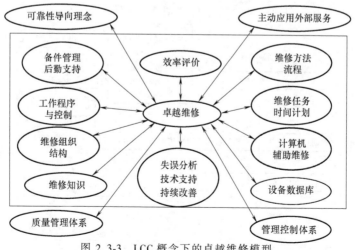

图 2.3-3　LCC 概念下的卓越维修模型

示。他认为卓越维修模型由10个组织内部要素构成，其中工作程序与控制和维修计划时间计划是核心；卓越维修模型还受4个外部要素影响，分别为可靠性导向理念、主动应用外部（社会化）服务、质量管理体系以及管理控制体系。

第四节　追求卓越的维修策略

葡萄牙的瑞·曼纽尔（Rui Manuel）提出了通过维修理念，优化维修组织和效率的概念。维修策略作用于人力资源和材料资源，进一步优化系统和流程，如图2.4-1所示。

设备系统、生产系统、企业（运行）系统与社会系统层层嵌套。其输入要素为人力、材料、备件、工具、信息、资金和外协；其广义的输出要素是利用率、产出、可维修性、质量、安全和利润。设备系统的结构如图2.4-2所示。

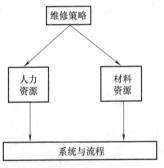

图 2.4-1　集成维修优化示意

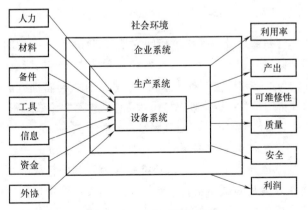

图 2.4-2　设备系统的结构

相关专家对"通过利用率的度量来优化设备效率"进行了论述。设备的利用率,也被翻译成可用率(Availability),表现为三个关键性能指标:可靠性、可维修性、通过维修支持的可靠性,如图 2.4-3 所示。

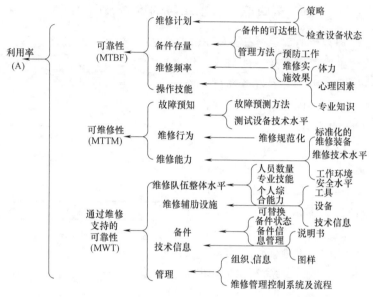

图 2.4-3 通过利用率的度量来优化设备效率示意图

可靠性是通过设备平均故障间隔期(MTBF)来度量的,它直接受到维修计划、备件存量、维修频率和操作技能的影响。其中,维修计划与策略和检查设备状态相关;备件存量与管理方法和备件的可达性密切相关;维修频率与预防工作及维修实施效果密切相关;操作技能又与员工的体力、心理因素及专业知识相关。

可维修性是由平均维修时间(MTTM)来度量的,这个指标取决于故障预知、维修行为以及维修能力。其中,故障预知又与故障预测方法及测试设备技术水平密切相关;而维修行为的要素就是维修规范化;维修能力则取决于标准化的维修装备、维修技术水平和工作环境安全水平。

通过维修支持的可靠性是通过平均维修等待时间（MWT）来度量的，这个指标受到维修队伍整体水平、维修辅助设施、备件、技术信息以及管理的影响。其中，维修队伍整体水平取决于人员数量、专业技能和个人综合能力的影响；维修辅助设施表现为工具、设备和技术信息的运用；备件则取决于可替换备件状态及备件信息管理；技术信息来源于图样和说明书等资料；管理则表现为组织、信息和维修管理控制系统及流程。

维修管理的信息系统支持会把维修活动工作流程完全串起来，在活动全过程的各个阶段提供有效的信息支持和信息交换。例如，在维修活动启动之初，系统提供维修策略和点检（检查、监测、诊断）信息；从维修开始后，系统提供材料备件、技术文件、维修人员和辅助工具信息；在维修过程中，系统提供维修作业规范和质量检验标准信息；维修完成之后，维修组织应该将相关记录、统计、反馈内容，包括等待时间、修理时间、方法、费用等信息作为知识资产交给系统。其结构如图 2.4-4 所示。最近，国际上讨论维修策略重构、再造的话题越来越多。之所以出现这样的情况，是因为在市场竞争激烈、企业飞速发展以及设备技术快速进步的环境下，为适应这一变化，企业要加速对维修策略的调整。

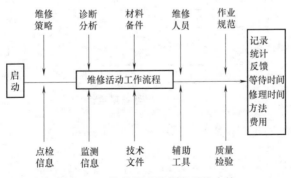

图 2.4-4　维修管理的信息系统支持

英国的拉比卜（A. B. Labib）提出维修策略重组的 6 个特点，即建模性、集成性、定制化、度量化、转化性和诊断性。从公司股票价值最大化出发,根据不同的企业性质和所处状态情况,以及企业的支柱部门所关注的关键要素,有多种可选择的策略。

一类企业是不断扩张而又缺乏竞争的,如新兴行业,专利独有,企业扩张速度快,竞争对手尚未形成;另一类企业有良好的资本状况,努力扩张但又遇到强大竞争对手;第三类企业无论是因为资金或是产品专利、品牌的影响,均处于稳定和无竞争状态;还有一类就是企业稳步运行,但处于激烈竞争状态。对于维修、质量、生产三大支柱而言,都面临对基本目标的诉求,如停机时间、切换调整时间、速度降低、过程废品、空转短暂停机以及初始化时间、质量的影响。不同的情况对目标有不同的诉求,也就派生了不同的策略,如图2.4-5所示。

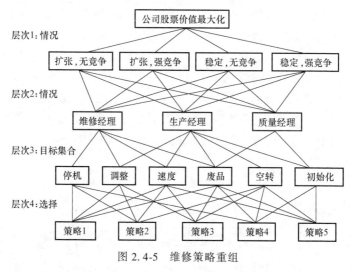

图2.4-5 维修策略重组

新西兰的诺·黑山·雅哈亚(Noor Hishan Yahaya)在他的《世界级维修——面向今天的挑战》报告中指出,随机工作比计划工作的成本要高3倍。他提出的成本领先策略如下:

1)专注于高成本领域:预知何处维修成本高;开发、监测与制定目标;以故障率(MTBF)为维修的KPI;与所有影响的团队沟通进一步改善。

2）按"反求工程观点"寻求资源：连续评价材料与服务的低成本和低风险选择对象；开发本地的"反向工程"零件供应与服务承包单位。

3）推进操作中的小维修：将如泵加油、振动检查、玻璃清洁、滤网清洗、仪表置零等"小维修"交给操作人员；提升操作人员的"主人翁"精神；提升维修队伍的诊断等高技术能力。

4）连续关注维修频率：挑战当前维修频率；延长设备有效利用时间。

5）有效管理装置改造：与其不断改善、修正、选择，不如更关注维修努力；针对"高"风险，专注对影响安全、健康与环境的等高回报因素的改变；估计装置改变对维修成本的影响。

关于维修策略，他在报告里指出了工作优先顺序与工作计划的关系。他说："如果你放弃计划，就是计划放弃！""计划你的工作，执行你的计划！"因为无序工作会产生质量、安全、质量等诸多问题。他主张订立维修合同时要思考与维修供应商建立长久的战略伙伴关系。

比利时的瑞金纳德·范·健耐顿（Reginald Van Genenten）提出追求卓越维修的框架，如图 2.4-6 所示。

他认为，追求卓越维修的主要任务是：

1）设备与部件的关键性分类。
2）运用 RCM 或 FMECA（故障模式、影响及危害性分析）。
3）信息系统 CMMS（设备维护管理系统）要到位。
4）做好工作计划安排集成系统。
5）优化备件库存管理。
6）建立 OEE 度量与改进小组。
7）通过问题分析定位小组消除不协调和浪费。
8）员工参与的资产维护（TPM 为其子系统）。

卓越维修的自评工具是 FMECA、MTBF/MTTR 及 OEE。追求卓越维修的有效激励就是塑造有激情的员工，因为"人们创造一切"，员工是公司的最重要资产。要建立这样的维修文化：

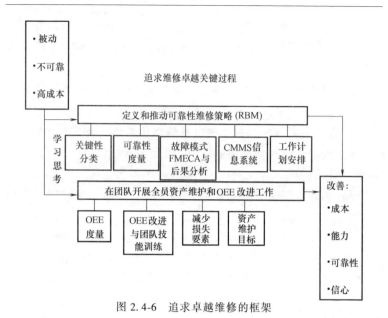

图 2.4-6 追求卓越维修的框架

维修=快乐。荷兰的库伦（V. P. Coolen）描述了制药业追求卓越维修的模型。在其模型里，组织成员包含设计者、操作者、维修者和控制者四类，他们在组织的不同层次各有不同的任务和评价指标，最后的检验标准就是顾客满意。他还提出了制药设备前期验收管理的 V 字模型，其结构如图 2.4-7 所示。

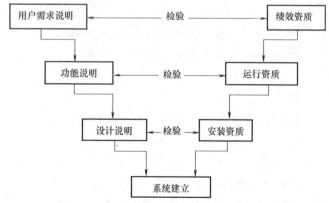

图 2.4-7　制药设备前期验收管理的 V 字模型

中国厦门柯达的石沫发曾经提出设备维护的优化之路，如图 2.4-8 所示。维修模式越被动，则维修费用和损失费用越高；反之，如果采取预防和主动维修，则维修和损失费用会降低，设备状态也会越好。

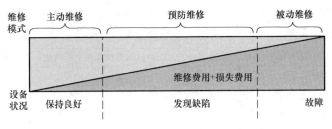

图 2.4-8　设备维护的优化之路

第五节　维修组织文化和维修组织

维修组织文化是国际上讨论的一个重要课题，而维修组织是以组织文化为指引的。笔者近年来收集和总结了各种不同的组织文化特征。表 2.5-1~表 2.5-4 给出了四类不同维修组织的组织文化比较。

表 2.5-1　功能导向型组织和过程导向型组织的组织文化比较

功能导向型组织	过程导向型组织
对外沟通仅限于专家	每个成员都可以对外沟通
信息纵向传递	信息纵向与横向传递
决策来源于高层	决策来源于信息源，基层员工更多地参与决策
多层金字塔结构	分散权力的矩阵式结构
专注于组织功能	专注于结果，通过过程引导结果
最终结果导向	过程标准、规范导向
垂直推动	横向推动
评价注重结果，适于长周期评价	评价专注工程的执行与规范，短周期评价引导长周期结果
不欢迎不同意见	欢迎不同意见
权威式领导	情景式领导

表 2.5-2 专注于维修组织和专注于可靠性组织的组织文化比较

专注于维修组织	专注于可靠性组织
修理	改善
救火状态	预知、计划与时间表
依赖个人技术	依赖团队合作
故障管理	故障状况改善
关注维修费用	关注运行效率
确信故障不可避免	确信故障是个别现象
为故障让路	为故障改善活动让路
故障层出不穷	故障很少出现
计划水平低	计划精准,水平高
很多重复和无用功	很少重复工作
设备处于低可靠性状态	设备处于高可靠性水平
高维修费用	保持较低的合理维修费用
只有短期计划	有长远规划
影响效益,公司不敢投入	公司可持续进行创新投入

表 2.5-3 服务主导型组织和合作主导型组织的组织文化比较

服务主导型组织	合作主导型组织
维修费用指标	总制造成本指标
低价采购	寿命周期费用最小化采购
设备可靠性状态是维修部门的责任	设备可靠性状态是全员的责任
维修任务都由维修技术人员完成	至少 20%的维修任务由操作员工自主完成
工作优先顺序和时间表由生产调度人员决定	采取工作优先顺序和时间表由生产调度人员和维修部门共同制定的规则,协商决定
维修经理总是受到高层领导的批评	维修和生产部门共同承担生产损失责任
维修人员倒班解决设备问题	因为有操作人员自主维修,维修人员不必倒班
经常出现救火状态	预防体系常使设备流畅运行
维修和生产部门经常互相指责	双方通过沟通合作解决现场问题

表 2.5-4 分工型组织和责任型组织的组织文化比较

分工型组织	责任型组织
运行与维护部门按照工作性质仔细分工	虽有分工,但运行与维护部门共同对设备状况负责
操作人员只管操作,对设备状况不负责任	操作人员不仅管操作,还参与清扫、检查和维护
总有些工作无法明确分工,无人负责	生产现场各方责任搭接,任务覆盖
我操作,你维修,各扫门前雪	我指导你正确操作维护,你协助我更好地维修
运行、维修双方,不同专业各方经常互相推诿责任,互相指责	全员共同关心设备状况,共同研究改善和解决方案
组织关心岗位任务分工	组织不仅设计任务分工,还设计岗位责任
出了问题大家先想如何逃避责任,甚至互相指责	出了问题大家共同承担责任,研究发生根源,制定应对和避免方案
权力命令服从	互为责任承担
员工私心氛围主导,小团体主义	员工责任心文化主导,识大局,有使命感

以上表格给出了不同组织的差异,实际很少有如上所述的绝对典型的组织,在维修组织选择上,可考虑以下原则:

1) 维修组织应该与选择的维修管理体系相匹配。

2) 系统进步越依赖于灵活的信息和知识,越应该选择过程导向型组织。

3) 系统更需要合作文化,则越需要选择合作主导型组织。

4) 管理者越关注宏观结构,越倾向于选择重视可靠性的组织。

5) 一般而言,最适合企业发展的就是最恰当的组织选择。

总结国际上建立维修组织的基本原则,大体可以归纳为以下几点:

(1) 总经理领导下的经理或总工程师负责制

多数企业，当最高领导重视设备管理工作时，会在下面设置一个直属的维修经理，以便他随时了解企业设备状态。其金字塔型结构如图 2.5-1 所示。

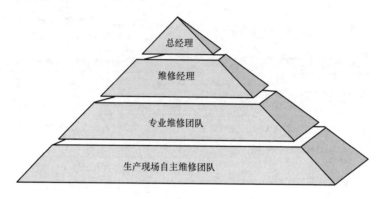

图 2.5-1　维修组织金字塔结构

(2) 管理、技术与经济三位一体原则

无论处于维修组织的哪个层次，主管负责人都可能遇到管理、经济和技术等方面问题。因为维修是任务导向型的，必然涉及对人的管理；其工作对象是机器，就会涉及技术；因为是费用有效的，所以需要设备经理具有经济头脑。

(3) 扁平和窄细化的组织原则

组织发展潮流倾向于从多层次到少层次、从多部门到少部门。为什么？少层次可以加快信息传递速度，减少信息变形；少部门可以减少责任推诿，提高工作效率。

按照"多任务-多技能"的原则，一家中型企业的维修管理部门层次最好不多于3层，部门不多于3个。

(4) 最佳管理幅度原则

即使是再聪明能干的领导者，能够管理的人数也是有限的。因此，在保持组织扁平、窄细化的前提下，要注意领导者的管理范畴和幅度。

(5) 保持最快信息反馈原则

为了正确决策,组织领导要能够从各种信息源得到最快信息反馈,就像一个针孔,有很多线穿入其中。这些信息包括策略、计划、设备状态、维修团队、备件、财务、合作伙伴等方面。

(6) 责、权、利分明原则

维修经理有指挥维修行动、分配维修资源的权力,而且应该对结果负责;同时,也应该获得与设备管理效率相适应的激励和收益。资源、责任、利益和权威性是相互平衡的。没有权力、没有资源,也就意味着没有责任。

(7) 不拘一格,因差异性而宜原则

企业因行业不同、装备密集程度不同、设备分布不同、规模不同、自动化程度不同而千差万别,组织结构应该充分考虑这种差异性。

(8) 淡化边界、专业覆盖、短路管理原则

人们总在试图分清工作责任界限,其实永远也划不清。这就像足球比赛,虽然有分工,但所有队员并不会拘泥于分工,而是全体为着"攻入对方球门,守住己方球门"的共同目标而努力。维修组织如果像足球队一样,将是所向披靡的。我们主张一专多能、以工序重要程度为导向的横向指挥和短路管理。

(9) 管理重心下移原则

理念在管理体系中的作用也是十分显著的。传统管理中,高层领导权力大、责任小;与之相反,当代高层领导倾向于责任大、权力小,而赋予基层领导更大的权力。这样生产现场的执行层人员可以掌握更多资源来解决现场和设备问题。

生产系统的组织变革是一个困难且敏感的问题。因为这不仅是简单的创新,还会牵扯某些人的利益。什么是变革的时机?当人们付出很大努力都不能使组织绩效得到明显改变时,就是需要进行组织变革的时机,如图 2.5-2 所示。

组织变革的目标之一是提升工作效率,另外就是引进和导入新的理念和方法。这些新方法将引起组织如下的变化:

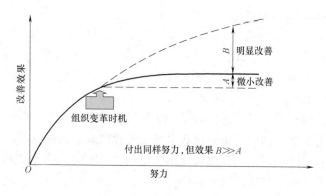

图 2.5-2　组织变革的时机

1) 新维修管理系统会改善 MTTR。
2) 卓越的人员培训和备件管理体系也将改善 MTTR。
3) 良好的设备安装、调整、使用和维护将改善 MTBF。
4) 恰当的预防性维修策略和机会维修安排也将改善 MTTR。
5) 卓越的现场设备管理将改善 OEE。

维修组织重组再造过程分为自我评价、原型研究和结果延伸三个阶段，如图 2.5-3 所示。

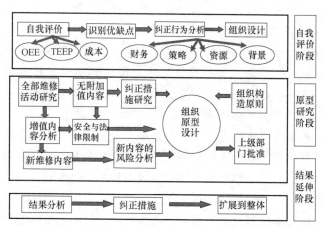

图 2.5-3　维修组织重组再造过程

维修组织设计是联系着维修任务、外部资源、价值流分析、自主维修状态、内部维修力量，而且受到企业总体维修策略影响的系统思考过程，如图 2.5-4 所示。维修组织设计的优劣关系着企业未来设备运行状况和维修费用。

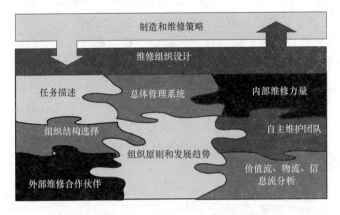

图 2.5-4　维修组织设计的系统思考

第六节　精益维修

在当今世界，很多企业为了能够应对激烈竞争的局面，需要不断增加利润，而降低成本成为实现这一目标的重要而简洁的手段。然而，连续降低成本也出现了一些负面的效果。于是，不少企业开始探索精益生产（Lean Production）的方式，与此对应的精益维修（Lean Maintenance）应运而生。

这个概念最早来源于丰田生产方式（TPS）在维修领域的运用。在精益领域的维修就是关注价值。

1) 从成本的思维转换成价值思维。传统维修预算的关注点主要是降低成本，但也要看到它能够给组织或者客户创造多少价值这一积极的方面。

2) 强化维修组织。精益维修要为客户创造附加值，要把维修组织看成是重要合作伙伴。

3）对产能提升做出贡献。精益维修通过精益文化和工具的导入提升设备可靠性，减少停机损失而为产能和效益提升做出贡献。

4）以少得多。通过良好精益思想和工具的应用，可以较少设备生产更多产品，以优化备件管理，降低库存。

5）简化工作。通过知识共有化，包括维修任务的描述、管理流程计划、工具的运用，简化工作。

关键的精益要素可以使组织效率改善50%以上，并保持持续进步。它不仅是为了堵住漏洞、解决问题，达到某种数量上的下降，而且是让工作创造增值。其要素包含：

1）在客户眼里，增加的价值与无价值的比例。
2）要了解精益的五个原则。
3）选择正确的工具。
4）持续改善。
5）文化基础。

精益要从文化上引导企业，其关键点是：

1）价值流——业务流程。
2）浪费——增加有附加值的任务。
3）流程——按照客户要求的方向进步。
4）后拉式——满足客户实际而非预想的需求。
5）完善——创造持续改善文化。

精益是以文化为基础的，因为以前的很多改善虽然是专注于设备和流程控制的，但其中60%~80%的原因却是来自人的因素——文化——不限于管理上的或现场操作层面上的，而是所有层面上的制度和行为。这往往是很难改变的，需要不断地从基础、领导、制度、参与和评价等方面坚持下去。

如何成为一个精益维修组织呢？首先要选择正确的工作项目，选择和培训恰当的人，应用准确的路线图和工具，提供有效的管理支持，以此来实现预期的结果。

1）选择正确的工作项目，就是所选项目要与组织目标相关联，并确保项目可以获益。在执行过程中，将项目按照价值、资源需求和时间排出优先顺序，选择项目的关键管理要素，这些项目要关注"浪费"和"费用"问题。

2）选择和培训恰当的人，就是要保证正确的领导和参与者，选择可以改善的合适人选，建立精益的支持团队，保证足够的培训和改善时间，并保证恰当的资源支持到位。

3）应用准确的路线图和工具，主要包括：①七大浪费；②价值流图；③标准化；④纠错；⑤快速改善流程；⑥5S；⑦精益矩阵。

4）有效的管理支持，是要将传统的精益生产工具，如价值流分析、瓶颈管理、产能平衡、快速切换等，与设备管理的工具，如故障树、零故障管理、设备损失分析、效率分析等，结合起来，有效地提升设备运行效率，降低维护成本。

那么，如何不断克服经常出现的障碍呢？经常出现的主要障碍表现为短期观念、技术改造影响、太关注设备硬件，忽视软环境、缺乏激情以及没有愿景。

精益的解决方案是：维修组织与客户（服务对象）开发长远的路线图。向客户提出问题，并进行讨论，制订出工作计划。为了改进设备维护状态，就要改变企业最重要的资产：人，人的行为和工作流程。

广义的精益维修是一个三维的概念，它体现在以下方面：

1）从设备全寿命周期上寻求精益。在设备全寿命周期管理的各个环节，包括设备规划、选型招投标决策、安装、使用、维护、修理、改造、淘汰，都存在降低浪费和创造价值的空间，都可以寻求精益。

2）从维修管理流程上寻求精益。维修管理流程实际上就是从维修策略制定、信息采集、故障诊断、维修组织设计、维修资源配置、维修流程、维修技术和验收标准，还包括设备管理 KPI 评价以及激励等全过程，这也是 PDCA 循环在设备管理在逻辑轴上的延伸。每个环节都存在精益的内容。例如，不同的策略其投入产出比不同；不同的维修组织结构和维修资源配置会产生不同的维修成本；不同的 KPI 评价引导不同的结果。

3）从资源要素上寻求精益。资源是维修效果的保证。维修资源包括维修设备、备件、材料、能源、技术服务、信息、人工、知识、关系等。合理配置不同的维修资源，充分发挥企业内部维修资源的效率，挖掘维修资源的价值，也是精益维修的重要任务。例如，备件库存的优化可以在保证检修的前提下使维修备件库存和流动资金占有最小化；有效地将企业内部员工自主维护、外部合同化维修与企业内部专业维修队伍合理搭配，可以使维修成本最小化、维修效率最大化；做好维修知识资产的发掘、储存、分享、标准化和培训，可以大大提升管理效率，减少重复性差错，提升维修组织的整体水平。广义的精益维修在三个维度上都大有文章可做。

广义的精益维修概念如图 2.6-1 所示。

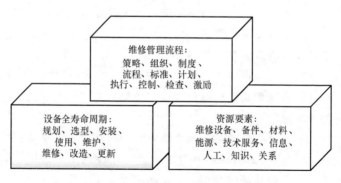

图 2.6-1 广义的精益维修概念

第七节 绿色维修和设备健康管理

设备的绿色维修是贯穿设备全寿命周期的活动，目的是让设备维护过程变得低碳环保。

绿色的概念从设备的前期管理时就开始介入了。在日益重视环境保护、低碳和人类可持续发展的今天，设备的前期采购必须包含环境要素，否则以后要为此付出沉重的代价。除了环境、安全等因素，设备前期采购还包含对设备寿命周期费用最小化的评价和追求，如节能、减排、可维修性，包括在备件替换成本节约上的预见性措施。

在设备安装阶段，要从人机工程角度来设计减少职业健康和工作疲劳的不良影响，设计和预留安全逃生通道，从设备寿命周期费用的角度来保证安装质量。

在设备使用阶段，从操作、清扫、自主维护（包含润滑）、健康管理乃至状态监测和劣化控制等方面采取措施，以期减少设备故障、事故和环境破坏，减少停机损失，降低维修费用。

在设备维修阶段，从维修策略的选择、维修流程的优化、维修技术的开发、质量验收的规范，以及部件的修复和再生等角度，达到以最小的资源消耗获取最佳效果这一绿色目标。

设备的科学技术改造本身就是绿色的行为，它可以延长设备使用寿命、节约能源。改造又可以将新的要素及活力注入老旧的设备，如节能改造可以降低设备能耗指标；质量改造可以提升设备精度和稳定性，使产品质量更具竞争力；效率改造可以释放设备产能；环保改造可以让设备对环境更友好，减少环境破坏；安全改造可以减少设备的人身或者职业伤害。

设备淘汰是设备全寿命周期管理的最后一环，也存在重要绿色因素。这包括设备本身的修复再生，退而求其次就是部件的回收利用，再退一步就是零件及材料的回收以及修复再生。不能修复回用的部分要从环保的角度进行废物处理。

设备全寿命周期的绿色维修如图 2.7-1 所示。

在全球能源紧缺、气候变暖、环境不断被破坏、人类生存环境越来越恶劣的情况下，国际社会越来越重视绿色维修的实施。下面具体介绍各国对绿色维修的理解和具体举措。

联合国关于"可持续性"的定义是"对当代需求的满足不应以牺牲后代正常需求为代价"。世界各国维修组织以及企业也

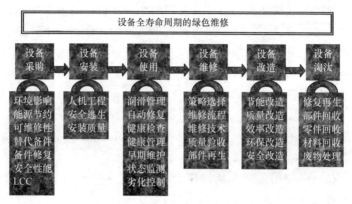

图 2.7-1　设备全寿命周期的绿色维修

将绿色维修提上议事日程。

巴西的费尔南多·塞尔索（Fernando Celso）等人提出把工业维修嵌入"可持续性"中，让工业维修具有保护环境的使命，防止破坏环境的意外发生。他们认为工业经济系统与环境体系具有如图 2.7-2 所示关系。

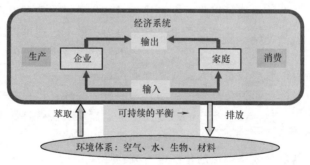

图 2.7-2　经济系统与环境体系的平衡关系

在设备的整个寿命周期，从绿色维修角度需要考虑的要素如下：

1) 可持续生产。所谓可持续生产，是指产品从设计、生产、销售、使用到处理，造成最低的环境和职业健康危害，消耗最少的材料和能源资源。这关系到全球的可持续发展。

2) 产品的环境周期寿命设计程序。这是一个贯穿整个产品发展周期的连续过程,牵涉下列问题:

① 产品功能。目的是实现产品功能的合理化。包括定义功能值和识别重要参数,列出如压力、温度、脉冲等目标参数的度量方法,评估每一功能单元消耗的能源和材料,对新旧产品做出比较等。

② 产品结构。目的是产品结构的合理化。首先描述每一子系统或部件的功能和总功能,考虑通过功能的集成或子系统的简化能否节省材料,看看是否能通过功能分析节省材料,研究材料的化学构成来分析分解的可能,考虑产品使用材料的种类是否可以减少等。

③ 产品寿命周期。从产品整个寿命周期的角度,综观其对材料消耗和环境的影响。首先粗略描述产品寿命周期,列出材料消耗的主要类别,评价原料和能源内容,评估内部加工与外协加工能源消耗,评价在运输、使用产品时的能源消耗,并与加工过程消耗比较;评估燃烧、再循环的能源利用,指出可以再利用的部件;说明和讨论在自身产品中再利用旧部件材料的可能,讨论可以在其他产品中再利用的可能,讨论现有的产品处理方式,讨论处理的废弃物量。

④ 产品部件。识别产品部件的环境问题。描述各个解体部件及其生产过程,评估主要部件的环境和职业健康危害,评价这些部件生产过程和对内部及外部承包商所处环境与健康的影响,讨论可替代的材料或技术,考虑处理技术的成本。

3) 维修性。所谓的维修性,是指设备可以用最短时间、最小成本,使用最少的人工、备件、工具、检测设备、辅助设施等后勤资源,达成不影响运行性能和安全性维修效果的特性。维修性包括如下内容:

① 一般内容。标准、部件功能分类、控制台布局、复杂性、自检测、最长修理时间、附属工具和检测设备、标签、重量、校正要求、维修程序、人员要求、合同管理。

② 搬运。设备吊装、控制柜搬运、组装、控制架、易损坏性、重量标签。

③ 设备安装。柜安装、面板安装、机上维修、电缆引入、设备安装重量、操作台最佳位置、进排气口安排。

④ 包装。插入模块和部件、模块部件摆放、部件更换的易操作性、安装失误防止、部件装配、安装说明、互换性。

⑤ 可达性。提供维修通道、通道门支撑、门标签、门尺寸、最少的门紧固件、使用最少工具、部件的可达性、危险接触说明。

⑥ 紧固件。快松紧固件、标准化紧固件、六角有槽紧固件、可抓握紧固件、紧固件旋具。

⑦ 面板显示与控制。控制标准化、控制顺序排列、控制模块间距、控制标签、控制显示关系、仪表、面板照明、熔丝要求、使用警示灯、指示灯颜色、控制键按使用频率排放。

⑧ 测试点。前面板位置、功能分组、测试点标签、内部测试点可达、测试刻度、恰当保护、恰当显示、与使用的控制和显示邻近。

⑨ 调整。调整点可达、周期调整预知、消除交叉影响、有调整锁住装置、工厂调整、调整点标签、大动作的精细调整、仪表的内置插孔调整、增量顺时针方向调整。

⑩ 部件与总成。部件组合、标签、工具留位、个别部件直接可达、部件精细化。

⑪ 电缆。电缆可移动装配、电缆排布无死弯、排布避免利器穿透、通过孔洞保护电缆、标签、卡子线码、把柄使用。

⑫ 连接子。可快速断开连接、远离障碍时易于抓住连接、或断开、标签、按键（钥匙）、标准化、提供备件销子、公连接子加帽、"热"插孔、"冷"插头、防潮湿。

⑬ 校正与润滑。校正要求、校正点可达、校正频率。

⑭ 环境。温度、湿度范围、亮度、可移动、机动性、储存条件。

⑮ 安全。电气接线盒、互锁、熔丝-电路-断路器保护、警告显示、安全盖、明显报警装置、外部金属部件、抽屉-面板-结构边缘、工具。

⑯ 可靠性。全范围平均故障间隔期、故障-安全防备、紧急-校正寿命、磨损周期、故障可探寻试验。

图 2.7-3 给出了应用再制造和绿色维修策略的设备寿命周期。

节能管理也是各国日益关注的领域。除了那些电解、电熔炼等耗电大鳄，企业能源消耗的主要设备是电动机。电动机在工业中的应用分布十分广泛，在电动机节能方面有较大可挖掘的空间。

不少企业认为，电力与能源消耗的管理应该建立系统解决方案，从能源的监视开始，通过分析计算，达到合理、科学的控制和节约。其结构如图 2.7-4 所示。

在企业里，首先要确定需要重点监视的能源消耗设备，如供水、压缩空气、蒸汽、燃气、燃油、煤炭、电力供应等；然后，在取得基础数据的基础上，对使用时间、使用负荷、利用率等相关数据进行分析；分析其成本分布和单位能耗，与其他企业、行业和国际先进的基准进行比较；再设计科学合理的解决方案；最后到控制举措实施阶段，这里有很多管理手段可以利用，包括变频调速、削峰填谷生产、能源综合利用等。

对于以机械运动为主的企业，良好的润滑管理也是节能的重要手段之一。不良的润滑会造成大量的机械摩擦和发热，从而形成巨大的能量损失。企业提出润滑的 6R 管理：

1) Right People——正确的人。
2) Right Time——正确的时间。
3) Right Place——正确的位置。
4) Right Quantity——正确的量。
5) Right Product——正确的产品。
6) Right Method——正确的方法。

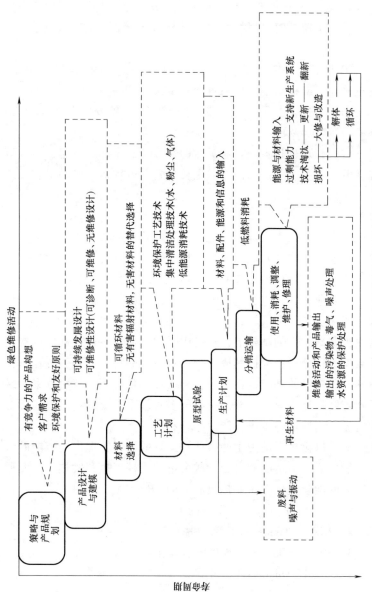

图 2.7-3 应用再制造和绿色维修策略的设备寿命周期

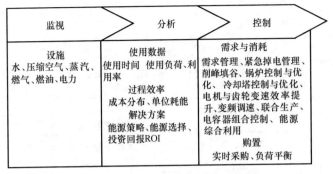

图 2.7-4　能源消耗的系统解决方案

比利时的博雷瑞斯石油化工（聚烯烃）厂积累了很好的节能经验，给出了节能的五个原则：

1）满负荷、高效率运行设备。
2）避免停机和重启。
3）供气系统保持平衡。
4）使用高效率的设备。
5）能源现场管理。

除了设备优化，能源现场管理是一项长期、细致的工作，如防止碳氢气体泄漏，不断通过一些能源替代品来降低成本，以及通过隔离、隔热方式来减少热量损失。

第八节　设备知识资产管理

当今世界处于知识经济时代，制造业中科技、信息和知识的含量也与日俱增。知识成为企业的重要资产，成为企业竞争力的要素，设备知识资产管理也引起各国的重视。

1. 知识资产管理——未来维修管理

西班牙的琼斯·马利亚·博达（Jose Maria Borda）指出，随着企业维修策略的改变，维修知识资产管理策略也应该不断改变，这样才能在激烈竞争中立于不败之地。维修策略改变和维修知识资产管理策略的适应性变革如图 2.8-1 所示。

维修策略的转变：
- 从过度维修到有效维修
- 由固定间隔维修到状态维修
- 对影响设备状态的参数进行监控
- 仅处理出问题部分，可裁剪式维修（项修）
- 优化设备运行时间，减少非计划停机
- 优化预防维修，避免不必要的干扰

维修知识资产管理策略的适应性变革：
- 提高维修效率的训练——消防队员式的训练
- 收集设备结构信息
- 编写教材——OPL进行培训
- 维修前的设计与准备
- 维修实践与观摩记录
- 马上建立经验知识库，将维修后的经验输入知识库
- 知识库的更新与分享

图 2.8-1　维修策略改变和知识资产管理策略的适应性变革

当前企业不断面临人力资源方面的变化，自动化程度越来越高，生产、维修人员越来越少。现代维修组织的功能是：设计维修策略及不断地优化；不断的内部培训；寻求外部资源的支持；团队合作的改善与监督；支持"多技能-多任务"员工的培养，以减少资源成本，充分发挥员工技能——人手少但要"全副武装"。设备知识资产管理的流程如图2.8-2所示。

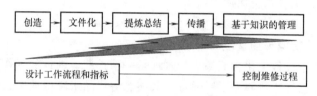

图 2.8-2　设备知识资产管理的流程

设备知识资产管理的主要特征是：数据采集-数据分析系统会发出预防维修、改善维修电话或电子邮件报警，并提供依据；组织功能是做出分析报告和维修决策。

他认为设备知识资产对维修的优化作用是：计算机分析运行与纠正维修状况，优化预防维修过程；检测出隐患，建议改善内容；仿真过程，优化备件库存。

2. 维修管理中的知识资产管理

克罗地亚的马拉顿·加可维切克（Mladen Jacovcic）指出，时代的变化让维修管理的范畴进一步扩展。从技术层面看，维修的执行朝着更专业的方向深入，而且维修的外部技术支持也更加

专业和深入。其变化如图 2.8-3 所示。

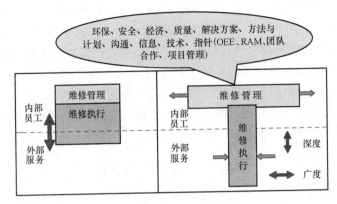

图 2.8-3 维修管理状态的变化

对知识的投入包括培训和知识的收集。知识分为显性知识与隐性知识。显性知识是书本、网上、CD、课堂、文件中所包含的知识；隐性知识是个人的、非文件化的、感觉的、动态获得的、以经验为基础的知识，可以描述为"意味""说不出""第六感""感应""心领神会"等的人脑里的知识。

企业要鼓励员工分享经验和知识，外部鼓励可以通过物质激励来实现；内部鼓励可以让员工获得更多的自我满足感。

企业应该鼓励和设法将隐性知识转化为显性知识，组织编写相关文件和教材，如：

1) SOP——标准作业程序（Standard Operating Procedures）。
2) OPL——单点课（One Point Lesson）。
3) OJT——岗位培训（On Job Training）。

企业应该营造维修知识资产管理的环境：要有愿景与优秀的企业文化——富于刺激的工作、愉快的环境；要建立有效的、自上而下的公正管理，良好的收入，合理的分配制度，可理解和可实现的目标。

美国的爱瑞克·哈斯曼（Eric Hustom）认为，计算机辅助维修管理系统应该是智能资产管理系统。他认为传统计算机辅助维修管理需要大量时空数据的支持，但事实上没有真正的决策支持能力。很多维修决策依赖人们的感性认识，主动维修技术，如全员生产维修（TPM），操作者驱动的可靠性，状态维修（CBM）等。80/20分布律告诉我们，80%的决策来自经验和感性的决策。

何谓智能资产管理？员工累积的知识与经验即称为"智能"资产。运行组织应该抓住、构造、控制和管理好自己的知识。知识资产管理的投资回报率是极大的，将"智能资产管理"与"物质资产管理"结合起来，意味着下一代 CMMS/EAM 系统的进步。

第九节　维修工程教育

维修行业可以说是最难失业的行业之一。因为只要世界在运行，就始终需要维修人员。随着设备技术的不断进步，对设备管理和维修技术人员的专业水平要求越来越高。然而，在这方面的专业教育和培训却一直处于停滞或者落后状态。先进的设备与落后的维修及其管理队伍的矛盾日益突出，与落后的维修教育的矛盾也日益突出。欧美一些国家已经开始意识到这方面的问题并开始行动。

瑞士的圭多·沃尔特（Guido Walt）给出欧洲维修团体联盟（EFNMS）所设定的4级维修人员资格，见表2.9-1。

表 2.9-1　欧洲 4 级维修人员资格

管理级	A 级	B 级	C 级
欧洲维修经理	欧洲维修工程师	欧洲维修技师	欧洲维修技术员
EFNMS 证书	学士或研究生/硕士学位	大学或 EFNMS 证书	大专或 EFNMS 证书
个人训练课程	理工科技大学	国内学校进修基础理论知识	国内学校进修基础理论知识
具有维修管理经验的高级人员	大专、本科学生或欧洲维修技师	至少 2 年以上维修实践或维修技术员	至少 2 年以上维修实践的技术工人

注：A 级与 EFNMS 证书不同，A 级是具有工程背景的人员具备一定的维修理论知识，EFNMS 证书是专门授给高级管理者的。

欧洲几个国家提供维修培训与教育证书的情况如下：

1）爱尔兰都柏林的塔拉特技术学院连续8年为企业倒班员工提供精心设计的维修技术培训课程。

2）意大利拿波里大学开设了"建筑与城市维护"研究生课程。

3）斯洛伐克简尼拉大学开设了"机器设备维修"专业，同时还为社会提供"设备操作运行""维修工程师""维修经理"等不同层次的培训。

斯洛伐克简尼拉大学的"维修经理"培训课程表见表2.9-2。

表2.9-2 斯洛伐克简尼拉大学的"维修经理"培训课程表

编号	科目	学时(h)		形式
	第一模块	T	L	
01	维修组织与系统	6		Wt
02	失效模式与影响分析	6		Wt
03	计算机维修管理	4	6	Pt
04	特种设备维修	6		Wt
05	维修技术	6		Wt
	小计	28	6	
	第一模块总学时	34		
	第二模块	T	L	
06	技术系统的质量与可靠性	6		Wt
07	维修概念——TPM	6		Wt
08	维修概念——RCM	6		Wt
09	维修计划与基准	6		Wt
10	技术诊断	6		Wt
11	维修信息系统	6	6	Pt
	小计	36	6	
	第二模块总学时	42		
	第三模块	T	L	
12	专业实习	0	30	FE
13	公司维修项目设计	0	30	FE
	小计	0	60	
	第三模块总学时	60		

注：T—讲授；L—实践；Wt—卷面测验；Pt—实践测验；FE—项目最后答辩检验。

4)意大利认证机构在国家研究委员会（CNR）、意大利标准权威机构（UNI）、意大利维修协会（AIMAN）的支持下，建立了第一个意大利维修个人认证体系。他们将认证分为三个级别：第一级——维修技工；第二级——维修技师/工程师；第三级——维修经理。每一级均有相应的应知应会要求，并需要完成最低限度的培训课程计划，通过相应考试。

维修教育与培训是解决人才危机的关键。加拿大维修协会开设了"维修管理专业"（MMP）证书课程，其主要架构如图2.9-1所示。

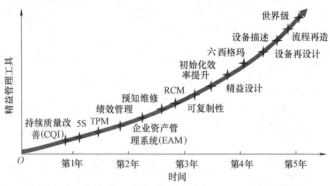

图 2.9-1　加拿大"维修管理专业"（MMP）证书课程

MMP证书课程的主要基础模块包括：物理资产管理基础；生产和运行管理；人力资源管理；财务管理；维修策略开发；预知维修管理；计算机维修管理信息系统（CMMS）；总结课题。下面分别加以详细描述。

（1）物理资产管理基础

1）物理资产基本概念导入。

2）有效维修管理的最新发展、趋势、策略和方法。

3）对追求"卓越"的策略理解。

4）学时：15h。

首先介绍整体课程计划，然后总览8个模块的进步路径图；使用从"无知"到"卓越"矩阵表，对本人和本企业状况进行标定，见表2.9-3。

表 2.9-3　从"无知"到"卓越"矩阵表

策略	人力资源管理	规划与计划	维修策略技能	绩效度量	信息技术	员工参与	可靠性分析	流程分析
卓越	多技能独立的专业组织	长期的主要项目和工程规划	以员工为基础的分析和策略	设备效率、基准和维修费用数据库	完全集成的公共数据库	自主改善小组活动	集成的价值-风险分析	定期评价过程、费用和质量
有竞争力	部分是多技能的	优秀计划和时间表,工程支持	一些状态维修和预防性维修	MTBF/MTTR及可利用率,区分维修费用	完整系统连接物料、财务系统	有持续改善小组	应用一些FMECA分析	对专业流程、策略和管理进行评价
理解	分散混合的专业组织	有计划部门、专项工程	基于时间和使用的检查	停机原因记录,维修费用可区分	完整系统与其他系统连接	建立正式的现场改善委员会	有效利用的失效数据库	分专业进行流程和策略分析
觉醒	部分专业领域集中化	故障检查的时间计划	基于时间周期的检查	有停机记录、维修费用无区分	基本维修计划和备件记录	有一些安全改善会议	收集数据但很少应用	一次分析
无知	高度集中化	无规划,无计划,随机	每年一次的停机检查	无系统设计,无维修费用统计	手工或个别系统	只有工会委托的会议	有失效记录	不分析

注:策略行各项对应——卓越:建立公司维修与资产策略;有竞争力:长期改善计划;理解:每年的改善计划;觉醒:预防性维修和改善计划;无知:多数是被动地应对故障。

(2) 生产和运行管理
1) 详细计划编排方法。
2) 生产管理方法。
3) 质量控制方法。
4) 精益流程和生产概念。
5) 减少各种形式的浪费。
6) 学时：35h。

(3) 人力资源管理
1) 法律内容。
2) 劳动力内容。
3) 团队建设与管理。
4) 小组变革管理。
5) 绩效管理。
6) 学时：30h。

(4) 财务管理
1) 基本记账原理。
2) 成本核算。
3) 预算。
4) 票据管理。
5) 预测。
6) 投入产出评估。
7) 维修费用管理。
8) 费用效益分析。
9) 学时：30h。

(5) 维修策略开发
1) RCM 把握。
2) CBM 监测技术掌握。
3) 确定故障水平。
4) 资产功能故障定位。
5) 故障后果分析。

6)维修任务。

7)预防维修推动。

8)预防维修中的可靠性、有效性和关键性运用。

9)学时:30h。

(6) 预知维修管理

1)预知维修工具集成。

2)识别可用的预知维修技术。

3)基于设备的技术选择。

4)建立有效矩阵。

5)在矩阵里分析趋势和规律。

6)分析预知维修投入和产出。

7)研究如何应对预知报警。

8)评价预知维修程序。

9)学时:30h。

(7) 计算机维修管理信息系统(CMMS)

1)项目计划与组织。

2)推动团队开发。

3)分配团队任务和责任。

4)集成 CMMS 的各项活动:财务、计划、数据收集、预防与预知维修、生产计划。

5)学时:30h。

(8) 总结课题

1)10 周项目/案例研究开发。

2)小组项目/案例练习,复习(1)~(7)模块知识。

3)第 9 周项目结题。

4)第 9~10 周项目演讲和评分。

5)在学员所属企业或者将就业企业进行案例研究,同时推动这些企业进步。

总共 225 课堂课程,每模块需要 3h 考试,每课堂后作业练习 2~3h,累计 675~900h,历时 2 年~2 年半,颁发毕业证书。

第十节　维修中的人因失误管理

维修是具有一定伤害性的活动。越是大型、流程性、易燃易爆或者有毒害介质的设备，维修过程中的伤害就越明显。其中人因失误又是重要的原因，一般占70%~80%的比例。

波音公司曾经对发动机维修做过失误的类型统计，其数据如图2.10-1所示。

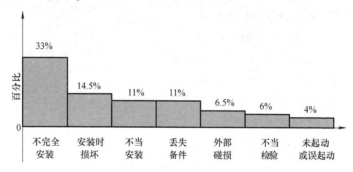

图2.10-1　维修中人因失误类型统计

值得指出的是，不少企业谴责人因失误，甚至严厉地惩罚人因失误，但这往往是事无补。因为没有人愿意失误，而这种失误又是难以完全避免的。因此，只能积极地面对各种各样的人因失误。人因失误管理的本质就是让那些容易发生的失误很难发生，而让很难做好的事情易于实现。

面对形形色色的人因失误，要进行细分并做针对性研究。一般规律性人因失误的类型见表2.10-1。此表将失误分为大类型和小类型，其中小类型是对大类型的详细描述，是大类型的具体表现形式。

表2.10-1　一般规律性人因失误的类型

大类型	小类型
长周期记忆与瞬时反应的差异	● 关注一件事，减少对其他事的注意力 ● 只选择少部分感知内容来关注 ● 不相关的事转移了注意力 ● 人对某方面的关注仅可以持续几分钟

(续)

大类型	小类型
注意力集中度与人的本能关系	• 越熟练或习惯的事情,需要的注意力越少 • 正确动作需要注意力平衡,不能太多,也不能太少
丧失警觉	• 长期习惯性的检查会丧失对故障,尤其是较少发生故障的警觉
疲劳	• 时间规律影响:人在凌晨的几小时容易疲劳 • 压力-紧张:体力、药物、社会、工作节奏、个人原因
刺激水平	• 太多刺激,太少刺激
思维决策偏差	• 确认偏差 • 情绪决策偏差——被激怒后的行为

维修失误是人因失误在"维修"这样特定活动中的表现,其类型和表现见表2.10-2。

表2.10-2 维修失误的类型和表现

维修失误的类型	表现
故障认识	• 对信号、现象和功能的误识别 • 对问题状况未检测清楚
记忆失误	• 输入错误:一系列动作失位,产生时间差 • 储存错误:受干扰瞬时丢失目标 • 输出错误:即时忘记输出内容名称 • 干扰后的丢失步骤 • 不完全、不成熟的退出
技能失误	• 技术差异 • 操作过失
规则失误	• 错误地应用规则 • 应用错误的规则
知识失误	• 缺乏、片面、不完整
违章作业	• 常规违章:图快,省略必要步骤 • 异常违章:出风头,无验证的试验作业 • 情景违章:怕无法完成作业而临时采取的机动措施

如何避免维修中的人因失误？建议采取以下策略：

（1）避免不必要的"预防"维修（引起新故障缺陷）

1）界定分析范围。

2）确定设备功能。

3）识别故障模式。

4）分析故障模式、影响和后果。

5）选择推荐的维修任务。

6）识别附加的改善活动。

7）结合运行策略落实时间计划。

8）批准并实施维修活动。

过度预防维修并不可取，要经过分析之后再实施。

（2）维修质量管理的关键原则

1）承认人因失误普遍存在而且不可避免。

2）失误本身并不坏，是指向正确的路标。

3）你不能改变人的工作状态，但能改变人工作的环境状态。

4）最优秀的员工可能犯最糟糕的错误。

5）人们很难完全避免他们不想犯的错误。

6）失误更是结果而非原因。

7）很多失误往往是反复发生的。

8）系统的任何层次都可能发生安全意义上的失误。

9）失误管理就是管理那些易于管理的内容（环境条件易于管理，而人的本质却不易于管理；与其管理人的本质，不如管理人的工作环境）。

10）维修质量管理就是让出色的人更优秀。

11）维修质量管理无捷径可走。

12）有效的维修质量管理应该着眼于系统改善而非局部调整。

企业可以采取若干工具来管理失误：

（1）人因措施

1）对人员进行关于导致失误的诱因的专题培训。

2）采取措施减少人因违规失误数量。
3）鼓励执行任务前的身心演习。
4）采取避免分散注意力的措施。
5）通过"点标志"防止工作中的"缺位、失位"。
（2）团队举措，团队合作培训
1）沟通技巧。
2）团队发展和领导技能。
3）工作负荷管理和技术熟练。
（3）工作地点和任务举措
1）保证人员只有经过培训，具备技能和资格才能上岗。
2）疲劳管理：进行良好的工作轮换设计，避免人员疲劳。
3）工作任务分配：工作节奏影响失误，进行恰当的工作节奏安排。
4）工作任务与相关设备要设计恰当。
5）易于靠近相关部件（功能相近的部件相对集中；标识明显；尽量减少专用工具；尽量减少现场精细作业；设备的设计应该易于诊断其故障）。
6）强化现场管理标准（改变懒散、随意的习惯）。
7）保证备件工具的定置管理。
8）编写和执行有效的维修管理指南。
（4）组织举措
1）通过根源分析（RCA）和"故障报告"制度，将学习以往故障的经验纳入程序化管理。
2）将评价未来维修失误风险纳入管理流程。评价领域包括：各级维修人员的知识、技能和经验；员工士气；维修备件、工具、辅助设施到位状况；工作疲劳、紧张和时间压力；倒班状况；维修说明和指南。

第十一节 维修外包的发展趋势及其管理

随着国际上社会分工细致化的不断发展，维修外包已经成为历史发展的必然和不少企业的首选。

关于维修外包的选择，一般认为：低技能、低频率的工作外包，因为从成本考虑，用内部专业维修队伍应对偶尔的低技能维修任务是不合算的；低技能、高频率的工作外包，因为这样可以充分利用社会专业维修特长和管理能力，利用低技能、低价格特点，让企业更关注自身的核心竞争能力；高技能、低频率的工作外包，因为维修频率低，企业虽设有专门的高技能维修团队，却没有饱满的工作任务，而这支队伍的工资成本也比较高，在经济上是不合算的，不如寻求社会上的维修供应商来进行，即使每次维修费用较高也是合算的；高技能、高频率的工作内包，因为这也是企业内部的核心维修能力，可以快速应对企业内部频发的维修难题，可以让主流、重要设备在自己的掌控之中。维修外包管理示意如图 2.11-1 所示。

➤维修外包的选择：
低技能、低频率的工作 —— 外包
低技能、高频率的工作 —— 外包
高技能、低频率的工作 —— 外包
高技能、高频率的工作 —— 内包

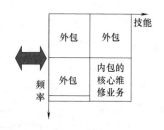

图 2.11-1　维修外包管理示意图

维修外包管理的形式是多种多样的，有工时和材料的外包、固定价格的外包、基于成果的合同、业绩外包，还有租用设备形式和双方合作伙伴形式。其具体方式描述以及效果优劣见表 2.11-1。

表 2.11-1　维修外包管理具体方式描述及效果优劣

外包形式	发包者责任	承包者责任	付款方式	评论
工时和材料外包	工作指导和监督	提供维修人员技能	按照工时和材料消耗付款	仍然是一种流行的维修外包形式

(续)

外包形式	发包者责任	承包者责任	付款方式	评论
固定价格外包	有详细的工作范围和职责说明	按照说明进行工作,包含详细工程与计划	按照说明完成工作后付款	可能忽视停机检修损失
基于成果的合同	有面向设备的良好运行和维护	根据设备状况进行预防性计划维修	按照年台设备固定付费	要推敲如何度量检修水平
业绩外包	建立标准和专业组织,明确信息	决定恰当的预防维修和纠正性维修	依据设备业绩和其他KPI付款	全厂几年外包给一个主导承包商
租用设备	卓越的现场管理	提供设备产出,如吨钢、产品数、飞行小时	按照产出数付款	维修由中间商或设备供应商提供
双方合作伙伴	优秀现场、沟通和专业组织	对所有维修活动负责的专业组织	每年固定费用及奖金	双方形成战略合作关系,这是一种理想模式

显然,维修外包可以发挥其优势,自然也存在缺点和不足。其优缺点比较见表2.11-2。

表2.11-2 维修外包的优缺点比较

优点	缺点
灵活	可能选择了糟糕的维修供应商
低投入风险	失去对过程的了解和控制
改善现金流	准备和响应时间可能较长
低潜在劳动力成本	失去对自己设备的了解
充分利用外部专家的知识	无法控制输入和输出

国际上维修外包走过了超过30年的路程,其中不乏成功的经验,也积累了不少失败的教训。维修外包的发展之路如图2.11-2所示。

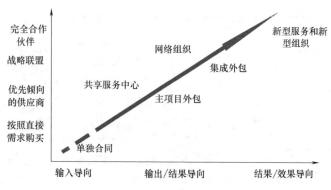

图 2.11-2 维修外包的发展之路

维修外包虽然是发展趋势，但对待维修外包也要经过细致、科学的研究。否则，外包的维修不但会增加企业的成本，还会带来生产、安全、环境风险。一般地，维修外包包含如图 2.11-3 所示的管理内容和阶段。

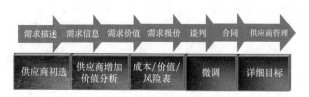

图 2.11-3 维修外包的管理内容和阶段

并不是所有的维修外包都是成功的，造成维修外包失败的原因可能有以下几种：

1）维修供应商不切实际的服务水平。
2）无效、不准确的工作矩阵设计。
3）数据不能及时捕捉并与企业共享。
4）文化交流和沟通不够。
5）双方都不明白这种战略合作的意义。

成功的维修外包，其关键是：

1）设计包含清晰规则的、全面、准确的合同。

2）汇集所有相关数据且能够有效地评价。

3）将服务详细分类。

4）建立忠诚客户的数据库。

5）要求并提供具有附加值的服务。

6）充分沟通，清楚了解双方努力的最终价值。

7）确信这对于企业和个人是一件好事。

要保证外包维修成功，无论是发包还是承包企业都应该具有：

1）良好信息联络渠道。

2）明确的业务策略。

3）可度量业务水平的能力。

4）适合的企业文化。

5）卓越的沟通。

关于外包维修，某汽车制造企业给出了其非核心业务外包的主体框架，如图2.11-4所示。

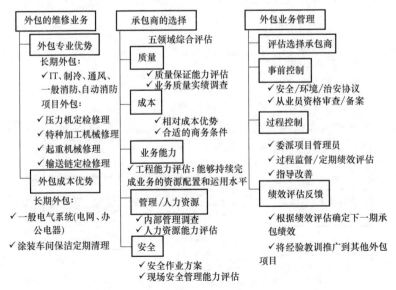

图2.11-4 非核心业务（维修）外包主体框架

某制药企业还论述了外包维修与内部生产人员建立的合作关系在质量维护中的作用，提出了在合作协议下的伙伴关系框架，如图 2.11-5 所示。

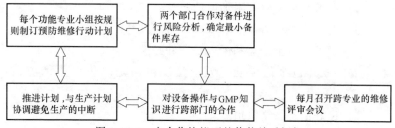

图 2.11-5　在合作协议下的伙伴关系框架

在维修外包的实践中，多数企业深刻认识到建立合作共赢关系的重要性。合作的关键点在于以下方面：

1）由客户、承包商与重要分包商的关键人物组成合作团队。
2）建立相互信任关系。
3）各部分工作内容透明化。
4）创造双赢。
5）改善项目质量。
6）减少投诉与摩擦。
7）共同改善成本、进度与效益。
8）营造良好、愉快的工作环境。

这种合作伙伴关系对维修质量的影响如图 2.11-6 所示。

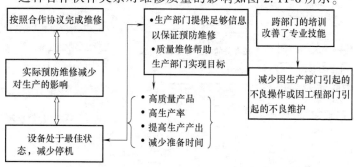

图 2.11-6　合作伙伴关系对维修质量的影响

第十二节 维修与设备管理水平和绩效管理

管理大师泰勒说过:"你只能改善你所能度量的东西!"

国际维修界近年越来越重视对维修管理的评估,提出一些新的方法和评估指标。什么是优秀的维修管理?归根结底,要使设备全速运转,同时有较短的停机维修时间、无计划外的事故、生产高质量的产品以及最少的维修成本。这一策略不是短期、即时的,而是长周期的。

据瑞典吉娜·爱尔伯特(Gena Albert)介绍,在芬兰、捷克、瑞典十几个生产企业试行的 Scemm 评估方法取得了良好的促进效果。这种方法又称为三步自我评估程序。第一步为概述,主要用来确认各部门运行如何,使用何种方法,取得效果如何,如何评价和改进,涉及领导、生产与维修计划、信息与分析、人力资源管理、过程管理、运作结果及风险、环境等领域;第二步为评价,由训练有素的评估员对各部门如何运作、改进工作进行评审,对评审结果打分,并给出一份改进工作的反馈报告;第三步为改进,即按照问题和改进工作的优先顺序,对各部门工作进行改进。芬兰的奥奇洛托核电站就是采用 Scemm 方法对维修管理评估的,经过 2~3 年的努力,事故减少了 25%,故障减少了 50%,非计划停机减少了 50%,设备有效利用率提高了 5%。具体评估表可参考表 2.12-1。

表 2.12-1 三步法评估表

公司:	时间:	评审员:	评价小结:		
大类	项目		评价	最高分	最低分
1. 管理活动、质量和信息					
2. 运行与维修策略计划	2.1 运行与维修策略计划				
	2.2 从策略到实践				
	小计				

(续)

公司:	时间:	评审员:	评价小结:		
大类	项目	评价	最高分	最低分	
3. 信息与分析	3.1 选择和利用信息				
	3.2 比较信息				
	3.3 分析信息				
	小计				
4. 个人发展	4.1 人力资源利用计划				
	4.2 员工知识技能开发				
	4.3 雇员满意和工作环境改进				
	小计				
5. 运行和维修质量与过程管理	5.1 运行和维修程序的开发与指导				
	5.2 合同维修管理				
	小计				
6. 结果	6.1 运行及维修效果与比较效果				
	6.2 承包商/供应商服务质量与比较效果				
	6.3 个人成果与比较效果				
	小计				
7. 风险管理与环境影响	7.1 运行和维修风险管理				
	7.2 环境影响考虑				
	7.3 环境效果				
	小计				
总分					

国际上对设备状况、维修及管理的评估指标越来越丰富，有RAMS指标（可靠性、利用率、维修性、安全性）、KPI（关键绩效指标）、MTBF（平均故障间隔时间）、MTTR（平均修复时

间)、MOC（变更管理）、MOR（可靠性管理）、BSC（平衡计分卡)、OEE（设备综合效率）、TEEP（完全设备有效生产率）、维修成本占总资产价值的百分数、维修活动占计划的百分数、预防维修占维修活动时间/费用的百分数、紧急抢修占维修活动时间/费用的百分数、设备利用率、维修时间、加班维修时间等。

维修管理的评估对不同的企业应设计不同的指标体系，在不同时期也应有不同的评估导向，没有放之四海而皆准或者永恒不变的评估体系。

下面分专题介绍一下国际上关于维修管理评价所涉及的领域。

1. 关于设备利用率的不同定义

设备利用率几乎是所有设备管理工作所关注的焦点，也是最常用的度量指标。不同的企业或者不同的评价者给出诸多不同的设备利用率的定义及其不同内涵。

欧洲标准 IEC 60050（191）与 EN 13306 提出如下定义：

(1) 总利用率

"在规定的条件下和指定的时间区间，如果所需要的外部条件具备，设备完成规定功能的能力。"此定义包含了 OEE 的所有损失：

1) 时间上的不能利用。
2) 性能上的可不可利用。
3) 质量损失。

(2) 以可靠性为基础的定义

"在规定的条件下、规定的时间内，在外部资源保证下，设备完成功能的概率。"（IEC 60050（19）与 IEC 61703）

(3) 维修管理的设备利用率指标

$$设备利用率 = \frac{MTBF}{MTBF+MTTR}$$

式中，MTTR 表示平均维修时间；MTBF 表示平均故障间隔。

此设备利用率未考虑预防性维修，于是又有另外的设备利用

率公式:

$$设备利用率 = \frac{MUT}{MUT+MTTM}$$

式中，MUT 表示平均开动时间；MTTM 表示平均预防维修时间。

之所以出现设备利用率定义的多样性，主要因为评价的对象不同、针对的问题不同，企业里的设备存在着役龄的长短差异、效率与能力的差异、可靠性高低的差异、计划与实际的差异以及单体设备和流程设备的差异等。

2. 维修管理的平衡计分卡评价

如今，国际上应用平衡计分卡进行绩效评价的企业越来越多。设备管理在企业大的评价环境下，自然也可以应用平衡计分卡进行评价。

西班牙的焦思·桑斯·萨可利斯坦（Jose Sanz Sacristan）论述了平衡计分卡在设备系统中的应用。平衡计分卡（BSC）的度量应该侧重以下方面:

1) 财务方面——利用率水平、优化成本。
2) 顾客方面——满意水平。
3) 内部管理方面——负荷水平、额外工作水平、利用率水平、预防维修水平、库存管理水平、合同维修水平、人均维修费用率。
4) 学习成长方面——技术水平、产量与质量、培训等。

从设备管理角度设计的维修平衡计分卡指标如下:

(1) 财务方面

$$利用率水平 = \frac{总利用率}{总维修费用/投资额}$$

这里的利用率水平是单位投资维修费用下的利用率。如果设备投资额小而总维修费用高，即使总利用率高，得到的利用率水平也不高；反过来，如果设备投资额大而总维修费用比较低，即使总利用率偏低，得到的利用率水平仍比较高。这个指标辩证地反映了设备的投资额、总维修费用和总利用率之间的相互依存和平衡关系。

$$成本指标 = \frac{总维修费用}{总利用率/生产负荷}$$

这里的最优成本是单位生产负荷利用率下的维修成本。在总维修费用固定的条件下，生产负荷高，总利用率低，则维修成本指标高；反之，生产负荷低，总利用率高，则维修成本指标低。

（2）顾客方面

$$满意水平 = \frac{完成工单数目}{申请工单数目}$$

（3）内部管理方面

$$负荷水平 = \frac{工单的实际工作小时}{总工作小时}$$

这里，总工作小时 = 日历工作小时×人数。这个公式的含义比较直接简单。类似的还有如下额外工作水平指标：

$$额外工作水平 = \frac{超额工作小时}{人数}$$

$$利用率水平 = MTBF = \frac{\sum 故障间隔时间}{n}$$

这个公式表达的意思是平均无故障工作时间，也就是对设备利用率水平的一种度量。

$$预防维修水平 = \frac{预防维修小时/总维修小时}{生产损失}$$

这个指标度量的是单位损失的预防维修水平。显然，在生产损失固定的前提下，预防维修小时占总维修小时的比例越大，则意味预防维修指标值越高；反之，如果保持一定的预防维修比例，则生产损失越大则意味着预防维修指标值越低。

$$库存管理水平 = \frac{总利用率}{库存资产值/总投资}$$

这个指标度量的是库存管理水平。显然，在设备总利用率一定的情况下，库存资产值占设备总投资的比例越高，则说明库存管理水平越低；反之，如果库存资金占设备总投资的比例是固定的，则总利用率越高，说明库存管理水平越高。毋庸置疑，提高库存管理水平就是减少库存，同时提高设备利用率。

$$合同维修水平 = \frac{合同维修费用/总维修费用}{计划利用率}$$

这个指标度量的是合同维修水平，如果合同维修费用占总维修费用的比例是固定的，则计划利用率越低，合同维修水平越高；反之，如果计划利用率是固定的，则合同维修费用占总维修费用的比例越高，则意味着合同维修水平越高。值得指出的是，这个指标值高并不代表维修管理水平高，它仅仅是一个反映合同维修水平或者强度的指标而已。

（4）学习成长方面

TAS12＝对信息系统、质量体系、产品、过程、组织、技术知识管理和策略的创新等12个指标加权求和得到总指标（具体计算省略）

$$TAS12 < 25 \quad 差$$
$$25 \leqslant TAS12 < 50 \quad 缺乏$$
$$50 \leqslant TAS12 < 75 \quad 可接受$$
$$75 \leqslant TAS12 \leqslant 100 \quad 好$$

$$人均维修费用率 = \frac{人工总费用}{部门总人数 + 合同维修人数}$$

这个指标简单直接反映了人均维修费用的状况。

$$培训水平 = \frac{NT \cdot AI \cdot SI \cdot PR \cdot PF1 \cdot SG1}{TF \cdot PF2 \cdot SG2}$$

式中　　NT——新技术培训；

　　　　AI——智力资产投资；

　　　　SI——信息系统利用；

　　　PR——发生的预算；

　　PF1——培训实现水平；

　　SG1——培训推动提案；

　　　TF——培训任务参与；

PF2——维修团队参与计划培训水平；

SG2——培训建议。

TAS12 和培训水平两个公式的度量和计算都有一定难度。而且，由于对每一变量的理解不同，度量取值范围变化大，可能会使计算结果失真。

3. 将绩效评价作为助推器实现卓越维修

意大利的佛朗西思科·萨提尼（Franco Santini）认为维修是非对称函数。从表 2.12-2 可以明显看出这一非对称性。

表 2.12-2　维修的非对称性

是物理的、技术的	但人可以主宰
有大量准则	又是多样化准则
具有高复杂性	但又进步飞快
是辅助的工作	又是以状态为基础的活动
很少使用信息系统软件	既缺少内部绩效评估又缺乏外部绩效评估
统计认为是间接成本	但经常难以定义
维修经理是"技术-运行"型	但又有"组织-管理"功能
如果运行良好，没有停机	也要停机做"主动预防维修"
一切都有计划	但所有项目都比预料的时间延长

这些非对称性造成评价的困难和管理的难度，而且维修体系面对企业的设备状态也是多样化的：既有简单设备，又有复杂设备；有单体离散分布的设备，还有连续流程设备；有的以电子、电气零部件为主，有的以机械为主；有的涉及高温、高压、易燃、易爆；有的涉及化学、腐蚀和放射。总之，这些多样性都使设备管理难以度量。

萨提尼给出了维修绩效评价系统——三圈循环结构，如图 2.12-1 所示。

这三个循环圈首先是基准，然后是认识，最后是改善。基准循环圈是选择关键指标，形成最佳度量基准的过程；认识循环圈是评价、实践和发展的过程；改善循环圈是推动发展、进步和巩固的过程。他把评价指标划分为四个族群：综合类、策略与结构类、组织类、技术类。

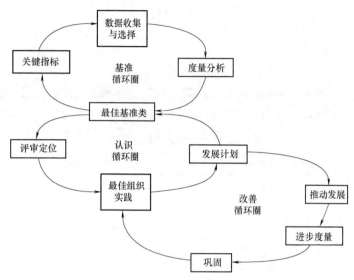

图 2.12-1　维修绩效评价系统——三圈循环结构

下面是萨提尼给出的具体评价指标：
（1）综合绩效指标族

$$OV1 = \frac{运行时间}{日历时间}$$

$$OV2 = \frac{运行时间}{运行时间 + 维修停机时间}$$

$$OV3 = \frac{技术资产年维修总费用}{相关技术资产重置费用}$$

$$OV4 = \frac{总维修成本}{增加价值}$$

$$OV5 = \frac{某装置总维修费用}{生产成本 - (原材料费用 + 包装费用 + 辅助材料费用)}$$

$$OV6 = \frac{总维修费用}{总产量}(单位产量维修费用)$$

$$OV7 = \frac{年平均库存维修材料价值}{技术资产重置(更新)价值}$$

$$OV8 = \frac{操作员工维修人工小时}{总维修人工小时}$$

$OV9 = $ 维修安全频率（按照 OSHAS 标准）

$OV10 = $ 维修安全严重程度（按照 OSHAS 标准）

$$OV11 = \frac{因为维修造成的失效数目}{造成环境破坏的运行时间}（按照 OSHA 标准）$$

（2）策略与结构绩效指标族

$$PS1 = \frac{总维修人工费用}{总维修费用}$$

$$PS2 = \frac{总合同维修费用}{总维修费用}$$

$$PS3 = \frac{总材料费用}{总维修费用}$$

$$PS4 = \frac{总维修人员数目}{总人员数目}$$

$$PS5 = \frac{倒班维修人员数目}{总维修人员数目}$$

$$PS6 = \frac{生产人员完成的维修工时}{总维修工时}$$

$$PS7 = \frac{多技能维修人员数目}{总维修人员数目}$$

$$PS8 = \frac{维修停机损失费用}{总维修费用}$$

$$PS9 = \frac{统计期间内消耗材料费用}{统计期间维修材料库存平均费用}$$

$$PS10 = \frac{维修培训教育费用}{总维修人员数目}$$

（3）组织绩效指标族

$$ORG1 = \frac{纠正性维修人工小时}{总维修人工小时}$$

$$ORG2 = \frac{直接纠正性维修人工小时}{总维修人工小时}$$

$$ORG3 = \frac{纠正性维修费用}{总维修费用}$$

$$GRG4 = \frac{预防性维修费用}{总维修费用}$$

$$ORG5 = \frac{预知维修费用}{总维修费用}$$

$$ORG6 = \frac{状态维修费用}{总维修费用}$$

$$ORG7 = \frac{预知维修费用}{总预防维修费用}$$

$$ORG8 = \frac{机械维修人工小时}{总维修人工小时}$$

$$ORG9 = \frac{仪表维修人工小时}{总维修人工小时}$$

$$ORG10 = \frac{电气维修人工小时}{总维修人工小时}$$

$$ORG11 = \frac{CMMS 使用的模块数目}{CMMS 总能力}$$

$$ORG12 = \frac{有效维修人工小时}{标准维修人工小时}$$

$$GRG13 = \frac{计划人工小时}{总工作人工小时}$$

$$ORG14 = \frac{按时完成的工单数目}{总计划工单数目}$$

（4）技术绩效指标族

$$TEC1 = \frac{关键项目数}{总安装项目数}$$

$$TEC2 = \frac{导致生产损失故障数目}{总故障数目}$$

$$TEC3 = \frac{失败项目数}{总安装项目数}$$

$$TEC4 = MTBM = 平均维修间隔期$$

$$TEC5 = MTBF = 平均故障间隔期$$

$$TEC6 = MTTR = 平均修理时间$$

$$TEC7 = \frac{MTBF}{MTBF+MTTR}$$

$$TEC8 = \frac{维修成本降低}{总维修费用}$$

$$TEC9 = \frac{按照 OSHA 标准产生潜在导致人员伤害的故障数目}{总故障数目}$$

$$TEC10 = \frac{按照 OSHA 标准产生导致环境破坏的故障数目}{总故障数目}$$

图 2.12-2 给出了通过指标评价来追求卓越维修的路线图。

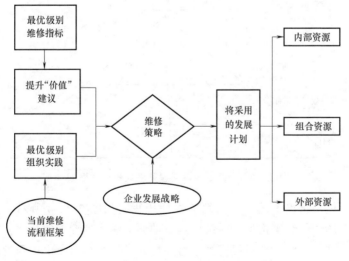

图 2.12-2 通过指标评价来追求卓越维修的路线图

在这个流程框架里,根据评价结果,提出最优级别维修指标;结合流程实际,设计最优级别组织实践;然后结合企业发展战略,提出相应的维修策略;将策略具体化为计划,对内部资源和外部资源进行整合。

4. 设备维修管理策略成效评估

桑迪·邓(Sandy Dumn)提出对设备维修管理策略进行评估的概念。

首先是维修核心理念,在此基础上提出维修使命或者愿景;第一层度量指标为关键满意因素——CSF;第二层是关键绩效指标——KPI;第三层是一般绩效度量指标——PI;最后一层是生产维护——PM 的实施。其中,关键满意因素是从比较宏观角度思考的满意因素;向下具体化到关键绩效指标,再做具体化的细分得到绩效度量指标,再从执行层面分解成生产维护的实施,如图 2.12-3 所示。

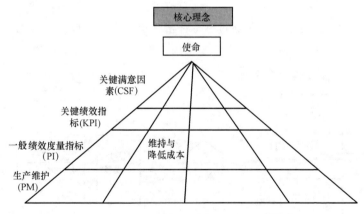

图 2.12-3　设备维护管理策略成效评估框架

他还指出了运行可靠性的发展历程,如图 2.12-4 所示。在这个图中,组织由不关注绩效到被动的关注,到计划的关注,再到主动的关注,最后提升到战略高度来思考;行为上由接受设备劣化,到反应式的处理,再到给出组织原则,再到战略高度的组织学习，最后达到组织创造的境界；从激励角度，一开始是对满足预算的激励，到对减少停机的激励，再到避免故障的激励，再到保持正常运行的激励，最后到不断进步成长的激励；从回报上看，显然最初只是短期的节省，再就是造就加班英雄，再就是缺乏明显竞争力，逐渐形成有效竞争，最后达到一流水平。

在图 2.12-4 中，CMMS 代表计算机维修管理系统；BPR 代表流程重组再造；RCM、PMO、RBI、TPM 分别代表以可靠性为中心的维修、运行人员完成的生产维修、以风险为基础的检查以及全面生产维护体系。

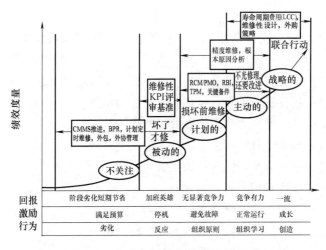

图 2.12-4　运行可靠性的发展历程

他认为平衡计分卡的评价涉及四个方面，即业主、顾客、外部业务流程、学习和成果。它们都与愿景、策略相关，如图 2.12-5 所示。

平衡计分卡涉及的领域还包括财务、安全/环境/风险、预知维修、预防维修、库存与订单、工单系统、计划与时间安排、CMMS、组织、培训、员工参与、RCM/RCA、TPM、统计财务优化、持续改善等。

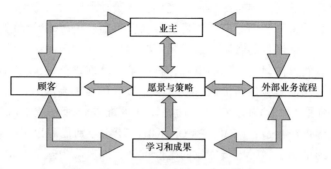

图 2.12-5 平衡计分卡的要素及其联系

5. 欧洲设备维修管理评价指标

欧洲维修团体联盟以及美国等提出以下设备维修管理评价指标：

1）维修费用占设备重置价值（Replacement Value）的比例。
2）备件材料库存占设备重置价值的比例。
3）外协维修费用占维修费用的比例。
4）预防维修费用占维修费用的比例。
5）预防维修工时占维修工时的比例。
6）维修费用占营业额（Turnover）的比例。
7）培训工时占维修工时的比例。
8）紧急纠正维修工时占维修工时的比例。
9）计划维修工时占维修工时的比例。
10）计划运行时间占可利用时间的比例。
11）实际运行时间占计划运行时间的比例。
12）实际运行时间/紧急纠正性维修次数。
13）紧急纠正性维修时间/紧急纠正性维修次数。

汤姆·斯万泰森（Tom Svantesen）介绍了欧洲维修基准编订的情况：欧洲上百家公司参与了 7 个工作小组，召开了三次大型工作会议，完成了 PrEN 15341 的编制，并给出了 3 个基准样板，即制药行业基准、食品行业基准以及混合基准。最终得到 7

个公司基础上的维修基准，见表 2.12-3。

表 2.12-3　7 个公司基础上的维修基准

7 个公司基础上的维修基准			
		单位	PrEN15341
1:01 维修费用占设备重置价值的比例	5.6	%	E1
1:02 备件材料库存占设备重置价值的比例	1.8	%	E7
1:03 外协维修费用占维修费用的比例	22.5	%	E10
1:04 预防维修费用占维修费用的比例	42.1	%	E16
1:05 预防维修工时占维修工时的比例	41.1	%	O18
1:06 维修费用占营业额的比例	6.0	%	
1:07 培训工时占维修工时的比例	3.6	%	O23
1:08 紧急纠正维修工时占维修工时的比例	23.5	%	O17
1:09 计划维修工时占维修工时的比例	73.0	%	O5
1:10 计划运行时间占可利用时间的比例	84.0	%	
1:11 实际运行时间占计划运行时间的比例	75.9	%	T1/T2
1:12 实际运行时间/紧急纠正性维修次数	198.8	h	T16
1:13 紧急纠正性维修时间/紧急纠正性维修次数	2.8	h	T21
T1 维修实现率	86.1	%	T1
T2 运行可利用率	87.9	%	T2

以上基准虽然不一定适合我国或者某一特定类型企业的评价度量，但可以作为参照体系进行比较。

美国 SMRP 组织和欧洲维修团体联盟对这一评价体系进行了联合研究（SMRP+EFNMS）。指标之间存在着较强或者较弱的相关性，因此，有些指标具有很强的引导和带动作用，影响着其他指标。图 2.12-6 中的指标说明什么？而图 2.12-7 显示的一组指标又说明什么？这很值得我们深思。

上述指标中显然有一个带动性的指标，这个指标会强烈影响其他指标的变化。这也就是我们应该关注的关键性指标。看图

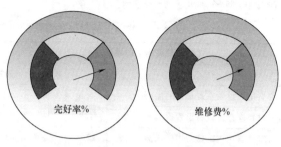

图 2.12-6 两个指标的显示情况

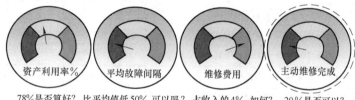

78%是否算好? 比平均值低50%,可以吗? 占收入的4%,如何? 20%是否可以?

图 2.12-7 这些指标说明了什么?

2.12-8,发现主动维修完成的工作水平越高,则平均故障间隔期越长,资产利用率越高,维修费用也会随之下降。因此,主动(预防的)维修完成就成为带动性指标,自然十分重要。

图 2.12-8 三个指标随主动维修完成情况的变化而变化

在 KPI 里,常常遇到维修费用的概念,下面给出维修费用的界定:

1) 一线直接维修人员工资。
2) 维修管理人员工资。

3) 上述人员的税金、保险和其他法定福利。
4) 维修用直接备件和材料。
5) 库存备件资材费用。
6) 维修中的耗材。
7) 维修工具与设备。
8) 合同外包维修费用。
9) 维修咨询顾问服务费用。
10) 维修管理费用。
11) 维修人员教育培训费用。
12) 操作人员维护保养费用。
13) 维修人员加班费用。
14) 差旅、住宿等费用。
15) 维修文件、计划体系和信息系统软件费用。
16) 维修部门设备设施折旧费用。

如果将SMRP+EFNMS提出的指标按照层级进行分类，则可以得到高层、中层和基层所需要关注的不同指标族群。从图2.12-9可以看出：高层关注的是实际运行时间占计划运行时间的比例、维修费用占营业额或者设备重置价值的比例等宏观指标；而中层则更关注平均故障间隔期，无计划的紧急维修与有计划时间的关系以及相关的维修费用比例；组织对基层的要求多地集中在设备效率、平均修理时间以及备件材料消耗上。

根据维修绩效的平衡计分卡管理，上述指标还可以按照平衡计分卡所关注的四个领域进行分解。例如，满足顾客需要须提升设备可用率，保证交货计划的完成；财务上要关注维修费用及停机损失；内部流程要关注备件储备，关注预防维修；学习成长要保证足够的培训和员工的绩效。

组织目标与策略指引着组织行为，从公司愿景开始，到公司使命，向下一直延伸到流程方法和员工行为。这里既有组织层面的内容，又包含技术层面的要求，所有这一切将给企业带来价

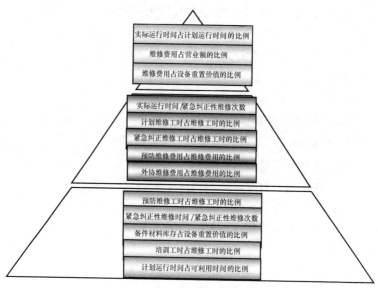

图 2.12-9 分层级划分的评价 KPI

值。评价指标 KPI 将引导组织各个层面的员工为实现组织目标而努力。其关系如图 2.12-10 所示。

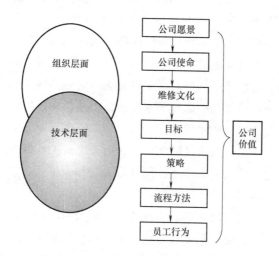

图 2.12-10 组织目标与策略的向下延伸

第十三节　戴明博士对设备管理的见解

爱德华·戴明（W. Edward Deming）研究维修理论 30 余年，并就"走出危机"提出了自己的见解。

他说："一切来自流程；如果你精心完美地设计好你的流程，结果就是自然而然得到；如果你想得到不同的结果，那你就改善你的流程。"他提出设备管理的最佳实践——戴明 14 条。

1）让维修目标与公司最高目标保持一致，并让所有人了解和支持它。

2）采取主动可靠性维修新策略，并让你的员工、顾客和供应商了解它。

3）停止依赖被动的定时维修。

4）结束低价中标采购，用寿命周期费用计算价值，关键设备和服务的采购向单一供应商转移。

5）持续地改善维修系统、计划和其他活动，只有这样才有利于改善可靠性和效率，才有利于降低费用。

6）系统地对操作工和维修人员进行专业培训。

7）建立对人的管理，识别他们不同的能力、本领和愿望；管理的目的就是帮助人、机器和零件把工作做得更出色。

8）赶走畏惧，创造一个以信任为基础的工作环境，让所有人都能积极做出贡献。

9）推倒横在维修与运行、维修与采购、维修与管理之间的虚拟之墙，整个公司就是一个系统，大家共同为系统目标的实现而努力。

10）限制那些"一日维修改善计划"和哗众取宠的标语口号；系统的低可靠性产生的大量问题不是员工所能掌控的。

11）限制通过关键绩效指标（KPI）的管理，使用它们仅仅为了解情况；取而代之的是用数字来管理。

12）让员工为自己的工作和技能而自豪。

13）建立有活力的培训和自我改善计划。

14)让每个人对自己的任务负责,因为这是每个人的工作。

戴明说,人们永远存在差异,那又意味着什么?排序是一场闹剧,绩效是系统运行的结果,而非个人成就。屋子里的人有50%是优秀的,剩下的50%就是不优秀的,那又有什么关系?要理解和欣赏他们之间的差异,帮助人们完成自己的任务——这将创造高绩效的团队。

如果绩效达不到管理者的期望,就要检查系统存在什么问题并加以改善——而非归咎于个人的过失。

戴明认为,管理结果就像看着后视镜行车,应该管理原因,而非结果;结果是输出,而非原因;成本是结果,而非原因。

戴明说,高层领导仅给予支持是不够的,他们需要知道他们所承诺的——他们必须做的,他们必须在过程中"出现",这种"义务"不能被省略!

戴明说,如果只关注费用,费用可能上升,而可靠性可能下降;如果关注可靠性,可靠性可能上升,成本可能下降。

戴明说,如何传播好的榜样,树立榜样?当一个倾听者,但不要妥协;持续地教给别人;帮助别人从自己的当前实践和信念中走出,进入新理念而不对过去感到后悔。戴明最后总结说,给管理提供可靠性信息,将可靠性、维修与公司系统目标协调一致;选择理论和方法;引导变革;持续改善系统。

从戴明博士的论述里,我们可以窥见至今仍然英明和正确的理念。他认为,设备管理的最佳实践就是员工能力的超越。类似的理念很值得在未来设备管理实践中被人们逐渐体会和应用。

当然,随着时代的进步,戴明的观念不一定完全适用,但有很多观点仍可以给予人们启示。

第十四节 设备管理一二三四五

在给工厂设备管理人员培训时,应告诉他们设备管理的基础,也就是他们需要掌握的基本概念和知识,称之为一二三四五。所谓的一二三四五,就是一项伟业、二大公理、三则定律、四款原则和五条曲线。

1. 一项伟业

设备管理是一项伟业。因为设备是工厂的骨骼、肌肉、脉络和神经传导系统，设备管理工作者肩负企业生产、安全、环保、职业健康重任，是企业可持续发展的主力，是绿色和低碳经济的先锋。

这是我国企业的普遍状况，是基本的事实认知，而且希望得到工厂企业高层领导、各个部门和全体员工的认同。

2. 二大公理

1）优秀设备管理的背后总有系统思考和管理平台的支撑。良好的设备管理需要系统完备性的设计、长远的思考和可持续的发展，而不是东一榔头西一棒槌似的随机管理。但是，很少有企业能够达到系统设计的境界，而往往是经验式管理，打补丁式地添加管理模块占主导地位。因为缺乏高层的重视，也就缺乏系统思考和平台设计。

2）人-机和谐共处关系是良好设备运行状态的前提条件，而这一切往往是从哲学和理念开始的。人和万物都需要和谐，人和机也不例外。大量事实证明，全员对设备的了解、爱护与维护是最好的管理。

3. 三则定律

（1）全员参与定律

全员参与是当代企业管理的普适理念，讲到人机和谐，必然要提全员参与。设备不是维修人员的设备，也不是生产人员的设备，工厂是大家的，设备是制造型企业赖以生存的基础，全员倾注对设备的呵护是设备管理体系成功运行的关键。

（2）投入产出定律

维修管理是投入而非成本，投入恰当则产出最优。设备的维修管理是潜移默化、一点一滴的，不断地以离散形式修复设备的磨损、老化、劣化，不断投入以恢复设备的"青春活力"。这一块投入不能省，工厂的领导也不宜提出"连年降低维修费用"

一类目标。因为如果减少了必要的投入,就可能因为设备停机频发而加大生产损失。投入是有产出的。

(3) 闭环管理定律

设备管理形成 PDCA 闭环才能有效。PDCA 也是一条普适的定律。若非如此,就没有工作的彻底性,也没有结果。在设备维修领域这款定律尤为重要,特别是在 CA——检查和处理这两个环节。

4. 四款原则

(1) 5W2H 完备原则

5W:What——作业内容;When——作业时间、周期或者时机;Where——作业位置,包括车间、生产线、设备、总成,直到零件;Who——作业者或者责任人;Why——作业的依据或者原理。2H:How——如何做,即方法、手段、流程、工具,要具体化、精细化;How much——做多少是恰到好处,工作基准和校验标准是什么。5W2H 完备原则的互动关系如图 2.14-1 所示。

5W2H 要涵盖设备前期管理,还包括设备的使用、检查、保

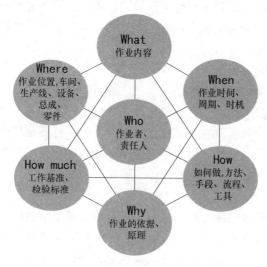

图 2.14-1　5W2H 完备原则的互动关系

养、维修、备件、润滑、改造等环节。

（2）无折扣执行原则

设备维修管理的铁律是不折不扣。一次点检不到位，可能酿成巨大损失；一次检修失误，可能造成大灾难。无数事实告诉我们，设备管理不得有半点虚伪和作假，必须不折不扣执行到底。无折扣执行原则体现的是精确、准时、彻底和完全，其要点如图2.14-2所示。

图2.14-2 无折扣执行原则的要点

（3）费用有效原则

设备维修的经济性是靠投入产出最大化和综合费用最小化体现的。增加预防维修投入，可以降低生产损失，但会增加维修费用，这需要寻找最佳平衡点。

（4）综合与平衡原则

设备引进、备件管理、润滑管理等许多环节都需要一个平衡。设备引进前期管理投入不足，后续的运行效率无法提升；反之，投入太大，投资压力和回收期限又太长。备件太多，占用流动资金过多，加大生产成本；反之，投入不足，急需备件短缺，又可能影响检修。润滑不足，设备快速磨损，影响寿命；反之，润滑过度，油脂消耗多，又增加了成本负担。不做预防维修，设备非计划停机风险太大；反之，一些预防维修又占用生产时间，影响订单交付。设备管理永远是在矛盾之中寻求平衡，因此永恒的目标是又要马儿快快跑，又要马儿少吃草、身体好。

5. 五条曲线

（1）寿命周期费用曲线

设备全寿命周期所消耗的费用可以用一条曲线描绘，如图

2.14-3 所示。这条曲线可以划分为三个阶段：在设备初期购置设备时需要花费一笔设置费，包括设备购置前的调研、招标投标、运输、安装、人员培训等在交付生产运行之前所有的花费。中间阶段称之为维持费，包括维护保养、润滑、维修换件以及能源消耗的所有费用，时有起伏。最后一个阶段称为处理费。同样功能的设备，其寿命周期费用可能差异很大。有的设备设置费低，但设备不可靠，故障频发，修理换件较多，后续的维持费较高，整体寿命周期费用也较高；有的设备初期设置费较高，但维持费较低，寿命周期费用偏低。一般更倾向于选择后者。企业的招标投标应该立足于以设备寿命周期费用最小化为指标进行决策。

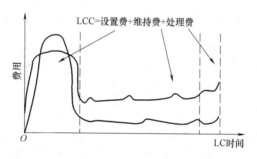

图 2.14-3　寿命周期费用曲线

（2）维修投入曲线

设备的维修投入与利润的关系如图 2.14-4 的维修投入曲线所示。如果维修投入为零，则利润为负；随着投入增加，利润值逐渐上升，一直到

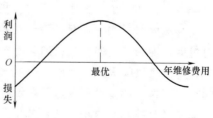

图 2.14-4　维修投入曲线

达一个最高点；再继续投入，则利润下降，称之为维修过剩。

那么，是否只要增加维修投入就高枕无忧了？图 2.14-5 显示了三种情况：右边的投入曲线代表张三的管理，其投入大，利润一般，称之为"投入大，水平低"；左边的投入曲线代表李四的管理，其投入较小，利润和张三差不多，跟张三比较，称之为"水平高，但投入小"；中间最高的一条投入曲线代表王五的管理，让利润达到最高点，这时的投入也适当增加了。称之为"水平高，投入恰当"。这三条曲线告诉我们，除了适当投入，管理水平的提升也是必不可少的。

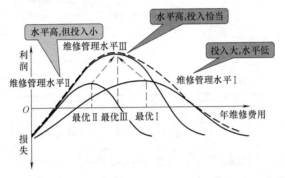

图 2.14-5　不同管理水平和不同投入得到的维修投入曲线

（3）浴盆曲线

浴盆曲线又称为故障率曲线，如图 2.14-6 所示。它反映了设备故障率在设备全寿命周期中的变化，前面已做介绍。一般而言，新安装的设备故障率比较高，有时半年到一年都不能正常运行，称这一时期为初始故障期；之后进入一个稳定的低故障率时期，称为偶发故障期；5～8 年以后，设备故障率又开始升高，称为耗损故障期。工厂的设备经理应该熟悉这条曲线。

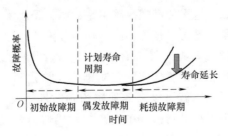

图 2.14-6　设备的浴盆曲线

近年来在航空业的研究表明,并非所有的设备故障率都遵循这条曲线。人们对故障率曲线变化情况的认识如图 2.14-7 所示。

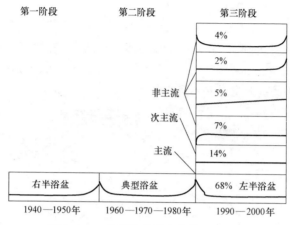

图 2.14-7　故障率曲线变化情况的认识

为什么 68% 的设备没有耗损故障期呢?因为随着设备可靠性的提升,其有形磨损速度降低,而其无形磨损速度加快,不少设备尚未达到耗损故障期就已经被淘汰了。随着系统的复杂化,很难找到适合不同总成的大修理周期,如果还坚持传统的大修,可能会周期性地导致初始高故障率的状况,于是国际上提出取消大修理的新概念。取消大修不意味着不修理,而是用可裁剪式、项修的组合来取代大修。

(4) 设备性能劣化曲线

设备性能劣化曲线是一条变化缓慢的曲线,如图 2.14-8 所示。设备性能劣化过程存在着劣化起始点、潜在故障发生点和功能故障发生点。这里的潜在故障不是故障,是故障前显露出来的一种劣化现象,是可以被感知的。功能故障才是故障。从潜在故障到功能故障的间隔期称为 P-F 间隔。这些概念设备管理领域是十分普及的。平常所强调的预防维修,首先要寻找 P-F 间隔。找到了 P-F 间隔,就可以有效地实施预防性维修。若在 P 点之前维修,属于维修过剩;若在 F 点之后维修,就成为事后维修,属于维修不足；在 P-F 间隔维修，就恰到好处。寻找和确定 P-F 间隔并不是一件容易的事，设备经理至少应该知道并有意识地摸索和寻找，才能正确地实施预防维修。

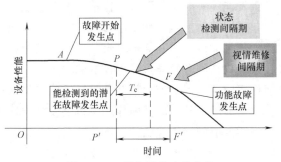

图 2.14-8　设备性能劣化曲线

（5）激发能作用曲线

英国人阿来登将故障过程描述为系统的无组织过程，即系统从有序状态进入无序状态。在这个转变过程中，如果有故障的激发能作用，则会使转化过程加快。就像一根火柴点燃一张纸，使之与空气中的氧发生作用，转变成水和二氧化碳。这个过程如图 2.14-9 所示。在故障激发能的作用下，系统的能位上升，然后迅速下降，加速了故障的发生。系统能位的初始状态是稳固的正常状态，在激发能作用下转换成终止状态，低于故障的能位状态，这代表故障的发生。

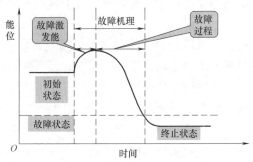

图 2.14-9　激发能作用曲线

系统无故障工作的条件是初始的能位足够高，而且初始能级与故障能级之差足够大，对于设备而言就是其固有可靠性足够高。

什么是激发能呢？对设备而言，雷击、电磁干扰、动物进入电气系统引起的短路，灰尘改变了电参数，洪水的浸泡、一次磕碰和撞击等，都可能成为激发能。来自外部的激发能有时难以避免，但来自系统内部的激发能是可以控制的。

激发能作用曲线告诉我们，一些外界的激发能作用会加速设备的劣化，直至故障。控制激发能作用，也是设备维护体系的重要领域。控制激发能的措施包括注意不超负荷运行设备，减少误操作，防止有问题的原料进入装备，防止损坏性维修等。

笔者之所以提炼这设备管理一二三四五，是希望设备管理工作者在纷繁的理论冲击下，时刻把握设备管理的核心和要点，做好设备管理工作。

第十五节　设备资产管理的悖论

设备资产管理是一个充满悖论的领域。因为，其中的哲学逻辑并非是非此即彼的开关量，而是亦此亦彼的中介值，或者说是模糊逻辑。了解这些悖论，在矛盾之中做好平衡，是设备资产管理的最高境界。

悖论1：当我们认为预防维修的好处很多、大力提倡预防维修时，事后维修却大量存在，而且有时候十分经济实用。

值得思考的是：是否所有设备都需要预防维修？是否因为事后维修不可避免，事后维修才有存在的必要？有没有一类设备，事后维修是其最佳维修策略？回答是肯定的。当故障后果不严重时，可以对设备只进行事后维修，而从来不做预防维修。

什么是故障后果不严重？当发生故障对生产的影响较小，对产品质量、安全、环境的影响很小，而且不会造成设备的连锁损坏，产生大笔的维修费用时，则这类故障的后果不严重。此时事后维修将成为最经济的维修策略，并可以最大限度地发挥设备的有效产出。

悖论2：当我们反对纯粹依赖价格购置设备，关注寿命周期费用（LCC），追求LCC最小化时，却无法测算出LCC。

LCC一般来自两个方面，如图2.15-1所示。一是来自资产供应商给出的说明和数据。这种数据可能存在两方面的不准确因素：①供应商或者生产商对新研发设备的可靠性和使用寿命的预测不准确，对使用工况不熟悉，因而无法估算出准确的寿命周期费用；②供应商从商业利益的角度故意虚报或缩小了设备可能的LCC，误导用户。为了能够找到相对准确的LCC，对于已经有用户购置和使用过的设备，建议做用户调查，了解每年的平均维护费用，用这个数值乘以设备的期望服役年限（期望役龄），再加上设置费，基本可以反映设备的LCC。只要进行用户调查时，相关用户愿意透露这个数据，就可以大致掌握其LCC。

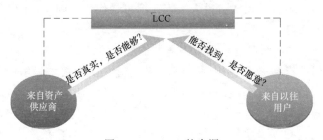

图2.15-1　LCC的来源

悖论3：当我们努力做好、做精维修预算时，却发现这个预算永远不准确，而且束缚我们对突发事件的处理。

维修预算的依据是什么？维修预算一般要参考上一年度的维修实绩相关数值，结合下一年度可能发生的维修活动，进行一定调整；同时也要参考企业的年度成本目标和一些标杆企业的基准值，最后由相关高层领导批准、决策形成。

维修预算与生产负荷密切相关，如果下一年度生产负荷大，设备的维修预算应该适当增加以保障设备的高负荷运行。维修预算也与设备的平均役龄有关，设备役龄越长，进入耗损故障期的总成或零件越多，理论上维修预算越高。维修预算与维修资源配置也有关，是内部专业维修还是外部合同化维修，操作员工有没有自主维护能力，这些比例的变化都会影响维修费用和备件、耗材费用。维修预算与设备运行和维护状况也有关，如果之前的运行和维护状况糟糕，需要"还旧债"，就要适当增加维修预算。因为受到如此多因素的影响，维修预算的准确性就很难保证，再加上设备的突发事件发生，很难保证不超出预算。因此，制定维修预算时尽可能对上述因素考虑周全，尽量准确；同时要将不准确看成是常态，允许维修实际费用在预算的基础上有一定的上下浮动。

一个值得思考的现象：很多企业效益不好就先想到要降低维修投入费用，甚至要求检修部门设定连年持续下降维修预算目标，这是否合理呢？从维护是一种投入的角度思考，这显然是不合理的。维护是投入，投入恰当，产出最优，否则设备的综合效益不升反降。

悖论4：面对越来越多、越来越复杂的设备，当我们打算建立专门的设备管理组织时，很多人反对，认为根本没有这个必要；而当设备管理组织真的缺失，设备全寿命周期管理无人问津，各级领导甚至连设备数量、运行状态、维修费用和备件费用如何优化都不清楚时，人们又觉得这个组织似乎有存在的必要。

从工业的发展趋势来看，未来企业装置密集、技术密集、自动化、无人化会成为历史的必然。传统企业管理关注生产计划管理、质量管理、安全管理等，而这些管理领域越来越多地依赖设备的安全、稳定、长周期、满负荷、优质运行，企业管理的核心将逐渐转移到设备管理，企业健全的设备管理组织将变得十分必要。

按照ISO 55000和我国设备管理标准，企业组织必须有设备管理组织机构。

悖论5：当我们认为集中式维修可以实现资源共享，有利于成本的削减时，设备检修部门却陷入焦头烂额的被告困境，关于分散式维修的呼声变得越来越高。

集中式维修有利于资源共享，解决检修资源，但响应速度可能受影响，进而延迟恢复生产时间，以及导致基层生产部门更多地依赖和责备检修部门，检修部门成为焦点和被告。反过来，分散式维修因为将维修资源下放到基层生产部门，设备由"你的"变成"我的"，可以较快地对问题进行响应处理；但维修资源不能共享，总体维修费用可能增加。

那么企业到底如何选择呢？如果维修资源稀缺，最好集中；如果企业的不同生产单元可以共享的检修内容不多，最好分散；如果既有一部分可共享的检修内容，又有个性化无法共享的检修内容，可以采用集中与分散相结合的形式，也就是将可共享的内容集中起来。

悖论6：当我们觉得设备检修的外包可以让我们更关注核心竞争业务，也有利于检修费用优化时，却发现我们对设备的了解越来越少，管理能力慢慢弱化，逐渐失去了设备改善的能力。

这的确是很多企业所困扰的问题。我们并不主张走极端。对于高技术难度、低发生频率的设备故障，采用技术外包比较好；对于低技术难度、高发生频率的设备故障，采用劳务外包更经济；对于低技术难度、低发生频率的设备故障，希望通过企业内部操作员工的自主维护来解决；而对于高技术难度、高发生频率的设备故障，我们建议由企业内部核心维修队伍来应对。若他们解决不了，仍可以通过战略合作伙伴式的技术外包来解决。企业内部保有自己的核心维修能力，无论是应对大量突发的技术问题，还是结合企业不断进步的生产需求，能提出技术改造方案，都是十分必要的。

悖论7：当我们想通过良好的维护管理来延长设备的寿命周期（LC）时，却发现当代设备的技术寿命和经济寿命变得越来越短，延寿的危害和风险变得越来越大。

设备有两个寿命周期，一个是技术寿命周期，另一个是经济寿命周期。当代科技飞速发展，让设备的技术寿命周期变得越来越短，而经济寿命周期也许会视情况延迟，但也会越来越短，如图 2.15-2 所示。

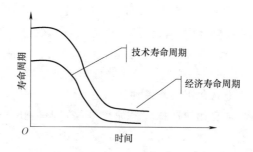

图 2.15-2　越来越短的设备技术寿命周期和经济寿命周期

悖论 8：当我们认识到培训的重要性，不断进行维修技能培训时，却发现知识和经验贬值的速度越来越快，让一些培训变成浪费。

图 2.15-3 给出了知识和经验价值变化的曲线。随着时代的速变，知识和经验都在贬值。培训的速度赶不上其贬值的速度，折旧必然造成培训的无效。尤其是技术方面的培训。例如，当学校里还在教学生 Database 的时候，Oricle 已经开始流行了。6A 培训体系将在未来起着主导作用，也就是在任何时间、任何地点，对任何人、任何课程、采取任何方式、任何时长的培训，这也称作移动化、碎片化、即学即用的培训体系。

悖论 9：当我们一直追求设备综合效率（OEE）最大化时，

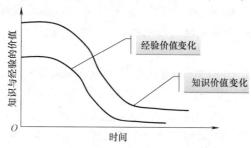

图 2.15-3　知识与经验价值变化曲线

却发现很多设备的 OEE 难以计算，而且因为追求其最大化而让 ROI 小于 1。

设备综合效率（OEE）对于生产加工类设备的效率度量才有意义；而对于服务型设备，如机场的步道、电梯、码头的吊车、铲车，企业的供气空压机组、供热锅炉等，OEE 不但不便于计算，也难以计算。上述设备适宜采取其他的度量方式加以评价，如计划开动时间的可用率、故障率等。

对于可以用 OEE 度量设备效率的企业，在追求 OEE 最大化时，往往会忘记投入产出比（ROI），如果这个追求让 ROI 小于 1，则 OEE 最大化就失去了意义。从图 2.15-4 可见，在 OEE 提升的过程中，有一个点使得 ROI 最大，而 OEE 继续提升，会让 ROI 逐渐下降，一旦 ROI 小于 1，就意味着得不偿失了。

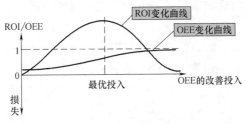

图 2.15-4　OEE 提升过程中 ROI 的变化曲线

悖论 10：企业做精益管理，提出"零库存"管理概念，甚至要求设备备件做到"零库存"，却发现因为等待采购备件造成的停机损失巨大，得不偿失，尤其是对于流程企业更是如此。

对备件"零库存"管理的概念理解有误，是风险很大的一件事。尤其是关键设备，停机损失巨大，因为等待备件造成的损失不可估量。对不重要的备件、不会造成严重停机后果的备件或者可以在所在地马上得到补充的备件可以实现"零库存"，部分备件可以通过寄售方式做到资金占有"零库存"或者采用备件共享、合作储备以减少库存。

悖论 11：高层领导因为害怕出现因为备件短缺而影响检修，甚至长时间停机损失，只好认同下面的备件需求申请，批准庞大的备件储备计划,却发现备件库存居高不下,呆滞备件越来越多,所占用的流动资金不菲。

企业往往会从一个极端走向另外一个极端。基层生产单元为了保障设备运行,宁可加大备件储备,也不愿承担停机损失的责任;反过来,企业的高层要对费用控制和维修成本负责任。如果上下的责任和目标一致,就可以逐渐避免上述矛盾。因此,备件计划的优化、库存模型的建立、修旧利废的实施以及备件管理绩效的考核评价变得十分重要。

悖论12:当我们不断尝试降低设备维护费用时,生产损失却变得越来越大,而且维护费用也不降反升。

设备维护费用和生产损失是两个相关联的变量。如图2.15-5所示,当维修投入不断增加时,生产损失就会不断降低,反之亦然。两个费用叠加就形成了下凹的综合费用曲线。如果找到这条曲线的最低点,此处维修投入恰到好处。因此,一味地降低维护费用对企业未必就是好事,停机损失可能是更大的一笔钱。"磨刀不误砍柴工"说的就是这个意思。

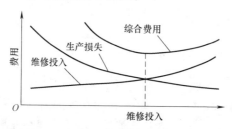

图2.15-5 维修投入与生产损失变化曲线

悖论13:我们不断谴责维修人员的水平太低,总是修不好设备,而他们的薪酬总是低于生产人员;维修人员看不到前景,流失严重、青黄不接,设备的运行状况也变得越来越糟糕,设备停机损失越来越大,但没人去算这个账。

企业常常陷入这个怪圈。世界不断发展进步,先进设备和落后维修队伍之间的矛盾日益尖锐。设备技术进步的速度往往快于维修人才能力进步的速度,修不好设备将变得常态化。未来,检修将变成最具有挑战性的工作之一。为了打破这个怪圈,如图2.15-6所示,只有加大人员培训投入,增加维修人员薪酬,不断吸引优秀的人才加入维修队伍,才能够让这一矛盾得到化解。

图 2.15-6　维修人才系统的怪圈

按照我国设备管理标准,设备管理与维修人员的薪酬不应该低于相似运行管理与操作人员的薪酬。这只是基础,是第一步。

悖论 14:当我们不断寻找设备潜在故障到功能故障的间隔期——$P\text{-}F$ 间隔期,好进行预防维修时,却从来没有真正找到过这个间隔期,即没有真正地防止维修过剩和维修不足。

如图 2.15-7 所示,设备劣化的 $P\text{-}F$ 间隔期随监测手段的不同而不同,监测手段越先进,$P\text{-}F$ 间隔期越长。企业只有长期对某种设备使用某种特定的监测手段,才能够逐渐熟悉这一 $P\text{-}F$ 间隔期,从而准确地在这一期间进行预防维修。

另外,外部激发能的作用会改变原有劣化趋势,改变 $P\text{-}F$

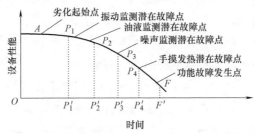

图 2.15-7　不同监测手段对 $P\text{-}F$ 间隔期的影响

间隔期，如图 2.15-8 所示。当有激发能的作用时，设备的性能会发生变化，如曲线所示，其变化就改变了原来的 P-F 间隔期。原来的 P-F 间隔期是 P' 到 F' 的距离，而新的 P-F 间隔期已经变为 P'_{new} 到 F'_{new} 的距离。准确地找到设备的 P-F 间隔期，准确地进行预防维修是一件不容易的事情。有些统计研究表明，80% 的预防维修是无效的。

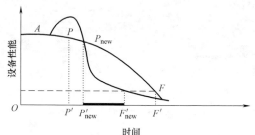

图 2.15-8　激发能对 P-F 间隔期的影响

悖论 15：当市场不景气，设备开动不足时，我们没有费用进行设备维护修理；当市场景气，设备开足马力时，我们又没有时间进行设备维护修理。

这是很多企业的实际状况。高层对设备的重视、对设备管理的重视是问题的根本。磨刀不误砍柴工，开工不足时正是预防维修的时机，要利用此机会做好设备维护，使其处于良好待命状态；当生产十分繁忙时，也要安排适当维护内容，以保证设备平顺运行。

悖论 16：企业投入巨大的人力、物力狠抓安全管理，甚至提出"宁可不生产，不能不安全"这样的口号，企业员工多有牢骚，但安全形势并未改观，安全事故层出不穷。

生产企业的安全主要有两个方面的内容：一是人本安全；二是机本安全（或者环本安全）。有的企业花重金聘请外部咨询，协助做好人本安全管理，却因为设备管理组织的缺失，或者设备维护状态糟糕，存在泄漏、起火、爆炸等大量事故隐患，让机本安全得不到保障，最后还是不能达到系统的本质安全。

悖论17：当我们积极推动工业4.0、智能制造时，机器人罢工等将来却会让我们焦头烂额，感到这样的投入得不偿失。

智能工厂的核心内容是三驾马车：一是智能生产（制造）；二是智能物流（供应链）；三是智能维护。若智能维护没准备好，企业就匆匆上了智能化设备，这些设备可能停机，甚至罢工，令企业措手不及、无法应对。面向日益先进的智能设备，智能维护不可或缺，企业要未雨绸缪，做好充分准备。

悖论18：当我们没有KPI和管理基准时，别人说我们根本不懂管理；当我们真正制定了KPI和管理基准时，基层执行者却无所适从、怨声载道。

维修与设备管理的KPI是一把双刃剑，当没有KPI时，连设备管理的好坏和设备管理是否在进步都无法说清楚；而有了KPI以后，这些KPI往往是相互矛盾、相互制约的，如果要求维修成本费用率低，自然会影响设备维护修理，影响设备效率的发挥；反之，费用太高，自然会加大生产运营成本，降低企业的利润率。如果KPI引导企业做好设备预防维修，也可能造成过维修过剩，或者让一些适合事后维修的设备也进入了预防维修范畴，造成不必要的浪费。如果KPI引导合同化维修，则会削弱企业内部维修力量，让企业失去核心维修能力，从而失去对自身设备的了解。因此，KPI的设计十分重要，要真正起到相互制约、平衡发展的作用。

悖论19：时代变了，当我们根本没有信息化系统时，我们的管理效率低下，越来越落后；而我们终于实现了资产管理信息化后，我们的管理却越来越僵化，无法灵活变化适应现实。

计算机解决了工作效率问题，却可能成为工作的束缚。例如，年初计算机里记录的维修预算做低了，如何保证年终设备正常运行？计算机里的审批环节和流程设计好了，中间审批人不在，是否可以跳过？软件过时，无法反映现在的需求，且暂时无法更新，是否仍然使用？管理是随时间推移而变化的，如何处理好管理创新与软件固化、标准化之间的矛盾？资产管理软件是有寿命周期，软件要不断更新以适应管理的变革。正如计算机里的 Office 软件一样，需要不断升级。

悖论 20：当生产一切运行良好时，无人知道资产管理的存在；当运行得很糟糕时，大家说"这简直就没有资产管理"；当资产管理需要资金投入时，人们说"似乎没有这个必要"；当资产管理真的消失了，大家又会认为，它的确应该存在。

这充分反映了很多企业的现状。当企业设备运行良好时，高层领导似乎以为设备本应该如此。设备管理人员往往只有在设备故障停机、出现安全事故、环保问题凸显时才被想起，而这时候设备管理工作者已经坐在被告席上了。企业高层领导对设备管理的理解和认识决定了一切。

综合以上 20 个悖论，可以得出结论：设备管理的很多事情本来就是似非而是的，看似没有道理，其实蛮有道理，看似蛮有道理，其实也不尽然。优秀的设备管理工作者要在这些矛盾之中做好平衡。

让 ISO 55000 和我国的 T/CAPE 10001—2017《设备管理体系 要求》标准成为企业的行动指南。

第十六节　设备管理的 3P 和四性发展论述

国际设备管理的发展中使用了大量的"P"，阅读相关的文献，涉及很多相关描述，如 Preventive Maintenance（预防维修）、Predictive Maintenance（预知维修），将事后维修、预防维修、纠正性维修及维修预防融合的 Productive Maintenance（生产维修），区别于被动维修（Reactive Maintenance），有人提出了 Proactive Maintenance（主动维修），区别于非专业的自主维修体系，还有 Professional Maintenance（专业维修），近年来，国际上又有人提出了 Prescriptive Maintenance（精准维修）的概念。

从宏观和设备管理发展历史上划分，维修大体可划分为三个阶段，即预防维修（Preventive Maintenance）、预知维修（Predictive Maintenance）和精准维修（Prescriptive Maintenance），如图 2.16-1 所示。

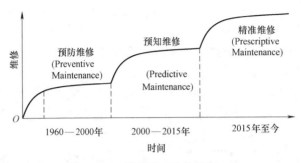

图 2.16-1 维修的三个阶段（3P）

预防维修（Preventive Maintenance）的第一种形式为定期预防维修（Time Based Maintenance，TBM），第二种形式为状态维修（Condition Based Maintenance，CBM）。这是继事后维修之后的主导维修策略，流行于 20 世纪 70 年代之后。随着设备状态监测技术的进步，新的主导维修策略为预知维修，预知维修与状态维修本质上是相似的，即通过各种监测、检测手段的运用，了解设备信息，提前做好故障预测，进行及时的维修处理。这种维修策略流行于 21 世纪开始到 2015 年。近两三年又有新的维修策略出现，即精准维修（Prescriptive Maintenance），又称开药方式的维修。顾名思义，它是能够做到精准开药方、治愈设备疾病的维修体系，建立在对设备信息精准诊断的基础上。人们对未来的维修有更高的标准，需要预测得更准，还有维修工时工序准、维修内容准、换件准、工具准、技术力量投入准等，像飞机维修一样，输出精准的 6W2H1S。

在维修和设备管理界，还有一个很重要的四性概念，也就是设备管理工作者所关注的四个方面的内容，简称 RAMS，并不断地围绕这四个方面内容进行持续改善活动。

RAMS 是可靠性（Reliability）、可用性（Availability）、可维修性（Maintainability）和可支持性（Supportability）的简称。

从理论上讲，设备使用部门很难通过自己的努力提升设备的可靠性，因为设备 95% 的可靠性在设计、制造阶段已经被决定了。设备使用者只能保持或者不破坏设备的可靠性。设备可靠性往往可以通过设备平均无故障工作时间（MTBF）度量。在设备前期管理阶段，管理者要更关注设备的先天可靠性，它对寿命周期费用的影响十分明显。

具有先天高可靠性的设备，才会表现出好的可用性。当然，提升设备的可用性还需要企业在使用期的努力，包括维护、保养、修理、计划排产优化等。

设备的可维修性，理论上也已经在先天的设计、制造阶段被决定了，如备件附件的可拆卸性、互换性、可替代性，以及检修工具、辅具的配套以及设备常规检修培训体系等。使用部门对检修工具、辅具的设计和创新也会为提升设备的可维修性做出贡献。值得指出的是，设备生产商附加在设备上的详细检修手册，甚至设计出交互式电子技术手册，能够通过图文并茂的文字和录像、音频，共同实现检修指导说明，对于提升设备的可维修性十分重要。

可支持性则更多地涉及设备管理体系、制度和维修文化、维修组织和维修环境的营造。这四性之间是一种相互关联和支撑的关系，如图 2.16-2 所示。

图 2.16-2　四性之间的关系

第十七节　工业维护 4.0

自从德国提出工业 4.0 的概念，设备管理维修领域也有不少人提出"工业维护 4.0"的概念。工业维护 4.0 的出现离不开国际工业发展的总体环

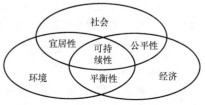

图 2.17-1　国际工业发展的总体环境

境,如图 2.17-1 所示。

意大利前维修协会主席弗朗哥·桑蒂尼（Franco Santini）认为,未来资产维护的发展趋势主要体现在两个方面:一是提升维护水平并降低维护费用;二是将资产的竞争力、寿命周期和可持续性加以集成。

资产管理的主要框架如图 2.17-2 所示。维护功能是核心,需要管理、供应链、工程、组织支持、人力资源以及健康、安全、环境要素的支撑;而技术支撑手段,包括网络通信技术、互联网技术、硬件技术的进步则是工业维护 4.0 发展的前提。

图 2.17-2　资产管理的主要框架

工业 4.0 的主要特征是物联网、信息通信技术以及人工智能的发展和集成,也就是通过数字技术的集成来联结、管理、变革和优化工业制造和设施流程的全价值链。以资产为核心,工业维护 4.0 的驱动因素包括文化与组织变革、方法论变革和技术变革。

其中,方法论包括流程、工程、算法和信息处理等内容;技术变革包括软硬件、传感器、检测手段等的进步;而文化与组织变革则是适应性的变革,最为艰难,往往会成为工业维护 4.0 的主要障碍。维护的数字化和集成化将成为工业维护 4.0 的主要标志,也是提升企业竞争力的重要一环。

支撑工业维护 4.0 的诸多技术进步如图 2.17-3 所示。这些技术手段仅仅是技术进步征程上的里程碑,这一长途跋涉远未终止,新的技术在不断涌现,不断补充进来。

显然,技术进步必然带来新的挑战,主要表现在以下几个方面:

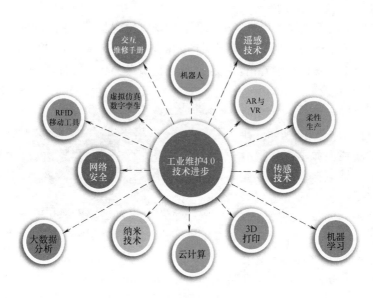

图 2.17-3 工业维护 4.0 的技术进步

1）人才的适应性。先进手段与落后专业队伍的矛盾日益突出，人才的短缺成为企业和社会普遍面对的问题。人才的教育培训迫在眉睫，培训效率和手段的变革时不我待，传统的教育培训很难跟上时代的步伐。

2）技术手段的导入和利用。从社会层面上看，新技术手段不断涌现，并不断趋于成熟。但从企业的微观层面上看，新技术的导入和有效运用并不容易，主要包括认知的障碍、技术壁垒、人才短缺和跨界应用的适应性调整变革。

3）软件技术的适应。对企业来讲，新型设备和硬件只需要投入资金就基本可以获取，但适应性的系统集成架构设计和软件设计不但需要资金，还需要时间和合适的团队，具有一定的难度。

4）新型组织和管理模式。企业的生产和设备在变化，与之适应的组织和管理也要变化，这必然会导致新型组织的涌现和新管理模式的产生,也必然会受到企业传统组织和管理体系的阻碍。

进入工业维护4.0,需要对以下方面做系统的思考:

1）关于投资。是在现有设备上添加数字化创新内容或者集成适合的工业4.0技术,还是购置已经具备4.0技术的新型设备,要做好技术经济分析与平衡。

2）组织结构。是采用传统组织还是新型组织,或者采用过渡性组织?传统组织的阻碍如何克服?

3）人力资源。除了导入新型人力资源体系、主张终生学习以外,如何从人才引进、人才培养方式和激励制度等方面设计更适应的方法手段?

4）在工业4.0的环境下,企业要考虑从工程建设、设备引进、运行模式、维护体系等方面如何完成一个整体架构的设计,以形成良性循环。

5）企业的社会化维护体系如何设计,维护外包的范畴、功能如何界定,外包合同如何设计?服务方式如何转变?内部维护人力资源如何设计和界定?

6）企业的网络安全如何设计?如何让企业的运行安全、技术诀窍得到保护?

尽管上述挑战是巨大的,需要企业家面对的问题很多且很艰难,但新型组织和管理维护体系也会给企业带来如下收益:

1）资产绩效的度量更加实时和准确,并且可进行分析,找出影响绩效的薄弱环节。

2）通过大数据可以辅助管理者选择最佳的维修策略和维修模式。

3）故障诊断更加精准,有利于采取针对性的预知维修模式,真正步入精准维修的时代。

4）可以让设备效率指标,包括OEE、TEEP、MTBF、MTTR等得到有效控制和改善。

5）通过数据分析,可以精准地预测备件消耗,制订备件计划和采购计划,优化备件库存,通过3D打印备件等,让备件消耗费用大大降低,使设备因为备件问题造成的停机损失大大减少。

6) 通过先进工具手段(如5G通信、AR+VR技术、遥感技术、远程诊断指导互动、交互电子技术)的应用,可以提升维护效率,减少人力资源投入,提升维护效益。

7) 进入工业维护4.0时代,设备技术进步速度加快,技术寿命和经济寿命都会缩短,大数据让设备使用寿命可控,企业可以根据设备的可用性,延长设备的使用周期或者果断将其淘汰。无论选取何种处理方式,都应符合技术经济分析最优的原则。

8) 机器学习和机器互动,将大大节约人力资源和经验的束缚,提升设备效率和产品质量。

值得指出的是,机器学习和机器-机器互动,可以大大改善运行效率。它们所运用的工具包括数字孪生技术、大数据分析、机器交互和调度、风险分析等,可以将服务、维护费用和综合效率加以综合与集成,寻求平衡与最优。

比利时的瓦伦蒂娜(Valentina Litovchenko)和莫里斯(Maurice Jilderda)介绍了资产维护4.0的概念,与工业维护4.0类似,其业务驱动仍然离不开传统的企业诉求,但新策略、新技术和新管理模式的应用势在必行。其架构如图2.17-4所示。归

图2.17-4 资产维护4.0架构

根结底，智能资产维护的驱动因素还是企业运营的基本要素。先进技术手段的应用是前提，也是工业4.0的前提；智能的加入有无限的空间。

资产维护4.0的展开流程如图2.17-5所示。具体的实施并不一定完全拘泥此流程。但无疑，此流程给人们提供了一个思路和初始设计的线索。

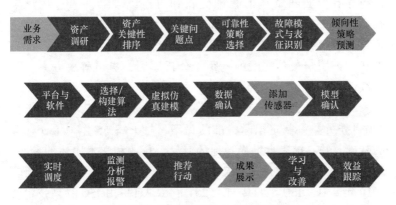

图2.17-5　资产维护4.0的展开流程

第十八节　资产管理标准 ISO 55000

一、产生背景

谈到 ISO 55000，应该追溯到20世纪初，瑞典铁路系统率先提出了寿命周期费用（LCC）的概念；英国的丹尼斯·巴克斯也提出"综合工程学"，并强调寿命周期费用最小化的设备设置目标。美国国防部在20世纪60年代将 LCC 评价法用于武器装备的采购，以达到控制军费的目的。20世纪80年代以后，LCC 在广泛应用的基础上走向成熟和国际化。1999年6月，美国总统发布了行政指令，规定"在制定有关在产品、服务、建造和其他项目的投资决策中，应采用 LCC 分析"，其目的是"减少政府费用以及能源和水资源的消耗"。要求各州政府所需的装备及工程项目必须有 LCC 报告，没有 LCC 估算和评价，一律不准签约。

20 世纪末，鉴于欧洲的一些资产密集型企业和组织对资产管理标准的实际需要和缺乏相应标准的现实情况，第一版"公共可用规范"（Publicly Available Specification）PAS 55（2004 版）由英国标准协会（BSI）及资产管理协会（IAM）颁布，旨在指导有形实物资产的管理优化和可持续发展。通过广泛实践，PAS 55 重新修订并于 2008 年再次发布。它包括从全寿命策略到日常维修管理最佳实践的 28 个方面，企业可结合自身现状，识别与最佳实践的差距，分析原因，提出解决方案，并持续改进。

2009 年 7 月下旬，英国国家标准委员会提交了一项成立"项目委员会"制定国际标准的提案，将 PAS 55 作为 ISO 标准的基础，并寻求来自世界各地的专家、行业和学术团体的参与。2010 年 6 月，伦敦预备会议之后，启动了系列标准的制定工作。2010 年 8 月，ISO 项目委员会 251（PC 251）由 ISO 管理技术委员会批准成立，并先后召开了 5 次正式会议，产生了"工作草案""委员会草案"和"国际标准草案"（DIS）。经过 3 年多的努力，包括我国在内的 31 个国家的参与，该标准于 2014 年 1 月 15 日正式发布实施。

二、为什么要实施 ISO 55000

1）首先，资产管理对于一些资产密集型行业来说非常关键，直接关系到生产和服务的连续性、产品和服务的质量、成本、人员安全和对环境的影响。

而组织的现状是，资产管理在企业管理中多数情况下处于辅助和被动的地位，成为管理会议上的"被告"，究其原因，是大多数企业的资产管理理念和管理方法还相当落后。不断进步和变更的资产与落后管理之间的矛盾十分突出。

组织可以通过贯彻 ISO 55001 标准，系统采用国际上先进的资产管理最新理念和方法，在短时间内达到系统提升资产管理水平、摆脱被动局面的目的。

2）组织可以通过贯彻 ISO 55001 标准，取得更好的管理绩效，如控制成本和风险、降低备件库存、降低设备维护费用、及时淘汰过时落后设备等。

3）通过贯彻 ISO 55001 获得认证，可以向上级、股东、利益相关方以及潜在投资方等证明组织的资产管理水平。

三、资产管理的对象

管理的对象包括实物资产和无形资产。实物资产通常是指组织拥有的设备、存货和不动产；无形资产如租赁权、商标、数据资产、使用权、许可、知识产权、信誉或协议等。

资产管理体系以实现组织资产价值最大化为目标，根据组织内外部环境的分析，确定组织的方针和战略资产管理计划，在风险识别的基础上确定资产管理目标，平衡资产全寿命周期的风险、成本、绩效，进行资产管理决策，并制订资产管理计划，提供资源实施资产管理计划，并对资产管理计划的实施情况、目标的完成情况进行检查，通过内审和管理评审检查体系的符合性和有效性，并根据内外部情况的变化，重新修订方针和战略资产管理计划，开始新一轮的循环，以达到为组织目标的，实现创造更大的价值。

资产管理需要对资产成本、机会和风险与期望的绩效进行平衡。平衡可能需要在不同的时间阶段进行考量。资产管理将组织目标转换为技术和财务决策、计划和行动。

四、ISO 55001 的主要内容

ISO 55001 的主要条款如下：

4. 组织环境

4.1 理解组织及其环境

4.2 理解利益相关方的需求和期望

4.3 确定资产管理体系的范围

4.4 建立资产管理体系

5. 领导作用

5.1 领导作用和承诺

5.2 方针

5.3 组织角色、职责和权限

6. 计划

6.1 应对资产管理体系风险和机会的措施

6.2 资产管理目标和实现目标的计划

7. 支持

7.1 资源

7.2 能力

7.3 意识

7.4 沟通

7.5 信息要求

7.6 文件化信息

8. 运行

8.1 运行计划与控制

8.2 变更管理

8.3 外包

9. 绩效评价

9.1 监视、测量、分析与评价

9.2 内部审核

9.3 管理评审

10. 改善

10.1 不符合和纠正措施

10.2 预防措施

10.3 持续改善

其主要架构如图 2.18-1 所示。

五、如何按照 ISO 55001 建立资产管理体系

1）开展企业资产管理现状全面诊断与现状分析。全面了解企业涉及资产管理现状，收集现有资产管理管理制度和规定，通过访谈、观察、查看记录，查找现有资产管理对照 ISO 55001 标

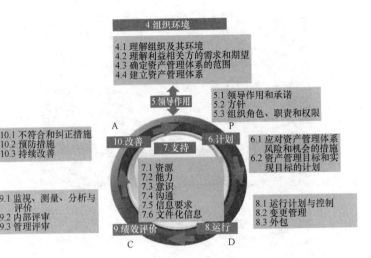

图 2.18-1　ISO 55001 架构

准存在的问题和差距，并分析原因，为建立资产管理管理体系提供依据和明确重点。

2) 资产管理体系的策划和建立。结合 ISO 55001 标准和资产管理的基本原则，对企业所涉及的资产在全寿命周期不同阶段的管理过程、方法和要求进行策划和规定，确定方针目标、明确岗位职责权限以及应建立的制度或标准。

3) 体系运行、维护。对 ISO 55001 的体系文件进行培训，指导企业按 ISO 55001 的体系文件运行，并培训内部审核人员，实施内审，通过体系的内审发现体系的不足，对体系文件进行修改。

4) 申请认证。具备条件后申请第三方认证机构进行审核，通过认证审核对公司资产管理管理体系进行评审，并取得认证证书。

ISO 55000 资产管理系统与其他标准化体系的关系如图 2.18-2 所示。

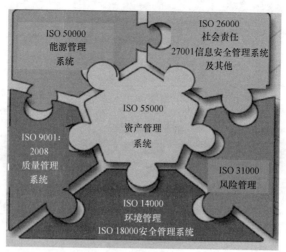

图 2.18-2　ISO 55000 与其他标准化体系的关系

第三章 与时俱进的国际设备管理新模式

第一节 从预知维修到状态维修（CBM）

预知维修（Predictive Maintenance）产生于计划预防维修之后，主要依赖于早期落后的计算机系统和软件来记录故障和评估系统。由于缺乏完整、连续的数据采集系统，设备系统的预测常不准确。这一管理模式毕竟向传统的以时间为基础的预防维修（Time Based Maintenance，TBM）体制提出挑战。随着监测手段的进步和计算机的发展，20世纪80年代形成了更为完善的体制，即状态维修。

所谓以状态为基础的维修体制（Condition Based Maintenance，CBM），是相对事后维修和以时间为基础的预防维修（TBM）而提出的。其定义为在设备出现了明显的劣化后实施的维修，而状态的劣化是由被监测的机器状态参数变化反映的。

CBM要求对设备进行各种参数测量，随时反映设备实际状态。测量的参数可以在足够的提前期内发出警报，以便采取适当的维修措施。这种预防维修方式的维修作业一般没有固定的间隔期，维修技术人员根据监测数据的变化趋势做出判断，再制订设备的维修计划。这里，设备诊断技术的应用就十分重要。

在CBM体制中，对每一台设备都应有一套监测或状态检查方法。检查可以是定期的，也可以是连续的。检查手段可以是多种多样的。只有数据表明必须进行维修时才安排维修。而且，由于故障状态是可以预知的，维修是周密计划和有准备的，因而可以大大提高维修效率，减少维修停机时间。

状态检查可以用测量值与允许的极限值进行比较，以制订维修计划；还可以进行趋向管理，即对测出的数据进行外推，以便预测其可能超出允许值的时间，提前安排维修。

以状态为基础的维修体制，在国内通常称为状态维修或视情维修。这种维修体制是随着故障诊断技术的进步而发展起来的。如果检查手段落后，设备的劣化不能及时、准确地诊断，就无法进行有效的状态维修。图3.1-1给出了状态维修与其他维修体制对同一台设备进行维修，其维修规模和时间的比较。

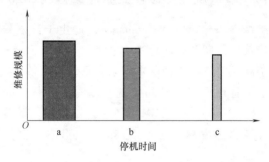

图3.1-1　各种维修体制对设备停机的影响
a—事后维修　b—计划维修　c—状态维修

图3.1-1中的维修规模包括维修的范围，动用的人力、物力、辅助设施、工具以及复杂程度。图中柱形的高度表示上述规模的大小，宽度表示所需的停机时间。其中，a柱表示故障停机后维修工作量；b柱表示计划停机维修工作量；c柱表示预知停机维修工作量。从图3.1-1中可以看出，除去诊断仪器的投入，状态维修是一种比较经济、实际的维修方式。

既然状态维修比以往的维修体制更经济、更准确，是不是对所有设备都应改用这种维修方式呢？这要看企业的性质及其设备状况。一般而言，对设备先进、资金密集型产业，如钢铁、电力、电子、轻工、化工等，采用高级的状态维修体制，初期检测仪器的投入仅占总设备费用的1%，最高不超过5%，与随机故障停机损失相比是微不足道的。所以，这些产业适宜采用状态维修，可以减少故障停机维修时间及维修费用，产值可增加

0.5%~3%，其经济效益是可观的。

对非流程产业、以单体设备为主的产业，可以灵活地采用事后、预防或低水平的状态维修方式。

CBM 制度一般分三个等级：

1) CBM（Ⅲ）。这是最简单、费用最低的一种，配备简易手提式状态检测仪器，由检测人员对设备进行巡回定期检查。

2) CBM（Ⅰ）。这是最高级、费用最高的一种，设备上配备永久性的监测系统，这些系统一般可以通过计算机进行自动故障检测功能，有相应的警报装置。这种检测系统一般配备于关键（瓶颈）生产线或设备部位，即那些一旦出现故障会造成重大损失的设备。

3) CBM（Ⅱ）。其效能、费用与级别介于上述两个等级之间。

在企业竞争激烈、注重经济效益的今天，对不同维修方式的选择决定了企业的维修成本和总效益。对不同的设备究竟应采用何种维修方式？首先，在积累足够统计资料的条件下，可以用表 3.1-1 所给出的公式计算总维修费用；然后，按照最小费用原则进行维修模式的选择。

表 3.1-1 不同维修制度的维修总费用计算

维修总费用	修理费	预防维修费	检查诊断费	故障维修损失
事后维修总费用	修理费/平均故障间隔			（平均维修时间×平均生产损失）/平均故障间隔
以时间为基础预防维修总费用	修理费/平均故障间隔	修理费/平均预防维修间隔		（平均维修时间×平均生产损失）/平均故障间隔
以状态为基础预防维修总费用	修理费/平均故障间隔	修理费/平均预防维修间隔	（检测费用/检测间隔）+检测仪器费用年值	（平均维修时间×平均生产损失）/平均故障间隔

企业可以根据表 3.1-1 内所列计算方法，确定某类设备在不同维修模式下的总费用，进而决定所采用的最佳维修方式。以上

算法已经在日本的一些企业中得到应用,并取得了良好的效果。

值得指出的是,在表3.1-1的基础上,加上一列——综合费用,即修理费+故障维修费,比较不同维修策略的综合费用大小,可以清楚地选择最佳策略,也即综合费用最低的策略。

第二节 以利用率为中心的维修(ACM)

20世纪90年代,设备的生产能力出现了新的飞跃,国际维修体制也在不断变革,不少新的维修理论出现,以利用率为中心的维修就是其中之一。

以利用率为中心的维修(Availability Centered Maintenance, ACM),是把设备利用率放到第一位来制定维修策略的维修方式。它和以可靠性为中心的适应性维修体制有相似之处,但也有自己的特点。

以利用率为中心的维修思想把当代维修方式分成以下五类:

1)定期维修。它通常也称计划维修,是按照一定周期进行维修的传统体制。这种维修体制的优点是可以有计划地利用生产空隙离线操作,人力、备件均有充分的准备。对于故障特征随时间变化的设备,这种维修方式仍不失为一种可利用的方式;但对于复杂成套设备、故障无时间规律的设备,这种维修方式就不适合。

2)视情维修。它通常也称状态维修,是根据状态检测出的故障模式决定维修策略。状态监测的主要内容是状态检查、状态校核和趋势监测,这些方式一般都是在线的。

3)事后维修。它是无须任何计划的维修,但必须在人力、备件、工具上有一定准备和保障,成本较低,是可以当作最后考虑的一种维修策略。

4)机会维修。它是与视情维修和定期维修并行的一种维修体制。当有些设备或部件按照状态监测结果,需要排除故障或已到达定期维修周期,对于另外一些设备或部件也是一次可利用的机会。结合生产实际,把握维修时机,主要是为了提高费用有效度。

5）改进（设计）维修。对那些故障发生过于频繁或维修费用过大的某些设备部件，可以采用改进（设计）维修，从根本上消除故障。

维修规划是在对设备利用率等因素分析的基础上做出的。主要分析内容如下：

1）什么是关键设备？它主要根据停机后的影响来确定，具体根据其生产中增加的费用比例，对生产量、需要量的影响，延长生产周期的损失，停机一次生产损失和废品、能源等二次损失等来确定。

2）近似的利用率评估。利用率主要靠故障次数和停机时间这两个数据评估。停机时间应包括维修占用的时间。例如，两年内一台反射炉发生 10 次故障，共停机 2208h；而一台浇铸机发生 55 次故障，共停机 75h。从可靠性来分析，浇铸机较差，其失效概率几乎是每周一次；然而，它每次故障的平均修理工时仅为 1.6h，每周无法利用的时间不到 1h。显然，浇铸机是低可靠性、高利用率的。从这个例子可以看出，利用率应作为更主要的设备排序指标。

3）对关键设备零部件故障模式和维修项目进行评估。首先，按照设备是否关键对它们加以排序，然后按照其利用率由小到大进行排序；下面再寻找关键零部件，可以用其故障频率来决定，即零件故障频率越高则越关键。严格来讲，零部件的评价也应从其利用率角度来考虑。有些零件故障虽频率高，但容易修复、消耗工时短；有些零件则恰恰相反，虽然故障频率低，而一旦发生故障，维修、更换造成的停机时间较长。因此，后者更为关键。

4）选择适当的维修方式。维修方式的选择如图 3.2-1 所示。可以用以下路径选择维修方式：如果故障特征是以磨损为主，而状态监测又比较困难或费用高，而平均故障间隔期较长，应首选定期维修，依次可选事后维修、视情维修和改进维修；如果同样是磨损故障,或者状态监测较容易、费用低,或者平均故障间隔期较短,则应把视情维修放在第一位,依次选定期维修、事后维修和改进维修。对于以随机故障为主的故障,如果平均故障间隔期较长,则应依次选择视情维修和事后维修;如果发生频繁,则应首先考虑改进维修,再依次选择视情和事后维修。对于处于耗损故障期、影响设备寿命的故障,不论平均故障间隔期长短,均应首先考虑改进维修,其中故障间隔期较长的故障还可依次选择事后维修、视情维修,而频繁发生的故障则可依次选择视情维修、事后维修。

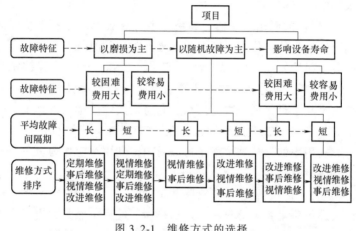

图 3.2-1 维修方式的选择

5)编制单台设备维修规划。选择了每台设备的维修方式,就要制定从检测、监测、趋势分析到维修的整体规划。需要考虑生产空隙时间的选择、维修资源的准备及维修方式的选配等因素,往往需要反复推敲,争取选出最佳方案。

图 3.2-2 所示为维修规划编制的流程。

1)根据生产流程,确定单台关键设备。也就是说,对流程上的那些关键设备进行重点管理。

2)根据维修数据,即故障停机对利用率的影响,按照以利用率为中心的思想进行排序,优先考虑那些对利用率影响大的

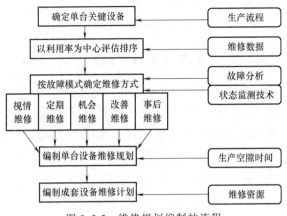

图 3.2-2 维修规划编制的流程

设备。

3) 通过状态监测和故障分析，确定设备的故障模式，再根据不同的故障模式选择不同的维修方式。选择维修方式的大致思路：①易于预测，发生频繁，随机性较大的故障，倾向采用视情维修；②平均故障间隔期较长，规律明显，以磨损、老化为主的故障，倾向采用定期维修；③定期维修的设备，可以根据生产、计划的忙闲，订单的要求，结合年、节、假日，灵活调整停机维修时间，此即为机会维修；④对于进入耗损期（即严重磨损、老化、变形）的设备，倾向采用改进维修；⑤对于不重要的，有冗余、备份设备，非主流程上的设备，倾向采用事后维修。

4) 根据生产安排，编制单台设备的维修计划。

5) 结合维修力量的调配和平衡，形成整套设备的维修规划。

以利用率为中心的维修体制需要两个条件：一方面，由于需要维修数据、故障模式作为支持，这个体制更需要加强对设备的了解，做好设备的维修数据统计记录；另一方面，由于需要选择以监测为主的视情维修、以改进设计为主的改进维修、以充分利用生产空隙为主的机会维修以及传统的定期维修和事后维修，无论从管理上还是从技术上，都需要更多的技巧和经验。

近年来,随着计算机应用的普及,以利用率为中心的维修体制在数据记录、统计、分析等方面更加快捷、方便。

第三节 全面计划质量维修(TPQM)

全面计划质量维修(Total Planning Qualitative Maintenance,TPQM),是一种以设备整个寿命周期内的可靠性、设备有效利用率以及经济性为总目标的维修技术和资源管理体系。其内涵是:维修范围的全面性——对维修职能做全面的要求;维修过程的系统性——建立一套发挥维修职能的质量标准;维修技术的基础性——根据维修和后勤工程的原则,以维修技术为工作的基础。

TPQM 于 1989 年在美国被提出。它是一种维修管理的新概念。它与 TPM 虽然有着相似的总目标,但侧重点各有不同。TPQM 强调质量过程、质量规定和维修职能的发挥。其重点在于选择最佳维修策略,然后有效地应用这些策略,以达到高标准的质量、安全、设备可靠性、有效利用率和经济的资源管理。

一、综合维修管理

TPQM 提出维修的十个要素,然后对这些要素实行综合的、一体化的、整体化的管理。也就是说,其中一个要素改变了,其他相应要素也应随之变化,以保持过程的整体性。TPQM 维修职能的十个要素如图 3.3-1 所示。

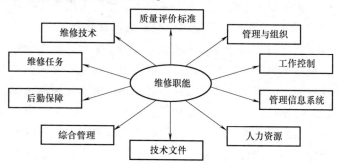

图 3.3-1 TPQM 维修职能的十个要素

1）管理与组织。建立合理的组织机构及相应的职责规定。

2）综合管理。对设备的实际状况、功能特性以及设备鉴定的技术文件做综合性管理。

3）后勤保障。对保障维修的后勤项目，如零件修理、专用工具、测试设备、技术工人和计算机软、硬件做出明确规定和有效管理。

4）质量评价标准。对整个维修过程及各要素均制定质量评价标准，严格管理。

5）工作控制。对工作计划、进度安排和具体实施过程加以控制，控制内容包括成本、进度和质量。

6）管理信息系统。包括维修计划与调度、设备跟踪与记录、维修效果与质量标准的比较及数据报告等项目的手工或计算机管理。

7）维修任务。对需要执行的预防维修、预测维修、恢复性维修和闲置设备维修等任务的范围、频次和责任者均做出明确规定。

8）技术文件。对图样、技术说明书、合同、程序等与维修活动有关的技术文件进行有效管理。

9）维修技术。维修人员应能保证正确地使用维修工具，执行维修工艺，并准确地评价维修计划执行效果。

10）人力资源。保证维修人员的数量和资质。在接受培训后，维修人员能够掌握维修任务中规定的各项要求。

二、TPQM 的 PDCA（计划—实施—检查—调整）循环

TPQM 的实施过程实际上也是计划—实施—检查—调整的 PDCA 循环过程，目标是达到规定的质量体系标准。这里，过程应有明确的界限，过程中要不断进行评价，并对过程加以合理调整。维修职能的十个要素要融合在整个过程之中。这一实施过程如图 3.3-2 所示。

TPQM 的实施过程可以分成以下单元：

1）管理单元。对维修职能、目的做出规定，提出总目标和

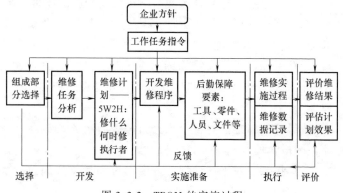

图 3.3-2 TPQM 的实施过程

分目标,提出设备使用与维修的基本规定,设置组织机构,提出人员安排,提出有关维修职能和实施过程的所有方针、政策和程序。

2)选择单元。规定维修数量、范围,设定设备组合单元,划分系统层次结构,确定关键设备,提出维修管理要求。

3)开发单元。通过以可靠性为中心的技术,寻求系统临界状态,确定所有值得维修项目的寿命周期。

4)实施单元。将维修任务变成可执行的控制安全、质量和性能的工作程序。

5)执行单元。对维修活动实行计划、进度安排和有效的控制。

6)评价单元。对维修过程和结果进行评价,并不断改进。

7)反馈单元。为改进工作提出方法、措施。

虽然 TPQM 与 TPM 有着相似的目标,但企业不可能等每个成员都对维修工作感兴趣之后才实施维修。TPQM 不否定启发人员的自主维修积极性,但它更依赖于一个良好的程序和组织。通过这种维修程序的实施,不断培养维修人员对维修工作的积极态度。为了达到这个目的,应该做到以下几点:

1)目标明确且坚定不移。

2) 以设备维修的需求和维修技术提高的需求为动力。

3) 为计划工作做好充分准备,以保障计划的顺利进行。

4) 任用经过培训和有能力的人员担任工作,以保证顺利完成工作。

5) 制定正确、详细的维修程序,使小组成员充满自信。

6) 每日都有计划。

7) 设置专门机构进行成果评价,不断把目标、标准与工作实绩进行比较。

8) 不断地改进工作。

第四节 适应性维修(AM)

随着企业设备不断朝着大型化复杂化和自动化方向发展,设备在生产上的重要性日益增加,如何使企业的生产活动适应市场形势的变化成为一个重要课题。从设备管理方面来看,随着产量的变化、设备劣化的发展、诊断技术的进步及周围各种条件的变化,其体制、方式、方法也应做适应性的变化。为此,20世纪末以日本某些钢铁企业为首,提出为迎接21世纪挑战的适应性维修(Adaptive Maintance,AM)概念。

这一新管理模式的核心是把综合费用降到最低。图3.4-1显示出随着维修方式的变化,维修费用和生产损失曲线也随之升或降的趋势。综合费用曲线作为上述两种费用之和,呈下凹状。也

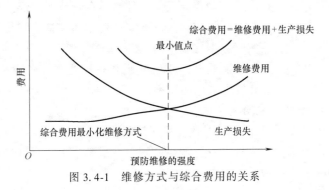

图 3.4-1 维修方式与综合费用的关系

就是说，可以找到一个最小值点，在这一点综合费用最低。

对不同设备，可以按照图 3.4-1 方式绘出综合费用曲线并找到最小值点。这样就可以在 BDM（事后维修）和 CBM（状态维修）之间选择最佳维修模式。

为达到综合费用的最小值点，必须解决好三个问题：①要把设备故障造成的生产损失、维修费用定量化；②确定计算综合费用的经验公式或理论公式；③要确定能够反映不同时期维修方式的变化。

一、以费用的定量计算确定维修方式

1. 维修方式确定的逻辑过程

把每个管理单元固有的 11 项基础数据、7 项适应性维修（AM）数据的定量值输入计算机，按照理论公式求出每一维修方式及点检对象的平均故障间隔期（MTBF）与平均修理间隔期（MTBR）；再根据计算得到的各项费用，计算并确定综合费用最小的维修方式，同时给出最佳点检周期。

2. 设备劣化模型

在开发维修方式决策系统时，需要把设备的劣化做模型化处理。一般把劣化分为三个阶段：①从设备使用开始到安全无缺陷的稳定阶段；②缺陷发生的阶段；③从缺陷到故障的阶段。

3. 缺陷检查概率的计算

$$缺陷检查概率 = P_t P_i$$

式中　P_t——技术上缺陷检查概率，即当对存在缺陷的部件进行诊断时，能够检测出缺陷的概率，它是以点检结果或实际数据为基础的；

　　　P_i——点检周期概率，即当按照某一周期对设备点检时，恰好发生缺陷的概率。

4. 生产损失的定量化

生产损失是指由于外部原因或生产线本身的缺陷、故障而造成的停机损失。一般包括能源供应短缺造成的损失、合格品率降低损失和设备故障减产损失等。

5. 适应性维修（AM）数据变更的模拟

在 AM 数据变化时，维修方式也应做出相应调整，计算机则依据输入的数据进行模拟，给出维修方式的比例选择。按照当时的认识，可选择的维修方式包括事后维修（BDM）、以时间为基础的预防维修（TBM）以及状态维修（CBM）。

总结以上过程，按照定量计算，维修方式的决策逻辑框架如图 3.4-2 所示。

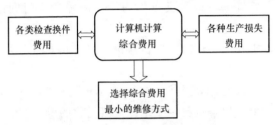

图 3.4-2 维修方式决策的逻辑框架

二、以经验法则决定维修方式的逻辑框架

以经验法则输入计算机，需要处理下列项目：

1. 点检/检查必要性的等级分类

决定点检/检查必要性的有 7 个项目，包括法规制度、推断的停机时间、产量影响度、维修费用、安全影响度、质量影响度、成本影响度等，评价这 7 个项目的重要度级别（权重），然后输入计算机。

2. 点检/检查有效性的等级分类

决定点检/检查有效性的共有 3 个项目，包括：

寿命系数——使用平均寿命；劣化特性系数——是属于直线比例劣化型、初期急速劣化型、后期急速劣化型、突发劣化型以及异常应力型的哪一种；劣化模型系数——是属于磨损型、腐蚀型、功能降低型、异常振动型、绝缘老化型、变形破断型、烧损型、污损型的哪一种。

把 3 个项目得到的系数进行综合，即得到点检的有效性系数。

3. 点检/检查的可能性等级

分3点对点检/检查的可能性进行评级：

1）点检员用常规仪器能检出故障——H。

2）用简易、精密诊断仪器或技术可能检出故障——L。

3）定量点检不可能——N。

4. 点检经济性的等级分类

点检经济性的等级分类可作为检出故障所需时间的经济性评价。

根据以上4个特性及各项目评价，组合起来即可决定最佳维修方式。

适应性维修的计算虽然比较复杂，而且数据来源和评估的准确性值得推敲，但毕竟提供了维修策略量化的思路。

第五节　可靠性维修（RBM）

随着设备的技术进步，维修费用逐渐提高，在某些工厂甚至从占生产成本的4%上升到14%，出现了维修费用率大于利润率的情况。因此，维修管理的成败与企业的成败有着更加密切的关系，维修或设备管理无疑会发展成为高层次的职能管理。可靠性维修就是在这种形势下发展起来的。所谓的可靠性维修（Reliability Based Maintenance，RBM），是继被动维修（Reactive Mode）、预防维修、预测维修之后，新发展起来的一种以主动维修（Proactive Maintenance）为导向的维修体制。这一体制旨在通过系统地消灭故障根源，尽最大努力削减维修工作总量，最大限度地延长设备寿命，把主动维修、预测维修和预防维修结合起来，形成一个统一的维修策略。只有以上三种维修策略相互配合，充分发挥各自的作用，才可以使设备获得最高可靠性。这也是称之为可靠性维修的原因。

一、可靠性维修的特征和目标

可靠性维修是由预防维修、预测维修和主动维修有机组合而成的。可靠性维修应尽量避免被动维修，因为它会导致过多的非计划停机。预防维修的采用虽可减少非计划停机，却可能造成维修过剩，因此应加以适当控制；预测维修可预先采取维修措施，既可减少停机，又可减少维修过剩，是一种值得提倡的方式，但这种维修方式不可能从根本上消灭故障；主动维修则致力于从根本上消除故障隐患，延长大修理周期，不断改善系统功能。

可靠性维修所要达到的目标主要是详细掌握设备信息，积极减少设备故障，根本延长设备寿命，显著减少维修费用。

二、预防维修

预防维修又称为以时间间隔为基础的维修，它也是一种常用的可靠性维修方法。成功的预防维修费用比被动维修降低 30%。把定期预防维修与预测结合起来，根据预测适当延长大修理时间间隔，在预定的时间再进行检查预测，则可以大大避免维修过剩的浪费。

三、预测维修

预测维修是通过测量设备状态，识别即将出现的问题，预计故障修理时机，以减少设备损坏。预测维修的优点是可预先知道设备状态，对维修备件和工具做好充分准备，节约维修停机时间。另外，由于事先检测出造成质量劣化的潜在故障，有利于产品质量的控制，减少废品损失，还有利于减少由于振动等原因造成的能源消耗，因此避免了一些灾难性的故障，提高了设备运行的安全性。

预测维修的基础是振动监测，其他预测维修技术还有油质和磨粒分析、红外热像分析、电动机电流特性分析、超声分析等。

四、主动维修

主动维修的目的是应用先进的方法和修复技术来显著地延长机器寿命。主动维修的理想目标是永久消灭故障。其主要优点如下：

1) 找出重复故障，通过改进设计加以消除。
2) 通过性能检验，确保维修后的设备无故障隐患。

3) 按精度标准维修和安装。
4) 辨认和消除各种影响设备寿命的因素。

"永久修复"的主动维修技术包括以下几方面：

1) 故障根源分析。设备早期故障的根源一般如图 3.5-1 所示。维修工作不应局限于解决表面故障问题，而应认真推敲深层次的原因，力求从根本上解决问题。

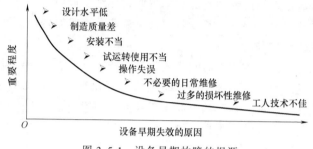

图 3.5-1 设备早期故障的根源

2) 精细的大修理。精细的大修理包括平衡、对中、装配间隙的标准化等，做好了可以延长设备寿命，做不好则会减少寿命，甚至导致新故障的出现。

3) 购置或维修设备均有标准技术规范。

4) 建立大修理的验收合格证制度。经验表明，大修理有 20%左右的不合格率，因此应对大修理质量严格把关。

5) 主动维修。对设备进行重新设计、修改设计、改进部件技术要求等。

五、可靠性维修的实施

可靠性维修需要在预防维修、预测维修和主动维修之间取得平衡，以达到取长补短的效果。这三种策略构成一个天平，预测维修是天平杠杆的支点，如图 3.5-2 所示。由预测维修提供的机器状态的精确数据，使得预防维修和主动维修两头之间的平衡成为可能，达到满意的经济效果。

按照可靠性维修的策略，设备在故障特征曲线的各阶段应有

图 3.5-2　三种维修策略的平衡关系

不同的处理方式,如图 3.5-3 所示。具体实施过程分为三个阶段。

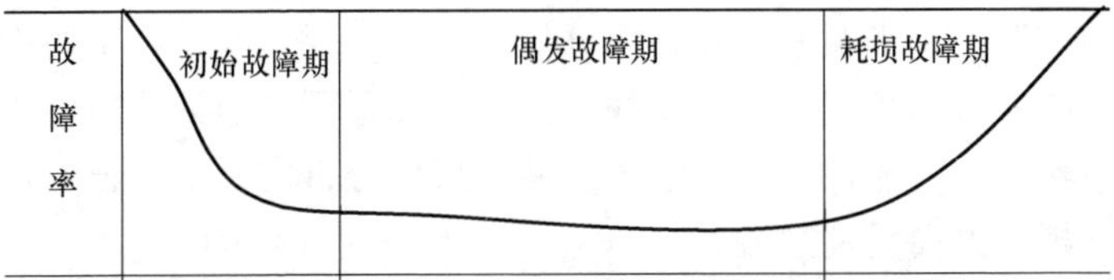

故障率	初始故障期	偶发故障期	耗损故障期
类别	初始故障	随机故障	耗损故障
原因	设计失误	误操作及环境影响	自然劣化(磨损)
维修措施			
基于可靠性维修的建议	验收标准 验收测试	状态监测 精细修理 日常预防维护	状态维修 根源分析 改善维修、主动维修

图 3.5-3　可靠性维修策略

1. 开始阶段

开始阶段也是试验阶段,第一步是在厂内建立两个专门的中心职能小组,即"维修计划小组"和"可靠性提高小组"。

维修计划小组以设备管理、调度人员为主,工作职能从单纯编制维修计划命令转变成全系统的维修计划。主要负责协调日常由操作人员实施的细小预防维修工作,根据测量的设备状况协调定期维修、协调维修和生产的关系、计划安排检修工作、维修派工单的跟踪和费用跟踪、设备历史文档记录、评估设备寿命周期趋势，制订改进维修计划等。

可靠性提高小组首先进行预测维修的试点。随着这一工作的成熟，逐渐向主动维修过渡。其主要负责总结各种预测维修技术，以独立的预测维修小组形式开展工作，及时给维修计划小组提供设备工况评估报表，推广实施主动维修技术，以及记录停机时间等。

2. 发展阶段

这一阶段主要是扩大预测维修，发展主动维修。在此阶段，设备状态信息将与定期检修技术和主动维修技术相结合。这包括精细的对中、平衡和故障根源分析技术。企业领导和职工的维修观念向着实施预测维修、查找并消灭故障根源和消灭故障停机的方向转变。可靠性提高小组也从单一事件分析向着全厂根本性问题分析的方向提高过渡。

3. 成熟阶段

这一阶段的主要特点是全厂职工重视可靠性维修，企业全面实施可靠性维修管理。企业完全注重于消灭故障停机，永久消灭设备和生产的质量问题。

4. 成果评定

实施可靠性维修所取得的效果和效益，既是无形的，又是有形的。其中，无形的效果是产品用户的满意、职工自我实现心理的满足及企业形象在社会上的影响扩大等。有形的效益指标可用以下指标评价：

1）维修部门每个月的总费用。
2）每月生产可销售产品总额。
3）单位产品的维修费用。
4）每月废品或耗损总量。
5）废品或耗损总量占总产量的百分比。
6）每月超产产品的数量。
7）加班时间占总工作时间的百分比。
8）紧急抢修次数对总修理次数的比值或紧急抢修工时对总

修理工时的比值。

9）维修停机工时与总工时的比值。

10）设备实际停机时间与可利用总工时的比值。

11）每月发生的预测维修次数。

12）每月通过预测维修对设备加以改善的次数。

13）每种预测维修技术的累计经济效益。

14）企业设备适合做预测维修的百分比。

15）每月电能利用率。

第六节　以可靠性为中心的维修（RCM）及其新发展

以可靠性为中心的维修（Reliability Centered Maintenance，RCM），属于第三代维修管理中具有代表性的模式。这一设备管理模式强调以设备的可靠性和设备的故障后果作为制定维修策略的主要依据。按照以可靠性为中心的维修管理模式，首先应对设备的故障后果进行结构性评价、分析，并综合出一个有关安全、运行经济性和维修费用节省的维修策略。另外，在制定维修策略时，自觉地以故障模式的最新探索成果作为依据。也就是说，以可靠性为中心的维修是综合了故障后果和故障模式的有关信息，以运行经济性为出发点的一种维修管理模式。

RCM 最早于 1978 年在美国商务航空工业中被用于一个特定的决策过程，在改进设备安全性、可靠性以及维护的费用有效性方面取得了特别的效果。

这一体系在 20 世纪 80 年代不断被其他工业领域学习和应用。与此同时，RCM 分为两个方向发展：一个方向是紧密遵循原有 RCM 的路线，只是增加一些描述关键设备的特点（如环境集成和风险量化），目前运行的 RCM 是按照标准 SAE JA 1011 执行的；另外一个方向是希望降低 RCM 推进的时间和工作量、省略一些流程和评价过程的简化的 RCM。约翰·莫布雷（John Moubray）对这种简化的 RCM 效果和严谨性提出了质疑。

下面分别介绍 RCM 的基本概念和方法，在国际上的应用情况,以及其缺陷与不足。

一、以可靠性为中心维修的基本概念和方法

1. 关于故障后果的评价

以可靠性为中心的维修,对设备故障后果进行结构性评价。这种评价是以下面的顺序来排列其重要程度的:

1) 潜在故障问题。目前对设备无直接影响,而故障一旦发生则后果严重。

2) 安全故障问题。故障一旦发生,会造成人身或生命安全。

3) 运行故障问题。故障一旦发生,会影响生产运行和修理的直接费用。

4) 非运行故障问题。故障一般不影响生产运行,但影响修理费用。

按照以可靠性为中心的维修策略,如果设备故障后果严重,则应采用预防维修;否则,除日常维护和润滑外,不必进行预防维修。在评价故障后果以便制定维修策略时,对每个设备的所有功能和故障模式都应加以考虑,并进行分析,制定出每个设备的维修方针。其故障类型与维修策略的选择见表3.6-1。

表3.6-1 故障类型与维修策略的选择

故障类型	维修策略
潜在故障	强制预防维修 { 预测维修(状态监测、点检) / 周期性预防维修 }
有碍安全故障	强制性预防维修
经济性故障(运行故障)	根据经济性可选预防维修、预测维修或事后维修
经济性故障(非运行故障)	事后维修

2. 以可靠性为中心的维修对潜在故障和功能故障的研究

所谓潜在故障,是指故障发生前的一些预兆是可以识别的物

理态，表明一种可能的故障即将发生。功能故障是指设备已丧失某种规定功能。预防维修是在设备进入潜在故障期，但尚未发展成功能故障时进行的维修活动。设备从潜在故障到功能故障的间隔期称为 P-F 间隔期，如图 3.6-1 所示。

图 3.6-1 中 P 点表示设备性能已开始劣化并进入潜在故障期。这一时期在设备上具体表现为裂纹、振动、噪声、炉体表面的过热点、轮胎的磨损等。F 点表示设备已丧失规定功能，即已发展为功能故障。各种设备和不同的 P-F 间隔期差别很大，有的仅是几微秒，有的长达几十年。较长的 P-F 间隔期，使人们有更多的时间做预防维修。在制订维修计划时，就应把这种关于潜在故障起始时间的测量作为选择预防维修时间的依据。

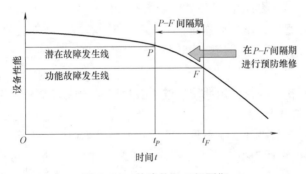

图 3.6-1　故障的 P-F 间隔期

3. 以可靠性为中心维修的维修策略选择

以可靠性为中心维修的最大特点，就是以后果评价作为维修策略选择的依据。其要点如下：

1) 对潜在故障采用强制性的预防维修，通过在线或周期性的故障检查来寻找故障。

2) 对危害安全的故障采用强制性的预防维修。如果没有可以使故障危害降低的维修策略，则应考虑设备或部件的重新设计。

3) 运行和非运行的经济性故障，则根据经济合理性来选择到底使用何种维修策略。

4）对于那些找不到可行的预防维修所能解决的问题，可以采用技术改造、重新设计和改装的策略解决。

4. 以可靠性为中心维修的故障诊断和维修策略

以可靠性为中心的维修所使用的故障检测方法主要有以下几种：

1）状态监测技术。现在大约有包括振动监测和油液分析在内的 150~200 种监测技术。

2）根据产品质量变化来诊断设备故障的技术。

3）设备性能监测技术。

4）人的感觉检查，即凭视、听、触、嗅来检查设备状态变化。

以可靠性为中心维修的维修策略包括：

1）视情维修（状态维修）。通过以上检查诊断方法的运用，决定对设备的预防维修，再结合定期维修和定期报废更换维修策略。

2）预防维修。定期维修或检查后安排的维修策略，作为视情维修的补充。

3）事后维修。在不重要的设备上仍可采用此种策略。

以可靠性为中心的维修还注重评估各种维修策略的可用性和有效性。所谓可用，就是此策略在技术上行得通；有效则是评估每种策略使用后的结果。若结果有效，还应对使用和不使用这种策略的总费用进行对比。

5. 以可靠性为中心的维修对维修资源的合理调配

以可靠性为中心的维修主张尽可能有效地利用人力、材料等维修资源。综观当代工业发展趋势，企业维修费用不断增长，作为"机器看管者"的操作工人不能得到充分的发挥。当前，企业设备维修的承担者可以有三种选择：

1）外部承包者。外部承包者在集中高水平维修力量、维修工具等方面有一定优势。他们可以承担的工作有：分散的设备，如交通、起重工具；超出正常工作量的停产大修；费用便宜的工作，如管道、油漆工作等；专门设备，如空调、计算机等；复杂设备的长期疑难问题，可由生产厂或其代理人协助解决。

2）多技能操作者。设备自动化程度的提高，使操作工人成为"机器看管者"。为了充分发挥这些工人的作用，不少企业开始注意把操作与维修结合起来，并交给一个人来完成。这些人也就是多技能操作者，即掌握了维修技能的生产操作工，也是"全员生产维修"的主力军。

3）企业内部的维修部门。在相当一段时间内，企业内部的维修部门还应保留，它们承担着企业内相当一部分的维修任务。

6. 以可靠性为中心的维修强调对操作工人和管理人员的培训

因为以可靠性为中心的维修要求操作工人具备维修技能，如电气、电子知识，机械知识，气动、液压及传感技术等；管理人员应具备根据故障后果评价和选择维修策略的能力，同时还要在维修计划、派工单、工时估计、工作分配计划、预算和费用控制及领导和启发艺术等方面均达到一定水平。因此，企业要经常性地对操作工人和管理人员进行培训，使他们适应现代企业的发展。

7. 以可靠性为中心的维修的实施

以可靠性为中心的维修可以在一年之内完成对人员的培训和实践练习。具体可以分以下三个阶段进行：

1）第一阶段利用以可靠性为中心维修的思想和技术，评价故障后果和选择预防措施。这一阶段结束后，将形成一个全厂设备维修需求的全面总结或计划系统，这一计划应该使总维修工作量显著减少。

2）第二阶段利用第一阶段的结果，制定人员和备件管理政策，视实际情况对现有管理状况加以调整。

3）第三阶段设计各种系统和执行程序，以保证第一阶段和第二阶段的计划顺利进行。

8. 以可靠性为中心维修的逻辑决断分析

以可靠性为中心维修的核心是根据 RCM 原理所进行的关于维修策略的逻辑决断分析。

首先需要判断故障后果是否严重。对于不严重的后果，非预防形式的事后处理可以最大限度地延长设备的有效使用时间。

如果故障后果严重，即故障对安全、环境、职业健康和生产造成损失的影响严重，则再看定期预防维修、非定期的状态维修以及隐患检测是否技术可行。如果技术不可行，则只能通过改进设计加以解决；如果技术可行，再进一步看预防维修从经济上分析是否合理，如果经济上不如做改善或者事后处理，则不必采取所推荐的策略。如果经济上是合算的，则采取预防维修策略。RCM 的逻辑决断图多而复杂，但纵观各类 RCM 逻辑决断图，其本质不外乎总结出的如下简单形式的 RCM 逻辑决断图，如图 3.6-2 所示。

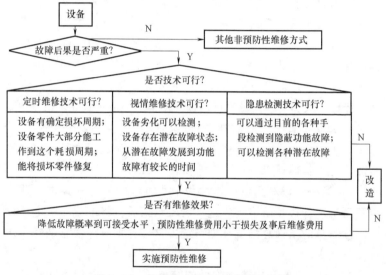

图 3.6-2　简单形式的 RCM 逻辑决断图

图 3.6-2 中的隐患检测包括两种情况：一种是设备的某种功能平时是工作的，但很难知道其是否工作，例如烟火传感报警装置，平时是工作的，但并不知道其是否正常，需要通过某些方法检测出其是否工作；另一种是平时不工作，但需要其工作时却不能保证其是否工作的，例如灭火的自动喷淋装置或者设备的备用

泵,平时不工作,但真正需要其工作时又不知其能否发挥作用。这也需要有检测手段和方法将隐蔽故障检测出来。

二、国际上关于以可靠性为中心维修的研究和应用

国际上对 RCM 的研究和应用始终十分活跃。

斯洛文尼亚的萨莫·乌拉伽(Samo Ulaga)等对设备设计的关键要素——可靠性与可维修性做了论述。他们认为,85%左右的寿命周期费用消耗在生产运行阶段,从设计阶段就应该考虑设备的可靠性和可维修性,以减少在使用中的寿命周期费用消耗。

所谓可靠性,就是在规定时间内、规定条件下,设备完成规定功能的概率;可维修性是指当维修按照预定程序执行后,系统或部件在规定时间内能够恢复到指定状态的概率。

通常的可维修性分析工具有:

1)设备停机时间分析。

2)FMEA(Failure Mode and Effect Analysis,失效模式与影响分析)。

3)FTA(故障树分析)。

对设备可靠性与可维修性(R&M)的度量有以下两种方法:

1)可利用率 $A = \dfrac{总可利用时间-实际停机时间}{总可利用时间} = \dfrac{MTBF}{MTTR+MTBF}$

2)FMEA:主要通过列表形式分析设备部件、零件故障后果及其影响,也是有意识积累经验的方法。表 3.6-2 给出了某设备 FMEA 表格的实例。

表 3.6-2 某设备 FMEA 表格

元件	故障模式	后果	概率级别	后果级别	关键性
齿轮	坑	噪声、振动	4	2	8
齿轮	断齿	损坏机架、轴承、轴,系统停机	6	9	54
轴	连接失效	系统停机	6	3	18
密封	漏	润滑介质泄漏	6	3	18
润滑介质	污染	轴、密封与轴承损坏	4	3	12
轴承	磨损	噪声、振动	8	3	24

（续）

元件	故障模式	后果	概率级别	后果级别	关键性
轴承	损坏失效	损坏机架、轴，系统停机	6	10	60
机架	机械损坏	润滑介质流失，损坏部件	1	10	10
轴	损坏	损坏支架、轴承、轴，系统失效	2	10	20

可靠性与可维修性的改善主要在设计阶段进行。根据目前原型设备的固有可靠性与可维修性状况，对照这两个指标的目标值，努力识别那些影响设备可靠性与可维修性的原因，采取积极的改善措施来提高它们的可靠性和可维修性；对改善结果进行度量，与目标值进行比较，不断改善，直到真正达到目标值。

目前我国企业在装备设计方面考虑可靠性的比较多，但同时考虑可维修性的并不多。可维修性是更深层次的产品用户友好性，它对寿命周期费用的影响更明显，也能给用户带来更大的附加值。因此，提倡可维修性设计，主张设备寿命周期费用最经济，也是我国循环经济的迫切需要。

可靠性与可维修性改善流程如图 3.6-3 所示。

以可靠性为中心的维修近年来一直是不少国外企业关注的热点。应用 RCM，要不断对设备提出和回答以下问题：

1) 在现行环境下，设备功能、性能标准是什么？
2) 什么情况下设备无法实现其功能？
3) 引起功能故障的原因是什么？
4) 故障的后果是什么？
5) 什么后果的故障最重要？
6) 怎样做才能预防故障？
7) 做这种故障的预防是否值得？
8) 找不到预防的方法怎么办？

RCM 被认为是迄今为止最好的维修理念之一。RCM 本身并不是维修技术和工具，但它可以利用设备零件的关键性、失效模

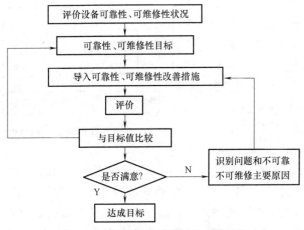

图 3.6-3 可靠性与可维修性改善流程

式及最适合的维修方式这三类信息来指导维修。RCM 可以让人们选择从预防维修、计划维修、运行到故障、状态监测直至淘汰等不同的处理方式。

在 1998 年和 2000 年两次欧洲维修团体联盟国际会议上，被讨论和引用最多的就是 RCM 和 FMECA（Failure Mode Effects and Critical Analysis，故障模式、影响及危害性分析）。RCM 建立了设备物理可靠性和管理之间的关系。RCM 在美国空军、海军，法国电力系统，挪威石油系统等领域的应用取得了成功。在北美，约 20% 的企业在应用 RCM 编制维修大纲。按照产生的先后，RCM 有三种决策结构模式：

1）美国商业部国家技术信息服务中心的 F. S. 诺兰（Nowland）和 H. 黑普（Heap）提出的 RCM——以可靠性为中心的维修模式。

2）美国交通协会的航空制造业维修程序计划文献第三维修指导小组（MSG-3）提出的模式，是对 RCM 的具体应用。

3）英国的莫布雷提出的 RCM-Ⅱ——以可靠性为中心的维修模式，对 RCM 的应用做系统性的介绍。

RCM 的决策过程就是回答上述 8 个问题的过程。不少专家认为，RCM 决策还可以描述为以下简单逻辑框图，如图 3.6-4 所示。

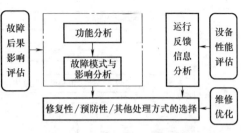

图 3.6-4 RCM 的决策逻辑框图

瑞典的大卫·舍文（David Shawin）认为，RCM 忽略了对设备稀少但后果严重故障信息的收集，曲解了浴盆曲线。RCM 认为，在偶发故障期引入预防维修会引起"初始高故障率"的观点，可能导致对后果严重故障的失修，错过预防维修的时机。RCM 重视维修决策的研究，但对全员参与的重要作用涉及较少。另外，RCM 虽然对维修决策研究深入，但对维修模式的多样性研究仍不够，造成维修决策的线条较粗。如果将 RCM 和 TPM 及维修模式研究结合起来，可以互补不足，产生更好的共生效果。

RCM 在企业的应用过程中不断发展。意大利的彼得·莫来里（Peter Murieli）在一种新 RCM 编码基础上，进行了以成本为导向的维修优化研究。爱尔兰的肯耐斯·欧来利（Kenis Olyli）在小企业应用 RCM 取得成功，实施流程如图 3.6-5 所示。

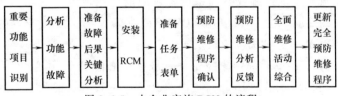

图 3.6-5 小企业实施 RCM 的流程

澳大利亚的哥莱布·鲁沃（Grab Luwo）在 PPG 公司通过对反映维修费用效率的业务度量、反映设备实际功效的 RAMS 度量和反映组织机构安排的功能度量来实施 RCM Ⅱ。这里 R（Reliability）代表可靠性，A（Availability）代表可用性或有效性，

M（Maintainability）代表可维修性，S（Safety）代表安全性。他提出维修是一种可靠性功能而不是修理功能。也就是说，要把分析、管理、结构、模式设计等要素融入系统，看成是系统可靠性的一部分。这一理念正是设备寿命周期管理思想的深入。

1993 年前，法国电力部（EDF）进行了 RCM 应用试验，随后将 RCM 应用到 54 个核电站装置上，并取得了满意的效果。EDF 已将 RCM 拓展为从系统设计开始的维修与后勤保障一体化模式，其基本框架如图 3.6-6 所示。

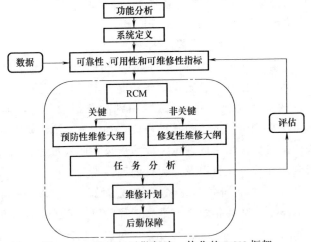

图 3.6-6　维修与后勤保障一体化的 RCM 框架

瑞典的 H. 哈宁森（Haningssen）和 J. 豪斯巴克（Hausbak）建议通过维修计划分析、维修计划和使用维护三个阶段的循环来体现 RCM 的主导作用。维修计划分析是基础，主要通过故障模式及影响分析和 RCM 分析确定维修模式，然后进行寿命周期费用评价，从经济的角度检测维修策略的合理性；维修计划主要从备件、人员、设施等方面确定方案、编制文件；使用维护阶段主要是根据维修计划来进行维修资源的利用，包括维修合同。

西班牙的阿方索·桑切斯（Afonsso Sanchez）提出 RCM 发展进程的主体框架，他认为 RCM 是管理的诉求。当企业需要专门化的维修资源时，对应企业内部的纠正性维修；当对改善利用率有进一步需求时，相应的外部纠正性维修随之导入；当企业追求更高的质量标准和投资效益时，预防维修成为主流；当企业关注关键点的安全性时，预知维修应运而生；当企业进一步希望过程与数据的统一化、流程与装置的优化时，以可靠性为中心的维修（RCM）则发挥其独特的优势。

作为 RCM 的系统目标，包括以下几个方面：
1）优化维修计划。
2）支持日常维修计划（备件管理、维修管理）。
3）制定工作优先顺序，保证服务。
4）在低预算中优化维修成本。

我国香港的中电集团阐述了他们应用的 RCM 系统的逻辑过程：首先定义设备动作，定义设备功能，定义功能故障，识别故障模式（故障的表现形式），然后识别故障影响，再按照 RCM 的逻辑框图来确定任务，包括维修模式和无行动的决策。这些决策应该依据对故障后果的评价，故障后果按照轻重缓急划分为隐蔽、安全、环境、运行以及非运行的五种类型。

一个 RCM 综合研究小组专注于这方面的工作，小组的组成包括生产工程师、RCM 推进者、维修工程师以及其他必要人员。其工作流如图 3.6-7 所示。从图 3.6-7 中可以看出，第一列为准备阶段，以定义、故障模式、后果识别和文件准备为主；核心部分在第二列，也就是进行 RCM 决策的内容；第三列为总结、沟通、优化过程。MSAP 研究小组将起到主导的作用。图 3.6-7 中 PM 工作计划即预防维修计划，GMD、GOD、GCD、TSD 代表不同作业部门。

SKF 公司建立了适合本公司的 RCM，称为 SRCM。其主要流程为：收集数据→建立核心团队→过程调查→关键性分析→任务选择→评价→工作计划生成→项目终结→报告→财务报告→发布项目结果。

巴西的伯纳多·弗里德曼（Bernaldo Fredman）介绍了通过 MCC 工具网推进 RCM。其基本流程为：分类→部件→功能→功

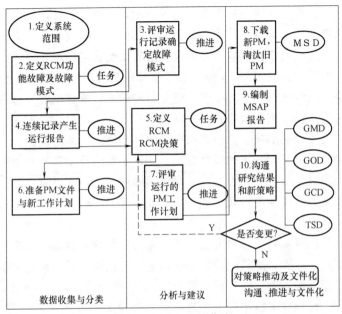

图 3.6-7 MSAP 工作流

能故障→故障模式→故障原因→故障影响→工作任务模式。

综上所述，无论是最原始的 RCM，还是经过改造、精简、优化了的 RCM，均是建立在二值逻辑基础上的推理决策过程，都是始于功能及失效分析，终于维修策略模式的选择，最后落实到维修大纲的执行。

其实，客观世界事物的本质往往是处于中介过渡状态的。例如，小鸡在啄破蛋壳之前，是叫作鸡还是蛋？如果说其本质是鸡，但还有蛋壳包着；如果说其本质是蛋，但里面已经不是蛋黄和蛋清了。

在设备系统中，故障的概念虽然是确定的，即"设备丧失其规定功能，或者不安全，或者危害环境"，但在界定是否为故障这一点上却存在诸多模糊性。例如，设备精度的劣化，尚能够维持生产，功能部分丧失，而不是全部；设备发生泄漏，微弱地污染环境，也是部分功能丧失，而非全部；安全防护罩上的 8 个螺钉掉落 3 个，还可以正常运行，暂时并不影响安全……这样的问题俯拾皆是。因为故障本质的界定困难，这就给维修内容和时机的决策造成困难。因为在设备劣化不同阶段的处理费用会有所差异，这也给维修有效性和经济性的界定造成障碍。

另外，传统 RCM 维修决策可选择的项目有预防维修、预知维修、视情维修、事后维修、隐蔽故障检查、改进设计，抑或不作为等。现今维修策略日益丰富，如立足于以少量资源投入、在设备处于微缺陷或者无缺陷状态下的健康维护、靠前维护，立足于保护环境节约能源的绿色维护，立足于保障设备精度和加工质量的质量维护，立足于节约成本费用的精益维护，以及立足于保障安全、减少损失的风险检查和风险维护等模式，如何与 RCM 的逻辑选择通道对接，也是值得商榷的问题。

故障后果的本质也可能是不确定的。客观世界至少有两类不确定性：一类是随机试验的结果不确定，就像投币时徽花是朝上还是朝下的不确定性一样，但多次试验统计数据的频次显示了规律性，这导致了概率论的出现；另一类是事物本质的不确定性，就像投币投到一碗糨糊里，硬币斜插在糨糊之中，到底算徽花朝上还是朝下，难以描述，只能说某种程度朝上或者朝下，这导致了模糊集合理论的诞生。

很多故障后果的本质就是模糊的。故障停机影响人身安全，程度可能差异很大，有的会造成多人死亡，有的可能只是轻微工伤；故障停机影响环境与健康，有的弱于汽车尾气的影响，有的强于吉化爆炸污染松花江事件；故障停机影响生产，造成的直接损失容易计算，但对上下游的影响，对延迟交货和企业信誉、品牌的影响就难以计算了。仅一次故障停机，不危害安全与人身健康，看似不算严重；但究其更深层次的影响，可能会很严重。林林总总的不确定性，给逻辑判断带来诸多二义性。

其实维修策略的本质也是模糊的，有时候人们很难界定健康维护、预知维护、状态维护、定期维护和预防维护的严格界限，二值逻辑的判断往往会让人们走入某一歧途却难以退出。

所有这些问题，只有谙熟设备和管理的专家层面才能够相对准确地判断和推理，这也局限了 RCM 的全员化参与。反过来，如果没有全员化参与，RCM 的工作很难落到实处。

另外，专家的经验是各不相同、参差不齐的，这就造成 RCM 维修决策的结论的差异化或者带有很强的专家个人印记。如果专家水平较高，维修决策可能更为准确，否则就会有较多问题。

那么，RCM 是否具有一些合理内核，企业是否可以应用 RCM 的管理思路呢？回答是肯定的。RCM 的 FMECA 可以帮助人们建立备件、部件之间的因果联系，这促进了管理者对维修决策选择的思考。

FMECA 中关键性的选择可以参考风险维修的思路，将风险作为关键性的判据。尽管"风险=后果×概率"，也是一个不确定量，但它是客观存在的，只不过难以准确评估而已，所能得到的仍然是"风险"的大约估计，但这并不影响决策。

在确定关键性之后，接下来就是维修策略选择决策，这就涉及费用的有效性。费用是否有效也是很难评估的，可用计算风险的三个节点将风险维（轴）粗略分为四个区域：0.09（0.3×0.3）以内属于第一个低风险区域；0.09~0.49（0.7×0.7）属于中风险区域；0.49~0.81（0.9×0.9）为高风险区域；0.81~1 属于最高风险区域。在不同的风险区域上给出可选的策略集合（本书给出的策略是开放性的，可以添加或删改），按照其所需要的费用做一个排序，供决策者参考。维修决策的答案可以是单选的，也可以是多选的。因为这符合事物的本质属性——大约，差不多，近乎。这样的决策看似弱化了其精确性，其实反而提升了决策的实时性，所谓"实"，就是更符合客观实际，"时"就是及时性和高效率。本书所提出的思路可以作为处理诸多模糊信息的初步探索。这一决策思路如图 3.6-8 所示。

三、简化的 RCM-PMO 模式

澳大利亚的史蒂夫·特纳（Steve Turner）介绍了 PM 优化——PMO 模式，也就是可靠性保障方法。他指出，在设计阶段的维修缺省常常表现在以下方面：

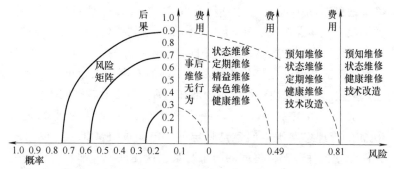

图 3.6-8 从风险矩阵引申出来的多选择维修策略决策

1) 低可维修性。
2) 缺乏状态监测考虑（监测点、检测装置和报警）。
3) 维修设施缺乏。
4) 功能设计缺陷等。
5) 维修中看不到 FMECA。
6) 项目超预算，设计功能降低（预算与设备期望值没有冗余）。
7) 经过适当培训和准备的维修技师来得太晚。
8) 运行交接往往匆忙完成或者未完全做好。

运行交接之后，又表现出以下缺陷：

1) 没有维修程序，甚至没有图样，就进行了交接。
2) 由维修技师确认：没有操作运行方面的输入，没有统一一致的方法，没有合理的运行试验评价，为了避免风险——过维修。

在设备使用的"幼年"时期，又经常出现以下问题：

1) 故障发生，增加了很多无用的工作。
2) 运行人员没有被包含在维修计划中，因为他们不愿意配合。
3) 因为组织和文化的制约，不是所有的生产维修（PM）都能够实现。
4) 临时性抢修蔓延并且失控。

于是，多数组织都会发生以下现象：

1) 减少雇员，尤其是"软目标"雇员的位置。
2) 增加生产性资产投入的要求。

3) 削减维修预算。
4) 增大了对商业风险的恐惧。
5) 不断增加对安全与环境的关注。
6) 停止了很多改善项目。

如何摆脱恶性循环呢？答案如下：

1) 改善人-机效率，而非增加人和设备。
2) 保证每次 PM 活动能够费用有效和增加附加值。
3) 基于消除缺陷和改善效率的 PM 优化——通过 PMO 方法来实现，称之为可靠性保障。PMO 将无效的 PM 转化为有效的 PM，同时提升资源利用水平，PMO 是建立在如图 3.6-9 所示的几个基石之上的。

一般而言，当前的维修程序常常会出现以下的问题：

图 3.6-9　PMO 赖以建立的基石

1) 某些任务与其他任务重复。
2) 某些任务可能是以检查和临时性的插入为基础，而非以状态为基础的。
3) 有些任务没有确定目的。
4) 任务做得太多或者太晚。
5) 有些可预防的故障需要 PM 或者消除缺陷路径。
6) 对为什么安排某些任务缺乏跟踪评估。

PMO 的实施一般需要 9 个步骤来完成。

第一步：任务编排。首先确定维修任务来源，如图 3.6-10 所示。

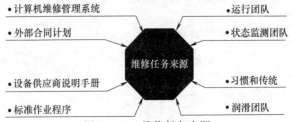

图 3.6-10　维修任务来源

为了做好任务编排,还需要收集已经运行的常规维修活动,见表 3.6-3。

表 3.6-3 任务列表

任务	类型	周期	执行职务
任务 1	状态监测	每日	操作工
任务 2	状态监测	每日	操作工
任务 3	状态监测	6 个月	保养工
任务 4	状态监测	6 个月	保养工
任务 5	故障检查	每年	电气师
任务 6	定时维修	每周	操作工
任务 7	定时润滑	任何时间	加油工

RCM 任务选择流程如图 3.6-11 所示。

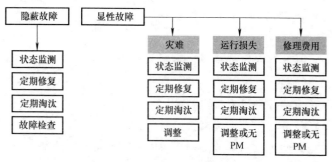

图 3.6-11 RCM 任务选择流程

第二步:失效模式分析。确定每一维修任务可以检测到或预防何种失效模式,生成一个维修任务解决的失效模式对应表,见表 3.6-4。

表 3.6-4 维修任务解决的失效模式对应表

任务	周期	执行职务	解决的失效模式
任务 1	每日	操作工	失效 A
任务 2	每日	操作工	失效 B
任务 3	6 个月	保养工	失效 C

(续)

任务	周期	执行职务	解决的失效模式
任务 4	6 个月	保养工	失效 A
任务 5	每年	电气师	失效 B
任务 6	每周	操作工	失效 C
任务 7	任何时间	加油工	失效 A

第三步：失效模式及合理性评价。主要步骤是：

1）寻找每一个能够防止或检测某一失效的任务，将它们按照资产和失效模式分类。

2）将那些第一、二步没有包括的重要故障列入表中，见表3.6-5。

3）集中到一张表里。

4）加入其他主要失效模式。

表 3.6-5　新列入重要故障

任务	执行职务	解决的失效模式
任务 1	操作工	失效 A
任务 4	保养工	失效 A
任务 7	加油工	失效 A
任务 2	操作工	失效 B
任务 5	电气师	失效 B
任务 3	保养工	失效 C
任务 6	操作工	失效 C
…	…	失效 D

第四步：功能分析（可选择项）。分析如果发生失效，将导致设备失去何种功能，见表3.6-6。

表 3.6-6　发生失效将导致设备失去的功能

任务	执行职务	解决的失效模式	失去功能
任务 1	操作工	失效 A	功能 1
任务 4	保养工	失效 A	

（续）

任务	执行职务	解决的失效模式	失去功能
任务 7	加油工	失效 A	
任务 2	操作工	失效 B	功能 1
任务 5	电气师	失效 B	
任务 3	保养工	失效 C	功能 2
任务 6	操作工	失效 C	
…	…	失效 D	功能 1

第五步：后果评价。分析每一个失效是隐性还是显性的，如果这些失效突然发生，会引起什么后果，见表3.6-7。

表3.6-7 失效发生的后果

任务	执行职务	解决的失效模式	失去功能	影响
任务 1	操作工	失效 A	功能 1	运行
任务 4	保养工	失效 A		
任务 7	加油工	失效 A		
任务 2	操作工	失效 B	功能 1	运行
任务 5	电气师	失效 B		
任务 3	保养工	失效 C	功能 2	隐蔽
任务 6	操作工	失效 C		
…	…	失效 D	功能 1	运行

第六步：确定维修策略。运用RCM逻辑决断图来确定什么维修策略可以防止失效发生。如果没有找到恰当的维修策略，应该做什么？确定维修策略，得到维修策略表，见表3.6-8。

表3.6-8 维修策略

原因	功能	影响	策略	周期
失效 A	功能 1	运行	检查	每日
…	…	…	…	…
…	…	…	…	…

(续)

原因	功能	影响	策略	周期
失效 B	功能 1	运行	无 PM	…
…	…	…	…	…
失效 C	功能 2	隐蔽	试验	每年
…	…	…	…	…
失效 D	功能 1	运行	检查	每周

第七步：分类与评价。将每一维修任务按照相近的专业和周期分组，评价其投入产出，从而建立费用有效的维修方式，让策略与企业业务和生产目标保持一致。

第八步：批准和实施。将准备实施的内容申报上级主管批准，再进一步检查其他需要准备的内容。

第九步：执行计划。保证修改过的维修计划能够准时执行，评价所有设备的失效模式，采取可靠性工程工具不断改善这种状况。

PMO 就是应用 RCM 原理来让现有的维修策略、故障历史和其他技术文件合理化，以便减少缺陷。PMO 是从目前运行的或者其他类似设备，包括新设备的维修程序开始的。RCM 与 PMO 都寻求有效的维修行为和频率，以视情维修取代大修，在预防维修不恰当时则寻求其他方式。二者最后的落脚点相同。

PMO 的实施者认为，RCM 需要的时间更长，因为 RCM 无视现存的维修策略，从空表开始，进行过多的分析，处理过多的失效模式，即使其中只有 20% 的预防维修是费用有效的。而 PMO 仅仅花费 1/6 的时间，它从现有维修策略、故障历史和手册出发，抓住需要维修的失效模式进行分析，而不必分析全部。

第七节　风险检查（RBI）和风险维护（RBM）

挪威的斯图雷·阿杰森（Sture Agelsen）提出以风险为基础的检查与维修（RIMAP）流程。

阿杰森将资源和结果要素放在两端。资源要素包括组织、材料和后勤支持，这实际是人、机、料、法、环的综合；结果包含成本、可靠性及健康、安全、环境保护水平，这也是设备管理追求的目标。维修流程从资源需求开始，接着定义目标，然后建立维修程序，落实行动计划，执行工作令（工单），使设备达到生产需要的技术状态，这是管理活动的前半部分；然后报告故障状态，评价设备技术水平，准备改善任务，进一步执行改善维修，这是管理工作的后半部分。这里突出了改善、改进的内容，是积极的维修策略。RIMAP 流程如图 3.7-1 所示。

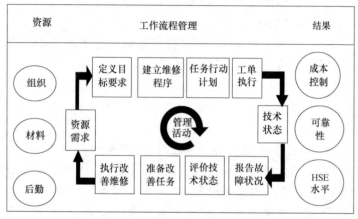

图 3.7-1　RIMAP 流程

为了减少风险，RIMAP 对风险进行了研究，构造了风险的领结模型。风险措施的领结模型如图 3.7-2 所示，其中 POF 代表故障概率，COF 代表故障后果。

首先从造成停机的事件开始，向前引申，故障为什么发生？概率多大？它对应着事件发生的原因树，也就是以事件为底事件的事件树。向后延伸，故障后果是什么？它对应着后果树，即以停机事件为顶事件的事件树，由此分析造成的后果。按照概率与后果的乘数效应得到风险值，以风险大小来指导决策。

风险分析维修决策结构如图 3.7-3 所示。首先，根据设备状态

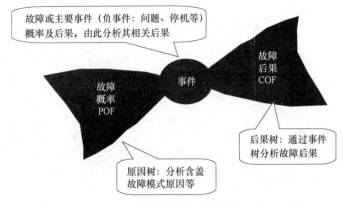

图 3.7-2　风险措施的领结模型

数据库内容和以往的故障和维修经验，评价设备运行风险水平。如果风险很低，即设备故障既不会产生严重经济后果，又无健康、安全、环境等后果，或者后果的概率值很小，则采用事后纠正性维修；如果情况相反，超过允许约束，则应该进行风险检查；如果仅仅在临界约束以下，看能否进行保护，如果可以，则进行安全总体水平评价；如果不可以保护，则纳入以可靠性为中心的策略选择体系。而这一整套逻辑判断流程将 RCM 嵌套进去，统称为 RBM，即以风险为基础的维修。这等于在 RCM 之前设置了风险评

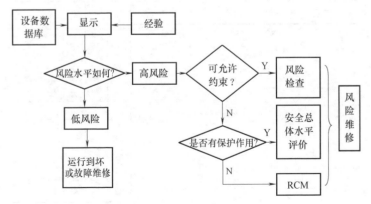

图 3.7-3　风险分析维修决策结构

维修策略	9	8	7	6	5	4
RBM	依赖	依赖	依赖	依赖	×	×	×
TPM	依赖	依赖	依赖	依赖	依赖	依赖	依赖
BCM	依赖	依赖	依赖	依赖	依赖	依赖	依赖
RCM	×	×	×	×	×	×	×
Oppt	×	—	—	—	—	—	—
ProA	—	—	—	—	×	×	×
PreD	—	—	—	×	×	×	×
PreV	—	—	×	×	×	×	×
BrkD	×	—	—	—	—	—	—

维修策略矩阵

	9	8	7	6	5	4			
	9	8	7	6	5	4	灾难	>5亿	>100人
	1	1	1	1	1	1	重大	>1亿	>10人
	1	1	1	9	8	7	关键	>1000万	>1人
	1	1	9	8	7	6	较大	>100万	=1人

风险矩阵

液压	100%	—	—	—
液压	100%	100%	—	—
液压	25%	100%	—	—
液压	25%	25%	100%	100%
非液	10%	—	100%	25%

检查矩阵

非液	5%	25%	25%	25%	25%
非液	–	10%	10%	10%	10%
其他	自动	磁粉	超声	渗透	观察
检查方法					

4	5	6	7	8	9	1	3
3	4	5	6	7	8	9	2
2	3	4	5	6	7	8	1
1	2	3	4	5	6	7	
很不可能	不可能	较少	低概率	可能	很可能	经常	
1/100000	1/10000	1/1000Y	1/100Y	1/10Y	1/Y	10/Y	

概率矩阵

后果矩阵

一般	>10万	误工
较小	>1 万	医治
很小	<1 万	小伤
形象	经济	安全

图 3.7-4 风险分析——维修决策结构

估的预备过程,使 RCM 更多地考虑风险要素,当风险评估完成后,就基本按照以可靠性为中心维修(RCM)的逻辑程序进行。

目前国际上对 RBM/RBI(风险为基础的维护/故障为基础的检查)的应用十分普遍,主要应用在电力、交通、石化、重工、航天等领域。挪威的肯里克·柯特勒(Kenlic Ketle)在水电站应用 RBM,给出了风险(故障后果×概率)评价的优化决策模型,用来优化维修间隔;挪威的德里亚纳兹(Deliyanaz)提出可持续风险管理概念,通过三级集成来完成可持续的风险管理,以保障系统可持续运行。南非的瑞志维撒(Rizhwisa)提出建立 RBI 矩阵模型进行决策,如图 3.7-4 所示。以风险矩阵为核心,展开概率矩阵、后果矩阵、检查方法矩阵和维修策略矩阵。具体做法是:先进行故障概率分析,得到概率矩阵;再进行故障后果分析,得到后果矩阵;由此构造出故障风险矩阵;按照设备分类和故障后果大小,确定不同的检查方式和手段先进性,得到检查矩阵;按照检查结果,结合故障风险制定维修策略,由此得到维修策略矩阵。这个图可以使企业 RBI/RBM 的管理思路和决策依据一目了然,是非常好的一种表现方式,并且值得其他维修管理决策表达方式借鉴。

RBI/RBM 值得商榷的一个问题是概率的不确定性和故障后果的可度量性。因为概率在现实中是以频率出现的,是具有一定不确定性的,它来源于因果律的破缺。而故障后果对生产而言还比较容易度量,但对健康、安全、环境,甚至企业信誉、品牌的影响,就比较难以度量了。因此,两个不确定因素的乘积就具有更大的偏差,这就造成故障后果评价的不准确性,从而影响维修决策的正确性。另外,维修策略对设备而言也不是唯一的,经常是多选的或者组合的,这给策略的矩阵表达带来困难。以上质疑并不是否定 RBM/RBI,而是指出它的不足,我国企业在应用时如果能够通过自己的实践来丰富 RBI/RBM 的内容,弥补其不足之处,使决策更贴近企业实际、更准确快捷,就可以更有效地发挥这些管理工具的作用。

第八节 费用有效性维修（CEM）

费用有效性维修（Cost Effective Maintenance，CEM）是通过维修作业的费用效益分析选择维修策略的管理方式。其主要程序如下：

一、辨识和确定各种潜在故障

这种管理模式基本延续使用以可靠性为中心的维修模式所提供的逻辑程序。它通过回答以下问题来辨识：

1) 功能——设备的使用范围和功能、性能基准。
2) 功能性故障——功能性故障的具体表现形式。
3) 故障模式——造成每种功能性故障的原因。
4) 故障现象和作用——每种故障发生时的伴随现象。

二、以量化的方式表示故障后果

不同类型的设备故障后果是不同的，它们可能造成生产中断，也可能降低产品质量，影响对用户的服务，还可能威胁到安全或环境。而针对这些故障所进行的恢复性维修，其费用也有所不同。因为故障后果可分成安全、环境、产量、质量、对用户的服务及运行使用费用等方面指标，而这些指标均可以准确或近似地加以量化。

三、恢复性维修的费用

恢复性维修是指非预防性的、计划外临时安排的故障后修理。一般而言，恢复性维修的费用会大大超过预防维修费用。恢复性维修的费用也是可以计算、量化的。

四、预防维修的费用

预防维修是有计划安排的维修活动，可以按照作业单元费用、间隔、总工时及其他附加费用加以计算和量化。

五、预防维修的效益

预防维修的效益可以由故障后果造成损失（收入减少数额）和恢复性维修费用这两项的减少数额来计算。

六、选择费用有效的维修策略

当已经对故障后果造成的损失、恢复性维修的费用、预防维

修的费用以及预防维修的效益做出估算之后,就可以选择最佳维修策略。一般选择的准则如下:

1) 效益/费用方式。每一种潜在故障的预防维修作业,其效益/费用的比率(BCR)由下式计算:

$$BCR = \frac{RF+RCM}{CPM}$$

式中　RF——故障后果造成损失的减少数额(元/年);
　　　RCM——恢复性维修费用的减少数额(元/年);
　　　CPM——预防维修的费用(元/年)。

取 max BCR,即 BCR 最大值所代表的预防维修方式,即所选择的最佳维修策略。

2) 净效益方式。针对一种潜在故障所进行的预防性维修,净效益方式为

$$NB = RF + RCM - CPM$$

式中　NB——净效益。

同样取 max NB,即 NB 最大值所对应的预防维修方式,即所选的最佳维修策略。以上费用和预防维修总量的关系如图 3.8-1 所示。

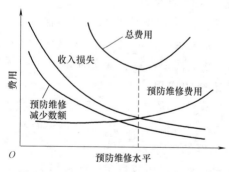

图 3.8-1　费用和预防维修总量的关系

费用有效维修方法与以可靠性为中心的维修相比,更注重对故障后果、收入损失、维修费用的量化,把以可靠性为中心维

的定性转变成定量化的处理，使维修策略的选择更具有数据依据，也更便于计算机管理。当然，有些量化是近似的，有些量化甚至有一定难度，需要做的基础工作较多。反过来，也正是这些工作，才使维修策略的选择从感性走向理性、从直觉走向科学。

第九节　以资金为中心的维修（MCM）

捷克的维克拉夫·里加德（Vaclav Legat）提出了以资金为中心维修管理（MCM）。其定义为：以资金为中心的维修管理（MCM）是利用对技术、维修和操作人员的培训和其他管理工具和方法，使收入最大化、维修费用优化，从而达到提高组织利润目标的维修管理方式。

资金费用分类如图 3.9-1 所示。

图 3.9-1　资金费用分类

维克拉夫·里加德把费用总体描述为人工费用、加班工资费用、社会健康保险费用、培训费用、坚持和推进维修质量体系用、技术信息与文件费用、工具仪器与诊断测量装置费用、备件材料费用、维修设施费用（建筑、组织费用）、安全与劳动保护费用、外部维修服务费用等项目。

一、具体分类

1. 维修策略费用

1）对某一生产系统、设备设计和更新维修策略费用。

2）预防维修费用，包括周期维修费用、诊断（预知）维修费用、主动维修费用等。

3）事后维修费用（修理费用），包括故障后维修过程费用、故障引起的停机费用。

2. 维护过程费用

1）清扫费用。

2）润滑与更换润滑油费用。

3）因变更产品引起的设备调整费用。

4）对维修与设备性能测量费用。

5）修正检查费用。

6）预防检查费用。

7）诊断与监测、预测费用。

8）测量与诊断装置仪器调校费用。

9）内外部预防维修计划、安排、控制费用。

10）内外部事后维修管理费用。

11）备件管理（CPM）费用。

12）设备零件更换费用。

13）复杂生产设备改造更新管理费用等。

3. 维修过程技术费用

1）机械维修费用。

2）电子维修费用。

3）建筑维修费用。

4）园林维护费用等。

4. 可利用维修资源费用

1）内部维修费用。

2）外部维修费用，即外部小维修费用和长期外包维修费用。

二、维修管理如何增加收入

维修管理如何增加收入呢？维克拉夫·里加德认为，应该通过如图 3.9-2 所示的项目和途径进行。

1. 提升生产设备性能、可靠性和能力

1）选择、购置适当的生产设备，包括能够完成预定的功能，达到预定的可靠性、可维修性和维修支持，产生预定的竞

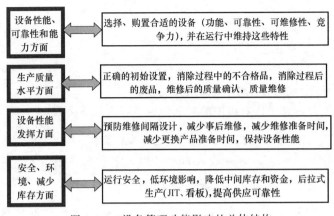

图 3.9-2　设备管理功能影响的总体结构

争力。

2）在运行中维持上述特征。

2. 生产质量水平

1）正确的初始设置。

2）消除过程中的不合格产品。

3）消除过程后的不合格产品。

4）维修后确认设备的性能等。

3. 设备能力的发挥

1）对预防维修的间隔期、生产准备时间和人员使用进行优化。

2）减少事后维修、生产准备时间和人员的投入。

3）减少更换产品数量和生产准备时间。

4）保持确定设备性能。

5）减少不合格产品等。

4. 安全、环境、减少库存，获取和锁定顾客。

1）保证生产设备运行安全。

2）生产运行与维护中的环境友好和低不良影响。

3）减少生产停机。

4）降低未完成生产量和过剩库存。
5）降低库存资金占有。
6）后拉式生产（JIT、看板）。
7）提高供应可靠性等。

三、计算维修对组织的利润贡献

如何计算维修对组织的利润贡献呢？有如下公式：

$$\Delta 利润\ m(\Delta T) = \Delta 收入\ m(\Delta T) - \Delta 成本\ m(\Delta T)$$
$$= 收入\ nom(\Delta T) \times [T_{EE}(T_2) - T_{EE}(T_1)] - [成本\ m(T_2) - 成本\ m(T_1)]$$

式中　Δ 利润 $m(\Delta T)$——在 ΔT 区间维修对组织利润提升的贡献；

　　　Δ 收入 $m(\Delta T)$——在 ΔT 区间维修对组织收入提升的贡献；

　　　Δ 成本 $m(\Delta T)$——在 ΔT 区间维修成本的增加；

　　　收入 $nom(\Delta T)$——在 ΔT 区间的名义收入（即设备效率可以达到100%时的收入）；

　　　$T_{EE}(T_2)$——T_2 时刻的 ΔT 区间平均总设备效率；

　　　$T_{EE}(T_1)$——T_1 时刻的 ΔT 区间平均总设备效率；

　　　成本 $m(T_2)$——T_2 时刻的 ΔT 区间设备维修总成本；

　　　成本 $m(T_1)$——T_1 时刻的 ΔT 区间设备维修总成本；

　　　ΔT——考核的日历区间（月、季等）。

其结构如图 3.9-3 所示。

四、如何让维修为组织创造最大利润

1. 选择购置有效、可靠和适当的生产设备
1）准备质量要求清单。
2）确定质量要求参数。
3）定义不同质量特征权重。
4）选择至少 3 家供应商。
5）按权重评价供应商的设备。

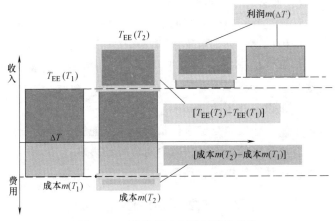

图 3.9-3　维修投入创造利润的结构

6）选择决策。
2. 创造、提供最优维修支持资源
1）维修人员培训。
2）建立技术信息数据库。
3）工具、仪表、诊断、测定装置到位。
4）恰当的备件库存。
5）维修场所与设备配置。
6）优质的外部维修安排。
7）保证对人力资源的财政支持。
3. 应用恰当的维修管理
1）建立标准化的维修管理质量体系。
2）应用以激励为基础的 TPM。
3）应用 RCM 于关键设备。
4）注意 FMEA（失效模式与影响分析）。
5）监测运行可靠性，优化预防维修。
6）准备和应用维修标准技术流程。
7）应用诊断技术改善预防维修，快速维修。
8）用 T_{EE} 来度量维修生产效率。

9) 紧密监视每一项目维修费用。

10) 计算维修对组织利润的贡献。

11) 应用内部、外部对维修的基准。

12) 决策、优化计划与非计划、预防与事后、外部内部维修的比例。

13) 优化设备技术改造。

14) 采用工作安全与健康保护策略,保证安全健康。

15) 应用环境管理体系,减少对环境的影响。

16) 应用计算机维修管理等。

第十节 价值驱动维修(VDM)

什么问题使得维修组织变得愚钝?为什么不能以低费用得到较好的设备利用率?为什么不能成为世界级维修组织?为什么不能成为精益维修组织?

我们需要知道什么创造价值,而什么不能。哪些 KPI 与价值提升相关?如何对"必须有的"或者"最好要有的"改善排出优先序?市场状况如何影响着企业的策略?哪些绩效目标是相关而且务实的?如何使企业高层管理者坚信改善维修管理的潜力?

价值驱动维修(VDM)是一种很好的计划与控制框架。

荷兰的马克·哈曼(Mark Hanrman)等人介绍了价值驱动维修理论。该理论认为,维修是由四个方面的价值驱动的,分别是:资产利用、成本、安全健康与环境以及资源配置。其中,资产利用和成本是最基本的价值,维修或者维护、设备管理的核心就在于提高资产利用率、降低维修成本;同时还要兼顾职业健康、生产安全与环境保护;此外,合理的资源配置也是维修管理价值的主要体现,如图 3.10-1 所示。

$$价值的增值潜力 = 专业技术水平 \times 价值增值$$

要引导企业关注主要的价值驱动器,因为主要价值驱动器具

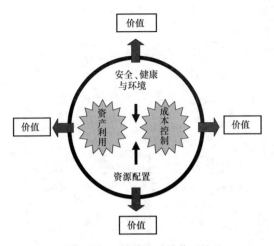

图 3.10-1　价值驱动维修理论

有巨大的增值潜力。

企业维修的核心竞争能力如图 3.10-2 所示。一方面,通过损失分析、设备利用计划、物资(备件)供应链管理以及维修服务供应链管理,提升资产利用率;另一方面,通过成本分析、维修预算、设备知识管理以及技能工具的开发,使成本得到有效

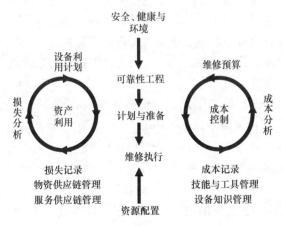

图 3.10-2　企业维修的核心竞争能力

控制。维修的执行既有安全、健康与环境的价值驱动，又有资源配置的价值驱动。

企业创造价值的最佳实践需要在价值链的每个环节上精细管理，如图 3.10-3 所示。

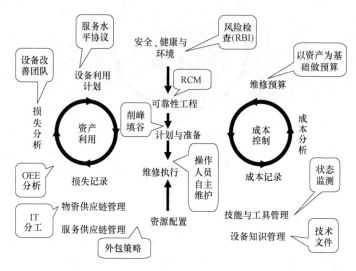

图 3.10-3　企业创造增值的最佳实践

企业要设定每年增值的具体目标，包括预防维修占总维修费用的比例、设备利用率、维修费用占资产重置费用的比例、外包维修费用占总维修费用的比例、员工培训费用占总劳动力费用的比例、计划维修完成率、HSE（健康、安全与环境）水平、技术文件可靠性、设备生产率、信息化投入占资产重置费用比例等，如图 3.10-4 所示。

价值驱动维修（VDM）不仅仅是一堆公式或者 IT 解决方案，它真正为维修组织提供：

1）为何改善，何处改善，以及改善的方法。

2）不仅是漫长的旅程，而是实实在在建立起"计划与控制"概念上的一步一步里程碑式的改善。

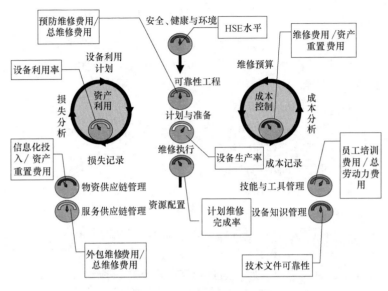

图 3.10-4 价值驱动的具体目标设定

3) 高于一切的是"聚焦—聚焦—再聚焦"。

因此,VDM 就等于持续改善。

1) 通过价值树分析,让改善项目聚焦于现金流。

2) 通过逐年的基准评价,设定多年的改善目标。

3) 不仅仅是概念,而且有下列支撑:技能型员工、设计良好的流程、合适的信息化工具。

VDM 已经在全球超过 100 家工厂,包括造纸、水泥、汽车制造等行业应用并取得良好的效果。

结论:

1) VDM 是从头到尾持续维修管理的流程。

2) 它是收集、描述、交换企业内外部最佳维修实践信息的平台。

3) 它通过良好的工具支撑着维护计划与控制框架。

4) 良好的维护体系创造可见的价值。

第十一节 赛车式维修（PIT STOP）

近年来，欧洲国家受到方程式赛车的启发，将赛车式（PIT STOP）维修管理，又称赛车式维修，导入企业，由一般停机维修逐渐过渡和引申到赛车式维修。

赛车式维修的目标是：

1) 提高设备的可用率，达到 $X\%$。
2) 降低事后纠正性维修，达到 $Y\%$。
3) 维修时间不超过 X 天。
4) 费用不超过 $Y\%$。

赛车式维修实质是"事后维修""项目管理""关注速度"和"关注行为"几个事件的交集，如图 3.11-1 所示。

图 3.11-2 给出了赛车的工作现场，团队成员紧张有序地进入现场，迅速解决问题，通过速度和质量抢出成绩。

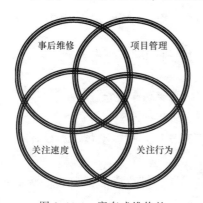

图 3.11-1 赛车式维修的事件交集

图 3.11-2 赛车的工作现场

赛车人员的职责分工是经过精心设计的，其分布如图 3.11-3 所示。

赛车的胜负在分秒之间，赛车过程中进站维修动作行为情况记录见表 3.11-1。

第三章 与时俱进的国际设备管理新模式

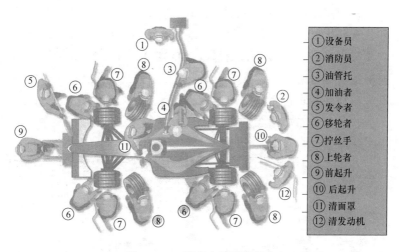

图 3.11-3 赛车人员职责分布

表 3.11-1 赛车过程中进站维修动作行为情况

时间	动 作
-1 圈	团队各就各位,赛车手接受下一圈停车信号
-30 s	上轮者预热赛胎到 90℃
-16.3s	赛车手进入停止道,起动限速器停车
0.2s	气动枪插入轮胎螺母
1.0s	千斤顶提升赛车
1.5s	油枪嘴对接,加油器红灯盖红光显示在加油
2.0s	发令者向赛车手显示制动棒
2.5s	车轮拆下
3.5s	新车轮装上
3.7s	移开锤子,装轮者扬起右手清场
3.8s	千斤顶落下
9.0s	起动档显示赛车手准备出发
9.8s	绿灯亮显示 90L 汽油已经加满,松开油枪
10.2s	赛车起动,紧急抢修共花费时间约 10s

常规停车—加油—抢修的差异经常决定了比赛的胜负。一般停机下的维修活动主要包含预防维修或者纠正维修，以及调整、安装等内容。赛车式紧急抢修（PIT STOP）的工作负荷将主要时间放在准备阶段，这样在实施阶段可以最大工作负荷、最短时间完成任务需求；完成工作之后，还需要一个总结评价的过程。其工作负荷分布如图 3.11-4 所示。

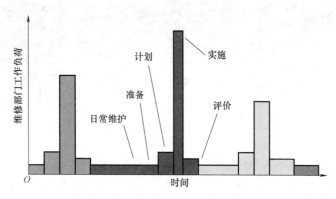

图 3.11-4　赛车式抢修中维修部门的工作负荷分布

从一般的停机修理到赛车式维修，组织需要做如下变革：
1）良好的团队合作。
2）明确的任务和责任定义。
3）畅通和准确的沟通。
4）精湛的状态监测技术应用。
5）持续改善。
6）不断的技术设计与优化。
7）建立基准和不断对标。
8）培训与实践。

如某企业在进行赛车式维修前，进行了 16h 不可控停机的原因树分析，归结为人-机-料-法-环等要素，由此来研究针对性的措施，如图 3.11-5 所示。

一个良好的赛车式维修过程需要一个不断优化的 PDCA 过程。具体是从后勤准备到组织计划，到操作执行，最后到评价反馈，多次循环，铸就一支赛车式维修队伍。其主要工作如图 3.11-6 所示。

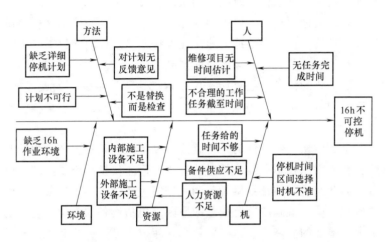

图 3.11-5　16h 不可控停机的原因树分析

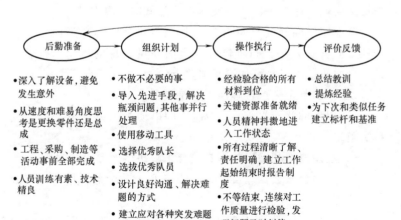

图 3.11-6　赛车式维修主要工作的 PDCA 循环

第十二节　全面质量维修（TQMain）

全面质量维修（TQMain）提出的背景主要是来自生产和设备的高精度要求，客户对具有竞争力的价格、准时交货的要求，对环境友好的诉求，以及社会的认同感等。

总结上述要求，可以得到这样一个结论：一台陈旧老化的设备，糟糕的流程，很难准时地、在保持环境友好的前提下，生产出具有价格竞争力同时高质量的产品。

而劣化的设备又很可能是由于内部原因造成的，如误操作、不良的润滑、不合格的原材料、保养不够、外部冲击、糟糕的运行环境等。

全面质量维修被认为是持续改善设备流程及其生产过程涉及的所有要素的技术和经济效率的方法，而非仅仅是修复损坏的设备。因此，全面质量维修是监测、控制生产过程、工作条件、生产成本、质量缺陷的所有偏差的原因，包括设备的劣化、发生的机理、潜在的故障，在这些要素真正超出产品允许范畴之前及时加以制止和控制，使设备或者某一部件得以修复一新。而所有这一切又应该在保持单位产品成本不断降低的情况下进行。

全面质量维修（TQMain）是从质量维修的理念延伸出来的一种维修管理方法，同时包含了全面质量管理的概念。顾名思义，全面质量维修具有如下基本要点：

1）涉及整个生产过程而不仅是设备。

2）以新的状态维修（CBM），即以质量偏差为基础的计划与实施。

3）应用概率和确定的工具集合来解决生产和设备问题。

4）应用公共数据库实时采集设备和工艺参数，按费用有效原则处理。

5）应用实时监测及时发现设备问题，早期诊断，发现隐患，避免设备故障。

6）主张主动-预知维修。

7) 强调系统管理，将技术、组织、经济、知识和经验集成。

8) 贯彻费用有效和持续改善。

由上面的描述可以看到，全面质量维修是从设备维修管理的角度对全面质量管理的有力支撑。

全面质量维修（TQMain）的重要应用及特点是：

1) 在"最早期"就监测、诊断生产流程、设备、部件产生的有关产品质量、生产成本、工作环境的偏差，以便采取措施控制或阻止其发展。

2) 选择最优"费用有效"维修策略。

3) 选择最合适的"劣化率"，保证在潜在故障发展时期（在故障处理之前）不会发生突发故障。

4) 监测逼近故障的设备或者部件状态，跟踪其发展，预测设备状态水平。

5) 评价故障概率、剩余的有效工作寿命，以最佳的费用-有效机会进行维修。

6) 通过发生过的故障、成功延迟维修的经验，不断地认识失效的初始原因、发展机理和故障模式。

全面质量维修（TQMain）可分为四个工作模块，如图 3.12-1 所示。

公司的全面质量维修（TQMain）也可以划分为四个阶段，黑色箭头代表阶段的展开方向，也就是说，模型是从公司战略目标反向展开到所需要的维修要素集成支持；反向箭头代表模型的应用实际，即从所需要的维修要素集成支持向前展开到实现公司战略目标，如图 3.12-2 所示。

全面质量维修的工作流程如图 3.12-3 所示。

总之，应用全面质量维修（TQMain）可以保证公司从管理层到操作层做到：

1) 早期控制过程偏差。

2) 对损坏件按照费用有效原则进行更换。

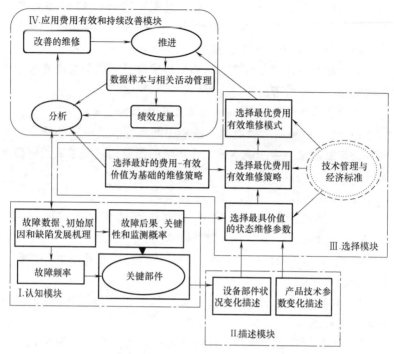

图 3.12-1 全面质量维修（TQMain）的四个工作模块

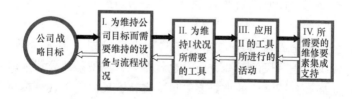

图 3.12-2 公司全面质量维修（TQMain）的四个阶段

3) 保持设备始终不超出可接受的劣化水平。
4) 未来有效可利用寿命的预测。
5) 评估故障发生概率。
6) 认识故障机理、原因和模式，有利于故障控制。
7) 通过费用有效达到状态维修。

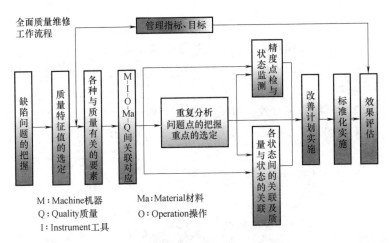

图 3.12-3　全面质量维修的工作流程

第十三节　失效模式驱动的维修体系（FMDM）

失效模式驱动的维修（FMDM）体系，其哲学就是以准确定位失效模式而进行维修计划的管理体系。因此，了解设备如何失效是有效设备维修的核心。

失效模式驱动的维修并非是 FMECA，其要点为：

1) 识别设备的所有失效。
2) 通过状态监测确定如何预测特定设备的某种故障失效。
3) 按照要求对设备进行监测。
4) 发现异常，预测报警。
5) 一旦在预防性点检或者状态监测中识别出设备缺陷，就安排相关的维修行为。

FMDM 只有在设备状态确实需要维修时才做安排，任何不必要的设备拆解是不被允许的。其优点表现为：

1) 减少干扰和侵入式维护。
2) 让不必要的拆解而引入新失效的风险减少。
3) 将非计划停机的时间大大缩短为仅仅做必要维修的

时间。

4) 将供应商推荐的定期预防维修改为状态维修。

5) 仅仅依赖状态监测结果做维修保养或大修理。

6) 状态监测可以及时识别问题,给出提前的计划安排,让系统更加安全、高质量地运行。

7) 更加费用有效,可以降低运营成本。

FMDM 体系的主要功能模块如图 3.13-1 所示。

图 3.13-1　失效模式驱动维修（FMDM）体系的主要功能

未来维修策略将从失效模式驱动逐渐过渡到恰当的维修计划,也就是可裁剪组合的维修策略,在任何时候都可以适应客户的要求:

1) 需要的生产能力。

2) 需要的设备利用率。

3) 需要的最短单位停机时间。

在此基础上可以进一步优化,让维修策略满足客户的主要诉求:

1) 最大生产能力。

2) 最低运行费用。

3) 最高设备利用率。

4）保持良好的 HSE 水平。

失效模式驱动的维修是数据驱动维修的前提或者基础。未来的方向是数据驱动维修策略。所谓数据驱动维修，其数据不仅来源于状态监测，而且设备运行数据都可以协助企业做出正确的维修决策。广义的数据不仅让人们预知故障的发生，而且可以预知设备的使用寿命。

第十四节　寿命周期风险维修（LCRM）

2012 年 7 月 5 日，日本国会福岛核电站事故独立调查委员会公布最终调查报告。首次将这起牵动全球的核泄漏事故定性为"人祸"，而非天灾。报告称，福岛第一核电站的问题在东日本大地震发生之前就已经存在。日本国会福岛核事故独立调查委员会发布最终调查报告，这已是该委员会在东京召开第 20 次会议汇总调查报告，最终调查报告共 5 册，达 641 页。报告指出，在 3 月 11 日那天，福岛第一核电站已处于脆弱状态，无法承受地震和海啸冲击，"尽管有机会采取措施，监管机构和东京电力公司（简称东电）管理层蓄意拖延决策，没有及时采取措施"。日本东北部 2011 年 3 月 11 日遭遇强震，触发海啸，造成约 2 万人失踪或遇难。福岛第一核电站多座反应堆外部供电中断，冷却系统难以运行，导致堆芯熔毁，引发辐射物质泄漏。这一事件被确定为 7 级核电站事故，与苏联——现在乌克兰的切尔诺贝利核电站事故相当。

日本福岛核电站：43 年役龄的设备，第一代不够安全的设计，日本人所惯有的"节省"，地震、海啸，东京电力公司和日本政府不及时与不当的处理，掩盖真相的企业和政府，最后导致危害全球的核事故。除了对遭受地震、海啸重创的日本人民的深切同情，这一事故还引发了很多令人深省的思考。

日本东京电力公司这种"压榨"式的设备利用和不当的"节省"，其后果不但让成千上万的日本人拿出高于其所得"利润"成千上万倍的代价来偿还，而且还要让全世界为之埋单。

天灾不可料，但人祸却是可以杜绝的，这要看我们人类是否能共同下决心去杜绝，是否同心同德地为人类社会的可持续发展而牺牲眼前的、地区的和局部的利益。

当人们在设备前期管理中还在为频频忽视设备的"寿命周期费用"现象而感慨时，更深刻的创新术语已经出现，那就是"寿命周期代价"和"寿命周期风险"。

对于安全危害重大的设备、设施，今后不仅要关注和评价其寿命周期费用，更要关注和评价其"寿命周期代价"或者"寿命周期风险"，然后依此来反推和调整设备的服役周期。什么是风险？其计算公式如下：

$$风险 = 故障概率 \times 故障后果$$

风险的级别国际上有不同划分，风险级别的定义见表3.14-1。

表 3.14-1 风险级别的定义

风险值	<0.01	0.01~0.20(不含0.20)	0.20~0.50(不含0.50)	≥0.50
分级	小	中	大	风险严重

风险值超过0.2意味着"大"，超过0.5则意味着严重。

即使是存在很小的概率，如果故障后果十分巨大，风险就变得不能容忍。也就是说，如果故障风险超过某一阈值，就要果断淘汰这些设备、设施。飞机如此，核电站如此，水坝如此、海上钻井平台等都如此。

故障概率可以用设备的浴盆曲线表示，故障后果则根据故障发生后导致的损失大小而定。例如，漏油是一种轻微后果，大量漏油可能是较严重后果，天然气泄漏是严重后果，爆炸则是更严重后果，核泄漏是十分严重后果。

当故障概率和故障后果均低于0.7时，故障风险低于0.49，即不足50%；当故障概率和故障后果高于0.7时，故障风险急剧加大，迅速超过50%。所以，控制故障概率的节点和故障后果的节点都应该是0.7，称为70/30分割律。也就是说，控制故的最佳节点是 0.7。故障概率与后果分布决定了风险大小，如图 3.14-1 所示。

依照 70/30 分割律，对于高风险设备，如飞机、核电站、高速列车、炼化装置、航天飞船等，因为其故障后果十分严重，其最佳淘汰时期应该是其寿命周期的 0.7 倍（与浴盆曲线的耗损故障期大概重叠）左右。假如，核电站的设计寿命周期为 40 年，则 28 年是其最佳淘汰节点。日本福岛核电站在这个理论淘汰节点的前后共发生 9 次核泄漏事件，只不过被东电公司隐瞒或者大事化小了。虽然这样的淘汰会造成一定的经济损失，但可以使其寿命周期风险大大降低。

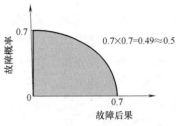

图 3.14-1　故障概率和后果分布风险

依照寿命周期风险管理概念，得到维修策略决策表，见表 3.14-2。

表 3.14-2　寿命周期风险维修策略决策

风险值	<0.01	0.01~0.20（不含 0.20）	0.20~0.50（不含 0.50）	≥0.50
级别	小	中	大	严重
维修管理模式描述	健康管理 定时维修 事后维修	状态维修 强制性可裁剪的预防维修及换件	技术改造或者淘汰	淘汰

依据此原理，按照推算，如果日本福岛一号机组设计寿命为 40 年，其最佳淘汰时间应该是 1971 年+40×0.7 年 = 1999 年。而这正接近日本核电站频出事故的那段时期（1981—2007 年）的中位数——1994 年。其间日本核电站共出现 9 次核泄漏事故！

2010 年 4 月 10 日，波兰总统卡钦斯基乘坐的几十年役龄的图-154专机在俄罗斯西部城市斯摩棱斯克机场坠毁，总统及其夫人、军队参谋长与副外长克莱默尔等一行96人在事故中遇难。其后果，包括政治影响，都超过了图-154专机延寿所创造的经济价值。历史上还有大量的统计数据支持这一假说。

所有这些事件还给了我们另外的启示：设备的实际服役周期是需要依据风险调整的。当风险急剧增大时，果断缩短设备的服役周期，淘汰就是最佳策略。

延寿处理对于风险较小的设备系统是可行的，而对于风险巨大的系统则要十分谨慎。

笔者最近去中海油东南亚分公司（位于印度尼西亚的雅加达）讲学，了解到中海油公司从跨国公司收购的若干海上平台，很多都是20世纪70年代早期由IIAPCO（Independent Indonesian American Petroleum Company）开发的，大量的平台、压力容器、阀门、旋转设备、管线处于超期服役状态。这无疑加大了这些作业设施的故障风险。如果出现类似BP公司的事件，将对中海油海外运营产生巨大的经济冲击。我在与其负责人的交谈中明确提示他注意印尼海上油田的寿命周期风险评估和管理。

这里提醒中海油、中石化、中石油等所有大幅收购跨国油气项目的企业注意，需要整体淘汰的平台及其设施，建议及时出售或报废，不能整体淘汰的，可以通过改造更新投入来降低风险。

笔者在广州白云机场做"设备管理规划设计咨询"项目时，其资产管理部门反映最近某些登机廊桥出现PLC故障，常因为旅客触动廊桥金属墙壁而导致控制数字变化或者失灵现象。笔者询问他们PLC设计寿命是多少年，他们表示是8年，而且现在基本达到服役期，请教应如何处理。按照笔者提出的寿命周期风险理论，要将全部到达寿命周期的PLC果断淘汰，只要能够避免任何一次因为控制失灵造成的廊桥人身安全事故，这笔投资将会全部收回！他们果断采纳了建议，并将寿命周期风险管理的内容写入其"管理手册"之中。

虽然这些探索还是初步的，但基于风险的寿命周期管理是未来需要认真研究和具有广泛应用前景的新领域。

寿命周期风险管理会不会"错杀无辜"呢？当然有可能。风险是故障概率和故障后果的乘积。概率是不确定的量，而后果又分为有形的和无形的，或者可以度量和难以度量的，如经济损失可以度量，而信誉损失、环境危害往往难以度量。因此，风险的计算结果往往存在不确定性。也就是说，风险评估决策本身也存在一定风险。

尽管如此，风险管理的合理性是毋庸置疑的，基于风险的寿命周期管理也是未来值得深入探索的新领域。

在艰苦奋斗的年代，我国有句老话："新三年，旧三年，缝缝补补又三年。"这说明一件衣服要穿很多年。也有企业用这句话来指导自己的设备管理。但对处于激烈市场竞争中的企业而言，应该把技术进步放在更重要的地位，对有些设备要果断、迅速淘汰。尤其是当今处于信息化时代，人类发明的成果几乎每2~5年就翻一番，无论设备的技术寿命还是经济寿命都大大缩短，企业设备技术进步和更新的速度也要适当加速，例如，人们日常经常使用的计算机的更新速度就很快。当今除了战略创新、管理创新、产品创新之外，与之相适应的设备更新也要加快脚步。

在适当时机淘汰旧有的设备、引进先进设备，无疑也可以为企业创造生产力。

第十五节　大数据驱动的维修体系（BDDM）

大数据驱动的维修（Big Data Driven Maintenance），也称为大数据导向的维修（Big Data Oriented Maintenance），是近年来发展起来的一个热门话题。

近年来，工业环境变得更加复杂和充满不确定性，在经济不景气的情况下增加了企业的利润压力。企业缺乏对资产状态水平的可视化，洞察力有限甚至模糊不清；加上政府和社会更加严格的监管，给企业带来更高的合规风险。

在很多企业中，资产老化和运营风险不断增加，设备更新带来新的不确定性，而人员更替、经验不足，又带来新的运营风险。

企业应反问自己，如何才能真正了解设备、控制运营风险？其实，设备本身有很多数据直接或者间接地反映了状态变化，可惜很多企业并没有关注到。

有的企业希望建立大数据驱动或者大数据导向的维修体系，但做得不好，80%的工作是收集和验证数据。

据相关统计资料，89%的故障不是基于时间发生的。

企业需要缩减成本，但不知道缩减哪里；大数据和自动化对企业的确重要，但又担心会扰乱原有的工作流程。

首先要了解数据源是什么。一般而言，数据主要来源于生产过程本身。这里包含过程数据、维护数据、制造数据以及间接反映设备状况的数据，如影像、视频、对话、报告等，如图3.15-1所示。

图3.15-1　数据源示意

传统管理数据是对现象的描述，常常告诉人们发生了什么，但不知其所以然。随着时代的发展，数据的信息不断被挖掘，"数据金矿"逐渐显露，其可利用的价值不断增加。图3.15-2给出了这一变化的大趋势。

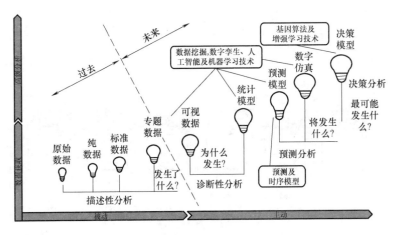

图 3.15-2 数据利用变化的大趋势

在涉及精准维修的发展趋势时,未来,人对设备信息的输入内容会逐渐减少,更多地依赖数据的作用。早期,在描述设备处于什么状态时,人的信息输入量还比较大。当进入预知维修时代,更多的信息依赖于设备数据。而到了精准维修时代,决策支持或自动化决策基本依赖数据,如图 3.15-3 所示。

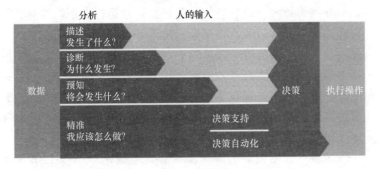

图 3.15-3 日益强化的数据作用

越来越多的企业思考如何在数据里挖掘为什么发生,将发生什么,以及未来最可能发生什么的精准信息,从而辅助做出维修决策。

企业思考设计的大数据驱动维修的流程如图 3.15-4 所示。

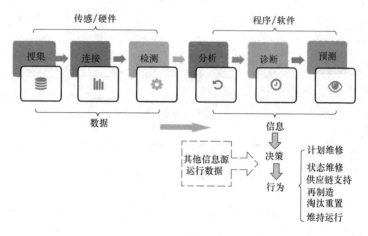

图 3.15-4 大数据驱动维修的流程

在这一流程里,数据通过传感器和硬件获取检测到,通过软件程序进行筛选、过滤、分析和诊断,能够预测设备的未来状态,指导维修行为。这些维修行为包括持续运行、预防维修、相关资源的配置和支持或者再制造和重置等。

大数据驱动的维修体系从培训与教练开始,其次是开发监测工具手段,对设备实施有效监测,接着是预测设备状态,然后提出可靠性解决方案并加以实施,最后将产生的经验和案例归纳、反馈给知识中心,构成未来指导设备维修可调用的知识库,如图 3.15-5 所示。

围绕着大数据驱动的维修,有的企业提出如图 3.15-6 所示的结构。图中,将状态监测、SCADA(Supervisory Control and Data Acquisition,数据采集与监视控制)系统数据和风险数据,以及外部数据、维修管理数据纳入体系。左侧是相关的分析内容,作为输入;右侧是输出的内容,包括维修策略、维修计划和

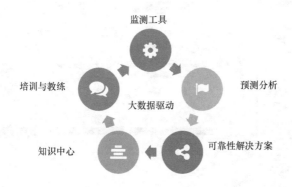

图 3.15-5　未来指导设备维修可调用的知识库

相关故障处理模型。

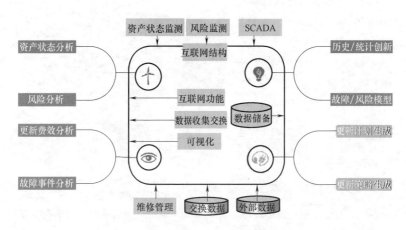

图 3.15-6　大数据驱动维修的另外架构

在移动互联的时代,数据可以通过移动终端与现场员工交互,实时传递精准决策信息,触发维修工单。图 3.15-7 给出了某企业的移动终端实例。

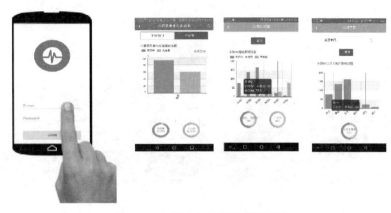

图 3.15-7 某企业的移动终端实例

第十六节 资产完整性管理（AIM）

资产完整性管理（Asset Integrity Management，AIM）建设是资产的经济完整性、技术完整性和管理完整性建设的集成，三者缺一不可，如图 3.16-1 所示。这里，管理完整性建设是绝对重要的，是资产完整性管理建设的前提。

全寿命周期资产完整性包含前期研究、工程建设、运行维护和废弃处理四个阶段，如图 3.16-2 所示。

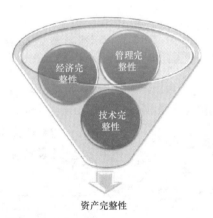

图 3.16-1 资产完整性管理建设的含义

一个资产完整性管理要从顶层设计开始，而顶层完整性管理包含完整性文化、标准、审核工具、组织、管理体系、管理团队和人力资源以及信息系统的支持等。其结构如图 3.16-3 所示。

图 3.16-2　全寿命周期资产完整性的四个阶段

图 3.16-3　资产完整性管理结构

所谓资产完整性管理，是针对资产完整、不受损失或损坏而开展的管理活动，旨在保证资产的完整性。资产完整性管理系统的目标是传递资产收益率最大化的商业需求，同时保持利益相关者价值，让生产事故和损失有关的商业风险最小化。资产完整性管理是资产有效且高效地执行其必需功能的能力，同时保护生命和环境。相关的管理活动要确保人员、系统、工艺以及传递完整性的资源各在其位，各尽其用，以满足整个资产寿命周期中的用途。

资产完整性管理也是"在保证健康、安全和环境的情况下，资产可以有效和高效发挥其需要功能的能力"。其主体结构如图3.16-4所示。

按照英国标准协会（BSI）的定义，资产完整性管理是系统协调的活动实践，使组织能以最优的可持续的方式管理其资产和

图 3.16-4 资产完整性管理的主体结构

资产系统,及其全寿命周期的相关风险、绩效和费用,以最终达成组织战略计划目标。

按照 ISO 55001 的定义,资产完整性管理是组织为实现其资产价值而进行的相关活动。

资产完整性管理的架构如图 3.16-5 所示。

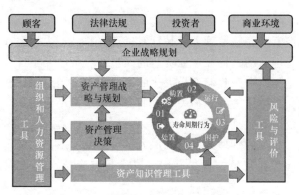

图 3.16-5 资产完整性管理的架构

资产完整性管理(AIM)是设备与设施管理的方法、思想和工具,是对设备、设施进行系统的、动态的、基于风险的全寿命周期管理,通过管理优化和技术提升,确保设备设施经济可靠,实现管理目标及可持续发展。其目标是在保障安全的基础上，获得最大经济效益，保障安全与经济的统一。其核心手段是基于风险和可靠性管理。其途径是在全寿命周期内，人员、系统、工艺及其保障完整性的相关资源各在其位，并适时、适地、各司其职。

资产完整性管理的基本流程如图 3.16-6 所示。

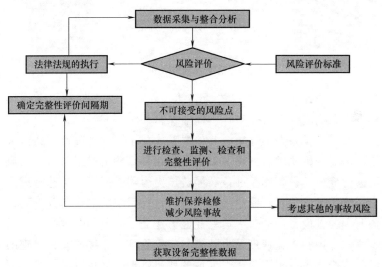

图 3.16-6 资产完整性管理的基本流程

资产完整性管理需要用到多种传统分析工具和维修策略，如图 3.16-7 所示。

"资产完整性管理"这个名词已经有 20 多年的历史。美国职业安全卫生署于 1992 年颁布了联邦法规《高危险化学品过程安全管理》(Process Safety Management，PSM)。PSM 在本质上是一个管理体系，也是危险化学品生产工厂的安全管理制度。作为国际先进的重大工业事故预防和控制方法，过程安全管理已成为石化及危险化学品企业消除安全隐患、预防事故、构建安全生产长效机制的重要基础。PSM 一共包含 14 个要素：工艺安全信息、员工参与、工艺危害分析、操作规程、培训、承包商管理、

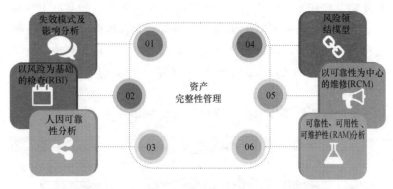

图 3.16-7 资产完整性管理的分析工具和维修策略

开车前安全评审、设备完整性、动火作业、变更管理、事故调查、应急响应、符合性审计、商业保密。

其中，设备完整性结合其他要素构成了资产完整性，通过很多先进的分析原理和方法，对高危险化学品的生产工艺潜在的风险进行分析。设备完整性范畴涵盖压力容器及储罐、工艺管道系统、泄压排放装置、紧急停机系统、仪控系统、动设备及电气设备七大关键设备，通过人员专业能力建立、设备的合规操作、风险评估、预测劣化速度及失效率、定级管理、分级检验、合理的保养维修、失效根因分析、谨慎的变更管理、优化管理体系等滚动管理作为，提升过程安全，并达到安、稳、长、满、优（即安全、稳定、长周期、满负荷、优化）的生产目标。

资产完整性管理，顾名思义就是对设备设施进行系统的、动态的、全生命周期的管理。完整性管理不仅需要对设备设施寿命周期的四个阶段——规划投资、设计建造、运营维护、废弃处置进行全程监管，而且通过对设备设施进行检测、评估，提出科学的维修策略，确保设备设施处于无缺陷的完好状态。

道达尔（Total）公司曾因重大停机事件造成了巨大损失，此后，将资产完整性纳入公司的战略规划，搭建并实施了完整性管理体系，包括政策和战略、组织的责任和领导力、资源和能力、风险评价和管理、计划和风险控制、资产完整性合规性和监视等，从而提高了效率，降低了风险。

荷兰卡司优涅燃气公司针对管道开展了资产完整性管理，在大数据的支持下，逐步形成基于风险管理的维修策略模式，从而大大提高了工作效率，降低风险40%，降低固定维护成本20%，减少计划外工作70%。

我国国家电网的资产完整性管理也具有代表性。国家电网于2008年开始推动资产全寿命周期管理，开展了资产完整性管理顶层设计，下属某二级公司通过实施完整性管理，每万元电网资产维修成本由之前的18.3元下降至15.12元，下降率达17.3%。

资产完整性管理不是为了追求短期效益，而是追求长期效益：从短期看可能不会省钱，但从长远来看，不仅保障设备设施安全，而且降低设备设施的维修成本。

资产完整性管理并不容易，观念转变是前提，技术发展是基础，制度完善是保障。开展资产完整性管理，功在当下，利在长远。虽然企业的设备设施管理工作一直在开展，但要从根本上改变目前传统的设备管理模式，还需要克服许多困难。

此外，资产完整性管理是基于数字化和信息化技术发展的。实现资产的完整性，既需要依赖很多有经验的专家和技术人员，更需要专业技术工具。国际大公司成功的完整性管理实践告诉我们，既要有一支优秀的设备管理队伍，也要有一支优秀的技术支撑队伍。

同时，建立体系化制度是开展资产完整性管理工作的重要保障。资产完整性管理是企业的"一把手"工程，应由"一把手"、领导班子亲自督办，建立一套系统的制度。

资产完整性管理涉及不同部门、不同层级，属于全员工程。一方面，设备设施全生命周期管理涉及规划投资、工程建设、运营维护和废弃处置四个阶段的各个职能部门；另一方面，运营维护期间，设备管理涉及人员、工艺流程、资产硬件等不同层面，需要各个部门相互支持配合才能得到保障。

第十七节　其他相关维修模式综述

一、以业务为中心的维修（Business Centered Maintenance，BCM）

英国的安东尼·凯利（Atony Karry）将BCM方法定义为"以完善的管理为基础，在企业状况和安全标准内，以最少的资源和费用，达到企业运行目标和产品质量"。BCM在时间、空间和资源三维结构上，体现以业务为中心的思想。BCM在时间上，根据企业运行的忙闲状况安排维修活动，如日常检查、反应式维修、状态维修等；周末则为保障下一周的正常运行而进行修复性工作；夏天的若干天停机则是为了保障一年运行的修复性工作。工作的范围和深度根据目标值确定。BCM在资源上体现以最少的资源配备完成企业生产目标，根据区域、每个班次生产状况、设备性质设定维修人员数目、技术工种和任务。BCM在空间上充分体现维修决策的层次性，主要表现为两级决策：低层决策者为组长、换班调度等，其决策目标是解决运行中规定的任务；高级决策者是维修管理者，主要完成维修的计划、组织实施、监督和控制。

二、基于风险的检查（Risk Based Inspection，RBI）**维修体系**

挪威、英国和荷兰试验应用RBI方法，取得了显著成果。其原理是对安全致命部件实施定量风险评估和操作危险性研究；除了安全关键部件，对那些故障影响可用性或造成停机损失的部件也加以关注。

由于这些"问题"部件毕竟属于少数，大多数部件只具有低危害度，这样就使检查维修费用大大节省了。RBI方法首先要确定系统和部件危害度，然后对照历史记录分析设备的实际状况，最后优化检查和维修策略。图3.17-1给出了风险检查频率的优化逻辑过程。

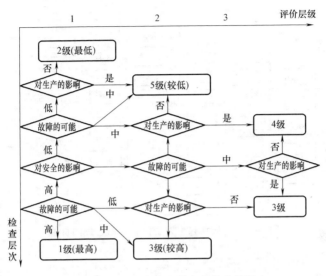

图 3.17-1 风险检查频率的优化逻辑

三、以价值为基础的维修管理（Valued Based Maintenance Management）

显然，设备维修与维护既是效益也是成本，这一点可以从杜邦模型上看出，如图 3-17-2 所示。

斯洛伐克的帕沃斯特切克（Pavostechek）提出以价值为基础的维修管理。他认为，价值分析可以提供连接企业目标和运行决策之间的价值链的度量，对维修策略、概念和运行的价值进行分析，可以使价值链得到改进。

四、商业关键性分析（Commercial Criticality Analysis, CCA）

由于资源利用受到限制，推行 TPM、RCM 需要较长周期等原因，维修管理的改进受到影响。维修管理的优劣直接关系到整个商业利益。有人提出一种商业关键性分析（CAA）方法，用以帮助维修组织了解维修策略对商业经营的影响。

本方法可以为以下项目提供有用的分析工具：

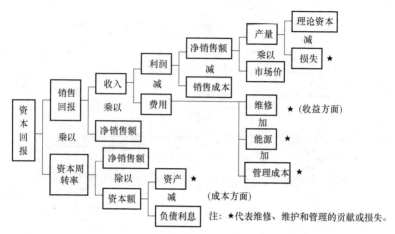

图 3.17-2 从杜邦模型看设备维修管理的价值

1) 明确包含直接、可见、隐含在内的维修成本。
2) 评估不同维修策略的后果。
3) 评估和调整生产线上备件和储存备件的多少。
4) 为开展如 RCM 等策略提供依据。

首先，应该对维修成本做出正确的评估，这个成本包括停机和低于标准的运行。对照停机成本，可以计算出保持正常运行的可见成本，对两者进行比较，即如果增加维修投资，能够使设备减少停机、提高产量、改进质量、提高安全性和环保性、加快响应时间、减少库存等带来的商业利益。

商业关键性分析把每一独立系统停机影响转换成商业结果，这样可以对不同系统进行比较。因为停机不仅造成经济影响，还会造成安全、环境影响，应统筹考虑。

首先把运行设备划分成主要运行单元，即主要系统；然后再对系统的每一故障后果进行识别；同时还要考虑在线备件和存储备件。系统故障的经济后果是由系统停机影响来测定的，由此又可以评估当前维修管理体制的成本和效果，进一步发现其应该改进的方面。

按照下面的结果采取不同的策略：

1）高成本的部分要重新评估，加以改进。

2）收支平衡的部分应进行下一步调查，寻求机会降低成本。

3）低成本的部分继续保持。

CCA 既可以实行由上至下的改进方法，也可以采用自下到上的改进策略。由上至下的方式是根据最关键领域重要程度的优先顺序，由上至下逐项加以改进；自下到上的方式是详细检查每一任务的类型和动作方式，从"换一种方式"的角度出发，暴露出原方式的效率缺陷，提出改进措施。

具体分析方法是找出上一年的维修工单，将相同类型的归并，然后利用主次图（帕累托图）排序，找出前 10 名；再把这些不同维修工作所消耗的成本、停机造成的损失以及窝工、行走路线浪费造成的损失、有效工作时间进行统计；做出相关的流程图，可以看出那些无用的步骤，便于改进。

CCA 可以由多行业人员组成的小组执行，例如，可以由维修、生产、技术及财务人员组成的小组进行操作。这是一种联合行动，可以客观地认识管理漏洞。

在 CCA 评估之后应该做什么呢？主要应该做的工作是：

1）在分析认识中明确可以改进的内容迅速加以改进。

2）在提高认识的基础上改进维修策略。

3）在选出的关键环节进行 RCM 分析。

4）了解备件存储量，评估减少存储量或提高利用率的意义。

5）实行以可靠性为中心的库存（RCI），以减少工程材料库存成本。

6）引入全员生产维修（TPM），包括多技能和任务分析活动。

7）应用集成后勤支持（Integrated Logistic Support，ILS）概念延长设备寿命，减少寿命周期费用（LCC）。

8）制定经营目标与个人鼓励相结合的预算。

9）创造改进操作水平和目标的评价、度量方法。

CCA 应该成为整体维修策略的一部分，作为改进工作的基础。这种管理方式在英国北海石油作业者集团、国家饮料公司、动物食品生产企业取得了良好的应用效果。挪威的董良博士等提出一个比较实用的费用有效性维修策略计划模型。这一方法有两个环节：一是要建立维修概念，即对不同的设备分类给出不同的维修要求；二是将设备按照关键性、冗余性和设备类别分开，然后对照相应的维修概念制定维修策略。所谓的费用有效，就是以低费用达到高效益。

五、虚拟传感与非监测式异常诊断维修

这是在 2018 年比利时安特卫普欧维联会议上，简·沃哈塞特（Jan Verhasselt）提出的概念。他提出将（可利用的）多变量进行组合，如正常的能源效率、异常的记录等，通过数学运算得到驱动矩阵，生成维修需求。因此也称之为"多变量状态维修"，即应用数学模型生成的状态维修。例如：

1）输出：用一个矩阵表示的维修需求，如资产效率、产品质量、异常数目。

2）输入：电压、电流、压力、流量、产品质量矩阵、摄影拍照反映的特征、噪声/振动传感器给出的特征。

3）模型：算法及从输入到输出的逻辑运算。

这里有两个不同的模型，即白箱和黑箱模型。其中：

1）白箱模型：由人写出的计算方式，简单的、由人写出的规则。例如，可以接受的传感器数值范围、过程步骤的可接受的最长时间、检测某一特定值的专门的统计方式或者算法，以及特定的复杂模型，如作为运行功能的压缩机效率等。

2）黑箱模型：由机器学习数据得到的模型。包括：

① 有监督的学习：需要目标输出函数样本来学习模型（由人的"监督"得到）。

② 非监督的学习：假设绝大多数用于训练的数据代表正常

运行，如果检测到小概率的事件发生则认为异常。

给出的虚拟传感定义如为：虚拟传感器是一个有效的数学模型，可以计算人们感兴趣但不便于直接度量的数值，它是以其他可行的度量和数据为输入。

随之而来的问题：如何让非数据科学家和程序员来创建虚拟传感器？

回答是：使用几乎所有人都知道的 MS Excel 表格工具来编写数学模型。

这种方法与传统传感器比较，可以检测到未知问题、异常趋势和模式、外部来源影响，还可以检测到非振动类的问题；对于更多数据、新传感器、新变化、变动的元件或子系统，这种方法可以更好地完成度量。有时候，通过软件的运行可以先于机器检测到问题，通过更好的监测以及更少的误报警来掌控复杂的信号。这种思路是考虑到各种环境关联（机器状态、温度、原材料特性及配比）等原有信息，集成了现有的状态监测手段、数据、物联网平台、历史数据等，硬件系统几乎没有大的变动。其框架如图 3.17-3 所示。

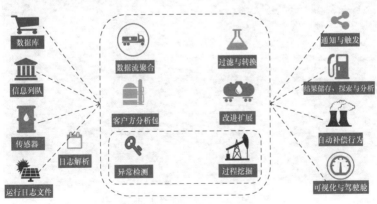

图 3.17-3　虚拟传感与非监测式异常诊断维修的框架

多变量虚拟传感的状态监测与状态维修是通过流程挖掘来补偿现有预知维修体系的，通过这种方法，领域专家虽然不是数据专家或者程序员,也能借助虚拟传感器来创建自己的"白箱",从而发现维修需求;非监测式的基于异常检测的机器学习能够添加到任何现存的数据监测平台,仅仅在原型阶段才需要数据专家的介入。

六、集成化预知维修

英特尔(Intel)公司提出了集成化预知维修的概念。这一概念的大背景就是企业越来越追求精益的运营环境。这表现在原材料和辅料的价格波动、劳动力的短缺和老龄化、客户越来越严格的要求以及越来越复杂的供应链等。这让设备维修的总成本升高,维修计划变得越来越困难,也让采购环节变得越来越难以精准。也就是说,企业很难保证在预算范围内及时满足客户订单。

这也给企业提出了新的挑战——运行模式的转变,即采用预知维修,以便能够让成本下降20%、30%甚至更高。

未来的智能工厂应该具有如图3.17-4所示的特点,即连接工具、更智能的设施和生产线、智能供应链以及移动工作者。

图 3.17-4 未来智能工厂的特点

集成化预知维修就是将运行技术、信息技术和传感器通过有线或者无线网络相连接,让知识、状态和行为可视化,以达到:

1）降低故障、降低停机时间、降低风险、降低费用等。
2）优化资产利用率、寿命周期、劳动生产率和设备运行绩效。
3）改善质量、客户满意度、安全健康环境、员工效率。

英特尔公司通过物联网平台，让运行达到端到端的监测、维护与优化，如图 3.17-5 所示。

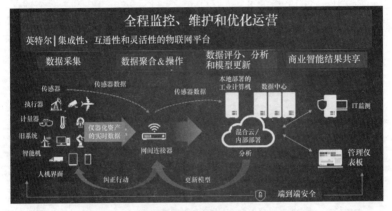

图 3.17-5　英特尔公司的集成化预知维修平台

这一软硬件结合、互联网搭桥的平台具有开放性、互通性、边缘性能、高级安全、可扩展性、可管理性以及更快、更灵活地部署等优势，如图 3.17-6 所示。

图 3.17-6　平台的优势

第四章　中国特色的设备维修与管理

我国自改革开放以来，国民生产总值从 1978 年的 3645 亿元迅速跃升到 2017 年的 82.7 万亿元，增长了 226 倍，成为全球第二大经济体。我国 GDP 占世界经济比重从 1978 年的不足 2%，增长到 2016 年的 15%左右，稳居世界第二位。

然而，作为世界制造业的大国，我国先进设备与落后维修管理的矛盾日益突出，企业的设备技术进步始终超前于设备维修与管理的人才进步。近 20 年，在中国设备管理协会以及许多行业性设备管理组织的引导下，我国的设备维修管理从理论研究、管理体系创新、教育培训、设备检查与诊断技术、设备资产管理信息系统到维修方法手段都取得了明显的进步，每年各类设备管理培训和交流会多达几十个。

以徐滨士院士为代表的表面工程和再制造工程与技术团队做了大量研究工作，成果丰硕，在国防建设和制造业有十分广泛应用前景，取得了可观的经济效益和社会效益。徐院士所提出的绿色维修概念已经引起国际同行的关注。

以高金吉院士为首的状态监测诊断研究团队在这一领域的研究也十分突出。高院士提出的自诊断、自修复技术具有很好前瞻性，将有效地推动我国航空、航天和尖端设备制造领域的发展。

在理论研究方面，我国高等院校发挥了积极作用。西北工业大学最早从事设备管理教学研究，并成立了中国设备管理培训中心，是我国设备管理理论研究的发源地。广州大学设备工程与工业工程研究所是近年来理论研究最活跃的研究机构之一。以李葆文教授为首的研究团队近年来出版专著、译著近 30 本，发表大量研究论文，并提出适合我国企业状况的 TnPM 管理体系。目前这一管理体系目前已经在我国的钢铁、冶金、石油、化工、机械制造、卷烟、铁路施工、汽车、电力、纺织、造纸、玻璃等行业的几十家大型企业中推广应用,取得了显著成效。哈尔滨工业大学在设备润滑管理等领域的应用研究也十分活跃,成为推动我国企业进行科学润滑管理的理论基地。

近年来,我国点检信息化与诊断技术的研究和应用也越来越广泛,简易的点检信息化工具成为设备状态管理的重要手段之一。目前,我国有几十家企业从事设备状态监测、诊断仪器设备的研发、制造和推广。状态监测领域覆盖振动分析、油分析和红外技术范畴。点检信息化是近年来十分活跃的发展领域之一,它把人工巡回点检和电子信息采集传递进行有机结合,具有更广泛的适应性,为我国走向智能化维修(Smart Maintenance)提供了便利的技术手段。

具有中国特色的设备资产管理软件研究和应用也十分活跃。我国目前有几十家IT技术公司在从事设备管理、企业资产管理(EAM)软件的开发和商业化推广,它们各有千秋,有力地促进了我国企业设备管理信息化进程。

我国在激光表面处理修复技术、不停车带压堵漏技术、全面润滑管理解决方案设计、润滑介质快速检测技术、设备表面清洁技术、润滑剂清洁技术等领域的研究和应用也有长足发展,取得了可喜的应用效果,有效解决了企业设备维护中遇到的实际问题。

近年来,我国在设备管理方面的国际交往也十分活跃,我国已经成为两年一次的欧洲维修团体联盟国际会议出席人数最多的非欧洲国家。每年到我国访问、参加相关国际会议进行学术交流的国外设备管理专家络绎不绝,越来越多。

随着我国经济的发展和制造业的不断发展,随着我国从制造业大国向着制造业强国的方向不断迈进,我国设备管理的理论和应用必然将也为世界做出积极的贡献。结合近年来的发展,我国在未来的主要发展趋势可以归纳为以下几个方面:

1)设备管理已经跨越了零敲碎打的时代,需要一套系统管理模式的指导。在企业建成交钥匙之际,应该已经设计好完备的设备管理系统,随着设备的运行投产一起投入运行。今后的企业除了交设备和工艺两把钥匙,还要交设备管理体系第三把钥匙。随着我国设备管理的理论体系不断完善进步,具有中国特色的管理理论和模式,如 TnPM 管理体系、绿色维修和设备健康维护、精益维修管理等概念将植根企业,并不断深入发展,成为引导我国企业进步的主导体系。

2) 设备诊断、监测和点检信息化技术也将随着我国制造业的进步一起进步。因此,未来我国的设备诊断技术、点检信息化技术将越来越发达,也越来越普及。我国的设备将逐渐摆脱最原始的纯五感检查时代,将导入更大比例的电子信息化手段,使得人们对设备状态有更及时快捷、更准确的了解,设备预知维修、状态维修时代将真正到来。

3) 先进维修技术将在我国不断发展。离子喷涂、纳米喷涂、电刷镀技术,激光修复技术、不停车戴压堵漏技术、防腐清洗技术等将在我国不断完善和发展,为设备维护提供更有效的技术手段。

4) 润滑管理系统解决方案将在企业中越来越流行,社会化的润滑管理体系将进入我国企业,为企业提供全方位、多角度的润滑技术和管理服务。

5) 我国企业将越来越多地采用社会化维修服务。这意味着我国在设备管理咨询、设备维修技术、备件第三方物流管理等领域的商业服务越来越发达,能为企业提供更高质量、价格合理的专业服务,让企业更关注自身的核心竞争能力,真正实现维修成本战略管理和系统优化。

6) 我国将有更多的设备资产管理信息系统企业成长,它们研制的信息系统将在我国企业中占主导地位,成为引导我国企业设备管理信息化的主力军。

7) 我国企业将越来越重视设备知识资产信息化管理,有意识地将设备管理知识资产的导入、创新、选择、继承、传播、共享和淘汰纳入自己的管理体系，有效地防止知识资产的流失，充分发挥已有资产的使用效率，让知识资产管理成为设备管理的核心竞争能力。

工欲善其事，必先利其器。先进的设备是企业进步的必要条件，而要有稳定、流畅、高效运行的设备，要真正营建起一个平稳、健康、安全无忧的企业，必须建立起科学、规范的设备管理体系。我国已经开始进入设备维修管理寻优的时代。可以预测，未来的几十年，我国的设备管理将会为世界设备维修管理领域做出突出贡献，也将让更多企业的世界级制造和世界级维修管理之梦成为现实。

第一节　21世纪是我国设备管理的创新时代

21世纪，随着企业的技术进步，我国的设备管理进入了一个百花齐放、百家争鸣的时代。不少企业的设备管理技术不断创新，以适应本行业的生产运行，并突出自己的管理特色。笔者在企业调研、咨询和培训的过程中，深深感受到近年来设备管理的进步。下面做一简要介绍，以飨读者，希望企业之间相互学习、共同进步，在21世纪共同创造我国设备管理的辉煌。

济南卷烟厂在十几年前就提出"清洁—清洁—再清洁"的口号。将军烟草集团的"清洁哲学"是"清洁意识、清洁时间、清洁得法""清洁就是维修""让最肮脏的地方最干净"，几十年如一日，在洁净化生产上迈了一步又一步。该厂在强化基础保养的基础上，提出进口设备"终身不大修"的维修策略。为此，他们把培训教室建在车间，并建立了一支技术过硬的"总成维修"队伍，以"总成维修"取代"大修"，以设备的清洁、保养规范化作业保证生产的流畅运行，节约了大笔维修费用，成为全国设备管理的楷模。

上海宝钢从建厂至今，在设备管理方面一直很有章法，其"点检定修制"被不少企业所学习和效仿。在1999—2001年的设备管理规划中，进一步提出推进"预知状态维修"的主导发展趋向和强化TPM管理模式的新目标。他们还对不同设备的不同维修模式做了精细的设计，以求降低维修成本，提高维修实效。

邯郸钢厂提出"模拟市场成本核算"的管理机制，并推广到设备管理领域，揭开了维修成本战略管理的序幕。

深圳大亚湾核电站在程序化管理方面颇具特色。其生产现场和维护部门，处处可见规范摆放的有关操作、维护、核安全及紧急处理故障和事故的程序文件。该企业全面引入以可靠性为中心的设备维修（RCM）模式，使自身的设备管理水平上升到更高层次。近年来我国核电事业的蓬勃发展，大亚湾维修（RCM）核电站的经验和知识无疑成为我国核电设备管理进步的宝贵财富。

提到推行TPM，我国曾有不少企业遇到困难。TPM源于美国的PM，诞生于日本。在我国企业推行，必然与我国的企业文化、管理轨迹发生冲突。如何量身定造我国的TPM，是不少企业关心的问题。笔者提出"全面规范化生产维护"（TnPM）的模式。目前国内已经有几百家企业通过学习、引进TnPM管理模式，形成了具有自己特色的"全员主动规范化生产维修"管理体系，逐步显示出明显成效。

珠海红塔仁恒纸业公司是一家中外合资造纸厂，主要生产用于香烟包装的硬卡纸。该厂为了节省资金，采用主机由比利时厂商提供，辅助设备国内配套的策略。为保证配套设备的质量和系统协调，该厂还带着主机供应商在国内选择配套生产厂，并要求供应商派员监造，以保证配套成功。珠海红塔仁恒纸业公司的设备引进做法不但取得了成功，节约了大笔前期投入资金，缩短了投产周期，还为国内造纸机械生产企业提供了发展进步的机会，可谓一石三鸟。

中国石油化工集团有限公司是我国最大的石油化工企业之一，以炼油、化纤和其他相关产品生产为主，下属企业遍布全国各地。该集团具有优秀的设备管理传统、管理规范。随着技术进步和装备水平的提高，企业在设备管理方面又迈上了更高的层次。集团所属企业普遍实施巡检制，不少企业的状态监测和状态维修具有相当高的水准。这个集团有一支力量雄厚的故障诊断和状态监测技术队伍，学术、应用研究和软件开发都十分活跃。在全国设备管理领域居领先地位。

21世纪的经济被称为知识经济、网络经济、环境经济、注意力经济……有人把它统称为新经济。21世纪最突出的特点就是"速变"，这个世纪又被称为"经验贬值"的时代。时代的"速变"推动企业技术进步的速变，必然引起设备维修管理的更新和"速变"。21世纪的设备维修管理将呈现以下明显的特色：

1) 设备维修管理的战略与战术契合具有更重要的意义，企业更注重内外部维修资源的整合。

2) 维修成本战略管理成为企业成本战略管理的重要组成部分，设备管理将由管理者心目中的"费用中心"转变成"利润中心"。

3) 维修和管理模式的研究更加活跃，将会有更多先进的维修方法和管理模式涌现，创新将是最大的赢家。

4) 计算机辅助、网络化的设备管理信息系统在企业中普遍应用。

5) 计算机集成状态维修信息系统将在不少先进企业中应用。

6) 随着网络经济的发展，设备、备件与维修技术资源的社会化共享将日益明显，社会资源的浪费将大大减少。

7) 设备工程的社会化、专业化、网络化、全球一体化将成为世界级企业维修的显著特征。

以上未来发展趋势要求企业设备管理做出彻底的变革，但是，这种变革会遇到各种各样的障碍。这些障碍多数来自人们的思维惯性或传统心智模式，主要表现为：

1) 自满，井底之蛙，总以为自己的管理方法天下第一，对别人的东西总是学不进去。

2) 畏难，思想怠惰，缺乏勇气。

3) 因为对新模式的理解和学习不到位，没有真正掌握，就认为新模式不适应本企业而最终放弃。

4) 习惯于感性思维、定性思维，不习惯于理性思维、定量思维，难以接受数字化管理方法。

5) 对计算机的"智能"潜力缺乏认识，宁可相信自己的大脑而不相信计算机的巨大作用，因而缺乏计算机应用的迫切性。

6) 上级对下级缺乏民主，下级对上级不敢进谏，思想不活跃，系统沉闷僵化。

7) 喜欢标新立异，喜欢标语口号，朝三暮四，但不喜欢扎扎实实、深入细致地工作。缺乏非洲猎豹追逐野鹿的执着，没有"十年磨一剑"的韧性。

8) 在巨大"关系"网的压力下，宁可选择牺牲企业利益也不愿影响或破坏"关系"，不愿付出变革成本，最后葬送一切变革。

设备管理的创新，意味着思维创新、模式创新、方法创新、路线创新。设备管理工作者要做好中外各种模式的比较分析、周密设计，要大胆变革、坚持不懈，不达目的，决不罢休。

企业要勇敢地迈出第一步，走在21世纪变革的最前列。唯有如此，企业才有出路，设备管理才能成为企业进步的推进器。

我国改革开放40多年取得了举世瞩目的进步，我国设备管理事业也获得了长足的发展和成就。20世纪90年代，在我国召开了几次设备管理、维修和诊断的国际会议，学习了不少国外先进的东西，同样也向世界展示了我国设备工程在理论研究和应用领域的实力。

第二节 企业设备管理的策划与设计

在市场经济体制下，企业越来越重视其投资取向、产品定位、销售策划、企业形象策划（CIS）和企业文化的营造。毫无疑问，以上这些方面都是企业生存不可缺少的要素。大方向的策划完成了，产品开发、生产组织、成本控制等问题都要进入企业的工作日程。其中有一个贯穿始终的要素，就是质量控制问题，也就是TQC、TQM和ISO系列标准化体系所要做的事情。没有产品质量和服务质量，没有全过程的质量管理，企业最终会失去市场，上述策划也就失去了基础，成为空中楼阁。

很少有企业的最高决策者会认真考虑，设备维修管理是否也需要策划与设计。他们往往把设备管理理解为企业设备维修，把设备管理组织看成是"救火队"。他们还往往认为搞生产、抓工艺是为企业创效益的，而搞设备管理的是花钱的、浪费的。当设备正常运转时，大家相安无事；当设备出了问题，影响了生产时，他们才想到设备管理人员，抱怨和责备他们的工作没有做好。很少有人认真思考企业的设备管理到底处于什么位置，更谈不上认真地策划和设计一下设备管理模式了。

笔者近年来走访了几十个国家，广泛涉猎了国外的各种设备管理模式和方法，同时也对国内的许多大、中型企业进行过深入调查，深感企业设备管理对企业的发展至关重要。设备管理不良，给企业造成的损失惨重。目前，一些企业的最高决策者对此仍没有清醒的认识。例如，有的企业设备前期管理环节薄弱，设备引进失误，投资不当，损失达到几千万元甚至上亿元。有的设备长期不能达产、达标，有的不能与使用期管理衔接，给设备维护、保养及备件供应带来无穷后患，使设备寿命周期费用严重失衡。有的企业因使用期管理不善，生产中设备故障不断，维修费用和备件资金占有量居高不下，甚至超过了利润水平，高达总生产费用的20%。在这种情况下，企业的决策者反而更容易误认为设备管理只会花钱，而不能创效益。设备管理组织被贬到更低的地位，他们不断地去"救火"，不断被动地应对设备的各种突发问题，永无安宁之日，却从来得不到真正的重视。不少企业的设备管理人员称自己是企业的"二等公民"，并被戏称为"看门狗""替罪羊"。所谓"看门狗"，是指每到节假日，别人可以休息，搞设备的人要留在厂里加班加点；所谓"替罪羊"，是指设备正常，本该如此，设备故障，出了质量、安全问题，则都归咎于设备管理人员。如此，企业的设备管理工作就完全陷入了恶性循环状态。企业之所以会出现这种局面，主要是因为长期没有认真地进行"设备管理"的策划、设计和系统思考。

如果把企业全系统比喻成一个用木板箍起来的木桶，设备管理作为一个子系统就像其中一块木板。这样一个木桶，如果仅仅"设备管理"这块"木板"最短，木桶的装水"水平"不会超过最短这块木板的高度。这个比喻告诉我们，如果"设备管理"这个子系统不良，则会影响和制约着"企业"总系统的水平。1997年广州设备管理与维修国际会议明确提出"设备管理是生产力"这个口号。为什么要这么提？道理很简单，不良的设备管理可以使企业损失生产力，反过来，科学的设备管理必然给企业创造生产力。从这种意义上讲，设备管理是生产力。

一、设备管理的理念策划

前面所论述的问题已经进入了设备管理理念策划的范畴。"设备管理是生产力""维修是生产力"这些口号就是一种理念策划。理念策划就是以现代管理的新思想、新观念来改变人们传统的"心智模式"。

例如，人们习惯上认为"设备总是要出故障的"。从"故障"的语源来分析，"故障"的意思是"人故意使机器产生障碍的"。因此，只要有人去关心、爱护设备，加强设备的基础保养，设备可以达到"零故障"。

笔者在很多企业进行概念开发时曾谈到这种观点。有的人不理解甚至反对我的这种提法，他们常会说："依你这么说，工人们故意破坏设备了？"其实，我所说的这句话旨在改变传统的"心智模式"。济南卷烟厂早在20年前就提出"三个清洁"的设备管理方针，效果明显，设备在四班三运转的高负荷工作中，仍如同新设备一样，保持高达90%以上的有效作业率。广西玉柴集团也提出了"强保养，零等待"这样的口号。现在企业越来越认识和重视设备的基础保养工作，用上述生动的提法，就是要冲击传统的思维，建立"强化设备保养"的理念。

在美国生产维修的基础上，日本企业发展成为"全员生产维修"这样一种管理模式，习惯上也称为 TPM。"全员"也是一种理念。企业的设备管理永远做不到"全员"，但当代企业管理又处处强调"全员"。目前企业兴起的全面质量管理和 ISO 贯标活动，也始终强调"全员"和"全过程"。美国 LTV 钢铁公司实施的 IPC，即"一贯过程控制体系"，也强调"全员"的参与。20 世纪 50 年代，在《鞍钢宪法》中强调群众路线，在设备管理中也有"台台（设备）有人管，人人有专责"的提法，这就是"全员"的思想。仪征化纤集团结合国情、厂情，提出"党、政、工、团四位一体，机、电、仪（表）、操（作工）四位一体"的"全员"参与设备管理方针，已经把"全员"这个理念具体化和明确化。"全员"的确已成为当今企业管理的理念。

设备管理的"扁平化"也是一种理念。老企业几十年形成的组织结构要压缩，要"扁平化"，困难重重。因为人们已习惯于旧的结构。如果不从理念上突破就无法实施。有人说："美容是把一张复杂的脸变成一张简单的脸。"这说出了美容的真谛。儿童、青少年不用美容，因为他们本来就有着简单、纯洁的面孔，简单就是美。不少企业错综复杂、重叠设置的组织机构往往把工作的作用从"解决问题"变成"制造问题"。设备管理、生产管理要出效率，首先要树立起结构简单、组织"扁平化"的理念。

设备管理的策划要从改变传统的"心智模式"开始，建立起全新的理念，使之成为企业文化的重要组成部分。没有理念的策划，设备管理工作就不会提升到应有的高度。就不会融入企业决策和企业伦理的血液之中，就永远处于被动的地位，成为企业发展的障碍。

二、设备管理的模式设计

有了理念的策划还不够，还需要模式的设计。设备管理的模式设计要与企业的产品设计、厂房设计、生产工艺流程设计同步进行。而且,设备管理模式要随着企业技术进步、设备更新换代而不断地重组再造,不断地再设计。

当前,国际上各种新颖的设备管理模式和思想不断涌现,如 RCM、RBM、TPQM、AM、TPM、CBM……不下几十种,企业应该选择什么样的模式去学习、去组合、去取舍、去实践,是要认真思考和设计的问题。国内的不少企业给予我们启示。

近 20 年来,全国几百家企业在 TnPM 体系推进中均创造了具有自身特色的管理模板。笔者在这些企业的咨询活动中深受启发,学习到不少东西。这真如一个俚语所说:"两个人交换苹果,各得一个苹果;而两个人交换思想,却各得两个思想。"在参与企业设备管理设计的过程中,深深体会到:

1) 模式的设计要结合国情、厂情,尤其要结合企业管理的运行状况、人员素质、设备类型、设备技术含量和先进程度进行综合思考。

2) 模式设计要有先进性,要适当地超前。

3) 模式设计不能过分追求先进。再先进的模式,如果不被企业接受,或企业实施的条件尚不成熟,也就失去了对设备管理工作实际的推进作用。与其如此,不如适当降低其先进性,设计出一个比较先进而又可行、可达的方案和目标。

4) 模式设计要通过反复深入的研讨、系统的思考来完成。不能仅就设备管理来设计设备管理。要从企业全系统的结构出发,要研究每一管理模式对其他子系统和总系统的影响。甚至要考虑那些处于同一因果链上,但在时间、空间上不直接相关的因果关系,考虑系统的延迟效应,使这一设计能够经得起系统综合效益和时间的考验。

在当前激烈竞争的市场经济形势下,几乎没有一个企业不是坐在火山口上,不可以安安稳稳地过日子。企业要"居危思危",而不是居安思危,要实施"末日管理"。在竞争中,产品成本每降低一分钱,就意味着多一分竞争能力。如果企业备件资金占有量已达到总资产的 10% 以上，如果每年的维修费用持续上升，已达到生产成本的 15% 以上，才想起来从设备管理要效益，也许为时已晚。进入智能制造阶段，装置密集、技术密集型企业遍地，这种差之毫厘，失之千里的局面将会更加严峻。

要记住"资源有限，潜力无穷"，就看我们会不会挖掘，能否变被动为主动，正视和面对企业设备管理现实，科学策划，合理设计，使之成为企业发展的动力和强大内势。

第三节　设备管理的战略与战术契合

随着 21 世纪的到来，设备的技术进步已经把不少企业的设备管理抛向濒于应付的处境。设备的技术进步超前于人才的技术进步，先进的设备与落后的设备管理与维修队伍的矛盾一直困扰着企业。为了部分或彻底摆脱设备管理的尴尬和被动局面，设备管理的领导者或决策者应该重新定位自己的角色，做更长远的战略思考，研究更精细的战术方案。

一、企业设备管理的双层战略设计

21 世纪，企业除了应该考虑如何拓展和捍卫自己的核心业务，提高自身的竞争力和抵抗风险能力之外，必须进行更多层次的战略思考：在原有业务的基础上，利用本企业的某些特长和优势，建立新兴业务；试验和创造有生命力的未来业务……作为企业内部保健不可缺少的设备管理部门，也应自觉融入企业战略发展的总系统之中，对设备管理业务做出战略思考。战略思考将分为以下两个层面深入：

1. 第一层战略思考

如何通过对设备管理全系统的分析，把社会化维修市场、备件市场、设备制造厂家的售后服务承诺以及本企业的维修资源纳入系统思考之中。综合各类设备特点和损耗、故障规律，评估企业员工素质，吸收国内外先进的设备管理模式精髓，规划设计出适合本企业发展的最佳设备管理系统。其中包括最适宜的维修模式管理、最科学的维修计划管理、最恰当的合同化维修管理、最小库存的备件管理、风险最小的设备前期管理以及最严格的润滑管理等。让这些系统完全步入规范化、程序化的轨道。

第一层战略思考旨在减去"脂肪赘肉",使企业更强健、动作更敏捷,以适应更加激烈的国际竞争,力争在比赛中,保持质量领先、成本优势,最后达到市场共享或称霸的战略目标。

2. 第二层战略思考

第二层战略思考为企业在新兴产业领域、为未来的发展做好战略准备。设备部门的战略准备将主要集中在以下几个方面:

1) 在全球范围内为新兴产业进行新一代设备性能、寿命周期及费用的调研、预测和分析。

2) 为新兴产业做好设备更新、技术改造的导向性规划。

3) 设计适应本企业新兴产业新设备、新工艺的新一代设备管理体系。

4) 为适应未来发展而设计第二套、第三套组织结构方案,使设备管理组织更加扁平化、高效化。

总之,一个高瞻远瞩的设备管理组织,不是今天做着今天的事,更不是今天应付着昨天的事,而是今天做着明天的事、想着后天的事,"吃着碗里的,看着锅里的""走在小胡同,想着金光大道"。只有如此,才能适应变革神速的 21 世纪。

二、设备管理战略部署后的战术契合

如果把战略比喻成前进的方向,那么战术则是如何朝着既定方向前进的脚步。一旦战略方针确定下来,一套系统全面的战术方案是必不可少的。

比如,一个企业经过第一层战略思考,确定逐步引入社会化、市场导向的合同化维修战略。那么与这一战略相匹配的社会化维修数据信息网络、合同维修询价、报价系统、维修合同管理,包括维修成本控制、协作-协力方式、维修质量验收标准和程序等各个方面都要精心设计、仔细推敲。否则,摆在企业设备管理人员面前的就是混乱和措手不及,甚至他们会反过来怀疑原战略方针的正确性。在很多时候,并不是某一战略方向有问题,而是缺乏周密跟进的战术准备，最后造成整个战略举措的流产。例如，在洗衣机生产线引进过程中，广东中山威力洗衣机厂采取"点菜式"和"择优选型、组合成线"的战略，取得了成功，既发挥出组合设备的系统优势，又节约了近一半的引进费用。同样是"组合成线"，另一家洗衣机厂就以失败告终。该厂在组合成线之后，系统配合不好，优势未能突出，总体功能反而下降了。从这个例子可以推断，这两个厂在选型人员知识结构构成和选型战术操作上，必然存在着优劣。这使我们进一步看出，战略之后的精细化战术设计和一丝不苟的战术实施、战术运作对战略的契合是何等重要。我们要有一个美好的梦，但不要以为有了梦就有了美好的未来。

三、双层战略与战术的契合模式

设备管理双层战略思考的组合形式如图 4.3-1 所示。此图反映了战略思考的四种组合情况：

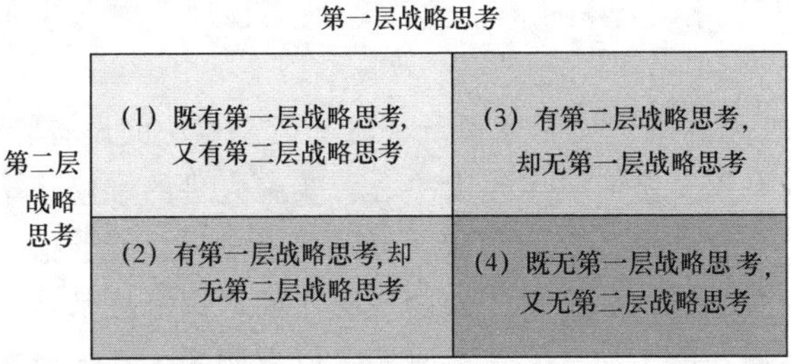

	第一层战略思考	
第二层战略思考	(1) 既有第一层战略思考，又有第二层战略思考	(3) 有第二层战略思考，却无第一层战略思考
	(2) 有第一层战略思考，却无第二层战略思考	(4) 既无第一层战略思考，又无第二层战略思考

图 4.3-1　设备管理的双层战略思考组合

1) 既有第一层战略思考，又有第二层战略思考。这属于最佳设备管理设计，是对企业长远目标的强力支持。

2) 有第一层战略思考，却无第二层战略思考。它属于追求当前最佳设备管理运行策略，却忽视对未来、对新兴业务的准备。

3) 有第二层战略思考，却无第一层战略思考。它属于好高骛远型的设备管理，或者是对运行中的设备管理缺乏系统的设计和优化，或者是运行中的设备管理太陈旧落后，不能适应企业的即时需要。

4）既无第一层战略思考，又无第二层战略思考。这是最糟糕的设备管理，缺乏双层战略思考，既无近忧，又无远虑。

如上文所述，既然企业发展需要对设备管理做双层战略思考，自然需要有双层的战术契合。

设备管理的战略与战术契合又可分为如图 4.3-2 所示的四种情况：

1）既有战略，又有战术。这可以保证设备管理战略目标的顺利实现。

2）有战略，却无战术。这无法保证所制定的设备管理战略目标的实现。

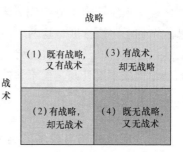

图 4.3-2　战略与战术契合

3）有战术，却无战略。这属于高层管理不力、导向不清的设备管理。

4）既无战略，又无战术。这属于最无章法的设备管理。

国内有不少企业下了很大决心，实施先进的维修战略，但因为缺少一个超越设备管理领域，可以驾驭全局，能够指挥协调各个部门的专职机构的推进，缺少各层次的培训等战术运作，使企业的维修活动虎头蛇尾、草率收兵。以上例子生动地说明，在战略确定之后，战术的契合就上升为最重要的成败关键。

把战略与战术综合起来思考，可以得到如图 4.3-3 所示的状态。

在图 4.3-3 中，上边的两个圆表示第一和第二层战略，下边的两个圆表示第一和第二层战术。四个圆相交的阴影部分，

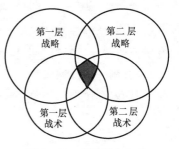

图 4.3-3　多层战略与战术的契合

代表了双层战略与双层战术的完全契合，这是最佳设备管理系统设计。围绕在这个阴影周围的四个圆弧三角形，分别代表了"有第一层战略、第二层战略、第一层战术，缺第二层战术"，或者"有第一层战略、第二层战略、第二层战术，缺第一层战术"，或者"有第一层战略、第一层战术、第二层战术，缺第二层战略"，或者"有第二层战略、第一层战术、第二层战术，缺第一层战略"这些"四缺一"的状况。这些状况均属于不完善的设备管理系统设计。围绕在圆弧三角形外部的两圆相交部分，则属于"四缺二"的状况。上下两圆相交部分起码有同一层次的战略与战术组合，而左右两圆相交的部分则仅有战略的组合而完全没有战术，或者是仅有战术的组合而完全没有战略，这两种状况应该劣于前两种状况。至于最外围的非相交部分，也就是"四缺三"部分，更是单薄、残缺的系统设计。既然有这么多的不完善状况，可见达到设备管理双层战略思考和双层战术契合实在是一件不容易的事情。设备管理的战略思考和战术契合应该成为设备管理组织永无止境的追求。

一些企业因为高层领导任职期限的导向，因为缺少职业经理人体制，企业管理的短期行为十分普遍。企业的最高管理者很少能进行双层战略思考和双层战术保障设计。未来，凡是想生存、发展下去的企业，唯有打起百倍的精神，把运行中的企业做好，把企业的未来设计好，进行企业发展战略的深层次、多层次战略思考和战术契合，辅之以设备管理体系的双层战略思考和战术契合，才能以坚强、健美的机体迎接21世纪风暴的考验。否则，也许几年，也许十几年，就将被无情的市场浪潮所淹没。这不是耸人听闻之语，而是逆耳的忠言规劝。

第四节　设备管理思维与模式创新

不管企业是否愿意，恐怕都要直面我国进入智能制造的新局面。人们常提及"鲶鱼效应"，即在运送鱼苗时，由于拥挤和缺乏运动，总有大量鱼苗死亡。当在装鱼苗的容器里混入一只凶猛吞噬小鱼、小虾的鲶鱼时，鱼苗被鲶鱼吓得四处游动，就能最大限度地吸取氧气，反而使鱼苗死亡率大大降低。这种现象给予人们启示：加入WTO之后，对于长期在"温室"中生长的中国企业，未必是坏事，而可能激发起企业新一轮的重组再造和变革，使我国企业的竞争能力大大加强。话虽然这样说，但鲶鱼吃小鱼是不争的事实。企业在这样的环境下如何应对呢？企业的设备管理又如何进退呢？笔者愿就自己不成熟的想法和广大设备管理工作者切磋。

一、我国企业的战略思考

1. 探索一个好机制

未来企业管理应该研究出更有效的机制，让优秀的职业经理人来管理企业，从机制上避免企业的领导忙于经营领导、经营上级，而不是经营企业、经营市场这种企业家政治化和企业官僚化的倾向。大海行船，即使是聚精会神地驾驶，也可能触礁沉没，何况三心二意。企业呼唤经营职业高手，机制应能够让那些经营职业高手给企业掌舵，并且专心致志；机制还能够及时更换那些不称职的企业领导者，化解企业危机。

2. 选好懂得行动的企业领袖

确定机制之后，就要选择优秀的职业经理人。目前，我国的职业经理人队伍还不够壮大，这要有一个培育、发展的过程。职业经理人不是从学校中培养出来的，也很少是从MBA中脱颖而出的，而应该是那些具有一定管理基础的管理者，从企业的风风雨雨中磨砺出来的。只有合理的企业用人机制引导，才能使职业经理人不断脱颖而出。

值得指出的是，职业经理人虽然应该懂得企业的发展战略，善于从战略角度思考引导企业前进，其更重要的职业技能体现行动上。企业的职业经理人要具有很强的执行能力，在企业运行的关键环节，能够身体力行地深入到细枝末节。国外常用"CEO"这个词，翻译成首席执行官，它强调的就是执行力，从中可以看出这个角色对执行能力的要求。

3. 做好战略设计

企业在战略上应该有三个层面的策划：

1）巩固、拓展并捍卫核心业务。

2）建立新兴业务。

3）创造、培育有生命力的未来业务幼苗。

以上三个层面的战略部署缺一不可。三项皆无，企业四面楚歌、困难重重；有一、无二、无三，企业苟延残喘，即将出局；无一、却有二、有三，企业根基不牢，失去增长的潜力；有一、无二、有三，企业徒有美梦，却后继无力；有一、有二、无三，企业没给未来伏笔、铺垫，缺乏前景；至于无一、无二、有三，或是无一、有二、无三，则预示着企业的根基不牢，梦想难以成真。三个层面，缺一即不完善，会给企业带来近忧或远患。这三个层面的内容如图4.4-1所示。

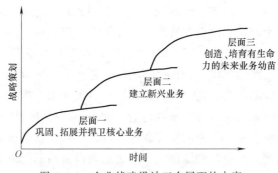

图4.4-1　企业战略设计三个层面的内容

4. 不容忽视的战术设计

一旦战略方针确定，战术设计就变得十分重要。从下面一些企业的设备管理实践，可以清楚地看出战术设计的重要性。可以这样说，战术是战略目标实现的保障，没有战术，战略就成为空想。

二、设备管理战略是企业战略的重要组成

1. 维修成本战略管理是设备管理的战略重点

改革开放之初，我国从短缺经济向过剩经济转型之时，企业凭借良好的产品、诱人的广告，能获得百分之十几到二十几的利润，而如今很多企业的利润空间已经被挤压到只有百分之几。我国企业已经步入微利时代。在这个消费逐渐成熟的时代，企业靠市场广告、宣传炒作以及机遇来扩大利润空间的可能性越来越小，唯有练好内功，从自身挖潜。产品创新之外，成本革命和成本战略管理将成为21世纪企业安身立命的重要法宝。邯郸钢铁公司模拟市场的成本管理机制给广大企业创立了榜样。随着企业技术进步，产品质量、成本和产品柔性更依赖高技术含量、高度自动化的设备。设备维修成本管理也将成为整个企业成本战略管理的一条主线，成为企业设备管理的战略重点。

（1）前期管理中存在危险的成本陷阱

设备前期管理是指从设备规划、选型决策、采购、合同管理、安装、试车验收直到初期管理的全过程。据1998年不完全统计资料，仅广东省轻纺系统，就有近5000万元的设备，包括七、八条生产线，因前期管理不当而闲置。广州标致汽车、大乙烯和汕头的彩色胶卷三个项目，无效益投资超过人民币200亿元。规划阶段的失误，造成的损失往往是致命和无可挽回的。除了规划阶段的失误，还有因为选型班子技术知识结构不合理、决策方法不科学、决策程序不规范造成的失误。另外，还有因合同管理无经验、缺乏严密的管理程序造成的失误，安装试车验收系统不协调造成的缺陷和漏洞。不少企业因设备前期管理失误竟导致整个企业倒闭。设备寿命周期费用构成设备成本阴影，设备性能对产品质量、成本和市场信誉的影响也构成了另一种隐形成本。因此，设备前期管理的各个阶段都充满了成本陷阱。

（2）维修管理对生产成本的影响举足轻重

维修管理主要包含维修模式和策略选择和维修计划。在众多的维修模式，如RCM、CBM、AM、TPQM、TPM、RBM中，结合企业生产和设备实际，选择何种策略，选择何种社会化、专业化维修方式，将决定维修费用和生产损失；而维修计划又能决定维修效益和维修成本的控制。因此，维修管理对生产成本有着举足轻重的影响。RCM 以设备故障后果为导向进行维修决策，但又把维修有效性（成本）、可行性作为辅助考虑的重要内容，这也是一种成本战略。深圳大亚湾核电站将把 RCM 作为维修管理的主线，迈出了战略性维修（包括成本控制）管理的第一步。适应性维修（AM）以维修费用和生产损失的叠加决定维修方式，虽然可操作性有待开发研究，但从方法论上充分体现了成本管理的思想。

（3）设备现场管理——降低成本、提高效益的巨大潜在空间

设备现场管理主要是指设备的使用管理、维护管理和润滑管理等。正确使用设备，可以使设备的人为劣化大大减少；通过全员生产维修（TnPM）等方式强化设备的基础保养和润滑，将使设备故障停机明显减少，使设备综合效率（OEE）大大提高，还会使维修费用明显降低。企业实施 TnPM 管理，可以使产量、质量、成本、交货期（库存周转）、安全与环保及劳动情绪六项广义输出有所提升。所以，设备现场管理是降低维修成本的巨大潜在空间。

（4）备件管理——薄弱的成本环节

不少企业的备件存量高达企业设备投资的 10% 以上，而且由于设备改造更新，每年都会有一定量的备件报废，造成大量资金的浪费。据了解，国内很少有企业的备件真正具有科学、优化的存储结构。我国企业备件管理基本采用经验上下限采购、储存和管理方式。一方面，备件资金严重浪费；另一方面，又常出现维修无备件和紧急采购状况。有些进口备件的紧急采购费用十分昂贵，超出原价值的 2 倍，企业负担沉重。推行一套既符合我国备件市场状况和企业实际，又可不断优化库存结构的动态管理模式势在必行。备件管理已成为降低维修成本的重要环节，也是充满挑战性和蕴涵开发潜力的管理过程。

（5）维修成本综合战略管理

1）组织结构的扁平化设计。维修组织结构的扁平化设计，

其目标不仅是降低管理成本,更重要的是提高管理效率。很多企业的管理实践说明,层次多、人员多不仅使管理成本增加,还可能使管理程序复杂化,使管理流畅性受到人事关系的干扰。优化、扁平化的组织结构设计是促使维修成本下降、管理效率提升的重要方式。

2)以系统管理优化总体目标。维修管理注重系统性,把方向定位在总体目标的优化。例如,在设备前期管理阶段的设备订购中,能够考虑备件损耗和备件库存,以随机备件形式订购一批关键易损备件,对保障生产的长时间流畅运行和减少备件费用有积极意义。在维修模式设计中,对什么样的设备在使用的什么阶段是改造,是报废,还是采用何种维修方式,要从经济的角度做统筹、系统的考虑,以达到最佳的综合目标。

全面计划质量维修(TPQM)认为,在规范维修管理中,其中某一个或几个要素发生变化,其他要素也应随之变化。这实际上就是系统的目标优化。

当前,越来越多的企业自觉或不自觉地开始了成本战略管理的尝试。邯郸钢铁公司提出的维修管理模拟市场核算机制,就是在设备管理的时间和功能上,系统地体现了维修成本战略管理思想。

3)连续一致性动态管理维修成本目标。维修成本目标是企业长期的动态管理课题。在动态管理中,应注意:①连续性。持之以恒地追求维修成本和生产损失综合费用最小化。②一致性。从设备管理的各阶段到设备管理的各部门,都能以一致性追求综合成本极小化的目标,决策者一般不以本部门、本阶段利益为着眼点,而以总体的目标为着眼点。③动态性。设备连续的进步、设备状态的变化,必然引起综合目标的变化,所以目标是有动态性的,一段时期的稳定性和长期目标的动态性,构成维修成本目标的辩证特征。

维修成本战略管理是当今企业成本战略管理的重要组成部分,随着企业的技术进步,将会越来越重要。维修成本战略管理要求企业的设备管理工作者更精于维修成本战略分析，更善于从系统的角度去设计维修策略。设备管理思想创新将成为未来设备管理进步的推动力。

2. 变革与规范是一把双刃剑

有人说："当今世界，除了变革，就是变革。"更有人说："当今是一个四季不再分明的年代，一个不用 12 小时夜与昼就会发生更替的年代，一个充满机遇与可能性的年代，一个对过去的产业势力和企业思维提出颠覆性挑战的年代"，是一个"经验贬值的时代"。还有人说："这是一个甚至连自己的新生儿子都可能要杀死的时代"（指企业的新产品刚诞生就可能过时，就要忍痛抛弃）。无论这些言论是多么激进和耸人听闻，可以传达一个真实的信息——当今世界的变革更快了。变革是时代的主流，速变是时代的特征。

另一方面就是规范。变革之后不加以规范，就不成气候。微软的操作系统不断变革与更新，先后推出多代 Office 新版本，但始终保持一条规范的主线，始终领导着办公自动化规范的潮流。赢者通吃很大程度上是用领先潮流的规范来战胜对手，企业的变革也是如此。变革之后就要规范，形成制度、行为准则、工作程序，然后再变革，再规范。在联想集团，"有规则就严格按规则办，规则不好也先按规则办，然后提出修改意见；没有规则的就要在事情做完后整理出规则"。联想是一个不断变革的联想，也是一个有非常完善、近乎繁复制度的联想。过去一套成型的体制可能一实行就是几年、几十年。而当今时代的最大特点就是变革的加速，也许一套体制、一种规范的寿命周期只有两三年。变革与规范是辩证的统一，是一把双刃剑。

三、设备管理要成为培养企业核心竞争能力的平台

综观国内各行各业的大小企业，凡产品加工的重要、关键设备，很多都是进口的；还有不少产品，企业没有自主知识产权，只能依赖国外设计。一些赫赫有名的大企业集团，有品牌、有完善的营销网络，却没有核心技术，这就是不少中国企业的苦恼。

笔者曾在深圳的一家名为凯中电器有限公司的民营企业讲课和调研，发现这家以电机整流子为主导产品的企业，生产着几百个品种的微电机整流子，产值几亿元，产品为国内外著名的企业配套。企业80%的设备是改造、自制的。有些设备已经过几代的改造，由半手工生产转成机器生产，又逐渐联结起来，形成生产线的雏形。这是一家真正具有核心竞争力的企业。有一天，这家企业将不仅能够生产整流子，而且能输出生产整流子的成套设备。这样的企业在国内虽然目前很少，但正在逐渐增加着，原来没有自主产权和专利的产品逐渐有了自己的专利。总体而言，目前国内不乏一流的制造业企业，但却仍然缺乏制造业企业的孵化器。国外一些先进设备的制造商所持有的策略是："让发展中国家正在使用的设备寿终正寝，让我们即将淘汰的设备取而代之，我们自己则不断推陈出新。"韩国20世纪50年代工业落后，不断从西方引进先进设备，但绝不停留在引进上，他们走的是一条追赶、超越之路。进入21世纪，我国企业要学会在引进、利用设备发展自己制造业的基础上，通过对设备的解剖、测绘、研究、改造，研发自己的设备，走出一条"引进—改造—超越"之路。

四、管理创新实践

1. 重视计算机、互联网、物联网的巨大作用

由于人们知识更新的速度跟不上时代的进步，不少企业的管理者对日益进步的新事物有些陌生、畏惧、躲躲闪闪。与其躲避，不如面对，主动去学习、掌握，使之为己所用。在大胆导入智能化管理的进程中，企业要注意以下几点：

1）首先做好管理模式的引进和更新设计。软件不是复制和模拟落后，软件可以在管理优化的基础上发挥更大作用。

2）做好全系统的物联网规划方案，资源的整合与集成十分重要。

3）选择优秀的硬件配置和软件设计开发单位。

4）大刀阔斧地培训人员，真刀真枪地实行智能化管理。

2. 资源整合：四两拨千斤的设备管理新趋向

当今时代是一个合作的时代、双赢的时代。单枪独马、小农经营、闭门造车是企业发展的大敌。虚拟企业的诞生，更生动地证明了资源整合的巨大力量。虚拟企业没有厂房、没有设备，甚至没有产品生产运行人员，但是有资源整合、组织、监控人员，就可以生产自己的产品。例如，耐克没有自己的工厂，但耐克的运动鞋畅销全球。

企业的设备管理系统，也应逐渐从"大而全"中有所转变，把原来一支庞大的设备维修和管理队伍，逐渐改造成一支短小精干的资源管理和调配组织。在社会化、专业化维修尚未形成的环境下，可以保留一支技术熟练的专业化维修队伍。在社会化、专业化维修已经成熟的环境下，把大部分的设备维修工作推向社会，企业只保留少量核心维修能力，解决企业的关键、瓶颈问题。企业设备管理队伍的工作重心转移到设备和备件的信息管理，社会化维修资源信息的收集，维修工程招标、评估、监督，现场设备管理模式的设计和推广，以及设备技术经济管理。

3. 一点一滴地追求合理化

俗话说："心动不如行动。"王永庆曾说过："做企业的过程就是一点一滴追求合理化的过程。"还有人说："管理无大事。"更有人说："管理无小事。"其实，这些话都不矛盾。在企业里，不合理之处处处可见，改善是无休止的。管理无小事，小事串起来就是大事；反过来，企业的小事也要当成大事，认认真真地把它做好，这样的企业才能成功。做企业不能轰轰烈烈，要有"十年磨一剑"的平常心：一点一滴地从生产现场员工的行为到深层管理流程；一点一滴地从质量体系到效率体系；一点一滴地从产品到服务；合理化无止境。

4. 建立学习型和教育型组织

记得彼德·圣吉（Peter Senge）在他的《第五项修炼》一书里，主张建立学习型组织，认为在 21 世纪必胜的组织是学习型团队。笔者认为，除了学习，还应建立教育型组织。子曰：

"三人行，必有我师焉。"两个人交换苹果，各得一个苹果；交换思想，则各得两个思想。把孔子的思想与现代企业建设结合起来，就构成了教育型组织的框架。那么，什么是教育型组织呢？就是人人是学生，人人是老师，管理者是指挥着，更是教练员。让单点教材（One Point Lesson）成为企业自我教育的重要形式。智者千虑，必有一失；愚者千虑，必有一得。企业的员工蕴藏着无穷智慧，就看如何去开发。有人说，人的最可开发的地方就是位于两只耳朵之间的一块地方。在传统的企业里，一个脑袋想问题，千百个躯体在行动；在如今的企业里，千百个脑袋想问题，千百个躯体在行动。做学习和教育型组织，就是把员工的智力资源发挥到极致。

21世纪，全球经济发展和工业技术进步必然带来设备管理从观念到模式的变革。过去人们常说：忘记过去就是意味着背叛，现在要说：固守过去就预示着失败。

五、主角与配角的辩证观

常听企业的人说，设备管理处于被动的、从属的和配角的地位。其实，一台戏无所谓主角和配角。名义上的配角演技出色，常常成为观众心目中的主角。即使是主角真正出色，如果没有若干高超的配角搭档，全戏也难出彩。设备管理作为子系统，与质量、工艺、生产、安全、环保一样，构成了整个企业管理的大系统，缺一不可，而且互相影响、互相依存。对设备管理系统不认真设计、科学构造，终会成为企业发展的严重制约。从这种意义上说，它已成为企业这台戏的"主角"。反过来，出色运行的设备管理系统又可以大大促进企业的发展，从这种意义上说，它也是"主角"。而那种不好不坏、无声无色、"救火队"功能的设备管理，则永远居于"配角"的地位。设备管理工作者从心理上应安于名义上的配角，从行为上应无愧一个出色的配角，从功能上应争当企业运行的主角。

效益最大化是企业追求的永恒目标，设备管理能否成为企业发展的主角，要看它对企业效益的贡献。

六、设备管理创造生产力

1997年广州设备管理与维修国际会议提出"设备管理是生产力"的口号。这一提法是有其根据的。

1. 微观：从 OEE 到 TEEP

在 TnPM 里，设备综合效率即全效率 OEE 的计算，可以较全面地反映生产现场设备管理对设备综合效率的影响。在计算 OEE 时，遇到计划停机以外的外部因素，如无订单、停水、电、气、汽、待料等造成停机损失，常不知如何处理。如果把 OEE 的计算做一扩展，给出"设备完全有效生产率"（TEEP）这一新概念和新算法，上述问题就迎刃而解。

2. 中观：从寿命周期费用到寿命周期效益

在后勤工程学、综合工程学中，对寿命周期费用的论述已很多，但寿命周期费用只反映了设备上的支出，却没有反映设备上的收益。后来的研究又引入了寿命周期利润的概念。图4.4-2可以粗略地反映出设备整个寿命周期的成本、收益和利润结构。从图4.4-2可以看出，设备寿命周期内的费用有初期的投入（设置费）、使用期日常运行和维修成本。而由于六大损失和其他非计划停机的外部因素影响，又造成了未能实现的收入损失。这些因素既涉及设备的前期管理，又涉及现场的日常管理、维修管理等诸方面。图中利润的起伏和维修费用的局部上升代表了大检修停机和换件的影响。

3. 次宏观：经济分析

企业利润是由收入与成本之差决定的。企业效益最大化就是利润最大化和成本最小化。影响企业利润的诸多因素中，有很多项与设备管理直接或间接相关。

4. 宏观：设备的广义输出

从广义上讲，设备的输入内容是材料、能源和人员，而输出的是产量、质量、成本、交货期、安全/环保、劳动情绪。广义输出中的六项内容中，有三项直接创造企业的有形资产，即产量、质量和成本；有四项创造着企业的无形资产，即质量（美

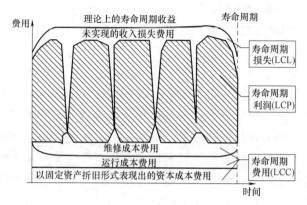

图 4.4-2 寿命周期效益的概念

誉)、交货期（信誉)、安全/环保（社会效益)、劳动情绪（精神面貌)。

以上四个方面，从微观到宏观说明：设备管理创造生产力是毋庸置疑的。企业对此越早认识、认识越深刻，越有利于从被动的设备管理转变为主动的设备管理。要把设备管理当作企业管理的重要方面去研究、开发、设计和策划。

七、设备管理重组再造

1. 学习国外先进技术

几十年来，我国的设备管理一直在跟着外国人的脚步走。解放初期，我们学习苏联的计划预修体制。时至今日，一些企业仍沿用了苏联的大、中、小修方式管理设备。改革开放以来，后勤工程学、综合工程学、全员生产维修（TPM）以及状态维修等方式先后传入我国。我国企业广泛吸纳国外先进管理方式，提出了设备综合管理的思路，但始终没有形成真正独具特色的管理方式。

2. 到了思考和创新的时代

纵观国内外企业，有的寿命短至两三年，有的长至十年就走过了生长、快速生长、缓慢生长直至消亡的道路，称之为生长极限。企业生长的轨迹像一条西格玛曲线，而这一过程与人的成长过程相似。企业生长极限是较普遍的规律，但并不是必然规律。之所以大多数企业终要走入生长的极限，是因为在企业高速成长乃至成功之后，随着市场的变化、竞争的加剧，企业的工艺逐渐落后、设备日益陈旧、产品日益老化、成本相对上升。同时，企业内部结构膨胀臃肿、内耗成本增加、管理反应迟钝以及人员慢慢滋生腐败，这一切也就预示着企业的失败和灭亡。企业要继续成长，必须脱离原来的轨迹，在进入缓慢成长期后，要及时进行重组再造、脱胎换骨改革。不是循着原来的轨迹，而要重新画一条西格玛曲线。这一重组再造的过程有阻力、有压力、有困难、有风险，往往让企业的领导难下决心，而这也往往酿就了失败的命运。企业生长极限与再生产如图 4.4-3 所示。

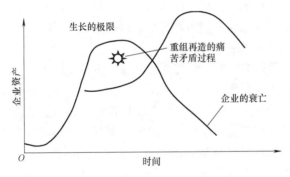

图 4.4-3　企业生长极限与再生长

企业的生长极限与设备管理的生长轨迹十分相似，而且息息相关。因为设备的陈旧、设备有形和无形磨损的严重、设备管理的落后，都使设备能力走到了生长的极限。对企业来讲，这就意味着生产成本居高不下、产品落后、质量低劣、竞争力和价格下滑。在生长的极限，设备管理的重组再造与企业的重组再造同等重要，而且已成为其重要的组成部分。

我国企业已有不少进入了缓慢生长期或走到了成长的极限，企业的重组再造势在必行，设备管理的重组再造也势在必行，看企业是否认识到这一点，有没有否定自己，脱胎换骨的决心。

3. 从改变心智模式做起

什么是心智模式？心智模式是人们思考问题的习惯、轨迹和思路。一头马戏团里的小象，每演完节目都被拴在外面的柱子上。十几年后，小象长成了大象，演完节目仍然被拴在柱子上，细细的绳子和柱子根本拴不住这头力拔千钧的大象，实际上拴住的是它的心智模式。人也有自我束缚的心智模式，人的心智模式总是受到以往的经验、教训、规则、传统、教条的影响。成功的企业家更难改变原来的心智模式。一家公司新上任的经理在就职演说中说："到目前为止，我们企业一直运行得很成功，成绩斐然，如果大家希望它继续成功发展，就要彻底改变我们以往的结构和做法。"他的话大多数人都不理解。但是他预见了企业已进入了成长的极限，做出了改革的决策。所以，企业和设备管理的重组再造要从改变人们的心智模式做起。

4. 重组再造需要系统思考

重组再造有风险，就需要更系统、更周密的思考。企业重组再造的组织扁平化、管理重心下移、全员参与等内容在设备管理中都要进行适应性的再设计，但要跳出局部，进行系统综合。系统思考就是要避免顾此失彼，避免延迟到来的负反馈作用。过去我们习惯于解析、分析式的思索，但往往忘记综合系统性的思索。系统的思索就是在一面大镜子里看自己；而分析、解析式的思索是把大镜子摔成了碎片，即使再把它们拼起来，看到的也不是完整的镜子里的内容。

八、走自己的路

在设备管理领域，日本学习美国的生产维修（PM），后来创造了全员生产维修（TPM）。我国不少企业喜欢日本的 TPM，也学了不少年，但总是学不好，问题出了不少。为什么？因为国情不同，风土人情不同，企业文化也不同，所以总是学不好。

我国已经成为世界第二大经济体，我国的创新才刚刚起步，不仅要有产品创新，管理模式也要创新。鸡寒上树，鸭寒下水。中国人创造自己设备管理模式的时代到来了。

第五节 合同化维修价格生成体系

虽然合同化维修日益普遍,但其价格的定位始终缺乏依据。一方面是承包单位的漫天要价,另一方面是发包单位的坐地还价。价格是由市场这只无形的手来最后决定的,为了规范承包单位的报价,厘清发包单位对外包价格的认识,本书做了如下的价格生成体系研究,仅供上述双方参考。

一、总体思想描述

目前企业合同化维修的价格体系不规范,报价依据不统一,有一定随意性,常常会出现甲乙双方估价差异巨大的情况。一般维修部门以本部门付出的技术和劳动能否获利为出发点来制定价格,在技术专有的情况下,可能会有暴利倾向;另一方面,作为委托维修方,往往要从自身设备的残值、维修部件的重要度、设备维修利用的价值、维修价格的可接受性等方面评估维修价格。为了综合和模拟各个方面的价格制定思路和逻辑,以价格成本构成和残值估计法分别生成不同价格,作为生成价格的上下限;同时引入了价格的自学习算法,以期通过一个个实际确认的合同价格,来修正原来生成的上下限,使价格生成系统不断适应市场实际,根据市场、通货膨胀和浮动变化进行修正和调节。

二、价格的生成

1. 以成本构成法生成第一个价格(承包企业的角度)

价格 $1 = P_1 = (C_M + C_F + C_O + H_P C_H)/(1-R_A)/(1-R_B)/(1-R_T)$

式中 C_M——原材料、备件成本;

C_F——维修工具、仪器设施折旧成本;

C_O——气、水、能源消耗成本;

H_P——诊断与维修工时估计;

C_H——单位维修工时劳动技术报酬;

R_A——管理费率;

R_B——利润率。

R_T——税率;

2. 以残值估计法计算第二个价格（发包企业的角度）

$$价格2 = P_{II} = V_R T_I E_K D_M$$

式中 V_R——设备残值；

T_I——维修部件的重要度比例（0~1），即维修部件在整个设备所占的价值比，如 0.25 即表示所维修部件价值占设备总价值的 1/4；

E_K——设备在生产系统或流程中的关键程度（0.8~1.2），其中 0.8 代表不关键，0.9 代表一般，1 代表关键，1.1 代表很关键，1.2 代表十分关键；

D_M——维修难度系数（0.8~1.2），以企业经验来评估维修的技术难度、独特性和专有性，其中 0.8 代表不难，0.9 代表一般，1 代表较难，1.1 代表很难，1.2 代表十分难。

3. 价格上下限的生成

取 $A = \min\{P_I, P_{II}\}$，$B = \max\{P_I, P_{II}\}$，则得到下一次生成价格下限为 A，上限为 B，即为区间 $[A, B]$。

4. 自学习流程

1) 设 P_1 为第一次合同维修实际价格，则

$$\alpha_1 = P_I/P_1 \quad \beta_1 = P_{II}/P_1$$

令 $\alpha = \alpha_1$，$\beta = \beta_1$，则令 $A = \min\{\alpha P_I, \beta P_{II}\}$，$B = \max\{\alpha P_I, \beta P_{II}\}$，于是得到下一次生成价格下限为 A，上限为 B，即为区间 $[A, B]$。

2) 设 P_2 为第二次合同维修实际价格，则

$$\alpha_2 = P_I/P_2 \quad \beta_2 = P_{II}/P_2$$

令 $\alpha = 0.4\alpha_1 + 0.6\alpha_2$，$\beta = 0.4\beta_1 + 0.6\beta_2$，则令 $A = \min\{\alpha P_I, \beta P_{II}\}$，$B = \max\{\alpha P_I, \beta P_{II}\}$，于是得到第三次生成价格下限为 A，上限为 B，即为区间 $[A, B]$。

3) 设 P_3 为第三次合同维修实际价格，则

$$\alpha_3 = P_I/P_3 \quad \beta_3 = P_{II}/P_3$$

令 $\alpha = 0.2\alpha_1 + 0.3\alpha_2 + 0.5\alpha_3$，$\beta = 0.2\beta_1 + 0.3\beta_2 + 0.5\beta_3$，则令

$A=\min\{\alpha P_{\text{I}},\ \beta P_{\text{II}}\}$,$B=\max\{\alpha P_{\text{I}},\ \beta P_{\text{II}}\}$,于是得到第四次生成价格下限为 A,上限为 B,即为区间 $[A, B]$。

4)设 P_4 为第四次合同维修实际价格,则

$$\alpha_4 = P_{\text{I}}/P_4 \quad \beta_4 = P_{\text{II}}/P_4$$

令 $\alpha=0.2\alpha_2+0.3\alpha_3+0.5\alpha_4$,$\beta=0.2\beta_2+0.3\beta_3+0.5\beta_4$,则令 $A=\min\{\alpha P_{\text{I}},\ \beta P_{\text{II}}\}$,$B=\max\{\alpha P_{\text{I}},\ \beta P_{\text{II}}\}$,于是得到下一次生成价格下限为 A,上限为 B,即为区间 $[A, B]$。

依此类推,每次均以前三次的生成价格和实际价格为参考值,生成新的上下限。这样可以根据市场因素不断调整价格上下限,达到自学习的目的。

上述算法可以简化为以上次实测价格为中值。1/2 区间值展开为新的区间,得到新的价格区间上下限。将上述算法编成软件,每次输入实际价格,就会自动算出下次报价上下限。

当新合同与旧合同的相隔时间较长时,因为设备的折旧、工时、价格等因素会发生变化,应该重新进行 P_{I}、P_{II} 评价,然后又重新开始新一轮上下限的生成和自学习过程。

当然,上述报价体系既可以供检修承包单位使用,也可以供发包单位使用,均可以作为一个参考报价,而非最终的市场报价。这一报价体系是为了避免无依据的报价,从技术经济的角度让企业蒙受无谓损失。

第六节　设备工作会议管理

管理大师彼得·德鲁克(Peter F. Drucker)说过:"一个结构设计臻于理想的组织,应该没有任何会议……原则上,一位管理者的时间,绝不能让开会占用太多。会议太多,表示职位结构不当,也表示单位设置不当。会议太多,表示本应由一个职位或一个单位做的工作,分散到几个职位或单位去了。同时表示职责混乱,以及未能将信息传送给需要信息的人员。"

企业会议成灾,会议已变成工作效率的主要制约。设备工作会议尤其频繁,因为在企业里,没有多少事与设备无关:抓质量

会想到设备，抓生产更离不开设备，抓安全设备也跑不了。设备工作会议的有效管理变成当务之急。本节主要论述设备会议的分类、特征分析、效率量化、提高效率的途径、会议技巧及会议系统管理，以求抛砖引玉，使管理者认识到减少会议、使会议更有效率也是企业科学管理的一部分，要尊重他人的时间和生命，从而人人重视会议的效率，努力提高会议效率，积极管理好会议，进一步提高整体工作效率。

不少企业主管设备管理工作的老总或部长、处长说："我的工作主要是开会""我工资的80%是开会挣来的"。有的人一天"身兼数会"，经常在同一时间有几个会要开，只好择"优"参加。为了不让某些会议的主持者失望，或误解本部门对其主持的工作不重视，即使本人实在无法脱身赴会，也要派个代表参加。有些部门甚至调侃要设立专司开会的副职。减少会议、解决开会问题，成为企业提高管理效率最迫切也是最有挖潜空间的领域。

企业会多，不只是设备方面的会议多，其实涉及各个工作面。本节的研究重点在于设备会议，目的是通过分析研究，首先解决好设备管理系统的问题，然后由此及彼，进一步影响其他工作面，带动整个企业工作效率的提升。

一、设备工作会议的分类

从宏观上分类，设备工作会议可分为以下类型：

1. 自上而下的信息传达会议

例如，设备管理条例、政策法规、工作计划和任务的传达和布置，设备管理集体、个人的表彰，某一管理模式（如 TnPM）的启动、推广等。为了讨论方便，把这类会议称为Ⅰ型会议。

2. 自下而上的信息收集会议

例如，对设备管理某一法规的意见征求，对设备事故或故障现场目击者的情况调查、部门向上级领导的工作汇报等。把这类会议称为Ⅱ型会议。

3. 信息交流会议

例如，设备选型研究决策，设备故障分析研究，设备管理规章、规范研讨,设备管理经验交流等。把这类会议称为Ⅲ型会议。

二、设备工作会议特性分析和效率量化

不同类型会议,其主要特点如下:

1. Ⅰ型会议

由一个或分别由多个发言人向全体与会者传达信息。会议效率指数为

$$E = RC$$

式中　E——会议效率指数;

　　　R——会议议题的关注度,即会议的内容是否为与会者所关心,是否属于他们所涉及的工作领域;

　　　C——会议的控制度,表示会议发言人或主持者对与会者注意力的控制和调动程度,反映发言人语言的幽默和简洁、逻辑思路和推理的清晰、主题的突出等。

$$R \in [0, 1] \quad C \in [0, 1]$$

2. Ⅱ型会议

由一个或多个人主持,主持人提问,与会者回答,或是与会者主动向主持人报告信息。这样的会议往往仅对主持人有效,会议效率指数为

$$E = (n/N)CP$$

式中　n——主持人个数;

　　　N——与会者总人数,N 做分母说明这样的会议与会者人数越多,效率越低,当一个人汇报时,对主持人以外的其他人一般是无效的;

　　　C——主持人对会议的控制和调动程度,包括对主题的引导、对偏离主题情况的纠正;

　　　P——与会者对会议议题的准备和熟悉程度,与会者对会议内容越熟悉、越有准备,则会议的效率越高。

$$C \in [0, 1] \quad P \in [0, 1]$$

3. Ⅲ型会议

由一个或多个人主持,全体与会者就会议的议题发言、讨论,进行充分的信息交流。会议效率指数为

$$E = CPD$$

式中　C——主持人对会议的控制和调动程度,包括对主题的引导、对偏离主题情况的纠正;

　　　P——与会者对会议议题的准备和熟悉程度;

　　　D——主持人汇总意见,做出结论的能力。

$$C \in [0,1] \; P \in [0,1] \; D \in [0,1]$$

三、提高设备会议效率的途径

1. Ⅰ型会议

效率高低一方面取决于会议议题和与会者的相关程度,另一方面取决于会议主持人或发言人的演讲能力。召开这一类型的会议,首先要准确确定与会者的范围。要树立"珍惜他人时间,也就是珍惜他人生命"的意识,让无关者参加会议,就是对这些人时间和生命的不尊重。其次,发言人要对所讲的题目做充分准备,发言内容紧扣主题。有的发言人喜欢长篇大论,一讲起话来就滔滔不绝,常常会离题万里,还自以为别人都挺爱听;有的发言人把下面的听众都讲得睡着了,还不察言观色,赶快收场;有的发言人靠指责听讲人、维持会场秩序等方式来控制会议。这里所说的对会议的调动、控制,是指发言人自己通过生动的表达、幽默的语言和紧扣主题的逻辑演绎来传达会议的主题,而非对会场表面秩序的维持。与会者听会的态度和表现是发言人的一面镜子。如果会场乱哄哄,一般反映出演讲内容的枯燥乏味。这类会议是一种单向的信息传递,其实可以采用其他方式进行,如通过看板宣传、电子显示牌发布、企业网上发布或企业报纸、杂志传达等媒体传递方式来达到目标。可开可不开的此类会议,尽可能不开。

另外,在全体会议不方便的情况下,可以采用分层级方式传达。不过由于各级传达者的素质不同、理解不一,容易转移或分

散会议主题，降低会议效率。这种方式只在不得已时才采用。

2. Ⅱ型会议

这是最低效率的一类会议，会议一般对主持人有效而对与会者无效，与会者越多，会议的总体效率越低。因为，当其中一个与会者发言时，其他人是在浪费时间。因此，我们主张尽量减少或者取消这类会议。把需要开会解决的问题改为走动式；现场办公管理形式；把集中汇报改为分散汇报，多人走动改为一人走动。对非开不可的会议，要在1~2周之前发出会议通知，清楚地写明会议内容，限定发言时间，要求与会者做好充分准备。还可以将整个会议的时间合理分配，与会者可以按不同时间到达，发言后即可离开。这样可使会议效率大大提高。会议主持人如何控制会议发言，使之不偏离主题，掌握好每个发言人的时间和节奏，最有效地获取信息，也是提高会议效率不可缺少的环节。

3. Ⅲ型会议

这是用来解决问题和发挥集体智慧、体现民主集中的会议。因此，这是最值得开的一类会议，但也是很难开好的一类会议。值得开并不等于要经常开。只有那些真正需要集体讨论才能确定，而又是工作中急需解决的问题，才应该召开这类会议。例如，设备重要故障会诊和处理、设备管理重要策略的实施决策等。说"很难开好"是因为这类会议的成败及问题解决程度，取决于会议前的准备情况和会议主持的主持能力。

这类会议应尽可能做到提前通知，让与会者有时间做充分的技术、信息准备。另一方面，会议主持人要善于引导，让会议的讨论紧扣议题。同时，主持人还应注意控制发言人的时间和节奏，给每个与会者发言的机会，对有创建性的发言给予充分表达的环境。

主持人应鼓励不同见解，允许适当争论，但对违反规则的人身攻击应及时制止。主持人还应对争论加以引导，因为工作会议不是正反方努力以言辞压倒对方的辩论比赛。在双方争论过程中，主持人要仔细倾听、敏捷思索，迅速找出症结，让辩论转化成深度会谈,让争论变为结论。这是很考验主持人能力的会议。从这种意义上讲,这是一类很难开好的会议。

四、设备工作会议技巧

1. 设备工作计划研究会议

会议目标:形成设备系统工作计划框架。

会议技巧:会议一般由从事设备管理的主管领导主持,中层领导和骨干参加。会议应该是在各下属部门已完成自己部门计划构想、形成部门计划初步意见的基础上召开,设备系统主管领导至少应对本系统的工作计划有一个粗略设想。通过会议的讨论研究,汇总各下属部门的意见,最后形成设备系统的总计划框架。开会之前,要通知每个职能部门领导做好准备。主持人要把握和引导与会者专注于关键点的讨论,如计划的目标、创新的内容、主要的举措等。还要认真记录发言人的发言要点,以便修改并形成全系统的工作计划。设备工作计划是在会议之后,由主管领导交由秘书起草、审阅、修改完成的。完成后的计划应征求各部门的意见,再进行微小修改。征求意见与部门计划的布置可以结合起来进行。部门计划应该是在系统计划的基础上最后完成的。部门的目标应与总系统的目标相吻合。

2. 某种先进设备管理模式的推广、动员会议

会议目标:让先进管理模式深入人心,取得与会者的广泛认同和重视。

企业推广某种先进设备管理模式,首先应在干部和骨干的范围内取得共识,得到他们的支持和认同。开始推广就要召开全体员工参加的推广动员大会。动员大会最好由企业的最高领导做动员报告,由熟悉先进管理模式的专家以深入浅出的形式讲解模式的主旨,让广大员工了解和认同这种先进管理方法。请主导人员部署工作计划,还应请不同层面的职工代表表示决心。动员大会要造出相应的气势,要注重会议的宣传、会场的布置、气氛的烘托、形式的生动。必要时请企业的协作单位和客户参加,以证明领导推广的决心。会后最好安排现场参观、演示。动员大会仅仅

是工作的开始,接着要在组织上落实(成立专职、兼职的机构),制订推广主计划、实施计划以及检查评估体系。

3. 设备故障诊断会议

会议目标:得到正确的故障诊断结论和可行的解决办法。

设备故障诊断会议是设备故障管理和制定维修方案的基础。首先应选择合适的参加人员。建议由维修主管牵头,请有经验的维修技术人员、故障现场的操作人员、诊断技术人员参加。此会议类似医生会诊,会前准备要充分,包括提前通知会议内容、安排设备解体、准备图样和技术说明文件等。充分的准备等于完成了会议任务的一多半。诊断会议不是猜测会议,只有对故障的表征有充分了解,才可能有正确诊断的结论。诊断讨论中允许假设,但必须对假设进行验证。开不下去的会不硬开,宁可再做准备后再开,以解决问题为准。诊断的过程可遵循阶段1—问题1—假设—验证—结论1—阶段2—问题2—假设—验证—结论2—阶段3—问题3—假设—验证—结论3……直到找到满意的答案这样的逻辑思路进行。

这类会议最好要有主讲人,采用照片、图标的演示稿对故障分析结论加以佐证。如果能够在故障设备现场进行,就更加直观。会议要聚焦问题,找出可行的解决办法,减少或者避免东拉西扯和无结论的情况发生。

4. 现场改进和难题攻关会议

会议目标:集思广益,克服难点,有力推进工作。

以维修或生产班组为细胞的小组活动,经常要对生产现场和工作中的难题进行攻关。这类会议就是要开拓全体人员的思路。会议可采取头脑风暴方法,鼓励大家异想天开,人人出点子,越多越好。主持人在大家充分开动脑筋、发表不同见解的基础上,聚焦关键点,依赖集体智慧把解决难题的方案提炼出来,再组织大家研究具体实施工作流程。实施中遇到困难,再开会讨论,研究解决方案,直到问题得到根本解决、阶段目标实现为止。

5. 工作部署会议

会议目标：使人人明确自己的工作任务、要求、如何完成和完成时间。

工作部署会议的主角是主持人。主持人在会议前应界定好任务分工，制定完成的时间表，达到的目标要求。在会上，主持人清楚明确地把事先定好的工作分工布置下去，然后给与会者一定的时间提出问题。对与会者不清楚的地方，主持人一一给予明确解答，直到所有人员对工作部署没有疑义为止。

在部署工作时，主持人还应对每项工作的难点、注意事项及相应的方法加以介绍，部署也是指导；同时要指出需要不同部门相互配合协调的内容，这一点是会议的核心。否则，就不如领导直接到各部门直接部署，而没必要召开会议。

对与会者而言，工作部署会议是学习的课程。与会者可以通过会议了解本部门在大系统中的作用和地位，了解本部门需要与兄弟部门配合接口的内容。

部署工作后，还要把相应的任务日程表发给每个人，上面清楚注明任务内容、完成人、完成时间、达到目标等项目。规范、目标和数字是现代企业管理的三大要素。任务部署之后，检查、评估和奖励是必不可少的环节，如此才能完成管理闭环。

五、会议系统管理

会议系统管理是指整个系统的会议召开与否的决策，对会议内容、时间、地点、主持人安排、冲突排除和调度、会议通知发布等项目的管理。不少企业常常发生会议相撞的情况，就是因为在这个组织中各自为政、会出多头。例如，主管设备的厂长要召开设备会，研究主生产线上关键设备故障处理问题；主管环保和安全的厂长要紧急传达治理污染的文件；主管生产的厂长正为这个月不能完成生产计划而焦急，要召开生产会议，以确保本月任务的完成……似乎谁都有理由召开会议，下边的生产现场忙于应付这大大小小、林林总总的会议，就像一个针眼，有七八根线同时往里穿，结果哪根线也穿不进去。面对这些冲突，就要在组织

结构上建立会议系统管理机制,设立会议管理秘书(可以兼职,但这一功能不可缺少)。这个机制的主要作用为:

1)建立会议申请制度。会议申请可以是书面、口头、电子邮件等不同方式。其内容应该包括会议主题、目的、与会者、规模、对会场音响投影设施的要求、要求召开的时间范围等。

2)按照"会议有效"的原则,对提出申请的会议进行分类和筛选,凡是可开可不开的会议就取消。对于那些可以用其他更有效管理模式取代的会议,建立会议申请者改用另一种方式来达到其管理目标。会议秘书将筛选情况向主管领导汇报并获得认同,然后转达给申请人。

3)按照"阶段工作重点"的原则对筛选后的会议排序。凡是最重要、最紧急的会议排在前面,其余会议顺序后排。同时,要与主持人、与会者沟通,将会议安排在与大多数参加会议人员的工作时间表最少冲突的时段,并报主管领导认同。

4)做好一个月内或周内的会议日程表并发布给有关部门,每周末确认一周的会议日程表,并将确认的周会议日程表发布给有关部门。

5)对于那些重要的Ⅱ型、Ⅲ型会议,要提前通知与会者有关会议的内容,要求与会者做好充分准备。

表4.6-1给出一个企业设备处周会议日程的例子供参考,企业可在此基础上制作更好的管理表格。

表4.6-1 企业设备管理处周会议日程安排

日期	8-15	8-17	8-18	8-20	8-20
时段	8:30—10:00	14:00—16:00	9:00—10:00	9:00—10:00	9:30—10:30
会议主题 与会者	处务会议研究科室合并问题	MK95故障诊断	贯彻维修标准	动力改造方案确定	PROTOS安装总结
处长	☆				
副处长	☆				

（续）

日期	8-15	8-17	8-18	8-20	8-20
时段	8:30—10:00	14:00—16:00	9:00—10:00	9:00—10:00	9:30—10:30
会议主题 / 与会者	处务会议研究科室合并问题	MK95故障诊断	贯彻维修标准	动力改造方案确定	PROTOS安装总结
秘书	☆				
设备科长	☆	☆	☆		☆
设备科全体		王里明高工			刘佳工程师
备件科长	☆				
备件科全体					
技改科长	☆			☆	
技改科全体				技改项目组	
动力科长	☆			☆	
动力科全体				李晓高工	
维修车间主任	☆		☆		
维修车间全体			☆		
一车间维修组长		☆	☆		
一车间维修组全体		☆	☆		
二车间维修组长			☆		☆
二车间维修组全体			☆		
三车间维修组长			☆		
三车间维修组全体	☆		☆		
会议主持人	赵黎明	王积瑶	刘为民	张可用	苏一兵
会议地点	处会议室	维修会议室	维修会议室	处会议室	维修会议室

注：☆说明与左表头一致。

以上设备工作会议管理系统完全可以通过计算机网络、编制软件来实现，这样可以使会议管理更有效、更规范。

六、结语

本节讨论的是虽然设备工作会议的管理问题，但其总体思想可以应用于整个企业的会议管理系统。千万不要小看会议管理的作用。既然众多企业都淹没在"文山会海"之中，既然不少工作都是通过会议来完成的，管理好会议可是"四两拨千斤"的大事。

第七节 流程工业设备的组合维修策略

国际制造业的重心逐渐转移到我国，越来越多的连续制造流程建立起来，流程工业设备维修管理变得日益重要。笔者在进行了大量企业调研的基础上，结合国际先进的管理理念，提出流程工业设备的组合维修模式设计方案。这一设计的实施将提升流程设备的综合效率，极大限度地保证生产稳定和流畅运行，降低综合费用损失。

一、流程工业设备的主要特点

流程工业设备的特点很多，除了工艺、物流等，仅就设备维修管理而言，流程设备具有以下特点：

1）设备最薄弱环节的能力就代表全流程的能力。流程设备就像是一根首尾相接的链条，而最细一环的强度就代表了整根链条的强度。对于流程而言，某一最薄弱环节的生产状况，包括产能、稳定性、质量、故障停机、MTBF、OEE等指标，就决定了全流程的能力。

2）流程各系统、线段的配合影响着全流程效率的发挥。流程是由一个个子系统组合而成的系统，各子系统的配合是否默契，决定着整个流程效率的发挥。

3）局部停机导致全线停机。流程的最主要特征是某一局部停机会导致全线停机。从胶片、造纸、卷烟、连铸连轧的轧钢设备，到反应介质流动的石油、化工设备，局部停机就意味着上、下游在制品的积压或短缺，迫使全线停机。即使是由各环节的单机与劳动力密集型的加工、装配线段连接起来的准流程，局部故障也会造成全线停机或全线放缓运行。

4）停机的经济损失严重。流程设备停机一般会造成严重的经济损失。有的流程停机 1h，损失高达几百万元。这种损失主要由丢失的产量、材料、能源以及人工浪费构成。停机后的抢修又发生备件、材料及维修工时成本。停机还可能使交货期延迟，造成企业信誉损失。化工反应、冶金熔炼设备等停机，往往会造成大量在用材料、能源的浪费和重新起动工时的浪费。

5）运行中的流程无法停机排除小故障隐患。流程设备在运行中，局部小故障隐患即使被发现，因不能停机而无法排除。只要此故障隐患不会造成质量、成本、安全等严重后果，或者短时间内不会造成全线停机，设备"带病"运行是被允许的，也是企业里常见的状况。

二、流程设备的组合维修模式设计

为了把流程设备的停机减少到最低限度，结合多数流程现场实际，给出以下设计方案：

1. 运用"机会维修"概念，组织生产淡季和节假日保养、检修

所谓的"机会维修"，即不拘泥原来的维修计划，充分利用节、假日进行"红班"维修，或者利用生产淡季等待计划排产的空隙，进行全流程的检修和保养，使设备进入完好待命状态。设备管理部门在有规律的生产淡季或节假日到来之前，就要做好检修保养的组织准备和后勤安排，使"机会维修"顺利实施。例如，卷烟生产企业常常利用 7、8 月份天气潮湿闷热、卷烟市场清淡之时，进行全厂设备检修。多数企业利用"五一""十一"和元旦、春节等长假安排检修设备，都属于"机会维修"。

2. 应用设备检测技术，做好预测维修、状态维修

对适于振动监测、红外监测或油液分析诊断的流程设备，要积极引进这些先进手段和技术，及时预测隐患，把故障排除在潜在状态。这些技术引进的成本与故障停机损失相比常常是微不足

道的。一些企业把状态监测和人工巡回点检结合起来，收到更好的效果。状态维修可以减少非计划停机，避免故障的连锁反应或多米诺骨牌现象，把损失降到最低。

3. 通过"总成"替换，降低全线停机机时

所谓的"总成"又称组件、部件，即构成设备局部、相对独立、可以整体快速拆装的部件。一些流程设备一旦停机，实施在线维修，往往因为位置不便、工况恶劣或者维修难度较大、停机维修时间较长，造成全线停机等待。一些企业的做法是将损坏的"总成"拆下，换上一个正常的"总成"。然后再对损坏的"总成"进行从容的修理。这样可以大大减少全线停机损失，同时还可以使损坏的"总成"得到精细、彻底的修复。虽然以"总成"为单元的备件储存占有流动资金较多，但与生产停机损失相比，也许是合算的。流程停机单位时间的损失越大，"总成"备件存储和替换维修方式就越经济。在实际操作上，不同的停机损失和不同的"总成"备件费用，应有不同的最佳"总成"储备水平或配置。"总成"储备水平与"总成"本身价格及停机生产损失大小直接相关，这一状况如图 4.7-1 所示。显然，不同流程的最佳总成储备水平应该有所不同。

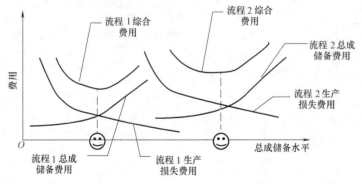

图 4.7-1　不同生产损失与总成费用的最佳储备水平

实施"总成"维修的另一个条件是维修技术和维修队伍、人员培训。精良的维修技术、稳定的维修队伍是实施这一策略的

基础。

4. 同步检修——流程内部的"机会维修"策略

所谓的同步检修,就是当流程某一局部进行停机检修、保养时,全流程各线段全部进入保养、检修状态。这样,局部检修的时间可以得到充分利用,使维护功能得到最大限度的发挥。钢铁行业实施多年的同步检修就是流程内部的"机会维修"。

同步检修的实施依赖于全员参与维修、保养活动的意识和规范。流程中停机检修的关键线段需要集中主要维修力量,进行高效处理解决。其他部分的检修力量可能相对薄弱,甚至出现检修空缺。因此,全员参与、维修技术和普及、淡化边界的分工协作就显得十分重要。

5. 实施"批处理",扩大同步检修战果

"批处理"是一个计算机术语,即同时整批处理某类问题。这里是指在同步检修期间对各线段所有遗留问题、故障隐患进行集中、批量解决。"批处理"的管理依赖于日常点检中的"批处理"隐患发现和反馈表,其形式见表 4.7-1。

表 4.7-1 "批处理"隐患发现和反馈表

流程部位名称:									
日期	设备部件	故障隐患描述	预测后果	点检人	处理结果	处理方式	处理日期	处理人	遗留未处理理由
审核			批处理日期		备注:每次批处理后应更换新表,这次未处理的隐患应转填入新表				

通过以上方式的管理,可以在同步检修期间,在对重点线段检修的同时,处理和解决日常点检中发现、已经记录在案但无暇或者不便处理的所有小故障隐患。

6. 统计停机对利用率的影响,按照主次图把握检修重点

企业平时应做好各线段原因造成的停机机时统计,依据各线段停机对利用率的影响大小排序,画出主次图。今后应该把主要检修力量和保养重心放到对流程利用率影响最大的前两位线段或部分设备上,遵循帕累托80/20分布率规则,尽最大努力减少这些部位的故障停机,这样整个流程停机损失就会明显降低。

三、策略的组合逻辑框架

按照以上所述维修模式组合设计,流程设备维修管理的总体框架如图4.7-2所示。

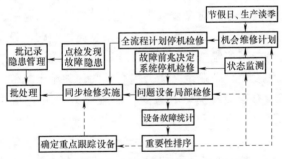

图4.7-2 流程设备维修管理总体框架

第八节 建立和完善我国的维修工程教育体系

为了我21世纪的维修事业,1997年11月10—12日,在广州召开的"广州1997年设备维修与管理国际会议"上,由广州大学提出的"维修——中国教育的紧迫课题"引起了与会者的广泛关注。中国设备管理协会会长、国际会议大会主席马仪,在会议期间邀请有关专家召开专题会议,对此进行论证和研讨。

1996年5月在丹麦召开的欧洲维修团体联盟国际会议上,

瑞士维修协会主席沃尔特先生把他的报告冠以醒目的标题《培训—培训—培训》，呼吁国际社会对维修工程教育的重视。可见，首先从维修领域开始，维修工程教育问题逐渐成为全世界工业界乃至教育界关注的热点。笔者根据自己建立维修工程学科的多年实践探索，阐述对这个问题的观点。

一、建立维修工程学科是工业发展的需要

当代工业发展的一个重要标志就是设备的技术进步。人类的发明和研究成果，多数都物化为具体的设备，包括科学研究设备、生产设备、办公设备、家用设备、医疗设备等。设备已成为当代各种先进科学技术的荟萃。而且，随着社会的技术进步，设备也不断朝着大型化、精密化、自动化、流程化、计算机化、智能化、环保化、超小型化（纳米技术）、柔性化、技术综合化和功能多样化等不同方向发展。随着设备复杂系数的不断提高，设备的操作日益简单，对操作人员的技术、技艺要求越来越低，而对维修人员的技术、知识水平要求越来越高。当代的设备维修已经使传统概念下的维修工难以胜任。国内外的统计资料表明，近十年工业的发展，企业生产能力提高了几倍甚至十几倍，设备操作人员却没有增加甚至略有减少，而维修人员（包括为企业服务的外部维修人员）却不断增加。

为了建立起适应企业发展的维修工程教育体系，笔者曾在珠江三角洲地区的各类企业中做过调查，发现有的企业根本没有维修概念；有些企业家仅仅知道一味使用新设备赚取利润，却毫无设备故障准备，甚至一些设备的英文说明书都未开封，一旦发生故障停机则束手无策，企业要为此付出沉重的代价；有的企业仍沿用在当今俄罗斯等国都已废弃的苏联的维修体系；有的企业则根本谈不上维修组织，顶多配备了几个维修人员而已……在调查中发现，越是生产迅速发展的企业，越重视科学维修体系的建立。这是因为一般设备使用 5~8 年就不同程度地进入老化、耗损和故障多发期，设备的问题使企业的管理者深有感触，因而对设备维修的重要性有了感性认识；另一方面，随着企业管理水平

的提高和管理者的成熟，对设备维修也有了更高层次的认识。无论企业处于何种设备维修状态，都明显存在维修和设备管理人员的不足。即使是从事维修和设备管理的人员，也基本上是机械、电气、仪表等方面的专业人员改行的。不少设备发生故障，不得不从国外的设备生产厂请来工程师进行维修，既影响生产，又要为此付出昂贵的费用。近十年来，整个珠江三角洲地区引进各种生产线、流水线几千条，高级自动化设备成千上万台套，企业急需了解设备性能、懂得维护保养、熟悉故障诊断、驾驭设备维修决策和维修技术的专门人才。

珠江三角洲是我国改革开放的前沿，也是我国发展较早的地区。这个地区的设备维修状况告诉我们，广东省乃至全国都不同程度地存在这样的事实：设备的技术进步大大地超前于人才的技术进步，先进设备和落后维修队伍的矛盾十分突出。工业的发展、社会的发展都迫切需要设备维修人才。

二、维修工程有其独特的学科特点和教育规律

维修工程学科与一般工程学科相比，有其自身的特点，这是其他工程学科难以包容和覆盖的。其主要特征如下：

1）为适应当代设备的复杂性、综合性等特点，维修工程技术学科应包含更广泛的物理、化学、机械、电气及电子方面的知识。其知识结构应该精泛并举、以泛为主。

2）维修工程技术学科应该让学生了解一些专门的设计知识，如机械设计、电路设计等，但不必求精，因为他们将来主要不是设计者；应尽可能给予他们设备结构和原理方面的知识，以便培养他们成为维修工程师。

3）维修工程技术学科应突出以下四方面的知识模块：设备结构、故障诊断、维修技术和维修管理。这就如同医学强调人体（器官）结构、疾病诊断、治疗和预防一样。

4）与一般工程学科相比，维修工程学科应更强调实践环节的作用。这也像医学强调临床实践一样。

5）维修工程技术学科应该更具有动态、可调特征。工业飞速发展，设备不断进步，这就要求维修工程的知识不断吐故纳新，以适应这种发展趋势。知识更新的周期最好能够跟上设备进步的节拍，以 3~8 年为好。

维修工程也被称为设备的保健工作，与医学有很多类似之处，但由于研究对象不同，这两个学科又存在不小的差异。医学的研究对象比较单一，"人"是永恒的主题。然而"人"是比任何设备都复杂的研究对象，对"人"的研究将贯穿整个人类的历史和未来。维修工程的研究对象是设备。设备虽然没有"人"复杂，而其外延十分广泛，而且其发展和进步的速度大大超过"人"机体的进化。由此可见，医学与维修工程既有不少相似之处，但在知识的广泛性、动态性、深刻性等方面又各具特色。

为了与维修工程学科特色及其教育规律相适应，应该创造一整套优化的教学模式，旨在提高教学效率，以有限的资金和尽可能短的时间培养出优秀的维修人才。广州大学维修工程技术系在1992年曾提出并试验采用"层次模块化"教学模式施教，取得了较好的效果。尽管这一教学改革难度较大，但从几年的实践可以看出其乐观的前景。

所谓的"层次模块化"教学模式，就是彻底打破原有"课程"框架，把"课程"按照内部的知识构成，拆成较小的、相对独立的知识模块；然后从专业知识模块开始，找出与之相关的专业基础知识模块，再往下找出与专业基础模块相关的基础知识模块；把这些模块用箭头连接起来，就形成了一个有向网络图。值得注意的是，某一下层模块可能对应着多个上一层次的模块；反之，一个上层模块也可能对应多个下层模块。把下层模块称为上层模块的前置模块，或预备知识模块。当按照"知识模块"的逻辑联系理出一个网络图之后，就会发现一些原有课程中陈旧的、冗余的内容被淘汰了。过去需要几十甚至上百学时的课程变短了，对原有课程的吐故纳新改革自然而然地完成了。在这个网络图中，不应该忽略"实践知识模块"，一般它们应处于理论模块的上一层次。

在安排教学计划时,应该按照网络图逆序进行,即先从基础知识模块开始,再到专业基础知识模块,再到专业知识模块,最后到实践知识模块。

这一"层次模块化"教学模式具有以下优点:
1) 有利于知识按照模块进行吐故纳新。
2) 有利于专业方向朝着社会的需求方向调整。
3) 可以以半个学期为周期灵活安排课程,给教师灵活安排科研、教材建设及学术活动的更大余地。
4) 授课课时少,教学效率高,学生有新鲜感,符合学生听课心理和学习认识规律。
5) 易于实现计算机编制教学计划和自动化排课。
6) 易于组织各种层次的"短训"和专门化培训。这相当于从网络图中选出一两个专业知识模块,再连带选出相应专业基础和基础知识模块,构成较小的网络"套餐"。

三、维修工程技术学科的总体构架

维修工程学科主要由设备维修管理学、设备维修经济学、维修工艺学、设备故障诊断技术、设备故障诊断学等内容构成。其中,诊断是维修的基础,设备故障诊断学是诊断技术的基础;设备维修管理学、设备维修经济学又是管理科学和经济学向设备工程领域的渗透。维修工程学科的总体构架如图 4.8-1 所示。

当前网络化、电子化学习(E-Learning)逐渐提上议事日程。为了让那些工作繁忙、时间紧迫的维修主管、经理和设备工程师利用零散时间学习,网络教学的建设变得十分必要。

四、结语

我国是一个发展中国家。我国企业如果仅仅满足从发达国家引进"先进"的设备,则意味着只能跟在发达国家后面前行。只有走"引起—改造—超越"的道路,我们的民族工业才能真正崛起。为了走好这条路,我们需要成千上万懂得设备维护和管理,善于学习和掌握设备结构性能,敢于向这些"先进"设备挑战,会维修、能改造的专业人才。

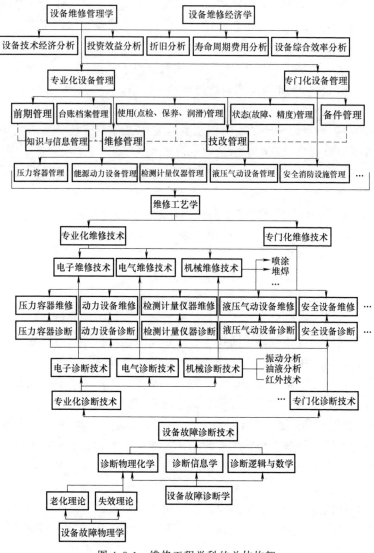

图 4.8-1 维修工程学科的总体构架

维修工程教育任重而道远。1990 年在德国威士巴登召开的欧洲维修团体联盟国际会议上，人们曾提出一个口号："维修——为了未来的投资。"我国的设备管理工作者和维修工程教育工作者应该在此基础上呼吁：建立和完善我国维修工程教育体系——为了21世纪的维修事业。

第九节　绿色维修、再制造工程和设备健康管理

有人说，21世纪是知识经济时代。笔者认为，除了知识经济和信息时代的特征，由于地球资源的浪费和短缺，由于人类生存条件的日益恶化，注重环境保护和生态的"环境经济"与注重资源节俭和合理利用、返朴归真的"朴素经济"将会逐渐成为时代的重要特征。那种提倡消费的奢华、浮躁之风将逐渐隐退，朴实无华、注重节俭、爱护自然造物之风将会流行。

一、绿色维修和再制造工程

我国徐滨士院士指出，造成全球环境污染的70%以上排放物来自制造业，每年产生55亿t无害废物和7亿t有害废物。整个人类生存环境面临日益增长的机电产品废弃物压力及资源日益缺乏问题。每年有数以几千万计的汽车和计算机报废淘汰，时代呼唤再制造工程（Re-engineering），时代呼唤保护环境和资源的绿色维修（Green Maintenance）。

我国是一个发展中国家。近百年来西方国家的快速发展消耗了大量资源并造成了全球环境的破坏，如今西方国家已认识到可持续发展、绿色、环保、低碳和节俭的必要性。我国正在发展之中，所以，我国不可能重复西方的发展之路，必须开拓出一条绿色发展之路。

再制造（Re-engineering）是一种支持可持续发展的技术，即在产品设计阶段就考虑到产品的回收、再利用和处理。目前我国已经成为世界的制造加工中心，同时中国又是一个消费大国，这既给我们带来了发展契机，又带来了资源紧缺和环境污染问题。如果我国能够及早启动再制造技术研究和开发，其意义十分深远和重大。

再制造技术是统筹考虑产品全寿命周期管理的系统工程，是

利用原有零部件再成形、恢复精度、恢复性能，使产品对环境污染最少、资源利用率最高、投入费用最少。再制造是先进制造技术的补充和发展，是具有潜力的新型产业。今后，国家有关部门甚至应该制定相关法规，要求在任何一种产品投产之前，都应提供该产品在报废后的再制造、再利用及无害处理方式说明，从法制上要求企业对社会资源负责、对环境负责、对人类的未来生存负责。徐滨士院士对产品在寿命周期内的循环过程描述如图4.9-1所示。

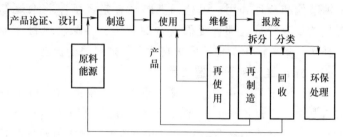

图 4.9-1　产品在寿命周期内的循环过程

二、设备的"健康管理"与节能降耗

我国交通协会的刘昌平等人近年来在大力推广设备的"健康管理"理念和节能降耗应用技术方面取得了不错的成果。

1. "资源能源节约"是企业经济发展的必然选择

企业的设备资源包括：生产运输等机械设备；润滑油、燃油等各种油液、零备件材料；保养维修费用及人工、工时、电、水等消耗；设备的健康率、出勤率、生产效率和服役期等。各方面都具有资源能源节约的极大潜力。

设备资源能源消耗水平，是一个企业的经济结构、增长方式、科技水平、管理能力、消费模式以及领导和员工素质的综合反映。目前，我国企业设备的资源和能源利用效率与世界先进国家相比差距较大，特别是近年来，由于原油和原材料价格暴涨，设备运用成本大幅度增加，给企业经济效益和发展的压力很大。

中国工程院院长徐匡迪指出："中国必须走出一条科技含量高、经济效益好、资源消耗低、环境污染少、人力资源优势得到充分发挥的新型工业化道路。""工程科技的'4R'（减量化、再利用、再循环、再制造）方向是发展循环经济的必然选择……其最终目标是用尽可能少的资源满足经济社会发展的需求，通过节约、回收和利用废旧资源，使尚未被充分利用的价值得到开发和使用，产生新的经济和社会效益。"

设备是企业生产和能源消耗的主体，引入创新的思路和理念，实施"设备健康管理"，从而能够多、快、好、省和长治久安地实现企业资源能源节约、提高生产效率和降低运用成本的目标。

2. 建立企业"设备健康管理"体系

任何复杂的机械设备都不能与人体的精密程度相比，任何复杂的机械运动形式都无法与人的生命活动的复杂性相比，人在几百万年的进化中适应自然的程度几近完美，在设备管理和节能减排中，引入仿生学和医学思路，将另辟蹊径。

在健康管理中，医学科学强调以预防为主，积极采用防病、保健、养生的方法，减少疾病发生。机械设备的管理也需要将现行的"故障管理"转变为"健康管理"，填补设备健康理论、理念、模式、技术、策略等方面的空白，积极主动地实现"人-机结合"的健康管理方式，消除设备的"亚健康"状态和"带病作业"现状，保障设备的健康运用，也为设备节能减排的长治久安奠定基础。

在疾病治疗和康复管理中，医学科学强调调动人体的免疫、自愈、再生机能，大量采用非破坏性诊断与治疗技术，减少"医源性疾病"的发生。机械设备的维修也应大力推广和运用免解体的"状态监测和动态维修模式"，广泛运用"表面工程技术"（特别是微纳米表面工程技术），尽可能地减免停机解体检修和换件维修，减少"维修性损伤"的发生（如大修后的磨合磨损）。

在仿生学和医学的研究和应用中，人类不断从生物界得到新的启示，并集成了全面、先进的科学技术，全面领先于其他学科的研究与发展。因此，借鉴、模拟和运用医学、仿生学的理论、理念、模式、方法、技术，已成为发展设备管理与维修以及节能减排的新理论和新技术的重要途径之一。例如，计算机的远程状态监测和维修指导系统、机械设备的电子控制技术、表面工程的仿生自修复技术、设备各系统全面优化方案等。

用医学和仿生学原理发展新的设备管理、维修工程，解决节能减排疑难问题，将大大拓展思路，引入更多的高新科技成果，赋予设备管理与维修全新的内涵，创建更加适合我国设备资源能源节约型、环境友好型管理和运用的新模式。

3. 设备健康管理的概念与方法简介

设备健康管理有两个最重要的特征：一是全寿命周期健康的设计；二是采用高新科技实现设备优质、高效、节能、节材、环保的目标。健康管理主要集中在以下三个方面：

1) 自身素质强健。设备具有良好的机件材料的耐用性、系统配合的平衡性、持久运行的稳定性、高强度运用的可靠性、低成本运行的经济性。

2) 机能机制完善。全寿命周期过程中的自监控、自养护、自修复、自强化、自补偿、自调整、自适应等仿生机能和预防、保健、康复的健康机制。

3) 科学模式管理。运用科学模式管理，如信息化网络管理、表面工程动态维修养护等，使设备的动力性、经济性、安全性、可靠性、净化性在全寿命周期中始终保持或超过设计状态。

根据设备健康概念，设备分为三类技术状态：健康—亚健康—故障。设备的使用寿命是健康—亚健康—故障—报废，即由量变到质变的动态过程。

传统设备管理着眼于质变管理，即故障管理和静态维修，形成了故障发生后（预知的或已发生的）故障诊断和停机解体换件修理的维修模式。其特点是阶段性恢复和保持健康。

设备健康管理着眼于量变管理,即健康管理和亚健康状态的监控,注重机械微观和动态损伤过程的演变、特点、规律、事前预防、过程监控、动态养护维修。其特点是全寿命周期健康运用和减免维修。

设备健康管理提出"法治+人治+机治"三结合的全面新型设备管理模式。

1) 法治包括相关的法规、标准、制度、规范等。

2) 人治包括企业文化,人力资源,教育培训,人的思想、觉悟、素质、技能。

3) 机治包括机械设备的自监控、自养护、自修复、自强化、自补偿、自调整、自适应等仿生机能和预防、保健、康复的健康机制等自我管理的能力。

设备健康管理通过人机结合的管理机制,不断弥补现行设备研制、生产、管理模式和技术中的缺陷,提升设备的性能和生产效率。

设备健康管理是采用高新科技方法对现行设备管理、维修养护等进行科学的优化。其内容包括:

1) 设备健康管理制度和相关规范。

2) 设备信息化网络管理、健康动态监测预警等技术与方法

3) 设备健康维护、性能优化、损伤自动康复等技术与方法

全寿命周期健康管理架构如图4.9-2所示。

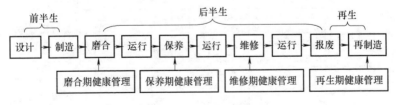

图4.9-2 设备全寿命周期健康管理架构

全寿命周期健康管理的内容比较见表4.9-1。

表 4.9-1 全寿命周期健康管理的内容比较

特点比较	磨合期健康管理	保养期健康管理	维修期健康管理	报废期健康管理
管理类型	预防型健康管理	保健型健康管理	康复型健康管理	再生型健康管理
管理特征	预防损坏量变	控制损坏量变	控制损坏量变	处理损坏质变
目标定位	创造设备健康	保持设备健康	恢复设备健康	再造设备健康
覆盖范围	100%	100%	100%	10%
健康管理前	设备亚健康状态	设备健康状态	设备故障状态	设备失效状态
健康管理后	设备健康状态	设备健康状态	设备健康状态	设备健康状态
技术特征	在线动态维修将传统的"抛光性磨合"改变为"修复性再制造"	在线动态维修养护,设备"自监控、自养护、自修复、自强化、自补偿"	进厂动态、静态相结合维修,表面工程技术维修,停机解体易损件更换	进厂静态再制造 表面工程技术维修
技术方法	动态表面工程技术仿生自修复技术、改性强化技术	动态表面工程技术、仿生自修复技术、改性强化技术	动态和静态表面工程技术、仿生自修复技术、易损件更换	静态表面工程技术:电/火焰喷涂、电刷镀等技术、机件更换
技术设备	不需要	不需要	维修设备、工具	再制造设备、工具
相关产品举例	自修复润滑油、电池再生增益剂、电器防护剂	自修复润滑油、电池再生增益剂、电器防护剂	自修复润滑油、电池再生增益剂、纳米喷涂/刷镀液	自修复润滑油、纳米喷涂/刷镀液
人员素质	一般培训	一般培训	特殊专业培训	特殊专业培训
工艺操作	工艺及操作简便	工艺及操作简便	工艺及操作复杂	工艺及操作复杂
经济效益	绝对节约资源,大幅度节约保养、维修和油耗费用	绝对节约资源,大幅度节约保养、维修和油耗费用	相对节约资源,节约维修费用	相对节约资源,节约更新费用
应用意义	提高长期可靠性,奠定生产力基础 设备延寿几倍 延长大修期数倍	保障长期可靠性,保持生产力发挥 设备延寿几倍 延长大修期数倍	恢复长期可靠性,恢复生产力运用 设备延寿几倍 延长大修期数倍	再造长期可靠性,再造生产力 设备延寿几倍 延长大修期数倍

设备健康管理把复杂的机械设备类型综合为机、电、油、水、气"五大结构要素",任何机械设备都是这五大结构要素的不同组合。在设备全寿命周期的四个阶段,采用高新科技对"五大结构要素"进行提高和优化,使设备的结构、性能和工作状态超越设计水平,实现健康运用。

"五大结构要素"无论在设备健康管理还是在设备节能环保中,都是整机与总成、系统与子系统的关系,互相配合、平衡、制约。任何一个系统的变异都会影响其他系统,以致整个机械系统的正常工作和节能环保效果。"五大结构要素"都具有资源能源节约和环保效益的极大潜力,在设备健康管理过程中,广泛采用新材料、新技术、新模式,从零部件的表面强化到结构和性能的综合提高,从仿生功能的建立到设备各系统的整体优化,使设备超越设计的质量和性能水平与使用效果。

"设备健康管理"的目的是以科学的管理模式、先进的技术手段实现"设备综合效率和企业经济效益"的最大化,通过有效地控制应用成本,提高经济效益。综合效益如下:

1) 健康效益。医学的健康观是"防病胜于治病",医学的治疗观是"不治已病治未病,上工也"。设备管理需要贯彻这种科学理念。"设备健康管理"的重要意义在于从新机开始,就不断地实施设备健康管理过程,不断地创造设备健康,用磨合期健康管理减少维修,用在用期设备健康管理减少报废,以较少的投入、简便易行的技术,大大延长设备的技术寿命、经济寿命和使用寿命。

2) 节能效益。通过采用材质强化、结构优化、性能提升等一系列高新技术,从"法治、人治、机治"的结合上控制"人的不节能行为和物的不节能状态",节能效果显著,综合节油率10%~15%,节省润滑油50%以上,在不增加成本的基础上实现节能。

3) 减修效益。为机械设备建立"自监控、自养护、自修复、自强化、自补偿、自调整、自适应"等仿生机能和预防、保健、康复机制后，机械在运行中微损微修，控制着机件损伤的量变过程，始终保持优于设计的结构和性能状态，大大延长了使用寿命。减免维修，可节省维修费用30%以上，并减少零备件库存和资金占压。

4）延寿效益。设备的使用寿命与主要总成的寿命相关，如矿车发动机。因此，延长发动机等主要总成的使用寿命，就等于延长设备的使用寿命和服役期，减少报废的经济价值远远超过发动机自身的价值，企业也将节省大量的设备更新资金，保持良好的经济效益。

又如铅酸蓄电池，运用铅酸蓄电池再生增益技术显著提高蓄电池的性能和使用寿命，可使80%以上被"误判"报废的蓄电池恢复使用性能和价值，节省企业资金。

5）增产效益。设备建立健康机制后，在运行中自行动态维修保养，减免停机解体换件修理，增加生产时间，提高设备利用效率和生产效率。例如，154t载重的大型矿用汽车，减免一次发动机总成大修，除节省40多万元大修资金，还可减少近一个月的驻厂维修时间，多运输矿石约10万t。

6）安全效益。安全事故给企业和人员造成的危害及损失非常严重。机械设备故障是重要原因之一，有相当一部分是对突发性机械故障难以监控造成的。

机械故障是机件的磨损、腐蚀、疲劳由量变积累到质变而导致的，损伤量变常表现为渐进性，而质变却多为偶然性和突发性。现行设备管理的缺陷在于缺少"机治"对设备机件损伤量变的控制，因此，设备由健康劣化为亚健康和故障，机械性安全事故就难以避免。

设备健康管理以"法治+人治+机治"的人机结合体系，对设备健康保持、亚健康和故障的全面监控，是消除和减少设备安全事故发生、减少经济损失和生产损失的有效途径。

7）环保效益。车辆机械排污正在逐渐成为我国大气的主要污染源，国家有关发动机环保标准的法规只对新生产的发动机提出了严格的要求，但问题是新品发动机在运用一段时间后，随着健康状态的劣化，尾气就难以保持规定标准。因此，在用发动机排污是环保治理的真正难点。

4. 设备健康管理——节能降耗

"设备健康管理——节能降耗"是指运用设备健康管理理论、模式和技术方法，有效解决企业"人的不节能行为和设备的不节能状态"。

设备节能是一个复杂的系统工程，必须用科学理论研究和指导节能技术方案及管理调控，才能取得预期的良好效果。

设备健康管理——节能技术以汽车为例，就是针对影响节能的各环节，运用仿生学和医学的原理及方法，进行方案设计、动态监测和优化调整，保障"产能—输能—耗能"最大限度地开源节流。产能是以燃料燃烧为中心的能量产生和转化的过程，也是设备各系统平衡配合的过程。耗能是以能量传输和运用为中心的能量消耗过程。

设备是"产能和耗能"的基础，必须从转变传统管理和维修保养模式入手，改变设备运用—劣化—修理，再运用—再劣化—再修理的现实状况，尽可能地减少因设备工况劣化而产生的"产能不全和无用功耗"，使设备有效保持全寿命周期健康，实现长期、稳定的节能效益。

节能减排治理的关键在于预防。设备健康管理运用"三要素预防式节能减排技术方案"，为多、快、好、省和长久稳定地解决车辆、机械、船舶节能减排提供了有效方案。

"三要素预防式节能减排"是抓住内燃发动机中对尾气排污具有决定作用的三个关键要素（气缸密封性、空燃比、点火能量）进行动态维护，通过采取综合措施，能够始终保持车辆机械的设计动力、油耗和尾气排放标准。

"三要素"是决定车辆、机械、设备能耗和尾气排放的核心要素，不仅要求每个要素自身良好，而且要求相互平衡配合，任何一个要素发生变化，都将影响发动机燃烧与排放质量，导致油耗增高和尾气超标。因此，能耗和尾气治理的关键是保证发动机三要素参数的平衡和稳定。

预先控制和过程防治是节能减排治理的核心，预防是治理成败的关键。因此，全程系统地人-机结合监控和调理，建立节能减排"机内治理"的长效机制，始终保持发动机"三要素"的技术状态与平衡配合，是节能减排、持久稳定的有效途径。

"三要素预防式节能减排"方案具有效果好、易操作、省资金等特点。

第十节　维修组织结构探索与资源配置

一、维修组织结构探索

较传统的维修组织是为适应集中式维修而设立的，通常以职能式组织为主。后来，企业有了专门的设备维修管理部门和维修中心负责设备维修。这种机构又发展为可对外开展业务、以营利为目标的专业公司，不但承担原企业的维修，还对外承包维修合同。之后又有人主张分散式维修，即由各生产部门负责本部门的设备维修，企业不设立维修中心或车间。

全面规范化生产维护体系（TnPM）主张操作工自主维修，强调员工的多技能（Multi-skill）和多任务（Multi-task）。适应这种维修管理模式的组织以直线式，亦即分散式为主。上述两种方式都是现实存在的，也都不缺乏成功案例。在企业的实际运行过程中，完全集中或完全分散式的维修都可能造成问题，如维修效率下降、服务的不及时、停机损失增加等。有的企业开始实施选择性的集中和分散，即部分专门设备集中维修、部分简单设备分散维修；也有的企业采用集中分散相结合的形式，即生产部门只做机械部分修理，电控部分修理由专业队伍完成；或者生产车间通过自主维修活动承担大部分维修任务，专门维修组织只承担紧急支援、重要疑难问题解决、设备技术改造和新设备的引进。与此相适应的组织结构应为以直线职能式为主的结构。设备管理直线职能式组织结构如图4.10-1所示。

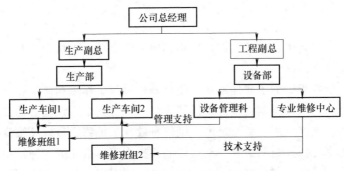

图 4.10-1 设备管理直线职能式组织结构

由于产品的寿命周期日益缩短,生产柔性不断加强,现代企业开始采用矩阵式组织结构,维修管理也开始适应这种矩阵式管理。按照矩阵式管理,设备管理科(或资产管理中心)负责设备台账、备件供应、维修计划、维修合同等内容,直接为产品和项目服务,维修中心负责设备维修。这种结构如果运作得好,可以减少中间环节、反应快速。

图 4.10-2 给出了矩阵式组织结构。另一种矩阵式组织结构如图 4.10-3 所示。

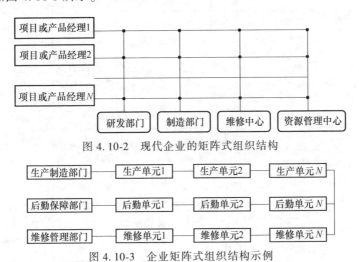

图 4.10-2 现代企业的矩阵式组织结构

图 4.10-3 企业矩阵式组织结构示例

在这种组织结构里,各个单元被赋予更多的自主权和灵活性。每个维修单元、后勤单元与相应的生产单元建立客户关系,为生产单元提供服务;维修管理部门为维修单元提供服务和技术等资源支持。

维修组织的主要任务是:使维修资源与工作量相匹配;有一个良好的决策机制;设计出最佳维修系统。这个系统能够使维修成本、维修效率、维修进度、维修有效性、维修质量以及维修组织效率得到控制和激发。在这样的前提之下,企业的管理组织应该像足球队一样,既有分工又不分家,协同一致,以目标为导向。具体的组织形式可以结合企业实际不断创新。

无论是集中式、分散式还是矩阵式维修组织,都有其优点,同时存在缺点和不足。其优缺点比较见表4.10-1。

表4.10-1 各种维修组织优缺点比较

集中式维修组织		分散式组织		矩阵式组织	
优点	不足	优点	不足	优点	不足
维修资源共享	响应速度慢	资源靠近现场,响应速度快	部分维修资源可能闲置、浪费	维修资源共享	对团队合作要求较高
节约费用	不关注设备专项改善	关注设备细小改善	维修费用可能增加	节约费用	
便于总体协调	基层部门可能被忽视	便于基层指挥利用维修资源	强调基层困难,缺乏总体观念	内部合同约束响应速度与服务态度	不利于总体协调
有利于维修人员学习多种技能	维修专业化深度受影响	维修业务熟练、程度深,MTTR可能下降	不利于维修人员掌握多技能	既有利于多技能,又有利于专业技术深化	
系统优化	不利于专项设备技术改造	有利于专门设备技术改造	维修预算可能虚高		投诉和争端解决困难

(续)

集中式维修组织		分散式组织		矩阵式组织	
优点	不足	优点	不足	优点	不足
有利于降低备件库存	可能出现生产与维修部门相互指责推诿	有利于操、检配合和 TnPM 体系推进		有利于降低备件库存和修旧利废	
		有利于培训操作人员掌握保养技能			

国内企业还将集中和分散式维修相结合，这样可以优势互补、扬长避短，组织结构如图 4.10-4 所示。设备部管理着一支精干、专业的维修队伍，为各生产部门公共的设施（如 PLC）提供支持，各生产部门保有个性化的自主维修队伍，加上操作员工参与的自主维护，承担本部门的设备检修主要工作。同时，设备部门从维修管理的角度，寻求社会化维修队伍，向各部门提供维修支援。

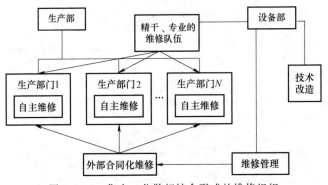

图 4.10-4　集中、分散相结合形式的维修组织

二、维修资源配置

下面介绍一下在维修资源配置方面的一些新概念。企业的维修资源一般分为三块：第一块是内部专业维修；第二块是内部操作员工的自主维修；第三块是企业外部的社会化、合同化维修。

1）内部专业维修。由本企业专业维修人员承担的维修称为内部专业维修。

2）操作员工自主维修。由本企业内部设备操作人员进行的小维修活动，如加油、紧固、润滑、调整、换件以及小的解体、诊断和修理，称为操作员工自主维修。

3）外部合同维修。由社会上的专业维修公司或设备供应商、制造商以及其他外部承包者承担，以双方签署的维修合同为约束的维修为外部合同维修。

近年来，国际上的专业化、合同化维修逐渐朝着标准合同、长周期合同和从最简单到复杂合同维修服务的趋势发展。之所以有这样的发展趋势，主要原因如下：

1）企业管理者越来越关注与产品竞争力有关的核心业务。

2）企业离散、矩阵式组织结构呼唤离散、专业、灵活的维修服务。

3）管理者注重生产、产品及其后勤支持系统的柔性化。

4）企业期望维修成本的降低和柔性化。

企业设备全部维修活动的分布如图 4.10-5 所示。

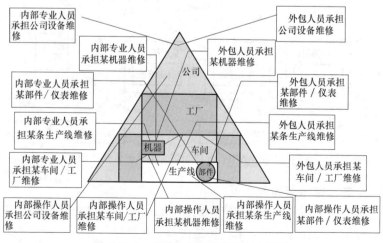

图 4.10-5 当代企业维修资源组合情况

从图4.10-5可以看出，企业可以采用的维修资源组合形式是多种多样的。国际上，专业化、合同化维修是比较流行的一种趋势，但是否采用外部合同维修，还要根据企业设备实际进行分析比较。不仅比较整体的维修费用，而且要看承包维修公司的经验、实力和信誉。

即使是承包维修，企业也要保留有经验的维修人员，对承包者的资质进行评价，对维修质量进行鉴定，对维修方案进行评审，对企业的维修策略进行决策，以及参与设备投资决策等活动。

值得指出的是，传统企业对内部维修往往没有合同约束，造成设备发生故障后的责任不清楚，生产和维修部门推诿扯皮。一些国外企业将外部维修的合同管理方式转接到内部维修管理，把维修的责任和利益明确化，提高了内部维修的责任和服务意识，保证了维修工期和质量。

经过长期摸索，国内企业在维修资源配置方面也摸索出一套较为成熟的经验。对企业而言，维修技术难度高的设备较少，而维修技术难度低但维修频次较高的设备较多，企业设备分布如图4.10-6所示。

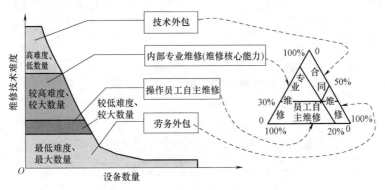

图4.10-6　企业设备分布和维修资源配置

这里，企业设备分布呈现双曲线形式，大量设备维修难度较低，少量设备维修难度高。我们主张，高难度、低数量的设备维修由技术外包来承担（企业不必保有一支高技术、高薪酬但工作量不饱满的专业队伍）；最低难度、最大数量的设备维修由劳务外包来承担（这无论从费用上还是管理上都可以使企业专注自己的核心业务）；中间分成两块，较高难度、较大数量的设备维修由企业内部维修核心专业队伍来承担（这部分对企业生产影响最大，自己掌控更加主动快捷），较低难度、较大数量的设备由操作员工自主维修来承担（这部分的维修容易掌握，又可以培养员工对设备的关注）。根据目前社会化维修的大环境，企业合同化维修、内部专业维修和操作员工自主维修的比例以50%、30%和20%为宜。当然，这个数字随企业性质不同、所处地理位置和社会环境不同、操作员工素质不同而有所不同。

第十一节 人因失误和人的可靠性管理

人们长期关注设备功能的可靠性、可维修性，以提高设备可利用率和效率，但往往忽视对使用设备的人本身可靠性的研究。瑞典的一项计算机设备管理记录表明，5个瑞典企业中的20000多个设备异常事件中，有30%是人为造成的。如果按照损失费用计算，人为造成的达到37%。瑞典的一项海运事故统计资料表明，三年内80%的海运事故是人为失误造成的。而航空事故的数字也大体如此。

如果把人看成生产系统的一个部件，这个部件能够：

1）直接与材料打交道（装配）。

2）利用机器生产产品。

3）对一个自动化机器进行监视。

人与设备的关系如图4.11-1所示。

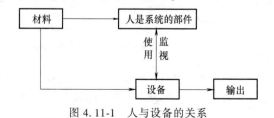

图4.11-1 人与设备的关系

每一类工作需要不同的技巧，而维修人员甚至需要三种技巧，他们既是能工巧匠，又是故障诊断专家。如果按照著名科学家詹斯·拉斯·穆森（Jens Rasmussen）的 SRK 模型，人类行为可以分为三类：

1) 以技能为基础行为（如驾驶员给汽车换挡）。
2) 以规则为基础的行为（如遵守交通规则）。
3) 以知识为基础的行为（如寻求一条最佳路线）。

人的另一个特点是记忆能力。一个是瞬时记忆能力，即同一时刻能记忆多少单元；另一个是长时间的记忆能力，即长时间记忆大量信息的能力。

人类还有一个特别的能力，是大脑处理信息的带宽。虽然每秒进入人脑的信息为 10^9 bit，每秒输出的信息为 10^7 bit，但人自觉处理的信息每秒却只有 10^2 bit。人类信息处理模型如图 4.12-2 所示。

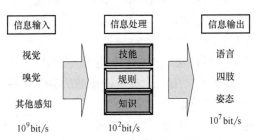

图 4.11-2　人类信息处理模型

无论是注意力的分散、心理反应机制还是习惯固定模式的作用，都可能造成人类工作的差错。按照人类错误的外延分类方式，这些差错可以分成"动作被忽略、太早、太晚、太多、太少"等。人因失误模型如图 4.12-3 所示。

为了减少人因失误、提高人的可靠性，人们研究了一些基本方法，如设备本身的安全保险设施、报警装置及对人员的培训程序等。失效模式与影响分析（FMEA）被证明是一种简单有效地针对具体问题的方法。

一些科学家认为，80%以上的失误是由于管理不善造成的。

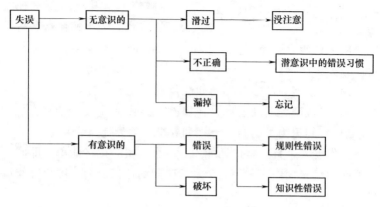

图 4.11-3　人因失误模型

当我们在对事故进行调查时，多问几个"为什么"，就可能发现有管理上的漏洞。管理可以在以下几个方面影响人因失误：

1）组织结构不合理。

2）工作划分不科学。

3）定量化、目视化、标记化、现场管理不善，没有做到让容易发生的失误很难发生、让难于做正确的事情容易实现。

4）人员培训不良。

5）企业文化、员工愿景、心智模式、学习氛围不良。

6）对资源的投入不足。

结论：要提高设备的可靠性，也要提高人的可靠性，从管理做起。由此再一次证明，企业防止人因失误的大道理仍然是：成也管理，败也管理。

作为总结，把人的可靠性评估过程归纳如图 4.11-4 所示。

图 4.11-4　人的可靠性评估过程

按照美国工程师海因里希（Heinrich）关于安全规律的统计

三角形，330件意外，其中29件可能造成伤害，1件是严重伤害（可能是死亡），如图4.11-5所示。如果要大面积减少严重伤害（死亡），就要严格控制和减少意外的发生。试设想，如果生产现场的意外已经减少到3件，则按照海因里希法则，严重伤害就会不足0.01件，接近于"0"。

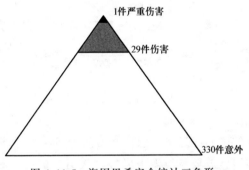

图4.11-5　海因里希安全统计三角形

为了减少意外发生，一些企业还制定了全员参与定期提出安全警示报告制度。要求每个成员定期提出他认为可能造成伤害的发现，并提出改善建议。如果提出的内容确实，解决方案可行，组织将给予奖励。这样，安全隐患就处于全员的监控之中。

第十二节　设备管理的系统思考

一、设备管理系统的三维立体图形

按照系统工程理论，设备管理可分解成时间维、资源维和功能维上的三维立体图形，如图4.12-1所示。

时间维上的任何一个点，均可分解成资源维或功能维上的循环过程。例如，时间维上的一个点"安装"，投影到资源维上，必然包含"人力、信息、资金、材料、能源、设施、环境"等要素；而投影到功能维上，也离不开"认识、计划、组织、实施、检查、反馈"这些过程。了解系统的三维结构，就能够学

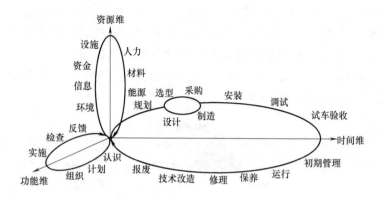

图 4.12-1 设备管理的三维系统结构

会从系统空间的角度思考问题，就不会挂万漏一。例如，当进行设备的安装时，就要从资源上做好"人力、信息、资金、材料、能源、设施、环境"等各方面的准备；从管理上和组织上，首先要认识和了解安装的特性，然后制订计划，落实组织和实施，对安装质量进行检查，最后评估和反馈。

二、系统的木桶效应

如图 4.12-2a 所示，一个由一块块木板箍起来组成的木桶，如果其中一块板最长，木桶中的水不可能装到最长那块木板的顶端。它告诉人们一个道理：子系统最优，不一定总系统最优。如果其中一块木板最短（见图 4.12-2b），则木桶中的水也只能装到最短的那块木板的顶端。它告诉人们一个道理：子系统薄弱，影响和制约着总系统的水平。如果每一块板都一样长，但板与板之间有缝隙（见图 4.12-2c），木桶的水平面也不会高。它又告诉人们一个道理：子系统之间的协调、配合对总系统的水平影响很大。如果要提高木桶装水的水平，要先把最短的板加长，然后找出木桶中另外一块最短的板，把它加长（见图 4.12-2d）……它又告诉人们：领导者要不断抓住最差的子系统，才能提高总系统的水平，这也是抓住主要矛盾的思想。

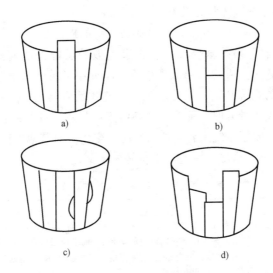

图 4.12-2 木桶效应

a) 子系统最优,不一定总系统最优 b) 子系统薄弱,影响和制约着总系统的水平 c) 子系统之间的协调、配合对系统水平影响很大
d) 领导者要不断抓住最差的子系统,才能提高总系统的水平

从木桶效应看设备:

1) 设备故障多发生于子系统的薄弱环节(维修就是要解决薄弱系统问题)。

2) 设备的某个部件性能突出,对总系统功能贡献不大。

3) 各部件的配合协调影响总系统功能。

4) 技术改造、主动维修要从薄弱系统开始。

从木桶效应看设备管理:

1) 设备管理薄弱的子系统会影响和制约总系统的水平,如润滑管理系统混乱、备件系统失灵等,均会使设备维修的总体工作停滞不前。

2) 对设备管理优秀的子系统可以鼓励,但不必锦上添花,目的是让其他子系统有信心跟随上来。

3) 设备管理系统要相互配合、协调发展;要专业搭接、短路管理、闭环和扁平化组织、精简高效。

4）领导者要一直致力于最薄弱系统的提高。

三、学习系统基模理论,创造有效的设备管理模式

在彼得·圣吉的《第五项修炼》里介绍了关于系统基模的概念。所谓的系统基模,就是系统中的链式反应模式。把系统中的事件用相关的带方向(箭头)的弧线连接起来,构成一个个环路。这些环路反映了系统中各事件的运动(变化)对其他事件的影响。

表 4.12-1 给出了一些基本符号的定义。

表 4.12-1　一些基本符号的定义

符号	定　义
 ↗	系统中事物的发展走向,前端为原因,后端即箭头的指向端为结果。正比例指向以"同"表示,即前端原因增强,则后端结果也随之增强,反之亦然;反比例指向以"反"表示,即前端原因增强,而后端结果却减弱
 □—△—□	平衡回路,回路中的反比例指向(前端越强,结果端越弱)的个数为奇数,则系统处于平衡状态
 ∥⊕	增强反馈回路,回路中的反比例指向的个数为偶数,则系统处于循环持续增强状态
 延迟	回路中的时间延迟,即需要一定周期才可能发生下一步的系统事件

下面结合设备管理的实际,介绍系统基模的运用,反过来通过对这些系统基模的理解,进一步强化我们设备管理的系统思维。

(1)反应迟缓的调节回路(见图 4.12-3)

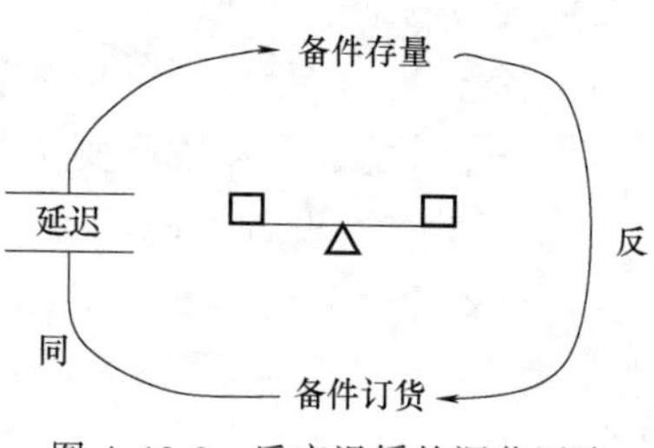

图 4.12-3　反应迟缓的调节回路

例如,备件储存量与备件订货之间的关系常属于反应迟缓的调节回路。当备件存量不足时,加大了备件订货力度,由于备件到货的延迟,到货后又可能

造成备件的积压。

管理方针：由于行动过急可能结果超过目标，要耐心和缓地进行调整，找到系统的稳定点，长久的根本解在改造系统，使之反应迅速（即减少延迟）。

（2）成长上限（见图4.12-4）

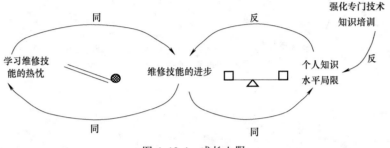

图4.12-4　成长上限

例如，在学习技术之初，个人维修技能的进步很快，由于受到技术复杂性和个人知识水平的局限，之后进步越来越慢，以致个人可能丧失信心。只有通过强化外部区划培训，才能使这种状态得到缓解。

自然界也有这样的不少实例。例如，一种动物在它的天敌被消灭后，迅速繁殖成长，其数量超过草原可容纳的上限，结果又因饥饿而大量减少。

管理方针：不要推动增强环路，而要消除限制的来源。

（3）舍本求末（见图4.12-5）

例如，人们常说的"授之以鱼，不如授之以渔。"如果设备专门维修人员不去积极地培训操作人员掌握设备的维修保养技能，而是说："你不行，还是我来吧。"那么操作人员会对设备维修、保养越来越没有信心，于是设备维修保养的担子完全落在专门维修人员肩上，加大了其维修工作量和成本。

管理方针：限制系统外部帮助，培养系统内部能力。

（4）目标侵蚀（见图4.12-6）

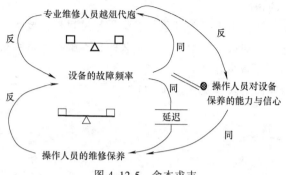

图 4.12-5 舍本求末

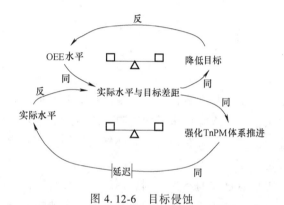

图 4.12-6 目标侵蚀

例如，以降低质量或削减预算来取得市场价格优势，而不是开发新产品，这只能使企业走向绝境。

企业把设备综合效率 OEE 为 90% 作为自己的设备管理目标，通过强化 TnPM 基础工作来实现这个目标。由于基础工作水平的提高有个过程，它在设备上的反应需一定的时间延迟，于是系统就把目标降低，以减轻内部压力。这样就使得系统改善放缓。

管理方针：坚持目标、标准和愿景，坚持强化 TnPM 体系推进。

（5）恶性竞争（见图 4.12-7）

例如，两个有着相似设备的车间互相攀比，通过人事部门不

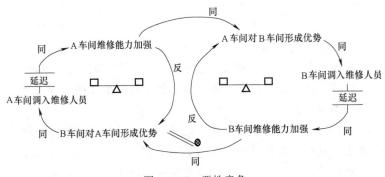

图 4.12-7 恶性竞争

断调入维修人员到本车间,结果造成了双方维修人员的过剩、设备维修成本的升高,出现人浮于事的松散状态。

管理方针:寻求一个双赢策略。将对方目标纳入自己的全系统决策考虑之中。如果两个车间都注重培训自己的人员,这样就可以在控制维修成本的前提下,大大提高自己的维修能力。

(6)强者更强(见图 4.12-8 所示)

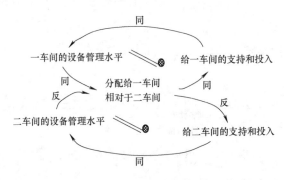

图 4.12-8 强者更强

例如,两个车间设备管理水平差不多,由于二车间出现一个偶然事故,领导对二车间设备管理有了看法。故一车间在厂里说话的分量重一些,在人员、资金、检测设备的配备都有所偏重;而二车间资源越来越少,表现越来越差。这就构成了反方向的

"增强环路"。

管理方针：避免同一资源的竞争，注意系统的均衡发展。

（7）共同悲剧（见图 4.12-9）

例如，各分厂、车间分别建立备件库，为方便维修，通用备件、同类型备件重复订购，致使有限的备件资金枯竭，或者造成运行成本的加大。

管理方针：改造系统结构，设计公共的资源管理调节机制进行管理，具体到备件管理，可以建立计算机管理的全厂备件库，机旁备件纳入总库计算机管理，避免资金竞争和共同悲剧。

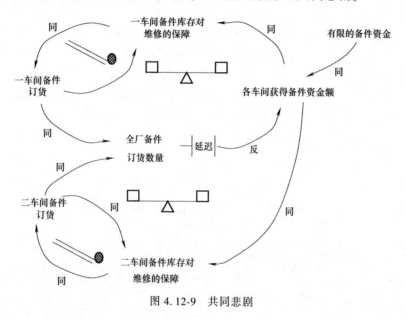

图 4.12-9　共同悲剧

（8）饮鸩止渴（见图 4.12-10）

例如，企业因不愿淘汰尚能使用的旧设备，使设备维修成本居高不下、产品质量不稳定，市场占有率逐年下降，于是就更不愿投资新设备，陷入恶性循环。

管理方针：做长远考虑，抛弃短期对策，采用长远对策。

（9）成长与投资不足（见图 4.12-11）

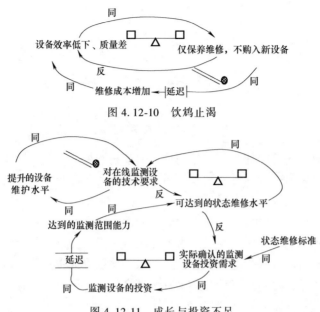

图 4.12-10　饮鸩止渴

图 4.12-11　成长与投资不足

例如，企业不断引进先进的设备，对在线监测技术的需求不断增加，由于未能注意监测、诊断设备的投入，影响了状态维修的进展，而认为在线监测技术不实用，对其支持不足，使之渐渐萎缩。这将明显制约先进设备的维护水平。

管理方针：坚持远景目标，增加对现有设备监测设备的投入，增强状态维修效果，适当减缓对需要状态监测设备的投入，以减缓状态监测投入的压力。

系统在运动中常会出现多米诺骨牌现象，即一种倾向会掩盖另一种倾向。例如，对设备的维修越多，就越能保障设备的运行；设备的运行越多，则产生的故障也会越多；故障多，必然会导致维修更多，于是就产生了一个恶性循环的增强环路。如果能够通过强化设备基础保养来抑制故障的发生，则就会使原来的恶性循环增强环路得到控制。这就是应该设计的维修系统基模，如图 4.12-12 所示。

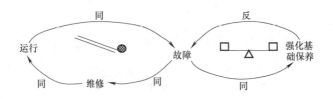

图 4.12-12 维修系统基模

再以备件问题为例,进一步说明系统基模的应用。如果设备开动时间越长,则维修越多,相应地需要的备件存量会越大,于是使维修成本增大,反过来,会使产品的竞争力变小,而产品的竞争力变小,会使设备的开动时间变短。这是一个抑制回路,它抑制了产品竞争力的发展。为了克服这一矛盾,还可以优化备件库存模型的方式来降低备件存量,从而使维修成本得到控制,使产品的竞争力不致降低,甚至有所提高。这也可以成为优化备件库存的系统基模,如图 4.12-13 所示。

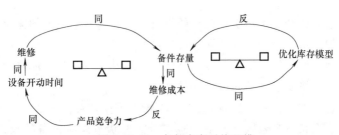

图 4.12-13 备件库存系统基模

通过以上案例,可以看到,在设备管理中,一定要做系统的思考,不能只见树木不见森林,捡了芝麻丢了西瓜。

第十三节　设备管理组织修炼

一、从改变心智模式做起

1. 什么是心智模式

心智模式是影响人们对现实感知、态度、观点和看法的心理规则。心智模式影响着人们的决策和行为。

例如"疑人偷斧"的故事：有一个人丢了一把斧子，他怀疑是邻居孩子偷的，便暗中观察他的行动，怎么看怎么觉得他的一举一动像是偷斧子的人。后来他在自己家中找到了遗失的斧子，当他再碰到邻居的孩子时，便怎么看他也不像是会偷斧子的人了。

又如，从图 4.13-1 中你看到了什么？有人从图中看到的是一个少女的侧面像，而有人看到的是一个无牙老妪的侧脸。同样一张画却得到两个印象，说明不同的人看事物有不同角度，受不同心智模式的影响。

图 4.13-1　从图中你看到了什么？

结论：人们看问题的角度是不同的。因此，对同样一件事情，其看法各异。一些人的心智模式不一定是正确的，不正确的心智模式常常成为人们认识世界的障碍。

2. 什么影响着人的心智模式

理论、礼节、方法论、仪式、模型、风俗、价值观、偏见、信仰、习惯、程序路线、学说、原形、迷信、典故、嗜好、传统、先入为主、共识、规定、模式、经验、寓言、教条等都能影响人的心智模式。当人的心智模式改变了，就进入了"归零"的境界，一切从头开始。

就连动物都受心智模式的影响。一只可以力拔千钧的大象，被拴在一根木桩上就再不挣脱了。为什么？因为它从小就被拴在木桩上，它认为自己根本不能挣脱这根木桩。捆住大象的不是木桩和绳子，而是它的心智模式。

3. 人总是拒绝改变心智模式

理由如下：

1) 忧虑。怕自己不能做,失去权力;怕自己的经验失效。
2) 担心。担心新的方式不会总是成功,害怕别人嘲笑。
3) 嫉妒。因为别人已领先一步。

4. 设备管理要勇于改变传统的心智模式

1) 传统的心智模式一:设备是要出故障的。建立新的心智模式:"故障"的语源是人"故"意使设备产生"障"碍。因此,只要人做出努力,设备是可以达到"零故障"的。

2) 传统的心智模式二:设备是要定期大修的。建立新的心智模式:因为设备的零部件使用负荷状态不同、环境不同、材料不同、物理性能不同,磨损、老化规律也不尽相同。现代化的设备可靠性提高,设备的无形磨损加快,有形磨损变慢。因此,很多设备可以终生不大修,可以用小修、项修取代大修。

3) 传统的心智模式三:设备的清洁、保养、对设备是否出故障的影响不大。建立新的心智模式:故障是冰山的顶峰,如图4.13-2所示。蝼蚁虽小,可毁万里长堤。强化基础工作,如检查、清洁、保养、紧固、堵漏、更换、校正、冷却、绝缘、加固、补充(油、汽、介质)、防锈、减振、平衡等工作,可以防止故障的发生。结论:强化设备的基础工作,是最经济的设备管理。

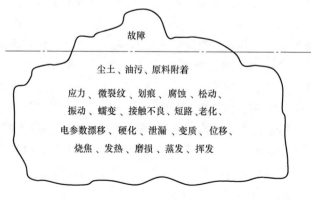

图 4.13-2 故障是冰山的顶峰

5. 如何管理组织的心智模式

1）从实践上，要学会把嘴上说的写在右边，把心里想的写在左边，辨别自己的真正心智模式。要习惯对自己的假设和推论进行检验，要随时注意区分什么是"原始材料"，什么是结论。

2）从原理和方法上，要防止推理的跳跃，实行逐步推理，步步有根据。要分清什么是自己拥护的理论，什么是自己应用的理论。要知道，人的行为未见得与其所拥护的理论一致，但一定与其应用的理论（即心智模式）一致。要学会对应用理论的怀疑和批判。要永远记住："除了变革，都要变革。""不知变化的组织是最危险的组织，哪怕它们目前看起来如何成功。""我们常说失败是成功之母，但不要忘记，成功也是失败之母。""明天的成功不是今天成功的延长线，不进行变革，今日的成功就是为今后的失败铺路。"

3）心智模式的最高境界是寻求开放和变革，追求真实。

二、如何自我超越

人或组织要改变心智模式，就要有自我超越的决心。自我超越不是一种能力，而是一个过程、一种终生的修炼。

1. 要有归零心态

希腊人芝诺（Zeno）说："知识如一个圆圈，圈内的是知识，圈外的是无知，圆圈越大，周长越长，无知的内容就越多。"要以归零的心态面对日益扩大的圆圈。"海不辞水，故能成其大；山不辞土石，故能成其高。"对于个人和组织，自我超越是一个终生的过程。只有不断自我超越，才能达到卓越。实现高度的自我超越，会敏锐地警觉自己的无知、力量不足和成长极限，但却毫不动摇高度的自信心。

2. 扁平化和窄细化的组织结构——团体的自我超越

1975年，英国政府公务人员有74.3万人，经过撒切尔夫人、梅杰和布莱尔三届政府改革，1997年已压缩到10万人，历经近一个世纪的"英国病"被治愈。当代政府和企业都提倡"扁平化和窄细化"的组织结构。扁平化可以加快信息传递，提高工作效率；窄细化可以减少跨部门的流程，提升组织响应速度。而"扁平化和窄细化"过程必然触动传统的观念、人情网络，触动一些人的既得利益，必然会遇到重重阻力。这种"扁平化和窄细化"的过程也是考验团体能否自我超越的试金石。

3. 自我超越的修炼

（1）从实践角度

1）建立个人"愿景"。"愿景"——内心真正最关心的事，是一个不断重新聚焦、不断清晰化的过程。

2）保持创造性的张力，看清结构性冲突。如图 4.13-3 所示，越接近"愿景"目标，信心越不足，失望的拉力越大。

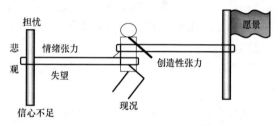

图 4.13-3　创造性张力的作用

3）永远的高标准愿景。美国波士顿凯尔特人篮球队明星比尔·拉塞尔（Bill Russell），每打完一场球给自己评一次分，从来没超过 65 分。打了 1200 场球，可怜的拉塞尔却从未达到 100 分的标准——就这样造就了一名卓越的篮球运动员。

（2）从原理、方法论角度

1）愿景的力量是巨大的。忠于愿景、忠于真相，就是力量。所有的创造都是冲破重重限制达到的，没有限制就没有创造。愿景可以使人藐视障碍。

2）创造性的张力 ≠ 情绪张力（如焦虑、悲哀、气馁、担忧、绝望等负面情绪）。情绪张力常让人们降低"愿景"目标，因而会松弛创造性的张力。

3）运用潜意识原理。世界上最大的尚未发掘的领域，就是位于我们两耳之间的空间,要不断开发自己的潜意识,如图 4.13-4 所示。

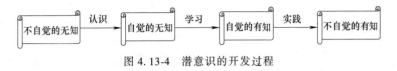

图 4.13-4　潜意识的开发过程

(3) 自我超越的最高境界与目标

1) 对团体的使命感。

2) 创造生命存在的意义。

3) 活出创造性的生命力。

4. 做哪种鹰

1) 不断自我超越——翱翔长空的雄鹰。

2) 受到心智模式的限制——关在笼子里的鹰。

3) 对新事物麻木不仁、熟视无睹、漠不关心——博物馆里的标本鹰。

5. 设备管理组织和个人的自我超越

1) 要让设备管理成为企业的生产力,成为企业文化的一部分——企业的愿景。

2) 全员为这一目标而奋斗(纵向、横向)——使命感。

3) 不断创新(思想创新、方法创新、手段创新)——保持创造性的张力。

4) 树立目标,不断学习——建立个人愿景。

5) 设备管理的扁平化、窄细化变革。

6) 变革——要克服设备管理组织系统调整的障碍、企业内部的人情网。这要求团队组织实现自我超越。

三、造就学习型组织

学习型组织要发扬团体精神。

1. 三个臭皮匠,顶个诸葛亮

团体学习可以使团体变得比个人更有观察力、更聪明,使团体的智慧永远大于个人的智慧。如图 4.13-5 所示,有序排列可

图 4.13-5　团体序列状态
a) 未能整体配合的团体　b) 整体配合的团体

以产生磁性。

2. 团体学习的三个方面

1) 团体要学习萃取和提升高于个人智力的团体智慧。

2) 既要创新，又要协调一致。

3) 让团体每个成员所扮演的角色发挥作用和影响。

3. 团体学习的修炼

(1) 实践与演练

1) 要坦诚地亮出真实的思想和假设。

2) 反思与探询。反思自己假设的片面性，探询他人设想的合理性。

3) 以伙伴和盟友看待对方，真正探讨问题，寻求真理。

4) 模拟实验或实践。

(2) 原理与方法论

1) 深度汇谈原理。两人交换苹果，各得一个苹果；两人交换思想，各得两个思想。深度汇谈的目的是超越个人见解，而不是要赢得对话，辩倒对方。好的深度汇谈，人人都是赢家，人人都满载而归。

2) 深度汇谈与讨论的整合原理。讨论是要撞击、要辩论的。为了强化个人的设想，要坚持和丰富自己的论据，要使群体接受你的个人观点，讨论是必要的、不可少的环节。但讨论之后要用深度汇谈说加以补充完善。深度汇谈与讨论的配合，才能产生效果和威力。

3) 习惯性防卫原理。首先要承认"人人心中有一个设定好的习惯性防卫程序"。习惯性防卫是根深蒂固地保护自己真正想法的习性，惧怕暴露自己想法背后的思维是否正确。其表现为说恭维话、口是心非、绕圈子、避重就轻、转移视线、强词夺理、对无把握的事情盲目自信……习惯性防卫削弱了群体贡献共同愿景的总体能量。习惯性防卫要靠反思和探询的精神，用"敢于承认自己的无把握"来克服。

(3) 团体学习的精髓和目标

1) 方向一致。

2) 充分发挥集体智慧，使 1+1>2。

(4) 设备管理组织的团体学习

1) 保养与维修关系的探询、研讨。

2) 维修策略的深度汇谈。

3) 扁平化和窄细化组织结构的深度汇谈。

4) 标准化作业体系的学习。

5) 技能学习，由主意识进入潜意识。

四、建立共同的愿景

1. 斯巴达克思的故事

公元前 71 年，斯巴达克思领导的奴隶起义曾两度击败罗马大军，但是在克拉斯将军的长期包围攻击中，最后溃败。克拉斯对几千名奴隶士兵说："只要你们把斯巴达克思交给我，就不会被钉死在十字架上。"斯巴达克思站起来说："我是斯巴达克思。"之后他旁边的人也站起来说："我才是斯巴达克思。"一分钟后，被俘军队里的每一个人都站了起来。这个部队所忠于的不是斯巴达克思本人，而是由他所激发的"共同愿景"——成为自由之身。这是让无数人甘愿为之献身的伟大愿景。

2. 什么是共同愿景？

愿景就是创造者的目标——我要做到什么？它不是抽象的理念，而应是可达的美好现实。同时，它也不是唾手可得的小小成果。愿景令人欢欣鼓舞，它使组织跳出庸俗、产生火花，将产生强大的驱动力。

3. 愿景与全息摄影底片

愿景又像全息摄影底片，当你分割一张全息摄影底片时，不论分割得多细，每一部分仍然显现出整个影像。如果组织中的每个人都能分享组织的愿景，则每个人又都是一幅最完美的组织图像，每个人都对整体负责，而不是各扫门前雪。

4. 共同愿景不是领导者的个人愿望

领导者必须把建立共同愿景当成日常工作的中心要素，是持续、永无止境的工作，是经营理念的一部分。除非共同愿景与组织内部个人的愿景连成一体，否则就不是真正的共同愿景。

5. 建立共同愿景的修炼

（1）从实践角度

1）认清当前的实际情况。

2）建立个人愿景，达成共识，提升组织愿景：①分享个人愿景；②聆听他人愿景；③允许自由选择。

（2）从原理和方法论角度

1）愿景如全息摄影底片原理。

2）奉献与服从的不同层次原理。

① 奉献：衷心向往，甚至可以改变任何"法则"来完成它。

② 投入：衷心向往，愿意在"法则"内做任何事。

③ 完全服从：看到愿景的好处，尽力做好分内事，仅此而已。

④ 勉强服从：未看到愿景的好处，不得不做，但并不真正愿意做。

⑤ 不服从：看不到愿景的好处，不愿做。

⑥ 冷漠：既不支持也不反对愿景，对工作不感兴趣。

真正的共同愿景是"我愿中有你，你愿中有我"，是奉献而不仅仅是服从。

（3）建立共同愿景的精髓和目标

1）树立共同可达的目标。

2）建立和谐的伙伴关系。

6. 设备管理组织的共同愿景

1）真正体现设备管理是生产力，是为了未来的投资。

2）每个人都为此而努力，每个人扮演好自己的角色。

3）建设责任型与合作型组织，领导者致力于共同愿景的建立。

组织中的个人要不断努力，逐步进入具有奉献精神的全员自主维护角色。

五、永不停滞的系统思考

1. 盲人摸象和井底之蛙

三个盲人摸到大象的不同部位，对大象有不同的描述：有的说大象像一面墙，有的说大象是一根柱子，还有的说大象是一根粗粗的鞭子。井底之蛙看天说天是圆的，如果井口是方的，那么它一定认为天是方的。无论是盲人还是青蛙，都因为受到了感知的局限而未能看到全系统。

"系统思考"将引出一条新路，让人们从局部看到整体，由树木看到森林，从迷失的林荫路中走出来，看到庐山的真面目。

例如，不能因为抢产量和计划而忽视对设备的维护保养，也不能因为节约前期设备投入费用而忽视寿命周期费用最小化。这些都需要系统思考。

2. 系统的魔方

1）今天的问题是昨天的结果。例如，某市区的恶性案件增多，罪犯多为吸毒者。检查原因，原来是近来政府查获大量毒品走私案，使毒品短缺，价格高涨，许多吸毒者在毒瘾驱使下铤而走险。维修人员的工资薪酬越低，越无法留住优秀人才，人才流失越严重，只好找低层次人员补充，工资薪酬就越难提升，造成维修水平持续下降，企业就越处于高成本的"救火"状态，进入恶性循环的怪圈。结论：把问题从系统的一部分转移到另一部分，并未根本解决问题。

2）越用力，系统反弹力越大。人类改造自然的行为越来越多，造成森林破坏、水土流失、气候变暖、酸雨出现、臭氧层破坏；相应地系统给予人类的教训也越来越多。为了保计划值，一些企业超负荷运行设备。结果使设备的 10 年寿命缩短到 3 年，不但增加了投入，而且造成对生产的影响更加严重。结论：系统常会出现补偿性的反馈。

3）成功是失败之母，变坏之前先变好。把多米诺骨牌从左边开始摆成一圈，最后一块恰好在自己右边，推倒左边的一块，感觉轻松不少，但最后一块多米诺骨牌会把自己砸倒。不打扫灰尘，似乎工作可以轻松很多。因为灰尘进入摩擦副，产生划痕（沟槽），使润滑介质流失，产生润滑不良，零件机体发热退火甚至过烧，结果造成快速磨损，配合的摩擦副开始松动，严重就会产生振动，于是出现疲劳应力和微裂纹，最后导致开裂。这就是多米诺骨牌现象。结论：系统的反应是一环一环向后延迟的。

4）对策可能比问题更糟。用饮酒来消除压力，却养成酗酒的恶习。用工作量大小来考核维修人员的工作业绩，反而使得设备故障频繁。因为维修人员不希望设备平稳运行，否则就会影响自己的奖励。结论：非系统的思考和对策只能解决表面问题，却使根本问题更严重。

5）显而易见的办法不一定是好办法。在灯光下找丢失的钥匙不一定能找到，因为钥匙不一定丢在灯光下。人们往往喜欢用熟悉的方式解决问题，却往往无法解决问题。例如，某车间主任闹得最厉害，领导给其维修和备件的投入就多，会哭的孩子常有奶吃。于是，慢慢地大家都学会了"闹"，造成相互争资源的恶习。结论：问题真正的解决方法在系统思考之后得到。

6）欲速则不达。某航空公司以低价、高质量服务著称，成长迅速。但随着飞快成长，其服务质量下降，五年内由辉煌走向了死亡。TnPM 的推进需要循序渐进，坚持 2~3 年才能够卓有成效。有的企业急于求成，恨不得半年完成，结果劳民伤财、走过场，大家怨声载道，反而对体系十分反感。这样不但没达到效果，反而起到反作用。结论：系统的成长是通过延迟、反馈及各子系统的协调而达到的，有其规律性，欲速则不达。

7) 因与果在时空上并不相接。不要以为因、果总是相连的，因与果可能经过若干环节才连接起来，在时间、空间上都存在距离。例如，你推倒的第一块多米诺骨牌并不是砸倒你的多米诺骨牌；"灰尘"导致"故障"的因果不是直接相连的，而是逐渐传递形成的。

8) 系统中存在着小而有效的杠杆解。小小的舵可以使万吨大船转向，我国有句俗话："四两拨千斤。"在以机械类设备为主的企业里，润滑对设备状况的保持往往十分关键。很多企业忽视这一点，维修费用居高不下，设备状况却不见改善。结论：系统的根本解往往不显眼，但作用突出。

9) 鱼和熊掌可以兼得。企业常在低成本和高质量之间做抉择，认为质量高的产品一定成本高，成本低的产品一定质量差。如果企业能改善生产流程，降低维修成本，减少广告促销成本，加强质量管理和设备管理，也可以以低成本生产出高质量的产品，赢得顾客的信任。维修投入大增加了生产成本，但可以保证设备良好运行；反过来，减少维修投入，虽可以降低成本，但因为设备运行不良，停机损失反而增加，对生产的影响和冲击加大，综合损失更大。因此，适当增加的维修投入可以使综合效益最好。结论：系统的两难矛盾可以兼顾解决。

10) 整体不可分割。整体观可以使人们看清各系统的互动关系。人为的界定、硬性的内部分工、各部门"自扫门前雪"的做法，往往损害整体的利益。长江抗洪，何处保堤，何处分洪，要总体决策、统一实施，才能使损失最小。通过效益分析，设备部发现主要维修费用在于备件更换费用，而备件更换又起因于过维修（维修过剩）。所以，通过状态监测，控制合理的预防维修间隔或者时机，就成为降低维修费用的关键。结论：杠杆解位于系统互动中的位置往往无法由局部看到，要整体来看。

11) 没有绝对的内外。人们倾向于把错误归罪于外部的"别人"，系统思考要善于把"外部"原因放到系统内部考虑。设备状况不良，维修人员埋怨操作人员误操作，缺乏保养；操作人员又埋怨维修质量不好，或者根本就没修理好，似乎两类人员都在系统外部。然而，互相扯皮的结果是大系统，即整个生产受损、效益下降。如果让上述两类人员利益捆绑，在"责任型"组织里共同对设备状况负责，于是大家就都进入系统之内了。结论：当把系统的范畴扩大，一切"外部"都在内部。

六、领导者在五项修炼中的作用

领导者是舵手、领航员，还是太阳？都是，也都不是。好舵手、优秀的领航员不能引导无舵的船，领导者的能量也不能像太阳那样无穷无尽。领导者在五项修炼中的作用如下：

1) 领导者首先是设计师。泰坦尼克号的失败是设计师的问题。泰坦尼克号的质量方针不是为了安全地将旅客送达目的地，而是为了显示气派和堂皇，甚至为了美观，因而船上连救生艇都没有备足。所以，设计师的作用非常重要。领导者的设计工作包括整合愿景、价值观、理念、系统思考及心智模式，并整合所有的学习修炼。设备管理的设计师是企业的高层负责领导，取决于企业的最高决策者。因此，企业设备管理状况像一面镜子，反映了企业管理的总体状况。

2) 领导者是仆人。领导者首先是自己愿景和企业愿景的仆人。

3) 领导者是教师。领导者对组织的学习负责，永远把组织的学习放在工作的中心。办企业是办人，也是办学校。

21世纪必胜的组织是学习型团体。孔子说："三人行，必有我师焉。"如果开发每个员工的"为师之资"，再进一步建设教育型组织。那么，21世纪设备管理最优秀的组织也应该是学习型和教育型组织。

第十四节　标准《设备管理体系　要求》——我国设备管理的里程碑

由中国设备管理协会提出并归口的 T/CAPE 10001—2017《设备管理体系　要求》，于 2016 年 7 月 1 日启动，2017 年 6 月

1日正式颁布，历时11个月。它汇集了国内100多名设备管理专家的智慧和意见，经十几次修改完善，终于完成。该标准的实施是我国设备管理历史上的里程碑事件。设备管理体系的推进和评价，标志着组织以设备为主线的管理体系进入了一个可测评的阶段。

组织通过设备管理体系的推进和评价，可以全面了解以设备人机系统为主线的生产管理水平（包括设备对生产的支持程度、生产现场管理、员工技能提升和氛围改善、知识资产管理、设备资产管理、设备可靠性、维修策略、维修资源的组织和配置、维修行为规范、维修成本、设备综合效率、设备投资效率，以及设备对安全、环境、健康的支持力度等）。通过提升设备管理体系运行水平，促进设备管理绩效全面改善，实现设备全寿命周期综合管理并创造价值最大化。

该标准参照国际标准化的基本框架，吸收国内外设备管理的先进理念和方法，并结合我国制造业发展的实际，向上对接国际资产管理体系 ISO 55000，《设备管理体系 要求》的主体架构如图 4.14-1 所示。

组织开展设备管理体系推进和评价工作具有以下重要意义：
1）夯实生产经营的设备保障基础。
2）建立设备管理交流与学习平台。
3）打造设备管理标杆与可塑典范。
4）提高设备管理水平与能力。
5）增强设备管理综合绩效与实力。
6）持续提升设备管理的整体水平。
7）把握设备管理动态和未来趋势。
8）实现设备管理共同愿景与目标。

组织依照 T/CAPE 10001—2017 所规定的设备管理体系，通过定期评审和评价持续改进设备管理绩效，并依据经济状况和其他客观条件，确定持续改进过程的速度、程度和时间表。其实施要点如下：

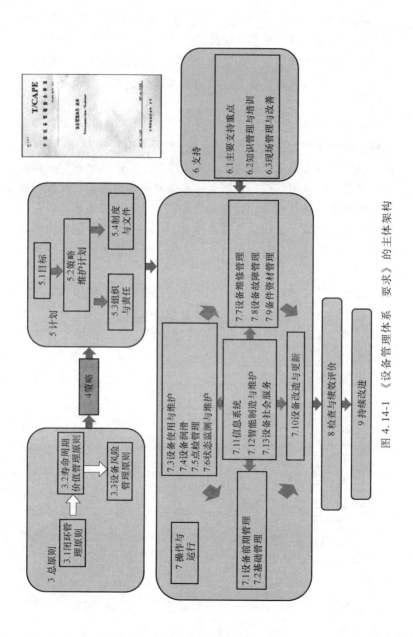

图 4.14-1 《设备管理体系 要求》的主体架构

1)成立设备管理机构（或承担设备管理职能的其他机构），明确管理机构层级及岗位人员的职责、工作标准和权限。

2)根据组织的经营发展战略，依照设备全寿命周期价值最大化和风险管理原则，制定设备管理方针及目标，并根据阶段目标及工作重点，形成年度工作计划。

3)将年度计划进行层级分解后付诸实施，强力监督并长期坚持。

4)识别并确定设备管理体系所需的过程、程序和相互作用关系。

5)确定相应的准则和方法并实施，确保过程受控和有效运行。

6)高层管理者参与并提供必要的资源，确保设备管理体系有效运行。

7)设备全寿命周期管理涉及多个职能机构的，需在制度中明确、划清职责并做好流程接口设计。

8)各层级管理者需认真执行、落实设备管理制度。

9)推动设备管理信息化建设，设立标准化工作流程，建立并不断完善设备管理信息化系统数据库资料（如点检标准、维护保养标准、检修标准、费用定额标准等）。

10)促进智能维护技术发展，逐步建立并完善以状态维修为中心的控制与管理。

11)监测、分析设备管理体系运行过程和结果，及时发现改进机会。

12)采取必要的措施，考核实施过程节点和结果，并持续改进。

13)适用时，设备管理体系实施与运行过程中，涉及委外（委托外部的社会化协作服务）的项目，确保其实施过程受控，并在设备管理制度中明确和规范。

《设备管理体系　要求》是与时俱进的管理体系标准，它以设备为核心，专注人机系统，提倡工匠精神和全员参与的自主维护;引导节能减排、降本增效的精益管理,同时为中国制造 2025 和互联网+做好铺垫,努力向智能维护迈出一步。其时代特征如图 4.15-2 所示。

图 4.14-2 《设备管理体系 要求》的时代特征

《设备管理体系 要求》是本着全生命周期价值管理、闭环管理和设备风险管理的原则制定的。这三大原则如图 4.14-3 所示。

我国作为制造业大国,近年来设备管理也有长足进步,但企业发展水平仍然参差不齐,甚至有的企业还没有设备管理组织,有的企业只是以价值形态进行管理,将设备管理放到财务部门,有的企业将设备管理放到生产部门代管,组织强度远远不足。《设备管理体系 要求》特别强调了组织的健全性,这是设备管理的重要组织保障,如图 4.14-4 所示。

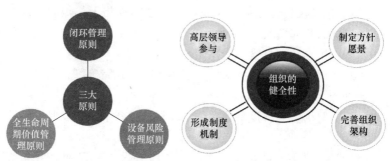

图 4.14-3 《设备管理体系 要求》的三大原则

图 4.14-4 重要组织保障

除了对组织保障的强调,《设备管理体系 要求》还强调维修策略、预算和计划的重要性,强调故障管理和节能降耗,强调智能制造、信息化和智能维护,强调寿命周期风险管理等重点,如图 4.14-5 所示。

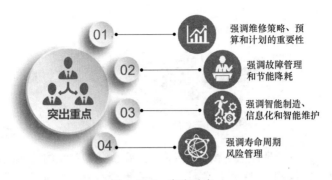

图 4.14-5　突出重点

值得指出的是,《设备管理体系　要求》对目前企业设备管理的薄弱环节做出了一些明确指引,如对购置设备普遍存在的低价中标问题,就明确强调购置设备要使全生命周期费用最小化而非价格最小化。

《设备管理体系　要求》强调全员参与的自主维护,并明确自主维护的重点内容,如图 4.14-6 所示。

在自主维护的润滑环节,明确了"六定、二洁、一密封、三过滤"的细节,使得润滑规范更加深入、到位。所谓六定,就是定点、定人、定质、定量、定周期;二洁就是加油工具要清洁,加油部位要清洁;一密封就是要

图 4.14-6　自主维护的重点内容

强化密封,防止泄漏;三过滤就是领油过滤、转桶过滤、加油过滤。这样,基层员工做润滑的行为规范就有了依据。即使未来进入自动润滑和智能润滑阶段,上述内容仍然可以融入其中,成为高质量科学润滑的技术保障。

润滑规范管理的内容如图 4.14-7 所示。

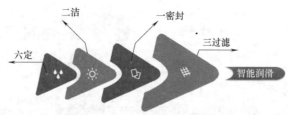

图 4.14-7　润滑规范管理的内容

《设备管理体系　要求》特别强调了检修人员的薪酬要高于其他相关专业人员水平这一点。尽管很少有管理标准涉及薪酬问题，但这一标准却仍然强调，是出于以下两个原因：

1）源于计划经济留下的历史惯性，国内不少企业中检修人员的工资薪酬普遍低于操作岗位，在操作环境越来越好、工作越来越简单轻松，而随着设备日益复杂、检修技术难度越来越高的形势下，检修人员流失严重，对目前企业设备状态的影响日益严重，形成恶性循环。

2）随着企业智能制造的逐渐成型，先进设备与落后检修队伍的矛盾日益突出，企业对检修人员的需求会日益强烈，必须有良性的机制来引导高技术人才向制造业流动。

《设备管理体系　要求》是在国际现有标准的基础上逐渐发展起来的，既有继承，又有发扬。几个标准里程碑的历程如图 4.14-8 所示。

图 4.14-8　几个标准里程碑的历程

《设备管理体系　要求》不但可以告诉企业做什么，而且可以告诉企业怎么做，如何做得更好。也就是说，这一标准给出很多抓手，供企业参考实施，引导企业不断进步。它让企业的设备管理从离散走向系统，从粗放走向精细，从随意走向规范，从混乱走向科学。

设备可以是载体，它承接着生产，也支撑着企业的健康、安全环境和职业健康等诸多方面。因此，以设备为管理主体的《设备管理体系　要求》也支撑着相关的标准体系，如 ISO 9000、ISO 14000、ISO 18000、TS 16949、GMP 等管理体系标准，如图 4.14-9 所示。

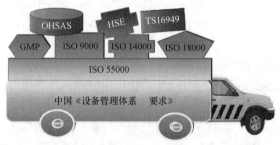

图 4.14-9　《设备管理体系　要求》的支撑作用

如何检验《设备管理体系　要求》的推进效果呢？从体系颁布至今，已有几十个企业在推进实施之中，它们的实践证明，企业将从 KPI 的进步、骨干能力的提升等六个方面感受到体系带来的好处，如图 4.14-10 所示。

图 4.14-10　体系给企业带来的好处

第五章 人机系统精细化管理平台——TnPM+

第一节 企业的人机系统

我们的工厂到底怎么了？设备一天一天在老化，管道锈蚀，阀门泄漏，噪声日益明显，螺母松动脱落，电缆接头短路，支架断裂，锅炉爆炸，反应釜起火，毒气泄漏，转轮飞出……随之祸起萧墙，灾难四起，机器寿终正寝，批量产品报废，人员严重死伤，环境恶性污染……另一方面，设备管理和维修岗位辛苦、待遇低，有经验的老员工退休、调离，年轻人不愿意加入，青黄不接的尴尬局面逐渐加剧。在我们的工厂里，先进的设备和落后维修与管理队伍的矛盾日益突出。这就是我国制造业面临的普遍问题。

企业生存的基础是其运营力，对于制造型企业而言，什么是其运营力呢？笔者认为，一是制度和流程的执行力；二是设备和设施的保障力。关于执行力，目前市面上流行的图书很多，而这不是本书的重点，就不详细展开了。谈到设备和设施的保障力，首先涉及人机系统关系。

1. 人机系统关系结构

随着人类发明成果的几何级数增长，企业的运作更多地依赖于机器设备。小到一个办事机构，人的工作天天离不开办公设备，如计算机、电话、网络、复印机、传真机和打印机等；大到一家制造型企业，人的工作几乎完全依赖于各种加工设备来完成。

人和机器之间到底是什么样的关系呢？第一，人要知道如何操纵、使用设备；第二，人要知道如何检查、监测设备是否正常；第三，人要知道如何维护、保养设备；第四，人还要知道如何维修、改造或者更新设备。当然，并非企业里的所有人员都要掌握这四点，但至少在企业里要有足够的相关人员能够了解这四点。否则，机器、设备就会成为企业工作效率的障碍和制约。

人机系统关系结构如图5.1-1所示。

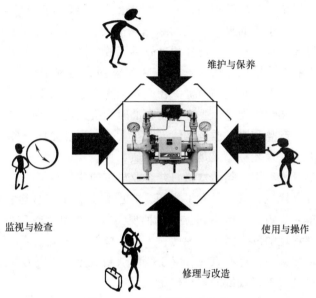

图5.1-1　人机系统关系结构

2. 人机系统精细化管理的意义

如果提到"人机系统"，这就不仅仅是人与机本身了，它必然包含人与人、人与机、机与机、机与环境、人与环境等各个要素以及它们之间的关系。精细是相对于粗放而言的，正是因为企业在处理人机系统关系方面存在不少粗放的弱点，所以才要强调精细化管理。

试想在企业里发生的一些事故：流程中的一台设备出故障停机，一天损失了5000多万元；一台天然气田设备出现严重泄漏，周围的二三百名居民死于非命；一炉钢水包倒翻，三十几个员工被浇铸在钢水里；一家石油化工厂的设备事故将松花江污染，造成沿江流域饮用水供应紧张，甚至造成恶劣的国际影响……细想起来，这些都来自人机系统的粗放管理。

如何才不粗放呢？一定要将规范到渗透到毛细血管，将精确传递到神经末梢！君不见，一个小小的螺钉松了，一架飞机从天上掉了下来；一块微小的材料烧焦剥落，一架载人航天飞机起火爆炸；一粒小小的火星，让油罐飞爆上天；一点小小的泄漏孔，让几百人中毒身亡……这样的事故不胜枚举。

人机系统精细化管理是所有企业宏图大略和美好愿景的基础，是打造无忧企业的前提。什么叫无忧企业？如果管理者对企业的市场和销售无忧、生产进度和准时交货无忧、运营成本和利润无忧、产品和服务质量无忧、安全无忧、环境无忧、员工职业健康无忧，这才称得上是企业的本质无忧。

笔者曾经用三句话概括一些企业员工的状况：第一，做事随意，没有规矩；第二，有了规矩，弄虚作假，不守规矩；第三，就是遵守规矩，也做不到位！这种现实状况是粗放管理的土壤，是精细管理的巨大障碍。因此，人机系统精细化管理对我国企业来讲更加必要、更有意义，对于我国从制造业大国成为制造业强国，更具有不可或缺的重要作用。

第二节　精细化人机系统要从现场做起

有人说，企业竞争在市场，但竞争力在现场。不少企业对这一点似懂非懂。在我国，众多企业致力于哑铃型结构的建设，哑铃的一个大头是市场和销售，另一个大头是新产品研发，中间细细的轴就是生产制造，似乎只要用这根细细的轴将哑铃的两端连接起来就够了。这充分反映了一种急功近利、浮躁的特征或者哲学。很多企业一有新产品就盈利，一变成批量生产就亏损。这种现象发生的逻辑背景就是哑铃结构。哑铃结构已经成为很多企业不能做强的哲学环境或者文化背景。

当然，在科学飞速进步、经验不断贬值这个速变的时代，企业应该不断将人类发明的成果应用到自己的产品之中，不断地为自己的客户开发他们所需要、所喜爱的新产品；在市场经济、注意力经济时代，企业也绝不可以忽略产品的市场推广和营销。就拿最能够体现当代市场特征的汽车制造业而言，没有企业忽视哑铃的两端。而像丰田这样在汽车领域叱咤风云的企业，却丝毫不敢忽视哑铃的中间环节——生产制造现场。恰恰相反，它们正是依赖自己的 TPS、JIT、TPM 这些专注于现场精细化管理的手段频频打败对手。更不用说那些百年屹立不倒的企业，如可口可乐、麦当劳，它们的产品创新并不突出，真正的硬功夫却在产品制造和服务现场。说到这里，有人会有这样的疑义：竞争力不在于它们的品牌吗？品牌是什么？品牌是宣传推广出来的吗？品牌离不开宣传推广，但屹立和沉淀下来的品牌还是制造出来的，是经得起千百次重复、无数客户消费，其内核不变、品质不降的实践坚持。可口可乐如此，麦当劳也如此。

生产现场管理的内容十分丰富，包括设备布局、工艺流程安排、物流统筹、计划排产、成本控制、公用设施、安全设计等诸多方面。在人机系统里，最重要和最基础的是人机系统现场管理的基础四要素，即：

1）6S 活动。
2）清除六源——6H 活动。
3）定置化管理。
4）可视化管理。

也就是 6S 和清除 6H，加上可视化、定置化管理构成了生产现场管理的四要素。如上所述，企业的现场管理并不局限在这四个要素，现场管理有着丰富的内容，然而这四要素应该是其他现场管理要素的基础，是现场管理的起点，如图 5.2-1 所示。

1. 6S 活动

6S 是先从 3S（整理、整顿、清扫）逐渐发展成为 5S 的，最早来源于日语发音的首字母 S；我们留下其精髓，把我国现场"安全"这个相当薄弱的环节加进去，再换上对应的英文单词，

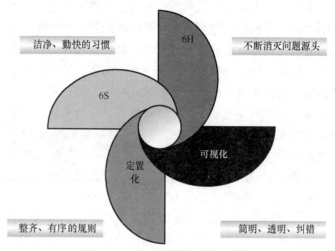

图 5.2-1　生产现场管理的四要素

赋予简洁的中文解释，就成了本书介绍的 6S：

1）整理（Structurise）——取舍分开，取留舍弃。
2）整顿（Systematise）——条理摆放，取用快捷。
3）清扫（Sanitize）——清扫垃圾，不留污物。
4）清洁（Standardise）——形成规则，保持成果。
5）安全（Safetise）——安全第一，预防为主。
6）素养（Self-discipline）——自主管理，养成习惯。

企业可以根据以上 6S 的基本精神，制定详细工作内容、开展方法、评价标准，坚持做下去。6S 可以使生产现场面貌大大改观、焕然一新，令人鼓舞、振奋，甚至受到震撼。同时，它可以大大提升员工的工作效率，减少工作差错，一点一滴地减少质量损失，降低设备故障。6S 也是改善精神面貌、引导员工养成良好工作习惯的过程。

企业开展 6S 活动常常陷入"一紧，二松，三垮台，四重来"这样的怪圈。不少企业的 6S 活动搞到最后就仅剩下墙上的 6S，现场和行动上了无踪影。为什么？很多企业一开始就把这项活动看得太简单了，缺乏程序化的管理。

企业6S程序化工作流程如图5.2-2所示。企业6S活动失败的另一个原因是缺乏"打持久战"的精神，以为6S可以一蹴而就，其实大错特错了。6S的重要使命是改变员工的行为习惯，而行为习惯的改变要从观念和态度的转变开始，这其实是最艰难的。开展6S活动先从形式化做起，逐渐将形式化转变为"行事化"，即靠制度、规范、标准来保证，要例行公事地去做；为了能够真正做好，企业还要不断地对这项工作检查评估，称之为"检查评估化"；检查评估之后就要有所表示，也就是进行激励，称之为"激励化"；经过长时间的激励，员工会逐渐养成习惯，称之为"习惯化"；长久的习惯就形成了个人的品格，也铸就了企业的品格，称之为"品格化"。

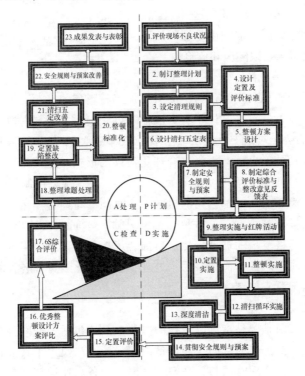

图5.2-2　企业6S程序化工作流程

有些企业把6S当成一项运动来搞，想三个月或者半年攻下6S山头，这其实是难以做到的。6S是企业终生的修炼，是没有终点的长跑。6S真正能够在企业扎根的必由之路如图5.2-3所示。

2. 清除六源——6H（Headstream）活动

在6S活动中，员工将会发现一些问题的"源头"。企业应该主动引导员工去寻找和解决现场中的"六源"（6H）问题。这"六源"分别是污染源、清扫困难源、故障源、浪费源、缺陷源和危险源。

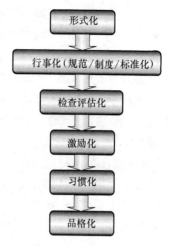

图5.2-3 企业开展6S活动持久战的过程

（1）污染源

污染源即灰尘、油污、废料、加工材料屑的来源。更深层的污染源还包括有害气体、有毒液体、电磁辐射、光辐射以及噪声方面的污染。要鼓励员工去寻找、收集这些污染源的信息，同时，激励员工自己动手，以合理化建议的形式对这些污染源进行治理。污染源的治理主要有两个方向：一是源头控制；二是防护。天津奥的斯电梯公司的机械加工车间的每一台车床都加装了防护挡板，防止加工的铁屑、油污外溅，车间地面洁净、无油、无尘。赛格三星的玻璃焙烧炉口加装了挡板，以防煤尘外喷。这些工都属于防护。而加装污水处理、空气净化装置和各种堵漏工作则属于源头控制。

（2）清扫困难源

清扫困难源是指难以清扫的部位。具体包括：空间狭窄、没有人做清扫工作的空间，如设备内部深层无法使用工具清扫；污染频繁，无法随时清扫；高空、高温、设备高速运转部分，操作员工难以接近的区域等。解决清扫困难源也有两个方向：一是源头控制，使这些难以清扫的部位不被污染，如设备加装防护盖板等；二是设计开发专用的清扫工具，使难以清扫的部位变得容易清扫，如使用长臂毛刷和特殊吸尘装置等。

(3) 故障源

故障源是指造成故障的潜在因素。通过 PM 分析方法，逐步了解故障发生的规律和原因，然后采取措施加以避免。例如，因为润滑不良造成的故障，就应加强润滑频次，调整润滑油脂量，甚至加装自动加油装置来解决；如因为温度高、散热差造成的故障，就应加装冷风机或冷却水来解决；如因为粉尘、铁屑污染造成的故障，就应通过防护、除尘方式来解决。

(4) 浪费源

生产现场的浪费是多种多样的。第一类是"开关"方面的浪费，如人走灯还亮，机器仍空转，气泵仍开动，冷气、热风、风扇仍开起等方面的能源浪费。这类的浪费可通过在"开关"处加以提示以及培养员工良好的习惯来解决。第二类是"漏"，包括漏水、漏油、漏电、漏汽和漏气以及油箱滴漏，这也是能源或材料的浪费。要采取各种技术手段去做好防漏、堵漏工作，如使用高品质的接头、阀门、密封圈和龙头，应用带压堵漏材料等。第三类是材料的浪费，包括产品原料、加工用的辅助材料。一方面，通过工艺和设计的改进来节省原材料；另一方面，可以在废材料的回收、还原、再利用方面下功夫。第四类是无用劳动、无效工序、无效活动方面的浪费，如工序设计不合理、无用动作过多，甚至工序安排不平衡，中间停工待料时间过长。需要通过人机过程学、工业过程（IE）等方法来优化设计加以解决。无效活动包括无效的会议、无效的表格和报告等，渗透到工作的各个领域，时间浪费可节约的空间十分广阔。这就要通过会议管理、时间管理等方法来解决。

(5) 缺陷源

6S 活动还可能发现产品缺陷源，即影响产品质量的生产或加工环节。ZD（Zero Defect，零缺陷）和 QC 活动就是针对这些缺陷源的。解决缺陷要从源头做起，从设备、工装、夹具、模具以及工艺的改善做起，同时也要从员工的技术、工艺行为规范着手。

（6）危险源

危险源即潜在的事故发生源。企业存在大量的危险源，如人员触电、物品掉落砸伤、工件材料飞溅伤人、厂房起火、装置爆炸、毒气泄露、员工掉落摔伤、炉火或者熔融液体外溢、飞溅烫伤、火焰或者紫外线灼伤、电磁辐射、核辐射伤害等不同种类的危险。美国的海因里希工程师曾经做过统计，330件工业意外，其中300件不会造成伤害，29件可能引起轻微伤害，仅有1件会造成严重伤害。按照海因里希安全法则，要想减少严重伤害事件，必须让那些轻微伤害和无伤害的意外事件同时减少。控制意外发生的隐患是问题的关键，而这一控制就是将所有的危险隐患消灭在萌芽状态。企业应该开展全员参与的警示报告活动，动员全体员工的智慧和注意力，随时发现危险隐患，随时加以克服。

在企业开展6S活动的过程中，自然而然会引起员工对"六源"的关注，企业应顺水推舟，主动加强对寻找"六源"活动的引导，使之成为每个员工的潜在意识。寻找"六源"，要从清除员工脑子里的"麻痹源"开始。寻找"六源"、解决"六源"，与生产现场的持续改善、难题攻关及合理化建议活动融为一体，将成为现场改善和进步的强大推动力。

清除"六源"活动与企业的6S活动就像是孪生姐妹，共存共生。企业开展6S活动，必然遇到一些源头（即6H）挡路，不清除这6H，6S就无法进行；反过来，企业做好了清除6H工作，还要顺水推舟地保持良好的现场成果，让现场管理升华，而6S就成为这一提升的必然结果。

发现和清除6H活动同样也要程序化、精细化管理。图5.2-4给出了清除6H的具体步骤和程序。

3. 定置化管理

广义的定置化管理既包括空间的定置，又包括时间的定置。

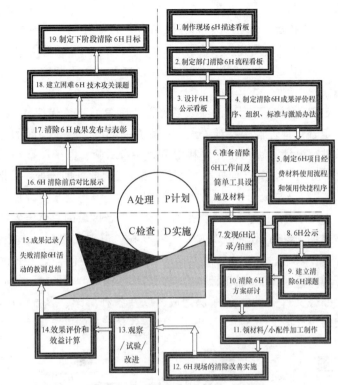

图 5.2-4　企业清除 6H 的具体步骤和程序

空间的定置要处理人、物和场所之间的关系；而时间的定置则要处理人、事和时间的关系。

空间的定置化管理可以作为一个要素，即"整理、整顿、素养"的核心内容融入企业 6S 活动中。因为定置化管理本身的内容比较丰富，涉及整个企业的"人——物——场所"三维空间位置关系的设计和优化，企业也可以将这项工作单独提取出来，进行更加细致的研究和实施。

在企业里，物品与使用者——人的位置关系一般处于三种状态：

1）A 状态：人与物有效结合，人可以直接、方便、快捷、有效地利用物。

2）B状态：人与物不能有效结合，人不能马上、快捷、有效地利用物。

3）C状态：人与物不需要结合，物品处于不利用、无利用状态。

定置化就是不断地清除C状态，改善B状态，保持A状态。

定置化管理首先要对"人——物——场所"三维空间的位置关系进行设计和优化，充分利用色彩、指示牌、电子屏幕和其他信息媒介将"该物在何处""该处在哪里""此处即该处""此物即该物""该物流向哪里""该物有多少""该物处于何种加工状态""该物是否良好""该物是否危险"以及区域的总体定置状态等信息明确表示出来，以方便人的寻找、识别，减少工作差错，提升工作效率。定置化管理具有不少创造性的空间，如工具的行迹管理（影子图），管道流动介质的名称、源头、目的地、流向标识，办公文件夹的线条标识摆放，以及各种层架、容器、托盘、挂架的设计等。图5.2-5给出了空间定置化管理的主要流程。

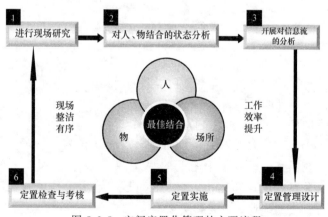

图 5.2-5　空间定置化管理的主要流程

时间的定置，就是将人的精神和精力状态、要处理的事情以及工作时间进行最佳分配与结合，以达到最高的工作效率。用简单的话说，就是在最合适的时间做最应该做的事情。具体的时间定置化管理包括以下内容：

1）有固定周期的工作，按照工作周期安排。

2）将每天的时间分成若干段，每段安排不同类型的工作，精力最充沛的时间段，做最重要的工作。

3）将每段中间的缓冲期，做一些琐事、杂事，可以调节和休息。

4）定期总结和反省自己的工作，对照检查自己的时间定置，调整定置计划。

时间定置化管理的主要流程如图 5.2-6 所示。

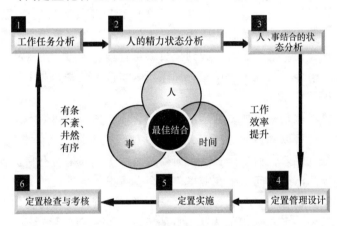

图 5.2-6　时间定置化管理的主要流程

4. 可视化管理

在生产或者办公现场，管理者和现场员工往往存在这样或那样的"视力"问题。

1）近视：只能看到眼前的事物和问题，看不到长远的和事物本质的问题。

2）远视：喜欢往远处看，但忽视眼前、脚下的事物，看不到细枝末节，对现场的问题视而不见。

3) 弱视：对现场状况看不清楚，似乎看出了问题，但又不清楚到底是什么问题，一会儿认为是这个问题，一会儿又觉得像是那个问题。

企业的管理者需要培养企业员工的"可视力"：第一步是能视；第二步是透视；第三步是重视。

1) 能视：通过相应的手段让微小的问题放大，让隐含的问题暴露，让大家看到需要看到的东西。

2) 透视：对暴露出问题的本质、危害、原因进行正确的分析、判断，让大家看到本质，也看到发展趋势和前景；

3) 重视：要让大家付诸行动、发掘对策来解决这些问题。

除了发现问题、解决问题，可视化管理还具有将生产现状、企业经营、经验智慧、团队沟通、工作绩效、顾客反馈、外部信息可视化的功能。它可以起到全员参与管理、大家清楚现状、相互学习借鉴、自我评价反省、加深团队友谊、鼓舞企业士气等积极作用。

机场就是一个典型的运用可视化管理的场所。我们不用去问讯处，就可以知道何处接机，何处办理登机手续，何处是安检，何处是登机口，何处是餐饮，何处是厕所等。如果所有乘机者都需要到问讯处询问这个在哪里、那个在哪里，问讯处的工作人员会忙死。也有一些企业管理者就是不喜欢将管理可视化，却不知道他们失去了60%以上传达信息的手段。

笔者一次在一个很大的机场乘飞机，因为票的问题而很晚办完登机手续，引导的服务人员告诉赶快下楼直走，笔者依照她的指导来到机场地面，一看既无飞机，也没有拉乘客的摆渡车。无所适从之时，又下来两个旅客，大家面面相觑，不知如何是好。这时机场保安队长开吉普车到来，严肃地拿我们的证件登记，把我们"押送"上楼。此时又遇到引导我们下来的那位服务人员，她莫名其妙地问我们为什么又回来了。我们讲述了过程，她说应该下到二楼往左直走50m下楼。二楼是到达厅，而且毫无指示，我们三人竟然无人知道如何走。除了这位服务人员的沟通缺陷之外,这时哪怕有一块白纸黑字的牌子都是多么重要。所以有的企业把可视化管理幽默地称为"一目了然工程"。

能够辅助企业进行可视化管理的工具很多,包括色彩、标签、铭牌、实物、看板、图表、照片、电子媒体、灯号等。可视化管理工具如图 5.2-7 所示。

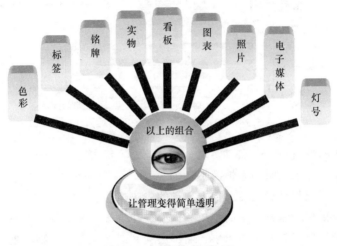

图 5.2-7 可视化管理工具

5. 如何打造优秀的现场力

企业家都知道现场是什么,却很少有人知道什么是"现场力"。现场力不外乎两个层面的意思:一是将决定下来的事情一丝不苟地落实到生产现场,坚持不懈地做到位;二是现场员工的智慧不断被激发,创意和点子不断涌现。

要打造企业优秀的现场力是不容易的。图 5.2-8 给出了打造企业优秀现场力的总体框架。

企业做出正确的战略决策、选择正确的途径和目标是不容易的,而让这些战略、目标真正实现则更不容易。

打造一支出色的执行团队是十分艰巨的任务,培训、实践磨炼、失败教训、总结提炼……要经过一次次困难的洗礼才能一步步走向成功,才能够让这支队伍有效地将蓝图变成优质产品,将

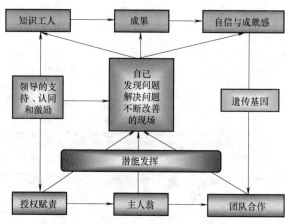

图 5.2-8　打造企业优秀现场力的总体框架

企业的战略目标一点点实现。这就像一个优秀运动员的成长历程一样，汗水和眼泪恐怕都不会少。

授权和赋责是铸就优秀现场的先决条件。

授权就是将管理的主权和重心放在现场，让那些想干事、能干事的员工更方便地干事，而不会受到层层权力障碍物的阻拦。

赋责就是要给现场员工赋予职责、责任和目标，而非任其无目标地随意发挥。只有如此，才能形成企业的发展合力，才能将每一块小磁性单元排列好，形成一块具有强极性的大磁铁。

只有真正的授权和赋责才能让员工真正具有主人翁精神。

现场小组活动是现场力的源泉。小组团队合作是企业最值得提倡和培养的文化之一。当员工通过小组的团队合作，一方面不断重复地把该做好的事情做到位，另一方面不断发挥自己的创造性，对现场的缺陷、不足进行有效的改善，必然会创造出不少成果。这些成果不但让他们更有成就感，也更有自信心。这时候，企业的一线员工在工作实践中变得更有知识和智慧。让这样的"基因"不断"遗传"下去，就会形成具有卓越现场力的企业文化、传统和良性循环圈。

在计算设备综合效率（OEE）时有这样一个公式：

OEE＝时间开动率×性能开动率×合格品率

用这个公式也可以类似地度量员工的现场力表现。时间开动率相当于员工的出勤率；性能开动率相当于员工的能力发挥和创造性劳动，是高效的工作还是懒散、怠慢；而合格品率则相当于员工做事的成效，也就是员工时时、处处把事做好、做到位，还是经常出差错，虽有满腔热情，却把事做得一塌糊涂。

计算设备完全有效生产率（TEEP）还有另外一个公式：

TEEP＝OEE×设备利用率

如果延续上面的类比，这个设备利用率就相当于领导对员工的授权和赋责。显然，如果员工非常出色，OEE可以很理想，但没有相应的授权和赋责，这相当于"设备利用率"不高，则他们的总体效率也很难得到发挥。

从上面两个公式可以看出，企业的管理者要通过授权和赋责，通过管理重心的下移，将现场员工充分调动起来，并对员工进行充分的培训和实践训练；通过他们的高出勤率、高效率和高成效的工作，形成自己的高现场力，也即现场的高执行力。

上面谈到的是打造现场力的途径，或者说是过程指标。而检验现场力的最终指标或者说硬指标，还应该是速度、质量、成本和持续性。其中持续性是指上述指标的稳定性和不断的进步。

速度是指决策速度、执行速度和创造速度；质量是指单个业务质量和总体业务质量，业务链的运行质量，微观到每个产品和每项服务细节的质量；成本是指成本的经济合理性和成本在同行业中的竞争力。

6. 建设注重现场改善的管理体系

许多管理者喜欢在办公室正襟危坐，因惧怕现场的高温、噪声、危险而远离现场。大多数管理者只是通过每天、每周以至每月的报告或会议来了解现场情况。这也是企业文山会海的重要原因。管理者通过会议、报告了解现场，会受到汇报者个人观点的影响，掌握的信息可能失去真实性。与现场保持密切的接触，是生产系统有效管理的关键。一些出色的公司总经理，从外面出差回来，马上就出现在生产现场，视察生产状况，与工人交谈，感受现场员工的情绪。这一两个小时时间的收获，也许胜过一整天会议中的汇报。管理者要养成"先去现场"的良好习惯。五步现场管理方法的要旨是：

1）每天都去现场，有问题更要先去现场。
2）检查现场发生的一切。
3）当场与现场人员协商改善或处理问题的临时措施。
4）研究现场不合理的真正原因，加以排除。
5）规范作业行为，以防止再发生。

五步现场管理方法是管理的金科玉律。企业"一点一滴追求合理化"的过程就是不断地应用这五步现场管理方法、循序渐进的过程。

在日本丰田公司受训的管理人员，先要带到生产现场，在一个画好的圆圈里，一站就是一个上午，让他们学会观察和描述现场的状况、生产过程，提出可以改进的建议。要成为一个合格的丰田人，就必须喜欢现场，这是每个丰田员工所必需的信念——现场是公司最重要的地方。丰田甚至要求公司的财务人员每年穿破两双鞋子，常到生产现场去，而不是埋在一堆财务报表里，让他们看看存货、效率、质量等如何被改善，而且对成本的降低有什么作用，让他们理解和支持与现场改善有关的必要财务支出。否则，这些人只相信财务报告，只凭头脑中的好恶去分配资源和做出决策。

公司的管理者喜欢看报表，喜欢看数据。其实，最值得怀疑的就是这些资料和数据。即使是由仪器仪表测量的数据也值得怀疑。因为这毕竟是二手资料，有的统计资料为取悦上司而变形，有的因测量仪表失灵而错误。

在企业里常常会看到这样的情况：一件废品被拿到会议室，大家对着这件废品讨论对策，甚至争论不休。为什么不去现场看看呢？如果在产出废品的机器旁边看看，也许问题会马上迎刃而解。

现场出现的问题并不一定可以马上从根本上解决。例如，运行中的设备，高处的仪表盘因溅上油污而模糊不清，三个螺钉紧固的防护罩因振动而缺了一个螺钉，导线的连接焊点裂开等。为了不妨碍繁忙的生产，可以采取一些临时措施加以解决。例如爬上梯子，暂时安装一块临时挡板，以防油污飞溅，并将仪表盘擦净；在防护罩上紧急配装一个螺钉；断电之后，用一根导线将裂开的两端接上等。有的企业将那些临时不能处理的问题贴上"红标签"或挂上一个牌子，称为"红标签活动"或"圣诞树"；还有一些企业用专门的本子记录这台设备的问题，以便将来做"批处理"，也就是说，等待可以停机集中处理时将本子里记载的问题一起处理完。

为了避免现场的不良现象，就要从根本上解决问题，即找出背后的真正原因。例如，仪表盘溅上油污，要了解油污的来源，可以做临时挡板，防止油污飞溅，从长远看，要制作固定挡板，彻底挡住油污飞溅；防护罩长时间振动会振松螺丝，要改变紧固方式，增加弹簧垫圈。又如，铁屑掉落在传送带上造成停机，可以当场用薄铁板做一导槽来解决。一旦确认此法有效，就可以制作安装一个永久性的金属导槽。现场中90%以上的问题都能在一两天内解决，这取决于管理者和现场人员的"现场就做，马上就干"的精神。

在PM分析中，人们常说连续问5次为什么，就可以找出问题的解决办法。例如，如果你看到工人把锯末洒在机器的旁边。

你问："为什么把锯末洒在机器旁边？"

回答："因为地面太滑，不安全。"

你问："为什么会滑，不安全？"

回答："因为地面有油。"

你问："为什么会有油？"

回答："因为机器在滴油。"

你问："哪儿滴油？"

回答："连接器泄漏的。"

你问："为什么会泄漏？"

回答："可能是里面的橡胶油封已损坏。"

把连接器拆开，发现的确是橡胶油封损坏，改用金属油封来代替橡胶油封，马上阻止了漏油，而且此后长久都没有漏油。从这个例子可以看出，人们往往懒得问为什么，从表面上解决问题，或因为怕麻烦而不愿意寻找问题的根本解决方法。结果反而给自己的工作增添了更多麻烦。

为了防止问题重复出现，就要用"规范"加以保证。所谓的"规范"，就是解决问题、常规工作的最佳方法。例如，在所有飞溅油污的设备上，统一加装固定挡板，以防油污飞溅，让所有设备的类似问题不再发生。在有铁屑溅落的传送带处安装统一的金属导槽；所有的连接器统一更换金属油封以堵住各处漏油。例如，一家卷烟厂的操作工在对卷接机组的气闸板进行清理时，用普通刮刀和钢丝毛刷来除掉闸板、机台上的烟丝和胶块，常造成气闸板的损坏，现场管理者发现问题的严重性，研究采用铜刮刀和铜毛刷来清理，既可以避免损坏闸板，又可以达到清理效果。于是，就以"规范化作业指导书"文件的形式规定下来，使之成为员工的"规范化"行为。

规范来源于现场，又回归和回馈现场。

7. 现场管理要讲究规范

成功的管理就是维持和改进规范的过程。

员工每天的常规工作，不是做正确，就是出现异常。做对了，一切正常，说明员工维持原有规范是有效的。出现异常，一般有两种原因：一种是员工对原有规范的"维持"不到位、不彻底或偏离；另一种可能性是原有规范不适应现场要求、不完善。如果是后者，就要求我们去改善"规范"，提高规范的"水准"。

一些管理者常对"规范"产生疑义，认为这样会使工人失去自由度，是一种束缚，不利于员工创造性的发挥。他们最大的误解是把"规范"对"过程"的控制，认为是对"人"的控制。就像开汽车，驾驶员一定要遵守开车的规则，包括如何换档，如何操纵方向盘，以及对交通红绿灯信号的遵守。但这并不妨碍驾驶员开车去自己想要去的地方这种"自由"。更何况员工通过实践，能够不断改善运行中的规范，这正是发挥他们创造性的空间。

规范的主要特征是：

(1) 代表最优、最容易、最省力及最安全的工作方法

规范是集合员工多年工作的智慧和技巧的结晶，是在工作实践中锤炼出来并以文件形式确认下来的。改善往往是一种新的优化。

(2) 提供了继承某种技巧和专业技术的最佳方法

规范往往是某一个或一些员工所创造最佳方法的总结，把这些知识拿给大家分享，把它标准化、制度化，避免因人而异，或因人员的流动而流失。

(3) 提供了衡量和评估员工绩效的方法

对员工绩效的评估，一是依赖于员工执行"规范"的优劣，二是依赖员工改善"规范"的创造性活动的多少。

(4) 是维持与改善的基础

遵守"规范"即为"维持"，提升"规范"水准即为"改善"。反过来，如果没有原来的规范，就无从知道是否有所改善。管理的最主要任务是维持现有规范。一旦做到规范确定、流程完全受控，管理者就要计划今后的挑战：完善和改进现行规范，朝着更高的目标前进。

一位第一次自己折叠降落伞的花样跳伞运动员，按照教练教授的方式，反复折叠了不知多少次。在跳伞的头一天晚上他仍然不能入睡，因为生怕自己出现任何差错。教练所教的方法就是规范，这是由成千上万的跳伞者加上无数血的教训而获得的最佳方式。而这种方式的最终形成，可能正是因为一次次不能正常打开降落伞的事故，使原来"规范"不断完善的结果。

(5) 是培训的基础和目标

规范可以理解为如何工作的一组视觉信号的集合，因此，应

以简单、能理解的形态来沟通和表达。一般情况，规范以书面文件的形态来表现，其中附有图形、照片，更有助于理解。一旦建立了规范，就要尽力用简洁明快的图形、图表、视板加以展示、说明，并对操作人员进行反复训练，使其能按规范的要求去做，并养成习惯，成为潜意识的行为。

（6）是提示员工，检查、监督的可视信息

工作现场规范经常被展示出来，以表明操作人员工作的主要步骤和作业点。这些展示的内容既可以提示员工、纠正员工行为，又有助于督查人员检查工作是否正常进行。

规范意味着每次工作的流程、顺序、手法甚至细微动作都完全一样。这听起来似乎并不重要，实际却十分重要。因为无论是产品加工或是设备维护、维修，这些工作是长年累月地重复着的，必须在细微动作上体现"避免出错"的防护，必须执行一个最佳的动作方案，才能无数次地避免问题的发生。规范下来的工作方法要写成文件，并对执行者反复培训，才能尽可能做到不失误。UPS 快递公司规定的工作准则，细致到离开邮局的每一个环节、每一个动作，甚至连邮包拿在哪个手中都有规定，目的就是提高工作效率。对飞机的检修，维修人员用手拧螺钉的扳手的力矩都有明确规定，而且要求员工反复训练，达到要求。为什么？力量太大，则容易将螺钉损坏（开裂、滑丝）；力量太小，则会造成螺钉使用中的松动。无论是哪种情况发生，都是事关重大、十分危险的。

管理者的任务是对每一个流程的主要控制点予以确认、定义及标准化，而且要确认这些控制点都能被"规范"和"遵守"着。我们时常可以看到甲公司的生产现场状况优于乙公司，但这不表示甲公司在流程上的每个方面都优秀，而往往是甲公司能够集中全力确保所有的流程都能依据制定的"规范"去进行，而乙公司也许仅有一两个流程不能做到"规范"，最后导致整个生产系统的混乱。笔者在日本访问时，从城市到乡村，从高山大川到大街小巷，都十分干净，几乎没有废物垃圾。为什么？因为人人遵守保持清洁的规范。结果就会节省大量清扫卫生的人员。"规范"是优秀生产体系的保证，是企业运行不可缺少的内容。

规范是对行为的优化，是经验的总结。规范一般高于员工的平均水准，而又是可以达到的。员工经过适当的培训，就可以掌握规范和执行规范。

规范一旦制定，就要求员工去自觉执行，也就成为企业的纪律，要求员工认真执行，逐渐由制度化到习惯化，再转变成性格化。规范未规定的"维修"，仍然不能去做，这样可以最大限度地减少损坏性维修的风险。人机精细管理是依靠规范来引导员工的自主维修行为的。

人机系统精细管理要在员工的现场改善活动中，不断地规范着员工的行为。除了生产现场的行为，包括设备的润滑、备件管理、维修管理、故障管理、前期管理、资产管理，都要寻求一个最佳的模式。把这个模式固化、文件化，也就是使之规范化，从随机走向科学。

从规范做起，促进良好习惯的养成，形成团队的性格、气质、风度和形象，结果和成就就是顺理成章的事，如图5.2-9所示。

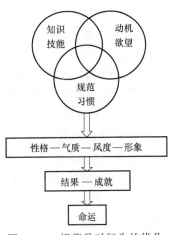

图 5.2-9 规范是对行为的优化

8. 现场也需要不断改善和创新

众所周知，PDCA 循环是改善执行的主要环节。然而，做到"改善"的可执行，还要更加深入细化。可执行的改善步骤也是一种规范，就像联想集团的宗旨：如何制定制度都有制度规定。"改善"的规范化步骤内容如下：

（1）选择主题

改善的主题选定，一般应从系统中最薄弱的环节开始。从系统论出发，人们总是致力于寻找系统的杠杆解，期望可以"四两拨千斤"。按照木桶效应，要想提升木桶的装水水平，应从最短那块木板的提升开始。生产现场随时存在着从重要度、紧急度、经济度等不同角度综合分析最具优先性的问题，也就是应该选定的首先要解决的主题。

（2）了解现状

在开始改善之前，必须先了解和检查现状，也就是首先要去现场，并收集与选定主题相关的一切有关资料。现场的观察记录、所收集的有关资料将为今后的改善提供依据。

（3）分析资料

对掌握的资料进行分析，找出症结或原因。

（4）设定目标

依据所掌握的情况，设定改善目标。在目标的设定之中，要综合考虑问题的解决难度、本身的资源条件、解决问题的可行性。设定的目标除了应包含所达到的效果、解决问题的程度，还应包括一个时间表。

（5）制定对策

一旦目标设定，即开始制定改善对策。有时候制定的改善对策并不一定合理，执行中会有一些挫折，要不怕失败，把失败看成是正常的现象；不怕推倒重来，一切从头开始，直到使制定的对策看起来基本满意可行为止。制定对策可以通过分头设计、请教专家、查阅文献、小组团队头脑风暴式的研讨等各种方式形成。

（6）实施改善

现场要提供必要的场地、工具、财力、物力和技术以支持改善的实施。管理者要激励和维持改善者的热情，不可有任何的嘲讽、打击。要形成积极支持改善活动的企业文化。

（7）对策评估

管理者要安排专人、专时，对改善对策所产生的效果进行评估，分析改善所产生的无形影响和可计算的效益，为进一步的改善和员工绩效考评提供依据。

(8) 修正规范

把成功的改善举措作为规范确定下来，并推广应用到其他相似现场，杜绝所有同类问题的发生。这也是对规范的修正。

(9) 检视、记录

对上述过程检视、评价并加以记录，以此作为新起点，继续展开下一步骤的改善。

也有的企业把现场改善的流程归纳为一个英语单词"STRIDES"，即：

1) S (Situation，场合)："现在我们处于什么位置？"
2) T (Target，目标)："我们要达到什么目标和水准？"
3) R (Research，研究)："我们需要探索什么问题？"
4) I (Implementation，推动)："我们的行动计划是什么？"
5) D (Do it，做)："让我们行动起来吧！"
6) E (Evaluation，评价)："做了什么，结果如何？"
7) S (Standardize，标准化)："让我们把这种做法规范化。"

以上改善流程也是 PDCA 循环的扩展，是具体化的现场改善工作流程之一。

9. 营造全员参与现场管理的企业文化氛围

一个活跃的改善现场，员工的热情、士气、自律精神、团队合作，灵活持久的提案建议制度，有效的日常事务处理，包括沟通、授权和员工技能的培训、发展，加上色彩信号突出、鲜明的可视化管理，均构成向上的、有活力的企业文化氛围。

企业文化的重要内容是如何建立起一个朝气蓬勃和乐意学习的企业。澳大利亚新南威尔士大学工业关系研究中心的客座荣誉教授比尔·福特 (Bill Ford) 说："学习型的企业，就是企业内的每一个人，团队及企业本身，都要持续不断地学习，并且分享知识的应用、转移和发展，分享从事连续改善的技巧，创造动态的竞争优势和合作性的工作环境，以达到共同的目标。"这样的企业文化是在不断地学习之中开发和建立共同的目标和价值观，使改善成为生活的一种方式，让员工以其工作和成就而骄傲。员工在工作中不断提升自身的技能，不断地被授权解决现场的问题，不断地取得成就，达到个人成长的满足。这样的企业文化氛围会使每个人受到鼓舞和震撼。

学习型企业要培养员工的基本价值观：尊重人、重承诺、果断、节俭、清洁和有序。

"学习"永远指向"实践"。在企业里，没有"实践"的学习不应称为真正的学习。一家公司是否优秀，就是看大家是否真正去实践认同的行事规则，人人做好应做的事。实践现场改善的基本规则应该是：

1）抛弃传统的生产观念。
2）想着如何做，而非如何不能做。
3）不找借口，首先应对现行做法进行质疑。
4）不等待十全十美，有 50% 的成功把握就立即动手。
5）有错误立即改正。
6）不花钱、少花钱做改善。
7）遇到困难不气馁、动脑筋，迸发智慧火花。
8）不断问为什么，找出原因。
9）集众人之智，发挥团队合作精神。
10）改善永无止境。

以上原则可以成为克服员工心理上的阻力、不断激发员工改善积极性的动力。

现场改善的另一个重要文化特征为提案建议制度。一些企业对于提案，注重其经济效益，急功近利。成功的企业则更注重员工积极参与及其对士气的激发作用。所谓的提案，即个人的合理化建议或集体的合理化建议，这里包括质量圈、JK（自主管理）、ZD（零缺陷）小组。

提案建议制度已成为大多数有活力企业的员工之间、员工与领导之间沟通的桥梁，成为实现员工价值观和自我发展的机会。提案无论大小，只要能够对下列目标有所贡献，就应加以改善：

1）使工作更容易、更简单。

2）改变工作的单调性，降低工作疲劳。

3）减少工作中的不便。

4）让难以做好的事情易于完成。

5）让易于出错的事情难以发生。

6）让员工受到的污染、噪声、高温、危险环境得到消除，使工作更安全、舒畅。

7）提高生产力。

8）改善产品质量。

9）节省时间和成本。

改善的另一个重要文化特征是培养员工的自律。所谓的自律，就是每个人都能以遵守他们所认同的规定的方式来工作。培养自律，以下经验做法可以参考：

1）欢迎对任何现状的质疑。

2）营造一个大家欢迎改善、接受改善并说"可以改善"的文化。

3）培养合作氛围。

4）消除隔阂。

5）创造无威胁的轻松环境。

6）重视沟通和沟通技巧。

7）参与过程、解释原因、当好教练。

8）以尊重和认同取代嘲讽和压制。

9）建立周期性度量、评价、反馈系统。

10）成果展出可视化。

11）建立奖励制度。

所有这一切都将有助于员工自律的培养。自律是现场改善的基石，而现场改善的过程又是培养员工的自律的过程。

第三节 优化行为，形成规范，养成习惯

1. 人的可靠性管理

统计表明，30%~80%的设备故障与事故和人因失误有关！

这么大的天空，两架飞机可能撞在一起；这么宽阔的海洋，两艘轮船可能撞在一起。把人看成系统中的一个部件，人和设备的其他部件共同构成一个"有人"设备，其中"人"这个部件的功能是操作和监视设备运行，让设备正常产出，如图5.3-1所示。

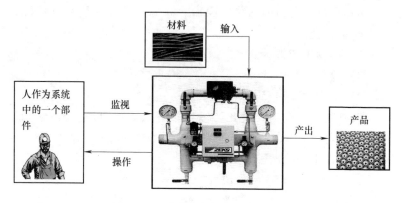

图5.3-1 人作为部件与设备的关系

与其他部件比较，"人"这个部件是最不可靠的。因为人每天的状态是不同的：昨天休息不好，今天上班没精神，常出错；今天情绪不好，干什么都没有兴趣，甚至拿设备撒气……总之，人与机器部件相比，是一个十分不稳定、不可靠的"部件"。

詹斯·拉斯穆森（Jens Rasmussen）曾经提出人类行为的SRK模型。他认为人的行为可以分为三类，以驾驶汽车为例，第一类为以技能为基础的行为，如驾驶员的换挡和控制方向盘；第二类为以规则为基础的行为，如驾驶员按照交通规则驾车，红灯停，绿灯开；第三类为以知识为基础的行为，如驾驶员心中有一张地图，他知道如何寻求一条最佳路线。然而，人脑即时处理问题的能力是有限的。人脑处理问题的速度只有 10^2bit/s。信息通过视觉、听觉和其他感知以 10^9bit/s 的速度输入人的大脑，人通过自己原有的技能、掌握的规则和知识对信息进行加工处理，仅能够以 10^2bit/s 处理完成的工作量，再通过语言、表情和动作以 10^7bit/s 将加工好的信息输出。因为人处理问题能力的局限性，错误在所难免。这些错误、失误表现在忽略、忘记、误解、行为、动作太早、太晚、太多、太少、太大、太小、误解、不准、偏离……

既然人类存在这么多的失误陷阱，那么是否就听其自然了？实践证明，80%的人为失误是管理不善造成的。主要表现在：

1) 组织结构不合理：组织设计不能适应工作流程。例如，组织层次太多，现场问题传递反应速度太慢；或者组织肥大，部门推诿严重，一件事要经过多个组织环节才能实施；或者组织过于单薄，某事物缺乏相应的组织支持。

2) 工作划分不科学：企业没有量才用人，缺乏科学的工作划分。例如，工作细致的人用在需要大刀阔斧、风风火火行事的岗位上，而那些勇于做事、果断行事之人又用在需要细心的岗位上；沟通技巧好的人用在默默无闻的岗位上，不善沟通之人却用在需要交流、对话的岗位上。

3) 定置化、目视化、规范化现场管理不善：良好的现场应该通过现场定置化、各样可视化提示以及到位的纠错防错设计，让那些容易发生的失误很难发生，很难做好的事情易于实现；反过来，混乱不良的现场错误隐患增多，引起失误的概率加大。

4) 员工培训不够：管理上不重视对员工的培训，缺乏员工成长机制，导致员工对工作技能不熟悉、团队合作不默契，工作中的失误自然就会增多。

5) 企业文化、员工愿景、心智模式不良：企业缺乏良好的企业文化，缺乏凝聚力，缺乏合作精神。例如，领导拉帮结派、任人唯亲、分配不公、奖罚不明等，在这样的氛围之中，员工自然无心向上，混日子，心不在焉，失误也会增多。

就像这样一句话："成也萧何，败也萧何。"就人的可靠性而言，可以改为："成也管理，败也管理。"

如何管理人的可靠性呢？可以遵循以下PDCA循环：

1) 分析人的行为的不可靠因素：按照人类失误层次模型，

分析某项工作失误的主要人为因素。

2）优化行为，做好纠错、防错设计：研究如何通过IE、人机工程、QC等各种手段，防止、避免或者减少失误发生的概率。

3）规范、固化行为：将实践证明有效的行为流程、准则以作业指导书或者指南形式固化下来，给员工培训，让员工熟练掌握和运用。

4）通过任何可视化等辅助手段，提示、避免和减少各种失误。

5）检查评价效果：经过一段时间实践，评价效果如何。

6）改善调整：针对行为规范中的不足，改善调整，让执行的规范版本升级。

2. 规范的完备性要求

规范是经过优化、提炼和总结的行为和做事准则。规范大到企业的工作流程和规章制度，小到一个动作。

我国企业关于规范经常的提法还有标准化管理、制度化管理和程序化管理。

标准化容易被误解为行业标准、产品标准、ISO体系标准。标准有更强的固化特征，在一定时期、一定范围内是不允许变动的，是横向可比的。

制度化管理又过于宏观了。例如，沃尔玛要求员工在迎接顾客进入商店时要微笑，而且要露出八颗牙。笔者曾经对着镜子试验过，的确是露出八颗牙比较合适：露少了，缺乏真诚；露多了，看起来不自然。但如果把这一行为变成制度，似乎又太大了些，充其量可以称为行为准则。

还有一些企业强调程序化管理。例如，一家核电站规定，出现问题后，所有的动作都要遵循一定的程序，步步都要有根据，要符合某一条款的程序，这样才可能避免重大的事故发生。但程序化管理的提法容易让人误解成计算机程序。所以，我们最终还是选择了"规范"这个词，规范大可以是一项制度，小可以是一个动作，如一个微笑、一个手势。

企业为什么需要规范？

企业的产品和服务表现为一根工作流程链，链条的每一环都担负着承上启下的重要作用，而最薄弱的一环就代表了整个链条的强度。企业的工作流程或者制度可以比喻成链条的一环一环是如何链接的，而每一环的完好状态代表了一个具体的工作步骤、做法乃至动作是否到位。只有链条的连接正确，而且每一环都是完好的，才能保证整根链条达到其设计功能和强度。反过来，只有企业的每项规范是完备和执行到位的，才能保证企业运营的成功。

那么，如何保证规范的完备性呢？总结企业的运行经验，一个具有执行力的规范体系，其完备性至少应该包含以下要素：

（1）5W

1）What（什么）：规范的名称和内容。例如，对某台设备的维修流程或者维修规范，主要应该描述设备的解体、检查、损坏件修复或者替换、重新安装、调整、试车的全过程。

2）Where（何处）：规范适用的范围，大到企业、部门、车间、班组，小到生产线、机台、部件、零件。例如，某台设备的维修，适应某种类型、型号的设备，甚至涉及某一易损零件的更换。

3）When（何时）：规范执行的时间、周期、完成工作承诺的时间。例如，维修规范应包含设备的修理周期以及修理的总体工作承诺时间。

4）Why（为何）：规范的依据和原理。例如，某设备维修规范所依据的技术说明书、图样、手册、维护保养手册、设备状态监测信息等。

5）Who（何人）：规范的执行人、责任者。例如，设备维修人员的资质、经验、应知应会的基本技能要求。

（2）2H

1）How（如何）：规范的流程、方法、步骤、工具和手段。例如，设备维修的搬运吊装方式、拆卸顺序、拆出零部件的摆放方式、设备易损和重点检查部位、零件的修复和更换要点、设备装配、对中、平衡、精度调整、空载试车、负荷试车、联动空载试车、联动负荷试车等全过程。

2) How Much（多少）：规范的执行度，完成规范的标准。例如，设备维修的技术标准，即设备零部件配合间隙、公差范围，对中、平衡精度等要求。

（3）2C

1) Confirmable（可确认性）：规范在执行中的确认体系，保证规范执行的确认和纠错防错体系。例如，有的企业的维修流程包含动作确认项、观察确认项和安全确认项，每项动作都必须经过确认。

2) Checkable（可检查性）：规范执行结果的评价和检查体系。例如，维修的验收节点、验收程序和验收标准，就是对维修规范执行结果的检查体系。

（4）1T

Traceable（可追溯性）：规范执行后的可追溯性，即规范的执行轨迹，应该是可以回顾和查阅的。例如，维修总结和维修记录，可以为以后的追溯留下管理痕迹，便于以后出现问题的原因查找，以及供今后类似维修活动做参考。

规范的5W2H2C1T完备性要求如图5.3-2所示。

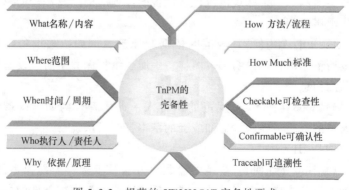

图5.3-2 规范的5W2H2C1T完备性要求

3. 完备的规范、熟练简洁的运行流程

要求规范具有完备性，是因为规范是正确行动的依据，是新员工培训的依据，也是对执行行为检查的依据。但在企业执行规范的实践中，有些环节可以简化，一些操作规范可以浓缩成图文并茂的图解说明，便于执行者理解、掌握和熟练运用。复杂规范的执行，还要经过反复的培训和实践训练。因为操作失误往往难以避免，规范必须考虑纠错防错和简化设计，便于人们掌握和正确地执行。就像传统的光学照相机，即使经过调整快门、光圈和速度的训练，一个熟练的摄影工作者也可能拍出失败的照片，浪费一些胶卷；后来出现傻瓜相机，等于有了纠错设计，哪怕一个新手也能有较高的成功率，但胶片报废的事还会常常发生；如今有了数码相机，拍不好可以重拍，成功率更高，而且节约了大量胶片。

规范与执行往往会出现矛盾，规范的执行人员常常抱怨规范太烦琐，不可能完全按照规范执行；而规范执行的检查人员又认为现场员工工作中出现的很多失误、问题都是因为不遵守和执行规范所致。

这让人想起护士给病人打针的情景：护士先插上针头，把针剂配好，吸到针管里，确认与药剂配方没有错误，将针管里的空气挤出；然后找到病人臀部上方的那块肌肉，用酒精擦拭消毒，再用碘酒擦拭消毒，接着对准那块肌肉，快速将针头插入，一边将针管里的药剂慢慢推入病人的身体，一边用消毒棉签棒在针尖周围滑动，以减少病人的疼痛感；最后用棉球按住针孔部位，迅速拔出针头。如果除去过敏试验内容，将打针这一系列的动作写成程序，并且要求有"确认项"，可以设计成如表 5.3-1 所示的作业规范。

上述规范可以培养一个没有打过针的新手如何打针。它是一个很详细的教程，还是打针动作、行为的指南，也是检查、评价打针动作是否正确的标准。如果一个护士可以熟练地完成所有动作，就无须依据这个规范一步步确认了。这时候，规范可以简化成只有一个"确认项",就是确认针剂是否符合医生开出的用药配方,因为这关系到病人的生命安全,是一点也不能怕麻烦和省略的。

表 5.3-1 肌肉注射动作规范

动作序号	动作名称	执行规范	注意事项和依据	确认方式
1	针剂准备	插上针头,打开药瓶将药剂吸入针管里,挤出针管里的空气	仔细核对配药方,要两次确认无误	动作+观察
2	找扎针部位	边观察边触摸找到注射的肌肉部位	注射部位应无其他病变,否则会造成感染	动作+观察
3	第一次消毒	用酒精棉签擦拭消毒	范围应该覆盖 3m² 左右,先从中间向外扩展	动作
4	第二次消毒	用碘酒棉签擦拭消毒	范围应该覆盖 3m² 左右,先从中间向外扩展	动作
5	注入针头	对准注射的肌肉,快速将针头插入	插入要迅速,不能穿透肌肉层,部分针头应该留在体外,深浅视病人胖瘦、年龄而定	动作
6	推入药剂	将针管里的药剂慢慢推入病人的身体	不可太快,应缓慢推入,可以减少疼痛,易于吸收	动作
7	减缓疼痛	用消毒棉签棒在针尖周围滑动	不要离针尖太近干扰效果好	动作
8	抽拔针	用棉球按住针孔部位,迅速拔出针头	当药剂注射完时,要迅速抽拔,同时用棉签按住针孔处	动作
9	按压保持	让病人按压住棉签保持 3min,观察	如果不出血,则可以去掉棉签;如出血不止要进行处理	动作+观察

可以得到这样的结论：规范的文本应该尽可能完备和详细，规范的执行确认过程可以依据员工的熟练程度进行简化。

不少企业其实不乏比较完备的规范，但却缺乏严格的执行。这是企业的管理者要下大功夫营造的。

培养员工遵守规范的良好习惯，企业管理者任重而道远，这也是打造世界一流企业的基础。

第四节 构建科学完备的检维修防护体系

1. 建立检维修系统解决方案

我国企业在20世纪五六十年代基本采用的是事后维修和苏联的计划预修制。在市场经济时期，我国不少企业的维修管理并没有什么大的进步，甚至有些企业干脆倒退到传统的事后维修状态。苏联的计划预修制是预防维修体系的一种模式，主张按照一定周期对设备进行预防维修。当时美国的TBM（Time Based Maintenance）预防维修模式也基本类似。恰当的预防维修到底相比事后维修有哪些好处？

1）可以减少或者避免非计划停机损失。

2）可以使维修有充分准备，提高维修效率，减少维修停机时间。

3）可以发现一些潜在设备隐患，减少设备连锁损坏这种多米诺骨牌现象，延长设备寿命。

4）可以减少或者避免重大安全事故。

5）可以减少或者避免产品的批量质量劣化或者报废。

当今时代的维修管理策略和模式十分丰富，呈百花齐放、百家争鸣之势。在企业面前又出现了一个新的难题：企业到底应如何设计自己的维修管理体系？

除了生产现场操作员工参与的规范化活动之外，对于生产制造型的企业而言，精心设计的设备检维修系统解决方案具有重要的实践意义。我们设计了SOON流程，作为企业维修管理系统解决方案的参考。SOON即"策略（Strategy）—现场信息（On-site Information)—组织（Organizing）—规范（Normalizing）"一体化流程。

首先，根据不同设备类型、设备的不同役龄以及不同的故障特征起因，选择不同的维修策略；然后，通过现场的信息收集，包括依赖人类五感的点巡检，依靠仪器、仪表的状态监测以及依赖诊断工具箱的分析和逻辑推理，采集、了解、分析设备状况，进行故障倾向管理和隐患管理，达到故障定位和故障处理的目标；为了使"人-机"系统出现的问题不重复出现，还设计了"源头追溯和根除预案"模块，把它固化在体系之中；下一步是维修活动的组织，包括维修组织结构设计、维修资源的配置、维修计划等；最后是维修行为的规范和维修质量的确认，如图 5.4-1 所示。

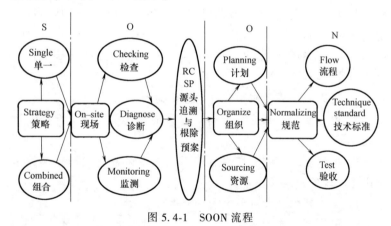

图 5.4-1　SOON 流程

（1）维修策略

制定维修大策略，首先要考虑到设备的平均役龄。一般而言，设备全寿命周期的故障率状况可划分为初始故障期、偶发（随机）故障期和耗损故障期这三个阶段，因为故障率曲线的形状像一个浴盆，故称为浴盆曲线，如图 5.4-2 所示。良好的设备管理在必要时采取手段延长设备的偶发故障期，会使耗损故障期晚些到来。

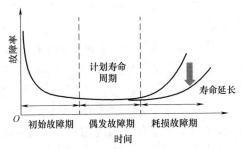

图 5.4-2 设备全寿命周期的故障率状况——浴盆曲线

设备在初始故障期的故障率比较高，机械部分表现的主要故障状况是因为机械零件配合、啮合、对中、平衡、紧固、位置调整、表面性能、装配、匹配、安装、基础、水平等缺陷引起的问题。这些问题的解决要根据实际原因及时处理，如通过调整角度或距离、找准、加平衡块、紧固螺栓、强化润滑、加固基础、减振、水平定位等方式来解决。电子、电气部分的故障主要是元器件的老化不良、接触不良、接地不当、电路电压突变、雷电干扰、线路干扰、磁场干扰等因素造成的，需要通过电路时效、检查接线、检查接地、检查电压参数以及电路屏蔽等方式针对问题加以解决。

总之，在设备初始故障期，主要采用的维修策略是检查、记录、原因分析和参数调整。设备的初始故障期是从设备安装投入使用之后到性能稳定为止，短则几个月，长达一两年，与设备的工作负荷相关。

设备在偶发故障期故障率进入平缓的低谷，机械故障主要因为灰尘、松动、润滑问题引起，而润滑问题又多因为尘土进入润滑系统造成设备磨损、润滑介质泄漏以及润滑不良引起。北方寒冷地区冬天管道、机件冻裂，润滑介质凝固，南方潮湿地区的腐蚀、锈蚀、润滑介质挥发、稀化流失等，也会引起偶发问题。

电子、电气故障往往因为外部的冲击和影响造成，如雷击、短路、老鼠小虫引起的短路、电网不稳定引起的突然超负荷或者低负荷、尘土覆盖散热不良、绝缘烧毁等。操作失误、维修失误也是造成偶发故障的原因。

因此，在设备的偶发故障期，对设备的清扫、紧固润滑和堵漏是最主要的；对电子、电气部分要注意冷却、散热、除尘、绝缘和屏蔽保护，防止小动物进入电气系统也是不可忽视的内容。北方地区的冬天防冻，南方潮湿地区的防锈保护涂复，西北干燥风沙地区的防沙保护工作都应该因地制宜地，有所侧重。其次，规范员工操作、减少运行差错、规范维修行为、制定维修工艺规则、减少维修失误也十分重要。

近年来企业越来越重视设备的健康管理，即在设备尚未出现故障隐患时的管理，通过控制设备性能劣化源头，微损微修、及时对中、平衡、加入润滑添加剂等活动来控制设备性能劣化，让设备保持"健康"状况。天津港曾经通过对日本进口柴油机的"四清"活动——燃油清、润滑油清、冷却水清、空气滤清等控制劣化源头的手段，让设计寿命 30000h 的机器连续 100000h 无故障运行，连日本的供应商都十分惊讶。

设备的偶发故障期可以延续 6~8 年甚至更长时间，这也与设备的工作负荷和保养水平有关。

设备在耗损故障期故障率又开始上升。机械故障主要是因为长时间使用引起的机械磨损、材料老化、疲劳断裂、变形、应力脆性断裂所致；而电子、电气部分的问题则主要是接触点的变化和电参数的变化引起，如电阻、电容、电感、内部数字程序变化引起。因此，在耗损故障期，应侧重对设备修复性的纠正性维修和主动维修。如机械损坏部分的换件，几何尺寸的物理恢复，如刷镀、喷涂，电子器件的更换等。

生产制造型企业的高层管理者了解设备浴盆曲线，可以根据设备的平均役龄，对企业设备总体状况做到心中有数，对下属设备主管人员的工作业绩有客观的评估。

维修模式是指维修微观策略设计。微观维修策略关系到每台具体的设备，或者是设备上的一部分。以下维修模式是企业经常使用的微观维修策略：

1）事后维修：设备发生故障后的修理。它适用于故障后果不严重，不会造成设备连锁损坏，不会危害安全与环境，不会使生产前后环节堵塞，设备停机损失较小的故障后修理。事后维修可以最大限度地延长设备的有效使用周期，是比较经济的维修模式。

2）周期性预防维修：按照固定的时间周期对设备的检查、更换、修复和修理。它适用于有明显和固定损坏周期的设备整体或者部件。如按照一定速度磨损的金属、塑料或者橡胶机械、部件，按照一定速度老化的塑料、橡胶或者化工材料，按照一定速度腐蚀的金属部件，按照一定速度挥发或者蒸发的介质零件等。

3）状态维修（预知维修）：对设备进行状态监测，根据监测信息进行维修决策的管理模式。它适用于可实施监测、易于实施监测、监测信息可以准确定位故障的设备，而且实施设备监测防止故障发生应该比事后维修或者其他预防维修更经济才可行。目前经常采用的状态监测方式包括振动监测、油液分析、红外技术、声发射技术等。

4）改善维修：又称为纠正性维修，是通过对设备部件进行修复、纠正性的修理，包括零件更换、尺寸补充、性能恢复等手段，使设备损坏的部件得到修复的活动。它主要针对处于耗损故障阶段的设备，以及设备先天不足，经常出现重复性故障的设备。

5）主动维修：不拘泥原来的设备结构，从根本上消除故障隐患的带有设备改造形式的维修模式。有的企业提出"逢修必改"，就主要针对这类设备维修模式。它适用于设备先天不足，即存在设计、制造、原材料缺陷以及进入耗损故障期的设备。

6）机会维修：利用所有可利用的机会，如周末、周日、节假日、生产淡季、上下游停机检修、等待订单、计划排产等，对设备的问题部位进行局部解体检修、换件、对中、平衡、精度调整；生产忙季，在无严重故障后果和影响的前提下，也可以适当延长修理周期,让维修节拍尽量适应企业生产节拍。

以上维修模式有的侧重维修技术方式,有的侧重维修时机选择,企业可以根据设备实际选择其中一种或者多种模式组合作为某设备的确定维修模式。

图 5.4-3 还列举了一些可以利用的维修模式。根据故障所在的设备部位及其特征起因,可以选择定期维修、事后维修、状态维修、纠正维修等各种形式。不同的选择决定了不同的运行保障状态,也决定了不同的维修成本。笔者在其他相关著述中,对各种维修策略的选择做过详细阐述,限于篇幅,这里就不展开了。

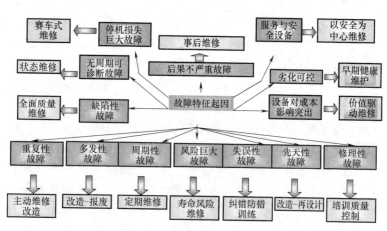

图 5.4-3 维修模式的选择模型

如果企业属于装置密集、技术密集型的流程工业,流程上的一台装置停机,整个流程就会停下来,对维修策略的研究就更加重要。针对流程工业企业的设备特点,组合维修模式的设计可以发挥更重要的作用。图 5.4-4 给出了组合维修模式的基本框架。

在如图 5.4-4 所示的组合维修模式中,当需要对流程上的某一台设备进行故障维修或者预防维修时,上、下工序的所有设备会同时停机,为了抓住这一停机机会,应该主动安排对其他设备

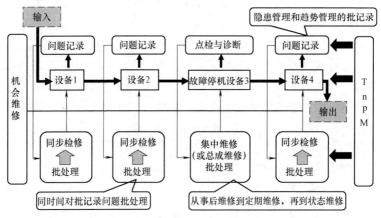

图 5.4-4 组合维修模式的基本框架

进行同步检修;因为平时已经通过点检、监测掌握了相关设备的隐患和故障趋势,做了大量记录,这里用"批记录"这个词来形容;现在正好可以利用同步检修机会,对上、下工序的设备隐患问题进行"批处理";另外,为了减少停机检修时间,可以对故障设备或者预防维修的设备利用"总成替换"方式进行处理,让流程迅速恢复生产,而损坏的"总成部件"可以拆下以后从容进行精细修理,修好后入库,进入待命状态,预备今后进行总成替换;与此同时,将机会维修、状态维修等策略同时导入流程设备,组合而成一整套有计划的管理体系。这样可以大大降低流程停机时间,提升其综合效率。笔者认为,能否做好组合维修策略设计并使之有效运行,是流程工业企业生产保障和效率提升的关键技术环节。

从图 5.4-4 可以看出,维修策略是维修管理的重要环节,相当于战斗前的策略制定和计策运用,是设备管理的"兵法"。它决定着设备能否流畅运行、设备维修管理的效率和效果,还决定着维修成本控制。

设备健康管理也是重要的维修策略。设备的性能劣化过程是一个缓慢的连续过程,如果人为划分为三个阶段,则是从微缺陷不断地向着中缺陷，再朝着大缺陷方向发展，最后导致故障的发生。传统的设备管理关注设备的大缺陷，称之为故障管理，目的是减少停机，这时采取的维修策略是纠正性维修或者事后维修；随着设备管理概念和方法的进步，人们开始注意从中缺陷时进行管理，称之为劣化管理，目的是防止故障发生，采取的维修策略为预防维修或者状态维修；然而，至今很少有人想到在微缺陷时进行管理。在微缺陷时进行管理，称之为健康管理，目的是防止劣化，这时采取的策略为靠前维修和主动维修。

健康管理的具体方法为：

1) 改变设备使用和养护的外部条件。例如，某港口对进口柴油机实施"四清"管理，即润滑油清、燃油清、冷却水清和空气清，控制所有造成机器劣化的条件，使设计寿命30000h的抽油机零故障运行时间超过100000h，令进口设备供应商感到惊讶。

2) 强化设备自身的耐用性和可靠性。例如，某铁路局机车发动机应用金属表面陶瓷化技术进行表面处理，可以使发动机运行30万km零磨损。

3) 建立自养护、自修复、自补偿的仿生机能。例如，一些企业在润滑油内加入金属自修复材料，使机械具有损伤自修复功能。

4) 保护处理。例如，某企业对电器表面喷涂保护剂后，防止灰尘、小虫、腐蚀气体侵蚀电器原件表面，延长其使用寿命数十倍。

设备管理逐渐发展引申出健康管理的轨迹，如图 5.4-5 所示。

(2) 现场信息收集

这部分的主要内容是通过建立依赖人类五感的员工点检系统、点检信息化系统，依赖仪器、仪表的状态监测手段，依赖正确逻辑思维和经验积累方法的故障诊断方法库，形成故障诊断定位、快速反应的信息采集、分析、处理体系，如图 5.4-6 所示。

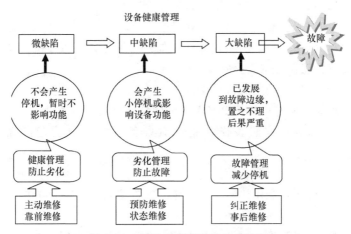

图 5.4-5 设备健康管理发展的轨迹

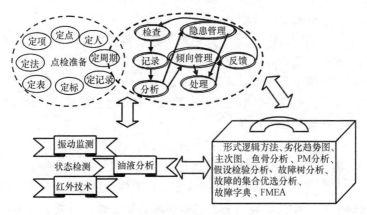

图 5.4-6 现场信息收集与分析

点检体系即主要通过人的五感和简单信息采集手段了解设备信息。点检的准备内容包括以下八个方面：

1）定点：确定的检查部位。

2）定人：确定的检查人员。

3）定周期：确定的检查周期。

4）定记录：确定的点检记录格式、内容。

5）定标：确定的正常与异常评价标准。

6）定表：确定的点检计划表格。

7）定法：确定的点检方法，如是否解体，是否停机，是否需要辅助仪器，用五感的哪一种。

8）定项：确定的检查项目。

点检的实施也就是 PDCA 循环的延伸形式，包括：

1）检查：按照表格和路线对设备点检部位状态信息的检查。

2）记录：填写点检记录。

3）分析：利用诊断工具箱介绍的方法对点检信息分析、整理、诊断，进行故障定位。

4）隐患管理：对设备存在的故障隐患进行管理。如 6 个螺钉掉了 2 个，暂时无法处理，但要进行记录，在适当的机会进行处理，这就是隐患管理。

5）趋势管理：对设备点检或者状态监测中发现的性能劣化趋势进行管理。如振动越来越明显、对中状态越来越不良、不平衡的声音越来越明显、发热越来越高、间隙越来越大等劣化趋势，进行描点或者画出变化趋势曲线，利用适当的机会及时进行处理，这就是趋势管理。

6）处理：实施对设备劣化和故障的纠正和维修。

7）反馈：将处理结果及运行跟踪情况进行记录，备查。

人类五感所感知的信息是有一定局限的，目前发展起来的较为成熟的设备状态检测手段包括振动监测、油液分析、红外技术；除此之外，还可以应用于状态监测的技术，包括声发射技术、X 光衍射技术、磁粉探伤技术、超声波技术等。

1）振动监测：适用于转动类设备，对其振动频谱进行分析，可以帮助发现主轴、轴承、转子、叶片等故障隐患。

2）油液分析：适用于啮合、滑动、转动配合类设备，通过对油液中的磨粒进行铁谱或者光谱分析，根据磨粒的成分、大小判断设备磨损故障状态。

3）红外技术：适用于所有不均匀发热设备，如炉体、反应釜、管道、电动机、配电线路板等，通过红外摄影或者摄像等方式，记录设备发热状态，根据发热异常来定位故障。

有了上述设备信息，还需要一系列的诊断分析工具来帮助人们积累经验，分析判断问题，定位故障，称之为诊断工具箱。诊断工具箱的内容包括形式逻辑方法（契合法、差异法、契合差异并用法、共变法、剩余法等）、劣化趋势图、主次图、鱼骨分析、PM分析、假设检验分析、故障树分析、故障的集合优选分析、故障字典、FMEA等。如何应用这些诊断的逻辑工具，在笔者的相关著作中有详细论述，这里就不详细展开了。运用这些分析工具可以将员工队伍锤炼成为一支知识型、智能型的团队。

笔者曾经在一家发电企业考察，发现在这家企业同样类型的事故竟然频频发生！出了事，企业往往重视追究事故责任，注重对责任人的处罚，却忽略了对问题根源的寻找、分析和根除。有时候，责任人已经被他们也不愿意看到的事故本身惩罚了，甚至失去了宝贵的生命，但其他人却不知道如何接受教训。在企业中实施"源头追溯与根除预案"（RCSP）确实十分必要。RCSP是笔者结合国际上流行的根源分析（RCA）方法，为适应我国企业实际，浓缩、精简、改造而成的一种方法。

源头追溯与根除预案（RCSP）的过程共分为五个阶段：

1）阶段1：数据收集。

① 发生事故以后，应立即展开"源头追溯"的数据收集工作，以防止数据的丢失。

② 在确保安全和有利于灾后重建的前提下，甚至应该在事故发生时就开始数据收集。

③ 收集的信息应包括涉及的人员、事故发生前、发生过程中和发生后的全部情况，环境因素，以及其他一些与事故发生有关的信息（包括所采取的紧急措施）。

2）阶段2：源头追溯。

① 程序：分析收集到相关的事故数据、按轻重缓急分类确

认各种原因要素、总结这些要素直至评估出最根本的原因——源头为止。

② 目的：找到导致事故发生的源头。

事故源头追溯：一般可以分为四个步骤。

① 识别存在的问题，定义这些问题并判定其重要性。

② 围绕存在的问题，识别事故的真正原因（状态或者措施）。

③ 分析真正原因，排列出各种原因要素并推荐纠正的措施。

④ 将找到的事故源头和分析的结果填入给定的表格，并输入计算机系统。

事故源头追溯的主要内容是：

① 事故源头追溯的结果，按评估程序的要求可分为三种：直接原因、间接原因和根本原因。

② 事故源头追溯的过程：按照"原因"形成的一个导致事故发生的原因链，一步步追溯，直至找到"导致事故发生"的源头为止。

③ "源头"即最基本的原因，只有对根本原因进行纠正，才能防止事故的再次发生，还能防止整个设备系统中类似事故的发生。

3）阶段3：根除预案。识别出根本原因后，要对原因链中的诸多原因采取相应的纠正措施，以降低重复事故发生概率，进一步改善其安全性和可靠性。

设计的纠正措施要考虑一系列相关的问题，如：

① 根除预案是否防止了事故的再次发生？

② 根除预案的可行性如何？

③ 根除预案的实行是否会引入新的风险？

④ "假设"的风险是否已经被清楚地描述？

⑤ 如何安排不同根除预案的实施顺序？

⑥ 实施该根除预案是否需要培训，还需要哪些资源？

应保证这些根除预案的可行、有效，且能够持续改进和发展。

4）阶段4：预案发布。

① 将源头追溯、分析过程以及推荐的根除预案输入计算机系统。

② 输入对分析结果、根除预案以及在事故中涉及的人员和管理等问题的讨论和解释。

③ 把源头追溯与根除预案的结论，发布给相关设备或类似的设备和人员，以使 RCSP 的结论在更大范围内发生作用。

5）阶段5：结果跟踪。

① 结果跟踪的目的是判断所确定的根除预案在解决此类问题方面是否有效。

② 必须跟踪根除预案，以确保实施的正确性。

③ 一旦近期又发生类似事故，则应严肃认真地分析、验证为什么根除预案没有达到预定的效果；当分析的系统发生变化时，必须对变更部分重新进行 RCSP。

④ 要充分利用已保存的事故分析记录，不断进行对照和总结，以使 RCSP 达到更好的效果。

图 5.4-7 给出了源头追溯与根除预案的流程示意。

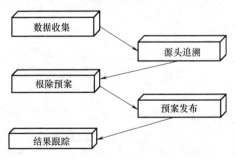

图 5.4-7　源头追溯与根除预案的流程示意

RCSP 所设计的原因分类见表 5.4-1。在源头追溯中，所有原因和问题源头总可以在此表中找到对应。这个表可以有效地辅助人们寻找源头。

表 5.4-1 原因分类

事件原因分类（大类）	事件原因分类（小类）	
机器装备及部件问题	A 制造缺陷的设备	C 有缺陷的焊缝、焊点或紧固连接
	B 提前失效的部件	D 设备运输或者安装造成的问题
原材料问题	A 有原始缺陷的材料	C 工作过程进入系统污染物影响
	B 工作失效的材料	
程序错误	A 有缺陷或者不当的程序	B 必要程序的短缺
人员错误	A 不适当的工作环境设计	E 无意、有意让设备超期服役
	B 对细节的疏忽，未检查、未确认	F 无意、有意让设备超负荷运行
	C 违反规范或者操作程序	G 对操作技能掌握不恰当
	D 口头信息传达错误	H 其他人为失误
设计问题	A 不合适的人机界面，操作过于复杂	C 在部件或材料选择上的失误
	B 不正确或者有缺陷的可靠性设计	D 图样、规范或者数据错误
培训不足	A 没有提供足够的工作培训	D 后续培训，再教育不足
	B 实践经验或者动手能力训练不足	E 培训讲师的能力无法满足要求
	C 培训内容、教材缺陷	F 对部分培训内容的表述错误
管理问题	A 不适当或者不充分的管理控制	E 不良的企业文化和气氛
	B 工作的组织或计划、准备不足	F 制度、规范不细致、深入、严谨
	C 不适当或者不充分的监督	G 管理上缺乏确认体系
	D 不正确的资源分配方案	H 不恰当的决策和指挥
外部原因	A 天气或者环境状况（洪水、雷电等）	C 外部火灾、爆炸等灾害影响
	B 能源供应的中断或者各种瞬态现象	D 盗窃、破坏等行为

（3）维修组织架构和资源配置

维修组织优化设计，维修资源合理配置是实现维修效率最大化和成本最小化目标的有力保障。管理者要根据企业特点建立高效、优化的组织架构。维修组织设置的总体原则为：

1) 总经理领导下的总工或经理负责制。
2) 管理、技术、经济三位一体。
3) 组织结构精简、扁平化。
4) 保持最佳管理幅度。
5) 最快响应速度和信息反馈。
6) 责、权、利分明。
7) 不拘一格、因厂而宜。

当前国际上流行的维修组织架构包括集中（职能）式、分散（功能）式和矩阵（无主管）式，三种方式各有利弊。集中式维修有利于资源共享，但对生产现场的响应速度比较缓慢；分散式虽然对现场问题有较快的响应速度，但可能有资源不共享、浪费，造成维修成本的增加；矩阵式结构既可以避免资源浪费，又可以解决响应速度问题，但如果各维修专业职能部门配合协调管理不好，可能造成大项目的系统配合协调问题。我国的中庸思想使人们习惯思考如何系统综合、扬长避短，不少企业采用了集中与分散相结合的形式。总体来说，基本组织形式是分散和重心下移的，目的是提升现场的响应速度；同时也建立起一支隶属高层并可以为全厂服务的专业维修队伍，作为企业的核心维修能力，解决企业带有普遍性的问题。

企业设备管理所涉及的维修资源包括内部专业维修队伍、企业多技能的操作员工、合同化的外部维修协力队伍三方面的力量。

企业的设备维修资源配置一般遵循如下规律：维修难度很大的设备，其数量和维修工作量不多，可以采用技术外协来解决；反之，维修难度不大的设备，其数量和维护工作量不少，可以采用劳务外协来解决；设备数量较多、维护量较大、维修难度也较大的设备，由企业内部专业维修人员完成；设备数量较多、维护量大、维护难度较小的设备，可以由企业内部多技能操作者通过自主维护来完成。

（4）维修行为规范化

维修行为规范化实质上就是制定维修流程和执行维修工艺的过程。相当一部分企业的设备维修没有一套完整的拆装和维修工艺作为支撑。在这些企业里，设备维修往往是"经验型"的、不易分享经验和知识的工作，而且每次维修行为都存在差异。如此，损坏性的维修就永远难以避免。设备维修工艺可以参考设备说明手册，参考生产厂的装配工艺，也可以拍照和记录成熟的维修工作过程，根据成熟的维修经验总结提炼成维修工艺。将制定好的维修工艺对维修人员进行培训，使他们熟悉设备结构，熟悉拆装标准逻辑过程，熟练地应用统一、优化的维修工艺去维修设备。这样可以大大减少工作差错，降低维修损坏风险，保障设备维修质量。

在维修规范里，突出维修流程规范、维修技术标准规范和维修验收标准规范三大要素，强调严格的确认体系。维修规范三大要素的结构如同风扇的三个叶片，可以达到运行中的持续平衡状态，如图 5.4-8 所示。

1）维修流程规范，包括设备拆卸顺序、搬运摆放方式、检查要点、修复方式、安装顺序、精度调试要点、空载单体试车、空载联动试车、单体负荷试车、联动负荷试车、现场清理、验收程序及竣工报告的规范体系要素。

2）维修技术标准规范，包括安装精度、设备安装/装配的对中、平衡、配合公差等技术标准。

3）维修质量验收标准规范，包括质量检测点清单、精度要求范围、检查方法、手段、流程等要领。

维修规范是维修质量的保障。

2. 以自主维护为基础、点检为核心的三圈闭环体系设计

TnPM 继承了 TPM 的自主维护，将理念转变成为可操作的流程，如图 5.4-9 所示。

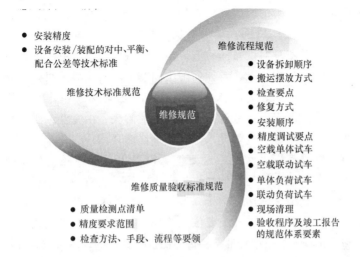

图 5.4-8　维修规范三大要素的结构

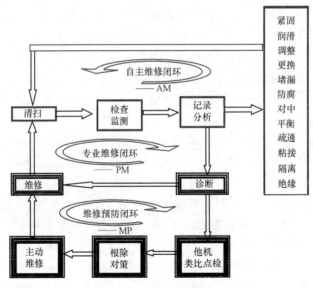

图 5.4-9　三圈闭环作业流程

清扫是一切设备维护的起点。清扫本身并不是点检，可是清扫不会是闭着眼睛的，因此清扫的过程就会发现很多问题，如设备的磨损、腐蚀、裂纹、接触不良、螺丝松动脱落……自然而然，清扫之后就是对设备的检查。检查发现问题怎么办？先记录下来，再简单分析一下，看如何解决。剩下就有两条路可走：要么自己解决，要么请专业人员来解决。自己解决就叫作自主维修，然后再回到起点——清扫；自己不能解决，由专业人员来解决就叫作专业维修，这就导入了专业维修循环圈。

自主维修都做什么呢？这要根据设备出现的问题类型来决定，如以下自主维修的具体动作：紧固、润滑、对中、平衡、调整、防腐、堵漏、疏通、粘接、换件、隔离、绝缘等。不是说所有这些动作都要做，做什么要依点检的部位和发现的问题而定。

专业维修人员根据日常点检传递的信息择机到现场对设备进行检查和诊断，然后依据合适的维修策略和维修规范进行维修，就完成了专业维修循环圈的管理闭环，又回到工作的起点——清扫。

在专业维修闭环中，如果出问题的设备总成在工厂里不止一个，就引发了一个思考：其他类似设备是否也存在同样问题？为了举一反三，构造包含他机类比点检的第三圈闭环。他机类比点检所发现的问题如果具有普遍性，则要研究对策，是否进行主动维修，立足于根除故障而不仅仅消除故障。这件事情完成了，就等于做了一件更彻底的"维修预防"工作，意味着第三圈闭环——维修预防闭环的完成，接着又回到了工作的起点——清扫。

把以上所描述的过程称为 TnPM 清扫点检维保作业体系。

自主维修闭环从清扫开始，因为这就像是清晨的梳洗，是一切保养活动的起点。日本人曾经说"无人始于无尘"，是指一些"无人化工厂"，即机器 24h 不停，白班有人上班，中班、夜班无人上班的自动化工厂，一切都是从无"尘"开始的。难道"尘土"那么重要吗？是的！尘土如果放大看，是一粒砂，它进入滑动的设备部件里就会产生摩擦，让部件表面出现划痕，而划痕放大就是沟槽，在滑动中将机器里的润滑介质带出，造成润滑介质泄漏，这就是我们经常说的"漏油"现象；润滑介质泄漏就意味着润滑不良,接下来就是设备的快速磨损,再接下来就是配合的松动,于是设备的振动加剧,而反复振动会造成设备机械疲劳,内部疲劳应力聚积起来,形成微裂纹,日久天长,微裂纹连接在一起,就是裂纹,引起部件开裂,最终造成设备故障发生。如果沟槽不是发生在机器的滑动部位,这个沟槽可能吸收空气中的水分,形成微电池的电化学反应,这也叫作锈蚀,长时间锈蚀就会导致部件基体的削弱,最终导致断裂故障的发生。如果灰尘落在电气系统上,会影响散热,直接或者间接导致电气参数的改变,如电阻、电容、电感等电参数乃至芯片里的程序数字改变,最终导致电气故障的发生。所以,"无人"真的始于"无尘"!灰尘引起设备故障的机理结构如图 5.4-10 所示。

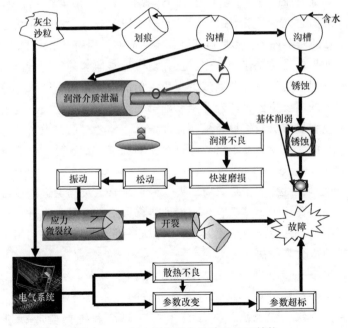

图 5.4-10　灰尘引起设备故障的机理结构

自主维修的第二个环节是检查和监测。检查主要依赖人的五感或者简单的测试工具;监测主要依赖数据采集系统、仪器、仪表和配套软件，是人类五感的延伸。检查和监测的目的是得到设备状态第一手信息。当获得的信息显示设备状态正常或者有小缺陷，操作员工可以自主解决这些问题，则转到自主维修闭环的下一步，即自主维修闭环的第三个环节——记录和分析。

记录即对设备状态的记录，包括正常和异常等；然后利用诊断分析工具对设备异常状态进行分析，厘清故障表征、现象与故障源头的关系，使之成为未来诊断分析的依据，并做好隐患管理和性能劣化倾向管理。

在可以自主维修的前提下，如果设备的问题部位需要保养，就进入了自主维修的第四个环节——保养。保养的内容可以在紧固、润滑、调整、更换、堵漏、防腐、对中、平衡等操作行为中选择。有的部位也许会选择2~3个保养动作，一般需要一个动作，如润滑加油，或者紧固螺栓，或者调整间隙等。这样就完成了自主维修的所有环节，然后再回到初始的清扫，周而复始地进行。

如果在自主维修闭环中，操作员工检查监测的问题自己无法解决，则通过红色、黄色或者绿色工单的形式，向下转入专业维修闭环的重要步骤，即专业维修的第三个环节——诊断，也就是由专业维修人员根据设备检察监测信息，结合自己对设备结构的知识和维修经验，对设备故障进行判断和定位，这是指专业维修的触发和嵌入。

这里，红色工单最紧急，要求专业维修人员马上进入设备故障现场；黄色工单其次，要求专业维修人员在一日之内进入现场解决问题；绿色工单最不紧急，可以在一定周期内或者利用未来停机的机会来解决。

再下一步就进入了专业维修的第四个环节——实施对设备的维修、故障处理。维修行为所遵循的就是维修规范的三大要素——维修流程规范、维修技术标准规范和维修验收标准规范。这样就完成了专业维修闭环。

三个闭环嵌套在一起，形成了严密的现场设备三圈闭环维保体系。维保体系的具体形式如图5.4-11所示。从选点（部位）

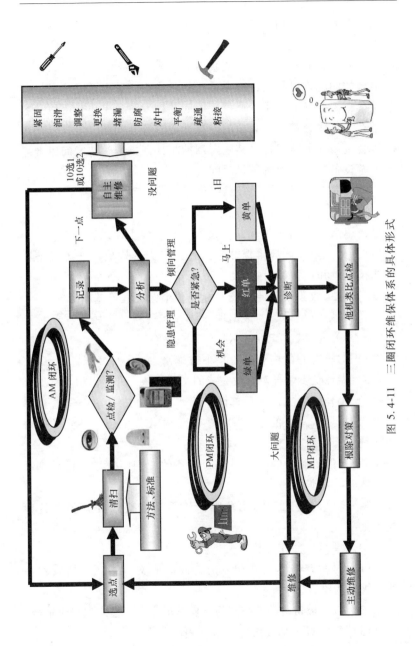

图 5.4-11 三圈闭环保体系的具体形式

开始，首先进行清扫，通过人的五感及简单的测试工具，自然而然进入点检，一般情况进入10选1或者10选2的自主维修（保养），然后选择下一点（部位），周而复始，循环进行。如果点检出现的问题难以解决，就要进行初步判断。紧急情况将触发红色工单，需要马上安排抢修；一般问题触发黄色工单，可以从容安排在一日内处理；不紧急的隐患性或趋势性问题，安排在适当的机会维修，如节假日、某固定周期、计划排产等待时间以及受上下游设备影响的设备停机时间等。

下面简单介绍三圈闭环维保体系的建立和管理。

三圈闭环维保体系基准的建设可以先从各单位的A类设备做起，逐渐扩展到B类和其他设备。其主要工作内容如下：

1) 建立三圈闭环维保体系工作组，人员构成以熟悉设备结构的技术员和点检员为主。

2) 分头收集设备原有技术标准和维保规程等基本资料。

3) 选定典型设备，根据现场调查和资料，按照流程模板分别填入相关内容。

4) 对填写好的内容进行集中讨论修改。

5) 专业负责领导对修改完成的文件审核，并提出初步意见。

6) 工作组对文件最后修改。

7) 按照编写好的基准试验实施，并收集实施中遇到的困难和问题。

8) 按照实施中的问题对典型设备的三圈闭环维保体系基准进行修改、完善。

9) 将修改后的三圈闭环维保体系基准交领导办公会议研究、批准。

10) 颁布，并作为执行文件实施。

11) 对所有与本文件相矛盾、冲突的文件条款，均以本文件新规定为准。

12) 以样板机台的清扫点检维保基准为准，推广到其他机台。

13) 每年对照基准修订一次，更新版本。

14）生产操作员工、专业点检员和维修人员对设备清扫点检维保部位按照专业水平和工作重点进行分工，交叉点检维保，各司其职，真正做到全员参与和彻底的自主维修（AM）。

三圈闭环维保体系基准书包含的基本要素为：

1）清扫：清扫周期、清扫方法、清扫标准。

2）点检：点检项目、点检周期、点检方法、点检内容、判断正常异常标准。

3）保养：保养周期、保养项目、保养方法、保养标准。

提到规范的建立，企业还需要将设备的前期管理、备品备件管理以及全系统润滑管理纳入规范轨道。

设备维修系统解决方案是企业的第二道防护线，也是核心的防护体系。因此，建设好SOON体系是企业平稳流畅运行和建设无忧工厂的保障。

在工厂实际工作中，这项工作不可能一蹴而就，而应该是循序渐进的。首先选择样板机台作为试点，然后扩展到关键机台和主要设备，最后涉及一般辅助设备，如图5.4-12所示。

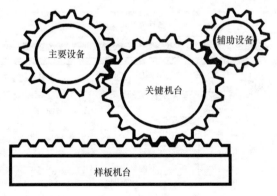

图5.4-12　SOON体系建设的循序渐进过程

第五节　营造活跃的现场持续改善文化

记得王永庆先生说过一句话："做企业就是一点一滴追求合理

化的过程。"企业现场改善是一项永无止境的追求。我们把现场改善分成六大类,也称为六项改善——6I,即 6 个 Improvement。其中,前五项改善是针对具体的管理目标和改善领域,最后一项是针对人的工作理念。

六项改善即:

1) 改善效率。
2) 改善质量。
3) 改善成本。
4) 改善员工疲劳状况。
5) 改善安全与环境。
6) 改善工作态度。

1. 改善影响生产效率和设备效率的环节

前面的章节里已经提到,影响效率的源头很多。如果把设备一年 365 天作为设备日历时间,设备实际有效可用时间是有限的,而未利用的时间包括设备系统损失时间、生产系统损失时间和系统外部因素停机时间,如图 5.5-1 所示。

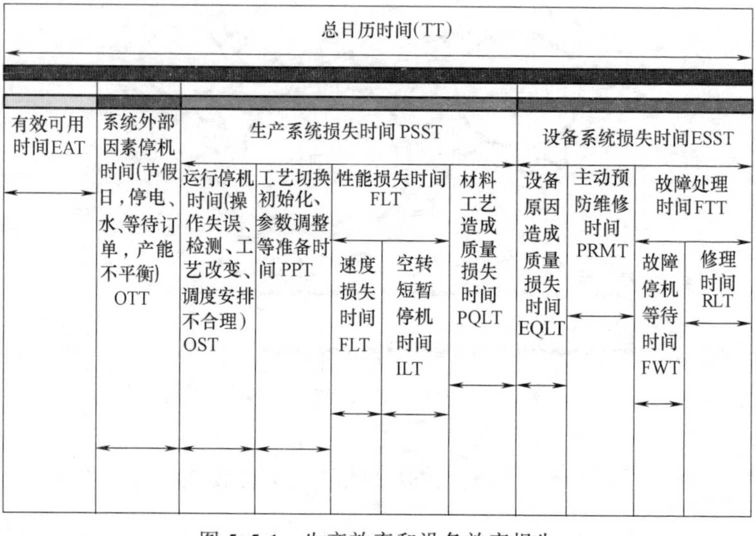

总日历时间(TT)									
有效可用时间EAT	系统外部因素停机时间(节假日、停电、水、等待订单,产能不平衡)OTT	生产系统损失时间 PSST				设备系统损失时间ESST			
		运行停机时间(操作失误、检测、工艺改变、调度安排不合理)OST	工艺切换初始化、参数调整等准备时间 PPT	性能损失时间 FLT		材料工艺造成质量损失时间 PQLT	设备原因造成质量损失时间 EQLT	主动预防维修时间 PRMT	故障处理时间 FTT
				速度损失时间 FLT	空转短暂停机时间 ILT			故障停机等待时间 FWT	修理时间 RLT

图 5.5-1 生产效率和设备效率损失

(1) 设备系统损失时间

设备系统损失时间（ESST）是指由于设备本身原因造成的质量损失时间、故障处理损失时间（包括故障停机等待时间和修理时间）以及主动预防维修（必要的）时间。

许多事实表明，设备故障停机等待时间往往是实际修理时间的几倍，大量时间消耗在寻找维修工程师、研究图样、拆解诊断、等待合适备件领用到位等环节。因此，如何使维修更有准备、响应更迅速、备件审批领用方式更快捷等，也是值得认真变革和设计的。

维修时间的减少依赖于良好的技术训练和长久的维修行为规范约束。有的人在维修拆解设备现场铺上一块白布，一边拆，一边将拆下来的零件按照拆下来的顺序、方向和位置摆放在白布上并编好顺序号码，写在白布的零件位置。这样，在安装时可以按照逆序结构，从后向前安装，且保持原来拆下来的方向不变。唯一注意的是零件之间的间隙和平衡问题。这就是一种维修行为规范。而不像有些人，找一个盒子，小零件扔在盒子里，大零件在地上随意摆放。等到组装设备时就麻烦了，忘记零件的装配顺序，装了拆、拆了又装，甚至装错顺序和方向，不仅会造成设备损坏，而且延长了维修时间，进而造成设备维修效率损失。

产品的报废，除了可能造成材料损失之外，最直接的损失是设备效率损失。报废产品所占有的设备使用时间是毫无意义的无用功，不仅相当于设备在停机等待，而且还造成设备无谓磨损和能源浪费。因此，这方面损失的控制尤应严格。

生产部门和设备部门应成立改善设备效率的攻关团队，应用相关分析工具和改善方法，有针对性地研究、试验、解决设备效率损失问题。这已被证明是最有成效的方法之一。

(2) 生产系统损失时间

生产系统损失时间（PSST）包括运行停机时间（操作失误、检测、工艺改变、调度安排不合理），工艺切换初始化、参数调整等准备时间，性能损失时间（包括速度损失时间和空转短暂停机时间），以及材料工艺造成质量损失时间。

运行停机时间是操作失误、检测、工艺改变、调度安排不合理等因素造成的。操作失误的问题需要通过合理制定能够纠错、防错的操作规范，严格训练和持证上岗等综合措施加以解决；等待质量检测停机应该通过在线检测方法的应用或者提高检测效率等方式解决；工艺改变可以通过事先的充分准备以尽可能减少因此造成的停机来解决；调度安排不合理可以通过提升调度运筹水平以及相关培训来解决。总之，在生产系统中，人人都要紧盯着设备的开动效率，记住"火车一响，黄金万两"这句老话。设备是企业的造币机，要千方百计地让造币机多造币，造良币而非劣币。

工艺切换初始化、参数调整损失一般是无法避免的，但却是有潜力可以挖掘的。笔者曾在一家钢铁厂调研，查看了半年多的生产运行记录，发现一条轧钢机生产流程更换某种轧辊的时间最短可以是 20min，最长达到 80min。每个班组或者作业人员更换轧辊的方式、辅助工具手段都不一样，因此时间长短各异。如果将换辊时间控制在 30min 以内，仅这一条线全年多创产值可达到三亿多元，利润也可以达到 3000 万元。在这些更换轧辊的作业行为中，肯定存在一种最佳、快捷的方式，也许会使换辊时间比 20min 还短，但是没人去总结，也没人把这种最优做法变成所有作业者可以共享而且必须遵守的作业规范。必要时可以把员工们换轧辊的动作拍成录像，大家讨论研究最佳动作，再拍成标准动作录像，对员工进行培训。

性能损失时间包括速度损失时间和空转短暂停机时间。速度损失是指设备未能开到设备的设计速度。不能开到设计速度的原因是多方面的，有的是工艺未调试好，有的是因为原材料不符合要求，有的是设备本身存在问题、开不起来等，需要对症下药地加以解决。笔者曾在一家造纸厂调研，发现纸机开不到设计速度与纸浆的配方有关，因为纸浆配方影响纸张强度，强度不够，一开快就会断纸。因此，这个速度问题需要从纸浆配方及其相关工艺上着手解决。笔者在一家烟厂调研时，发现卷接包机组开动速度不理想的原因是烟盒包装纸的质量不符合要求，开快就出现散包。这个问题应该从烟盒包装纸质量的源头加以解决。设备的空转、短暂停机原因也是多种多样的。如初始化未做好，总在调整设备，开开停停，会出现不少短暂停机；生产节拍安排得不好，又可能造成设备空转，总之还是要对症下药来解决。

因为材料工艺造成的质量损失时间，需要 QC 方法的帮助，需要通过 TQM、6σ 管理体系的整体设计，需要通过国际标准化体系 ISO 9001、ISO 9002 的过程控制来根本解决；因为设备造成的质量劣化、精度不够或者废品损失，则应该通过对设备的质量维修策略（Quality Maintenance）加以解决。

（3）系统外部因素停机时间

系统外部因素停机时间（OTT）包括节假日，停电、水、等待订单，产能不平衡等损失。节假日是法律规定的休息时间，企业是无权侵占的。然而，企业可以通过二班、三班或者四班运转方式，让员工倒班休息，让设备不停运转。企业内部的停水、停电、停气、停汽反映了企业整体运行和管理缺陷，企业要抓住系统木桶的短板——薄弱环节，各个击破。产能不平衡，反映了企业安排调度和供应链缺陷；等待订单则反映了企业的市场和营销问题。这些虽然不是生产系统本身的问题，但都直接影响企业生产和设备效率的发挥，应该引起足够的重视并采取具体可行的措施加以解决。这里，从一开始就是以企业的日历时间作为计算基础的。日历时间，无论设备是否利用，都在以折旧形式消耗着设备的投入资金。至于企业外部因素造成的停机，如外部配电不顺、停电、停水，合同协作部门的不配合，则需要企业从建立稳固战略合作伙伴关系的角度加以解决。天灾人祸虽然难以避免，但有危机管理预案一定比没有要好。

如果研究国内外设备管理 KPI 指标不难发现，一些指标如 TEEP、OEE 以及可利用率等，无非是图 5.5-1 所示不同线段的组合、加减及其长度的比值。

2. 改善影响产品质量和服务质量的细微之处

改善影响产品质量的方式是成系统的解决方案，从最早期的 ZD（Zero Defect，零缺陷）活动，后来发展到 QC（Quality Circle，质量圈）或者质量小组。前者是员工自主建立针对某种质量缺陷的研究攻关小组来解决特定的质量缺陷；后者发展为专门关注和长期研究解决质量问题，持续解决和改善每一工序质量问题，以后又出现 TQC（Total Quality Control，全面质量控制），作为一种管理体系，按照质量指针，从内部客户一环一环最终指向企业外部客户，贯彻整个生产流程，从原料、配件供应直到最终产品和市场销售与服务。TQM（Total Quality Management）是对 TQC 的拓展，不仅从整个供应链的角度，而且在企业横向平铺到每个部门，全员关注质量，全员以"质量是企业生命线"的意识武装，每个人都应该向自己的服务对象、下道工序提供最优秀的服务、最出色的中间产品或者最终产品。在生产流程中，通过 QC 方法，通过改善工装模具、工位器具，通过参数控制，通过操作规范，通过设备质量维护来提高产品质量；在行政服务单位，通过迅速响应，通过走向现场，通过改善态度，通过机构改革、流程再造、方法创新来提高服务质量。而 6σ 体系，实际上是 TQM 的深入化、精细化和人性化变异，以绿带、黑带为水平标杆和激励方式，对产品质量"零缺陷"的追求达到 6σ（百万件小于 3 件）的目标。

国际标准 ISO 9000、14000、18000 系列分别从产品质量、环境、安全角度来约束企业，成为一种社会公信标志。ISO 体系不仅推敲结果，而且更注重过程可控，认为结果是因为过程而产生的。在制药、食品行业推进的 GMP（Good Manufacture Procee），在汽车制造业推进的 VDA 6.1、QS 9000、TS 16949 等体系不过是 ISO 体系在各个不同领域的扩展，针对不同行业特点有所变化。

因为有大量系统的成熟管理方法专注于质量，本书就不详细展开了，请读者参阅有关方面的著作和标准。

3. 改善影响制造成本之处

长时间以来，人们一直认为"价格 = 成本 + 利润"，生产产品或者提供服务，一定会发生成本，加上一定比例的利润，就是"价格"。这似乎是天经地义的。如果全世界都没有你所生产的产品，这个公式可能更正确一些，但在激烈的市场经济环境中，这个公式的正确表达方式应该是"利润＝价格－成本"。因为价格往往是由市场这只无形的手决定的，企业（除非是垄断企业）很难左右市场价格。在价格确定之后，企业能否创造利润，就取决于其成本。所以，当代企业有没有"成本"内功，能否从战略角度管理成本，就成为是否赢利或者商海成败的关键。

影响制造的成本因素包括：

1) 原材料：原材料渠道如何？质量、性价比如何？是否有更优秀的替代原料？能否有价格更便宜的供应商？能否就地取材？原料运输成本可否降低？

2) 配件：是否有可替代的配件，价格更便宜、质量更好？能否自己生产？能否外协生产？哪种方式更合理？质量不变的条件下，配件材料能否更便宜？

3) 工艺流程与设备：能否通过改变、简化流程缩短加工时间、减少劳力成本？能否消除不增值劳动、能源、材料等各种浪费？能否减少设备投入成本？能否更加节约能源消耗？能否减少边角废料损失？能否通过引进更先进的设备，提高工作效率，减少平摊加工成本？企业是否要对员工动作进行研究，消除不必要的操作，实施"无为操作趋于零"的连续改善？

4) 管理组织和流程：能否建立更精干的组织，减少组织人员开支？能否通过理顺流程来提高效率、减少管理成本？能否通过计算机无纸化管理减少办公用品消耗？能否实施现场管理、走动式管理、情景管理、会议控制体系来提高管理效率，从而降低问题解决时间的拖延，减少成本消耗？

5) 综合治理各类浪费：实施各类堵漏活动，堵住漏水、漏油、漏电、漏气、漏汽，以及各种生产用介质的泄漏；对不合理的工艺流程、作业指导、材料及消耗品利用方法进行改善和节约；从设计、工艺等各个环节，减少原材料和辅料的浪费，减少非生产用品和办公用品的浪费;进行设备改善、工装改善、工序改善,减少人力资源浪费;推进物料管理零库存的连续改善。

充分研究利用价值工程(VE)方法、价值分析(VA)方法、管理软流程分析方法,加上精细的成本核算体系、企业预算决算体系、模拟市场成本核算体系、企业成本目标管理体系等成本控制方式和管理工具,达到降低成本的目标。当前企业流行的准时生产(Just In Time, JIT)、精益生产(Lean Production),就是全面、系统地向企业浪费挑战的管理工程。

4. 改善员工疲劳状况

造成员工疲劳的主要因素:一是生产方式和设备落后,繁重的体力劳动未能通过自动化设备来取代;二是虽然动作简单、省力,但是可能工作单调、重复、频率高、持续时间长,从而造成员工疲劳或者身体局部劳损。

(1) 生产方式和设备落后

生产方式和设备落后主要通过对设备的技术改造和新设备的引进来解决。

当今时代技术进步飞快,新设备不断涌现,设备的经济磨损速度往往大于其物质磨损速度。换句话说,很多设备的淘汰并不是因为设备的劣化、老化和损坏,而是因为设备的技术落后。继续使用这样的设备可能使产品质量、品种失去竞争力,使产品成本失去优势,或者造成劳动效率低、员工疲劳,从而间接影响成本和效率等。因此,企业对这类设备应采取快速折旧策略,及时淘汰更新。

对于仍然有利用价值的旧设备和工艺,为了减轻员工疲劳状况,应该通过人机工程学、行为科学、IE方法等手段,通过设备模块的合理组合,预留人体工作活动空间,如电缆及配线的合理布局、手工工具的合理设计和空间预留、箱体或抽屉式部件的科学利用、设备运动惯性或者重力的巧妙利用等方式,通过这类设备的局部技术改造来达到减少员工身体或者局部疲劳的目标。

(2) 工作单调、重复、频率高、持续时间长

除了通过新设备的引进加以解决,这类疲劳也可以通过改变

工艺、合并工序、动作设计来改善。有些企业创造"一个流"生产方式,让员工从负责多台单一设备和做单一重复动作改变为负责多台、不同类设备,完成系列加工过程、做系列多样动作。这样不仅可以减轻工作疲劳,同时可以提高劳动兴趣。例如,以前的制鞋厂分工很细,每人只做一部分。现在有的制鞋厂通过"一个流"的改造,把设备布置成"U"字形的集群,员工可以同时看管四五台机器,作业动作多样化,减少了疲劳厌倦,提高了工作兴趣。有的企业在不方便或者不适宜进行流程重组的情况下,采用工种轮换形式,让员工多工种定期轮换。这样做除了具有上述的两个优点,即提高兴趣和减少疲劳,还有一个突出优点,就是能拓展员工的知识面,使专业知识共有化,让知识共享范围扩大。一旦出现某工种紧急缺位,企业有足够的可弥补或替代人员,避免了人力资源短缺风险。

5. 改善安全与环境

2019年1~4月,全国就发生了好几起重大安全生产事故,安全生产形势严峻!以下是列出的部分事故:

2019年2月15日,广东东莞市一纸业公司发生气体中毒事故,致7死2伤。

2019年2月18日,中海油惠州石化有限公司发生闪爆事故,致1死1伤。

2019年2月23日,内蒙古一矿业公司发生事故,致20死30伤。

2019年2月24日,重庆有限空间"前赴后继"盲目救援,致4人死亡。

2019年2月25日,安徽马鞍山马钢一厂房发生爆炸,致2死1伤。

2019年2月26日,南通废水车间动火,发生废水罐闪爆,致2死1伤。

2019年2月28日,河北张家口一公司锅炉发生撕裂事故,致3死7伤。

2019年3月1日，山东荣成一冷藏运输船液氨泄漏，致5人死亡。

2019年3月3日，四川瓮福达州化工厂发生硫化氢中毒事故，致3死3伤。

2019年3月15日，安徽阜阳一企业发生中毒窒息事故，致2死2伤。

2019年3月19日，上海浦东一企业发生火灾，致1人大面积烧伤。

2019年3月19日，四川南充一工厂突发燃烧爆炸，造成4人死亡。

2019年3月21日，江苏盐城化工厂爆炸，致78人死亡。

2019年3月22日，湖南常长高速客车发生起火事故致26死28伤。

2019年3月23日，大理发生一起污水沉井气体燃爆事故，致3死5伤。

2019年3月24日，江苏扬州工地外墙脚手架坠落，致6人死亡。

2019年3月25日，不顾整改指令违规开车生产，山东烟台一化工厂发生爆裂着火，致1死4伤。

2019年3月29日，山东青州一工厂车间发生爆炸事故，致5死3伤。

2019年3月31日，江苏昆山一公司存放废金属的集装箱引发燃爆事故，致7死5伤。

2019年4月1日，四川凉山森林火灾，30名失联扑火人员牺牲。

2019年4月1日，安徽马鞍山一化工厂发生爆炸，所幸无人员伤亡。

2019年4月1日，上海一电器仓库失火，房顶烧穿，现场浓烟滚滚。

2019年4月1日，长江口一货船失火，15人获救，2人死亡。

"天灾不可逆,人祸本可防。"因为事故发生有着明显的规律。例如,国内某烟花爆竹厂发生爆炸,虽然天气炎热是客观因素,但这个工厂违规在强烈阳光下晾晒药球,导致药球自燃引起爆炸,这才是根本和直接因素。又如煤矿屡屡发生的瓦斯爆炸,也必然是瓦斯超过了一定浓度才可能发生的。很多煤矿有齐全的通风和瓦斯监测设备,但总有部分员工改不了在井下吸烟的恶习,这往往也是一些瓦斯爆炸事故的直接原因。

按照海因里希法则,每一起严重事故背后,必然有29起轻微事故和300起未遂先兆,以及1000起事故隐患。因此,要想消除可怕的严重事故,就必须把这1000起事故隐患控制住。有人做过这样的统计,进行安全隐患预防的投入产出比远远大于发生事故后再整改的投入产出比,前者大约是后者的5倍。

改善安全与环境的工作主要应该从以下几个方面着手:

(1) 改变观念

在我国的工业企业中,改变"安全与环境"的观念尤其重要。在过去,人们对安全与环境的认识可能存在误区及不足。企业的各级管理者要牢固树立起以人为本、人的生命至高无上的观念。人和企业的财产比,人和物比,人永远更重要!

人为什么要生产,为了创造美好生活。如果因为创造美好生活的"生产"而失去了追求美好"生活"的宝贵生命,这个"生产"还有什么意义?

员工在不良环境中的工作充满伤害、恐惧、怨恨和危险,也对员工士气、工作效率产生不良影响。

良好、舒适和安全的工作环境,轻松、愉快的工作气氛,会使员工的工作效率大大提高,创意无穷。笔者曾在广州一家大型汽车制造企业考察,比足球场还要大的汽车钣金焊接车间、涂装车间竟然全部装有空调,夏天的室内温度凉爽宜人。也许有人说,这是多大的电能消耗啊!但是,员工在舒适环境中工作效率的提升与消耗的电能相比,又算得了什么?相反,笔者在一家汽车蓄电池厂调研时,发现车间里弥漫着强烈的盐酸烟雾,刺眼又刺鼻，有的工人竟未戴任何防护用品！这种缺乏良好通风和员工防护规范的生产环境对员工的伤害是必然的。而车间环境的改造需要投入，不是一个普通员工能够左右的，需要最高领导的深刻认识和观念转变。

(2) 环境改造，设施投入，排除隐患

从宏观和根本上改变安全与环境，需要企业把环境和设施的投入纳入资金计划。

企业要改变先生产、后生活的观念。企业一味投入资金扩大生产，会取得适得其反的效果，造成环境恶劣、士气低下、企业形象不佳，甚至造成政府出面干涉整治、企业丧失美誉、挽救整治成本剧升的恶果。

因此，企业一定要把美化、净化、保护环境和保障生产安全的事情具体化，从项目建设开始，不断投入，让安全、环境保护与企业生产经营同步成长。

企业在加强安全、环境建设投入的同时，还应注意隐患的排除。前面在介绍清除"六源"活动中，已事故危险源的排除做了详细论述。

(3) 加强员工防护措施

即使企业在现有条件下把环境和设施建设得很好，也并不意味着员工处于完全安全状态。企业还应该加强员工的安全防护措施投入，如工作帽、防护眼镜、耳塞、专用皮鞋、口罩、防毒面具、楼梯扶手、防滑地板、通道走廊护栏、防撞警示标志、人车隔离线、绝缘手套等。进一步推进全员参与的"危险预防"、寻找"事故隐患"和定期的"警示报告"制度，对危险点实施"警示标签"管理。

(4) 利用科学分析和防护技巧

科学分析是基础，前面提到的海因里希法则就是通过统计分析得到的规律，反过来指导人们的实践。防护技巧是值得认真研究并具有广阔开发潜力的空间，防护技巧主要应用在可能造成火灾、事故、环境危害的隐患之处。

如有些企业在电气施工中为了避免有人合闸通电的危险，在电闸上面挂一块"有人作业，请勿合闸"的牌子，这似乎是没有问题了。但是不巧，有人喝醉酒上班；或有人没注意牌子，精神恍惚把电闸合上；或有人用长棒作业，不小心挑到身后的电闸，结果导致正在施工作业的人员触电身亡。这些都是真实的事例。所以，有的企业发明了"LOCKEROUT STATION"，即多把锁共同锁住的电闸保护盒。也就是说，如果5个人在作业，只有5个人都把锁盒打开，才能合上电闸。这样，触电的危险性就降到极低。在安全问题上，需要时刻警惕，永远不要排斥过分的防范。

有人做过这样的统计，马路上汽车从身后撞死人的比例为86%，从正面撞死的为14%，从后面超过从前面撞死人数的3倍。从小学起就应该教育孩子尽量在面对汽车的行走方向的便道行走，即在马路左边道迎着汽车行走。在企业里也应如此，教育员工沿着与汽车相对的方向走！日本新日铁钢铁公司的员工在企业内部行走或者开车，都要遵守"指差认证"方法，走到十字路口，要停下来，手要指着，眼睛看着，嘴里还要说着"左边没人、没车，右边没人、没车，前进！"为什么？就是通过这种硬性的规则，提示大家注意路口交通安全。就是这些貌似"愚蠢"的做法，使员工的交通伤亡事故逐年减少，所以还是"愚蠢"些、啰嗦些好。当然，防护的技巧还有很多，要靠全体员工在工作中不断思考、不断实践、防微杜渐，把事故隐患降到最低。

国内一些大型钢铁企业，将每年的意外死亡率控制在万分之一以内，就感到满意了。虽然万分之一的比例不高，但这种意外身亡摊到谁身上都是大事！

6. 改善工作与服务态度

笔者在一些企业里常常看到忙闲不均的现象。一些岗位的人员在喝茶、看报、聊天、上网看新闻、玩游戏，也有一些岗位的人员始终忙忙碌碌。为什么？有些岗位的工作任务不饱满，有闲功夫；或者是某些人员眼里没有活儿，缺乏主动精神。

在企业里，大家都知道产品质量至关重要，质量体系有个"指针"原则，因为要向企业的最终客户提供最优秀的产品和服务，所以企业将服务"指针"指向外部客户。其实在企业内部也要建立内部"客户"概念，上道工序把下道工序看成自己的"客户"，管理部门将生产基层看成自己的"客户"，也要向他们提供最好的中间产品和服务，唯如此，最后的"指针"才可能是有效、真实的。这就需要每个部门都目标一致、协调配合地把工作做好。企业从无序、无力到统一、有力的过程如图 5.5-2 所示。

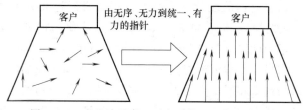

图 5.5-2　企业从无序、无力到统一、有力的过程

改善工作和服务态度的一个好办法就是推进承诺制度，包括工作和服务内容承诺、响应时间、完成时间承诺、工作和服务质量承诺等。企业还要建立对工作和服务承诺的考核评价体系，把工作和服务效果落到实处。

通用电气公司的杰克韦尔奇（Jack Welch）提出"无边界管理"（Boundary-less）的概念。"无边界管理"就是淡化边界，边界模糊化。企业不能没有分工，但分工的界线永远分不清楚。如果三车间员工走到四车间，发现四车间着火了，要不要去救？没有一条规则明确告诉你一定要救火或者不要去救火。足球比赛时，对方后卫一脚把球踢回来，前锋退到自己的球门前，自己的守门员去扑球还没回来，球被对方前锋一脚劲射飞向自己的球门，而你就在球门口，是用头把球顶回去还是任球飞进自己的球门？这时候没有人在推敲分工是什么，全体队员的目标是一致的：守住自己的球门，攻入对方的球门！如果一家企业能够把自己的团队建设得如同足球队一样，这家企业将是充满活力、潜力无限的。

宝钢实施工序服从、短路管理、专业搭接的方式。就是说，在生产现场，工序重点是压倒一切的，生产中当前的次要工序一定要服从重要工序；检修期间，其他工序为次要，检修最重要，所有工序都应该为检修提供支持，以便快速完成检修任务，早日恢复生产；而在生产期间，生产运营最重要，其他工序需要为生产部门提供有力支持，以保证生产流畅、稳定运行。为了这一目标，才要短路管理。所谓短路管理，就是在工序服从的前提下，同级作业长可以相互指挥。例如检修期间，其他作业长听检修作业长的号令；生产期间，其他作业长听检修作业长的号令，而没必要经过上一级管理者的指挥协调。专业搭接就是专业相互覆盖，也是淡化边界的概念。每个人都应该"一专多能"，朝着"多技能、多任务"的方向发展。上述管理模式之所以能够顺利实施，关键还在于主动精神。改善工作和服务态度的追求永无止境。有一本书的书名叫作《态度决定一切》。对个人，这是个人成长、进步和成大器的前提；对企业，这是造就优秀企业的必要条件。

7. 六项改善与人机系统的交互关系

企业的改善是无处不在的，也是没有尽头的。改善面对人机系统有着更加广阔的潜力发挥空间；反过来，人机系统有着无穷的可改善课题。

(1) 六项改善与人机系统的关系描述

1) 改善效率既包括人的工作效率，又包括机器的效率。

2) 改善质量对自动化流程主要在于改善设备稳定和精度的保持性，而对包含手工作业的企业，对依赖服务的企业，还要注重人的行为、动作规范和服务技巧改善。

3) 改善成本，不仅从机器上挖掘，从人的行为习惯效率上也要挖掘。

4)改善员工疲劳从表面看是动作的改善,其实往往取决于设备本身的自动化程度改善。

5)改善安全也是人机一体的改善。建立安全文化,强化人的安全意识,规范人的安全行为,理顺安全流程和预案体系,还要注意设备的本质安全,包括良好的维护、检查、修理体系,让设备安全稳定运行。

6)改善工作态度则面对的是人,而这种态度反过来又作用于其他内容的改善。

（2）人机系统与六项改善关系图

六项改善本身是相互关联的,改善效率必然改善成本,改善质量有时会影响效率和成本,改善员工疲劳往往与改善成本矛盾,改善安全与环境需要投入,这又影响效率与成本,改善态度对各项改善均有促进作用。因此,态度的改善是根本。六项改善的关系如图 5.5-3 所示。

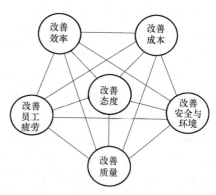

图 5.5-3　六项改善的关系

改善就是在这一矛盾的状态下寻求平衡点,寻求系统、综合的最优。人机系统与六项改善关系图如图 5.5-4 所示。在图中,"+"代表正相关关系,"-"代表负相关关系。正相关表示前项增加（改善）,后项也跟着增加（改善）；负相关表示前项增加（改善）,后项减少（劣化、倒退）。例如,改善员工疲劳,对改善安全与环境是有利的,用加号"+"表示,而改善员工疲劳,会增加成本,对改善成本是不利的,用负号（减号）"-"表示。六项改善均有利于改善现场人机系统,因此均用加号表示；改善态度对其他五项改善起到促进作用,所以用加号"+"表示。

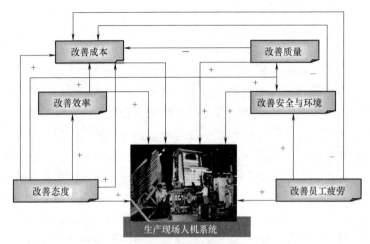

图 5.5-4 人机系统与六项改善关系图

8. 有氧活动

在当代城市生活中,人们越来越期待健康的生活方式。生活在人群密集空调房里的"办公一族"更期待一些有氧活动。有氧活动是定期的户外活动,是健康的调剂,人们徜徉在阳光下、森林中、水面上、深山里、沙滩边。企业常年沉闷在死板的生产规则之中,令人几乎窒息,是否也需要一些有氧活动呢?是的,不但必要,而且紧迫!什么是企业的有氧活动呢?那就是让员工和"草根"层动起来。

在100多年前的福特汽车公司,老福特痴迷于大机器生产,认为员工只是"工具",相当于机器一部分,因为目前没有设计出机器做这件事,则用人来完成这项工作,将来一旦有了合适的机器,就可以取代人。他的观点是只用人的两只手,而并非用人本身。那时的企业只是一个脑袋在想问题,千百个躯体按照指挥来行动。当代的很多企业把人看成是能动的、有活力的、有创造性的,希望千百个脑袋也动起来。只有这样,企业才能充满朝气,不断升华。企业挖掘员工知识和智慧潜力的最好方法之一是员工的一点建议(One Point Suggestion,OPS)活动与员工自编自讲的单点课程（One Point Lesson，OPL）自我教育活动。因为它们都是"O"开头的活动，两个"O"构成氧气的分子 O_2，把这项活动幽默地称为有氧活动。

（1）OPS——员工合理化建议活动

合理化建议是企业不断改进、进步的动力，而激励员工的参与意识、提高工作士气是其重要的功能。管理人员应该鼓励员工多提建议，而且无论这种建议有多小，都不可轻视，保护员工的热情，激发他们对现场改善的兴趣。不少员工在交出正式提案之前，已付诸实施。管理阶层并不期望能从每一项提案中获得巨大经济效益，具有重要意义的是培养、开发具有改善意识和自律的员工。不少改善提案是与生产现场的设备操作、检查、清洁、诊断、保养、维修以及改造相关的，这些提案的实施过程也就是人机系统精细化管理不断进步的过程。

员工合理化建议（提案）的推动工作对企业是十分重要的。如果将员工仅仅看成是"工具人"，企业就不需要推动这项工作。人是具有能动性的，有无穷无尽的潜力可以开发，这应该是企业领导者的一个基本认识；另外，企业存在着无穷无尽的问题，有大量可以改善的空间和余地，这应该是企业领导者的另一个基本认识。员工合理化建议的提出和实施是最能够发挥每个员工智慧潜力的方式。

很多企业都曾经有过或者正在实施合理化建议活动，但为什么效果并不理想呢？究其原因，不外乎以下几点：

1）企业文化氛围不佳，企业没有凝聚力，员工根本不热爱企业，也就不关心企业的发展。

2）未设计好合理的员工提案管理闭环，从员工提案的发动，到提案、建议的审核、立项实施、后勤保障支持、成果的发布和评价，直到提案的鼓励、奖励，未形成有效的 PDCA 循环。

3）企业对成功实施提案的奖励、激励力度不够，虽有激励，但其力度不足以吸引大家努力去开发和实施提案。

企业创造员工合理化建议（提案）的管理环境和流程建议

如图 5.5-5 所示。

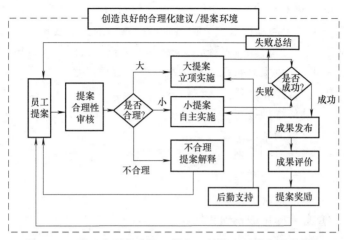

图 5.5-5　员工合理化建议（提案）的管理环境和流程建议

（2）OPL——员工自编自讲的单点课程自我教育活动

彼德·圣吉提倡建立学习型组织，认为 21 世纪必胜的组织应该是学习型组织。这是因为科技和生产力的飞速进步已经把世界带入一个速变的时代和经验贬值的时代。近十几年来，人类的发明创造每隔 8~10 年就翻一番，技术进步带动生产力的发展速度呈几何级数增长，生产的进步又带来组织结构、管理方法的飞速变化。学习型组织要求整个团队不断学习，克服传统的心智模式，自我超越，不断提升集体的智商。

我国古代的著名教育家孔子说："三人行，必有我师焉。"他告诉我们，任何有人群的地方都有自己的老师。"两个人交换苹果，各得一个苹果；两个人交换思想，各得两个思想。"一个企业的团队中有很多人，如果人们相互交流思想、相互为师，那将获得无数思想，这将是一个怎样的局面？在这一思想的启示下，笔者提出建立"教育型组织"的概念。所谓的教育型组织，就是人人为师，有意识地引导和开发团队中每个人的"教育"潜能。每个人既是学生，又是教练，每个人按照教练法则参与团队的训练。在建立教育型团队的活动中，可以把单点教材的编写作为重要的手段和载体。所谓的单点教材（OPL），就是针对生产中一个特定问题的解决，由员工自己编写的专门教材。因为只是解决一个问题，不必系统成套，也不必长篇大论，仅编撰、打印在一张 A4 纸上就可以。单点教材的内容可以是：

1）设备操作技巧。
2）设备维护技巧。
3）设备的精度调整。
4）小故障的处理。
5）某种产品缺陷的防止。
6）紧急情况的应对。
7）危险隐患的发现和处理。
8）小工具的制作。
9）提高工效的小方法。
10）减少劳动疲劳的做法。
11）如何防止设备跑、冒、滴、漏。
12）一种堵漏技术的应用。
13）一种通过听、嗅、触、视觉感知进行的设备诊断方法。
14）设备润滑的方法和工具。
15）一种操作工艺的改进。
16）一种安装、对中、平衡方法。
17）安装辅助工具的设计。
18）一种精度控制方法。
19）一个公差配合的技巧。
20）一种设备清扫方式。
21）一种清扫工具的制作。
22）一种管理看板的设计和制作技术。
23）一种电子显示板的编制。
24）如何看三视图，如何快速画简图的技巧。
25）某一评价指标的简便算法。

26)更换产品型号的设备快速调整定位。
27)数控设备的编程技巧。
28)针对某一设备的清扫—检查—保养连贯最佳动作。
29)防止污染的好方法。
30)一种定置摆放方案。
31)一种安全防护工具的设计。
32)可以减少浪费、降低成本的改革方案。
33)一种省力气、去疲劳的操作方式。
34)一种防止差错、纠正差错的动作设计。
35)一种根除故障源头的维修方式。
36)一种可以使设备自调整的改造。

只要与生产现场相关,任何单点教材都是欢迎的。员工编写了教材,还要对班组的工友讲解、培训。在动员员工编写单点教材的过程中,要鼓励员工大胆写、大胆讲。在编写和讲解时,可以把自己的培训对象看成是毫不了解的,这样才能够敢于讲并且详细讲。也只有如此,才能无所遗漏的把自己的心得体会、经验教训全面展示出来。

(3)阴阳平衡

我国的哲学讲究辨证思维,推敲阴阳平衡。

在企业里,OPS 代表阴,是埋头努力工作,是动脑筋、下功夫、出力气地解决问题,也是相对比较艰苦的工作;OPL 则代表阳,是将员工自己的成果、体会、妙手偶得发扬光大,让大家分享、学习,是阳光行为。

如果仅仅是埋头苦干,没有分享、继承和发扬,好的东西被局限,不能产生更广泛的效果;反过来,如果仅注重宣讲和分享,没有钻研、创造和改善,也就逐渐失去了 OPL 的源泉。有氧活动的两个"O"恰恰代表了互补问题的两个方面:阴阳要平衡,双 O 要并举,共同前进,带动企业发展。

阴阳的另外一个特点就是你中有我,我中有你,是亦此亦彼的。从图 5.5-6 可以看出,一个圆不是从中间笔直地被切成两块，而是由小到大逐渐过渡，阴生阳，阳生阴，从 OPS 逐渐孕育出 OPL；又从 OPL 的推广和经验分享中逐渐启发出新的 OPS，周而复始，无穷无尽。因此，有氧活动在企业里具有无限生命力。企业不仅应该重视这项工作，而且应该下决心把这项工作做好，通过这项工作，最大限度地调动和发挥每个员工的潜力，激发他们创造性的火花。

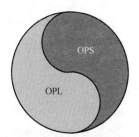

图 5.5-6 有氧活动的阴阳平衡

9. 小组活动

从 ZD、QC 到 TPM，都离不开小组活动。小组活动也是"改善活动"的一部分。

一类小组活动是指在生产现场环境中，企业内的非正式、自愿性质组成的团体，去完成特定的工作任务。这类小组是根据任务或者需要解决的问题组成的，成员来自不同基层部门以及不同专业领域。一旦任务完成，问题解决，小组即告解散。ZD 小组、QC 小组即属于这类小组。

另一类小组是在全员参与活动中的自然班组，自然班组即活动小组。在生产班组里，人人都是小组成员，全员参与有组织、有目标的主题活动。

小组活动的环境是良好小组活动成长的土壤。企业的领导者、组织者要热情引导和营造良好的文化环境，通过适当的宣传鼓励、权力下放、物资保障、场所提供、时间安排等手段来促进小组活动的发展。

在小组活动环境建设中，企业的领导者既不能忽视心理环境，也不能忽视物理环境。心理环境建设在于领导不断深入现场，不断致力于建立起和谐的企业文化，不断为员工提供良好的教育和培训；物理环境建设就是要提供活动场所和小组看板的制作条件。

第六节 缔造可持续进步的人机系统

1. 员工与企业共同成长进行

当企业有着强烈的进步诉求时，就会发现员工的素养水平成为企业前进的制约。客观地说，在一个组织里，绝大多数员工都有进步的诉求，但他们需要成长的环境和条件。养过花的人都知道，花的生长需要阳光、水、温度、土壤与肥料。同样，人的成长进步就像养花，也需要类似的要素。

如图 5.6-1 所示的基本框架，就是一个可持续进步的人机系统。其中，领导的尊重和认同就是阳光；培训就是浇水；知识资产管理与信息共享机制好比土壤与肥料；全员参与的自我能力分析、成长约束分析、员工单点课程自我教育培训体系以及行动至上的实践活动就是阳光下的光合作用。

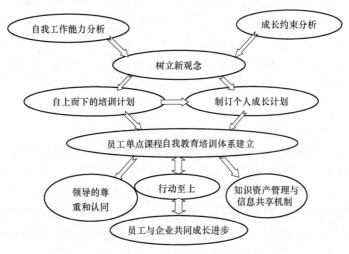

图 5.6-1　员工与企业共同成长进步的基本框架

这样设计的体系就是让员工与企业共同成长进步：企业进步带动员工进步，反过来，员工进步促进企业进步，二者相辅相成、共同发展。这样的活动被幽默地称为"青蛙"（FROG）活动，这意味着员工像青蛙一样活跃，跳跃着进步和成长。FROG 也是 Future Re-implementing Operators´ Growth 的缩写。

在 FROG 体系里，员工自我工作能力分析和成长约束分析是工作的起点。兵法有云："知己知彼，百战不殆。"有效地培育员工，要先让员工自己了解自己，让企业了解自己的员工。这是后续培训计划有效性的基础。

树立新观念就是给企业营造一种积极向上、充满正能量的氛围和文化。企业文化是锤炼员工的重要条件，在企业中营造一种积极思考、没有借口也不找借口的氛围是十分必要的。如果是这样的文化，员工就会具有"有条件要完成，没有条件创造条件也要完成"的精神。否则，低效率、低质量的工作可以找出无数借口。成功来源于积极的思维，因为机会总是伪装成"困难"到来。"我们能做到"是成功的最大金矿。成功者比失败者就多了一点点——比他们多爬起来一次！鼓励员工抱有积极的态度，要改变环境先从改变自己做起，不断树立新目标，而且绝不轻易放弃。做好今天，把握现在，并学会运用"积极的语言"——尊重、认同、感谢、赞赏、记住、帮助、宽恕，为团队搭建成功的桥梁。

下一步就是员工制订个人成长计划，企业制订自上而下的培训计划。不同于以往的培训计划，FROG 体系为企业设计了五维培训计划体系。这五维包括时间维、数量维、素养维、技能维和层次维。其中，时间维和数量维的设计就是根据企业的经济状况，让培训分清轻重缓急。素养维和技能维的设计就是让企业不能顾此失彼，改变企业急功近利，重技能、轻人文素养的状态。要明白，技能和素养是相辅相成、互为补充的一对。没有素养，不懂相互尊重、不会合作、不善沟通、缺乏礼仪的团队，员工技能也得不到充分发挥；反过来，具有素养而技能不佳的团队也不能成事，这更是明显的道理。最后就是层次维，这为员工成长搭起阶梯，学习无止境，进步也无止境，让员工随着企业的进步一同成长。

单点课程（OPL）自我教育培训体系是现场改善的重要形式，是小组活动的活跃要素，是挖掘员工潜力的有效手段，也是员工自我教育和素养提升的重要形式。OPL自我教育培训体系渡过自发阶段，就要逐渐被纳入人力资源部门的正规管理，让这种形式成为建立教育型组织的自然做法，让编辑成册的OPL专辑成为企业的宝贵知识资产，持续地引导员工进步。

FROG体系里的阳光是领导的尊重和认同。将领导陶冶成为"教练"而非"长官"是十分重要的。FROG体系里传递的企业教练法则就是告诉企业的各层管理者如何当好教练，如何带好自己的这支队伍。

在此框架的基础上，企业可以制定六维培训体系，如图5.6-2所示。

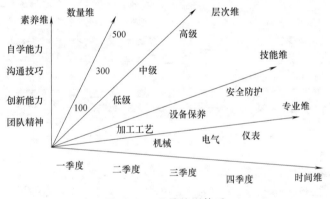

图 5.6-2　六维培训体系

FROG体系里的土壤和肥料是企业知识资产管理与信息共享机制。企业在运营实践中创造了大量的经验和知识，但因为是"铁打的营盘、流水的兵"，由于没有总结、提炼和保存，这些宝贵的经验和知识不断地被遗忘或者带走，企业往往在不断地重复着经验的摸索，重复着规律的提炼总结，重复着一样的教训，重复犯着一样或者类似的错误。在信息和网络时代，外部知识比以往任何时代都更容易获得，而这部分知识也应该成为企业的宝贵财富，适时、适当地为己所用。因此，有效地管理好内外知识资产，进行充分的信息共享，成为当代企业在竞争中立于不败之地的基础。

在企业里，任何管理体系都应该以实践为本，都应该是"干"的理论，而非"说"的理论。简写的"干"字有两横一竖，上边一横短，代表理论；下边一横长，代表实践，如图5.6-3所示，其中理论占三成，而实践则占七成。因此，如何让员工将TnPM的理论落实到企业实践中，行动至上和行为管理将成为锻造企业执行力的关键环节。

图5.6-3　企业管理体系的实践本质

2. 知识资产管理——21世纪的制胜法宝

彼得·伊利亚德（Peter Ellyard）所言："今天你如果不生活在未来，那么，明天你将生活在过去。"

知识资产管理就是对知识的采集、存储、整理、整合、利用和开发过程。在企业里，知识资产俯拾皆是，就蕴涵在生产之中，深藏在人机系统之间，甚至有不少资产矿藏尚待开发。但很多企业却不知道如何去采集、利用和开发。有人说，世界上最不寻常的未开垦疆域是我们两耳之间的空间。显然，企业的员工是企业知识资产的第一资源，是最有潜力开发的资源。

知识资产管理有点像浪里淘沙，其最终的目标是寻找金子。

我们不能看到金子才去淘沙，因为显性知识是闪光的，而隐性知识是需要提炼才变得闪光的金子。如果企业想不到去沙里淘金，铁打的营盘、流水的兵，随着人员的调动或者退休，任由知识资产随着人员的流失而流失，对外来的"沙金"也不屑一顾，这样的企业必然会被时代所抛弃。

企业的知识资产管理是给企业带来价值的过程。其价值的提升过程是不断地通过经验、内外部第一手资料的收集，逐步转化为有用信息，然后提炼总结成为知识资产，再不断组合创新和应用这些知识资产，为企业创造财富的过程。

企业内部的知识资产包括技术诀窍、发明专利、管理手段、人才团队、知识结构、企业文化以及创新能力等。对于内部知识资产，其管理方法和手段如下：

（1）显性知识的主动管理

显性知识一般是指纸制图书、杂志、内部通讯期刊、电子图书、文件、技术说明、图样、电子课件、CD、VCD以及网上搜寻、下载信息资料。

这部分知识资产管理的原则是收集、开放和分享。

（2）隐性知识的5ATSOOSBS管理

隐性知识即个人的、非文件的、感觉的、动态获得的、经验为基础的、被描述为"意味""说不出""第六感""感应的""心领神会的"这些潜藏在人脑里的知识。隐性知识管理的重点就是将这些隐蔽在人脑里的知识挖掘出来，转化为显性知识。我们能够应用的管理工具都是试图开发员工潜力的方法，简称为5ATSOOSBS方法。

所谓的5ATSOOSBS是指：

1）5A Training——Anytime, Anybody, Any Problem, Any Where, Anyway Training，即在任何时间、任何人、任何问题、任何地点和任何方式的即时培训体系。

2）SOP——Standary Operating Procedures，即标准化、规范化运行手册。

3) OPL——One Point Lesson，即单点课程、一点课程。

4) OJT——On Job Training，即在岗培训。

5) Suggestion——提案、建议及其实施。

6) Brain Storm——头脑风暴，即通过激烈的集思广益研讨提炼形成有效解决问题的途径。

上述管理体系以单点课程和合理化建议为支柱，以建立标准化运行手册为基础。通过这五种不同的方式，启发调动全体员工将头脑里的经验、诀窍开发、汇集起来，以书面、电子教材形式，形成规范文件保留在企业里，让全体员工共同分享，从而提升全体员工的工作水平和效率。

第七节 TnPM+工匠育成体系

"要培育精益求精的工匠精神。"李克强总理在政府工作报告中发出的这一号召，迅速引起了社会各界的热议。那么，什么是工匠和工匠精神呢？工匠、工匠精神与工匠培育的意义何在呢？

（1）什么是工匠

工匠的定义一直不是很清晰，其实也不必要十分清晰。笔者认为，工匠是综合性人才，集合了"劳模""技师""科学家"的部分特质，如图5.7-1所示。

那么，工匠与劳模、技师和科学家的共性和区别在哪里呢？下面通过表5.7-1～表5.7-3给读者提供一点线索。

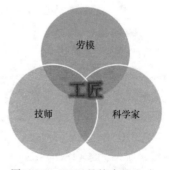

图5.7-1 工匠是综合性人才

工匠的能力是怎么构成的呢？其能力模型如图5.7-2所示。

概括地说，工匠以创新能力为核心，具备扎实的基本技能、娴熟的专业能力，对新知识、新技术充满好奇和渴望，以及极强的敬业精神。

表 5.7-1 工匠与劳模的共性与区别

共 性	区 别
• 敬业爱岗,追求在平凡的岗位上做出不平凡的业绩 • 具有恪守本分、敬业奉献、兢兢业业、善做善成的职业态度 • 具有诚信为本、笃守职责、不辱信誉、质量第一的职业操守	• 工匠需要具有更高的职业技能 • 工匠能运用技能改善产品、改善工艺、改善工作环境

表 5.7-2 工匠与技师的共性与区别

共 性	区 别
• 具有扎实的技术功底,热爱钻研技术	• 工匠需要具有更加卓越的创新能力 • 工匠是具备高超创新、创造能力的人,擅长利用现有技术或创新方法来创造价值 • 工匠是具有破坏性的人,他们总是挑战现状

表 5.7-3 工匠与科学家的共性与区别

共 性	区 别
• 具有天生的好奇心,专注,不忘初心 • 总是挑战现状,富有创新精神,具有从已经存在的事物中创造出新东西的"超能力" • 擅长在事物的碰撞之中找到灵感	• 科学家侧重于创造新知识;工匠侧重于利用的现有知识来解决问题 • 工匠需要更强的动手能力 • 工匠不但要有好点子,而且要付诸实现;工匠不但有灵感,还要让灵感落地

(2) 谈谈工匠精神

近代重视高效率、低成本、标准化的大生产模式,是对传统"如切如磋,如琢如磨"工匠精神的冲击,销蚀了"人"的创造性。老福特用生产线工人重复、机械式的劳动,提升了效率,把复杂多样化的工作变成了简单的工作,造就了汽车帝国。就像饭店把"大厨"赶出去,才让麦当劳、真功夫等快餐公司取得了成功一样。

那么，要不要重拾工匠精神，要不要促进工匠的成长？

理性地分析，即使是注重大规模、高效率、低成本、标准化的生产，也要先以工匠的革新创造为基础和基因。

一个新汽车车型的诞生，包含着不少工匠的智慧，每个受欢迎的车型，都是匠心荟萃；一餐美味，蕴藏大厨的精心设计和试验，每道大受食客欢迎的标准化美味佳肴，都蕴含着大师的丰富经验与技艺。

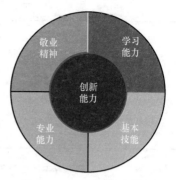

图 5.7-2　工匠的能力模型

因此，规模化的生产是以工匠与大师的精湛劳动成果为基因的。没有这些，就无法标准化和批量化的生产，就无法给企业带来丰厚的利润。

在历史上，我国古代的四大发明对人类文明的发展和进步具有极大的促进作用，同时也造就了强大的中国。

我国历史上涌现出大批工匠人才，例如以木器制作闻名的鲁班、建造赵州桥的李春、发明地动仪的东汉天文学家张衡等。始建于秦昭王末年（公元前 256～前 251 年）的都江堰，是蜀郡太守李冰父子在前人鳖灵开凿的基础上组织修建的大型水利工程，由分水鱼嘴、飞沙堰、宝瓶口等部分组成，2000 多年来一直发挥着防洪灌溉的作用，使成都平原成为水旱从人、沃野千里的"天府之国"至今灌区已达 30 余县市，面积近千万亩，是全世界迄今为止年代最久、唯一留存、仍在一直使用，以"无坝引水"为特征的宏大水利工程。李冰父子当之无愧应被称为大工匠。

《庄子·养生主》中讲道："庖丁为文惠君解牛，手之所触，肩之所倚，足之所履，膝之所踦，砉然向然，奏刀騞然，莫不中音，合于《桑林》之舞，乃中《经首》之会。文惠君曰：'嘻，善哉！技盖至此乎？'庖丁释刀对曰：'臣之所好者，道也，进乎技矣。始臣之解牛之时，所见无非牛者；三年之后，未尝见全牛也。方今之时，臣以神遇而不以目视，官知止而神欲行。'"我们可以用出神入化、道技合一来形容庖丁的宰牛技术，这里蕴含了深刻的工匠韵律。

中国古代"圜者中规，方者中矩"的编钟、"白如玉，明如镜，薄如纸，声如磐"的景德镇瓷器、"咫尺之内再造乾坤"的苏州园林……无不凝结着大国工匠的技艺。

我国古代还编制了《工律》《考工记》《营造法式》等工匠制度和技法，形成了师徒相传、物勒工名的工匠传承规则。

工匠于国家的重要作用，如同基石于高楼的作用一样。大国之所以强，强在经济力；经济力之所以强，强在产品；而产品的价值正是靠工匠精神挤压、打磨出来的。

当今的美国之所以强，在于不断涌现出像微软的创始人比尔·盖茨、苹果的创始人史蒂夫·乔布斯、英特尔的联合创始人安迪·格罗夫、谷歌的联合创始人拉里·佩奇和谢尔盖·布林、Facebook创始人马克·扎克伯格、Twitter的联合创始人埃文·威廉姆斯、亚马逊的创始人杰夫·贝索斯、优步（Uber）联合创始人特拉维斯·卡兰尼克等著名的、性格各异的"工匠"。而这些工匠，很多都是在车库里成长起来的。没有他们，就没有美国经济的繁荣，也就没有美国的强大。从这种意义上说，是工匠精神成就了强大的美国。从这种意义上说，也是工匠精神促进了一个国家的强大，德国如此，日本如此，瑞士如此，以色列也如此。

综观近代历史，从英国的工业革命开始，经历过三次工业变革，西方国家发展强大起来。我国曾经以工匠闻名，如今却成为工匠精神缺失的国度。

日益规模化、效率化的生产让不少企业忽略了其背后的工匠创新和发明，简单的重复性操作又让企业忽略了手口相传的师徒制度。

大规模、高效率的生产，无论其产品的原型设计还是工艺的实现，都离不开道技合一、精益求精的工匠精神。前者是显性的，而后者是隐性的，往往被忽略。德国的现代化道路，从表面看是技术兴国、制造强国之路，从深层次看，是德国人对技术工艺"宗教般"的狂热追求。因为他们对技术的追求远远超过急功近利的利润追求，这反而让他们的产品附加了更高的价值。

无论是德国还是日本，从教育制度到社会习俗都形成了崇尚工匠的文化和机制；而在美国，车库、校园和政府公共机构到处都有"极客""创客"的孵化器，无人汽车、六轴无人机、智能机器驮驴都是这样创造出来的。

"中国制造"要靠大国工匠的努力，这已经成为不可回避的历史性选择。营造工匠成长环境、培育工匠文化、设计工匠培育成长机制，将是我国成为制造强国的必由之路。

将工匠精神赋予"互联网"思维，称之为"新工匠精神"。在当代中国，不仅应该提倡工匠精神，还要与时俱进地植入"网络"元素，植入时代进步的基因，以"新工匠"代替传统工匠，善用网络，以网络为工具，同时契合互联网的发展脉络，在互联网上创新和发明，以达到事半功倍的功效。

让祖国成就无数工匠，让工匠成就强大中国。

（3）工匠成长的环境建设

德国作曲家勃拉姆斯（Brahms）说："没有工匠，灵感只是风中一支摇曳的芦苇。"看来，工匠是让灵感落地的人物。

工匠精神的内涵就是精益求精、严谨、一丝不苟、耐心、专注、坚持、专业、敬业。

德国哲学家尼采（Nietzsche）说："一个民族，需要两种精神：一个是酒神精神，一个是日神精神。"酒神精神是冲动的、叛逆的、不循规蹈矩的、颠覆性的；而日神精神强调秩序、理性、技术、流程。这两者结合起来，才能形成一个民族的创造力，才是真正意义上的工匠精神。

我们呼吁制造业回归匠心、回归本质，把工匠精神植入制造行业，至真至善、恪守唯美，让制造成为社会文明的福祉。

工匠的成长往往是自发的，天赋加后天的勤奋、百折不挠的韧性等，都是造就工匠的前提条件。

然而，营造一个大环境和大气候，对于更多工匠大师的成长就如同阳光、甘露和土壤。

在"工具理性"占主导地位的当今社会，人们崇尚的是机器和设备的巨大功能，但往往忘记这些"工具"背后的"巧匠"沉淀。适当回归并提倡"人本理性"的工匠精神尤为重要，这是阴阳互补的一种平衡。

野生植物固然很好，但人工栽培让人类更加富裕。天生的工匠不容忽视，优秀的后天环境也会让工匠成长更迅速、队伍更壮大。

工匠、大师是人，工匠成长就是要讲究人的成长和培养环境。

无论从社会层面还是企业层面，首先要建立起工匠、大师潜质发现机制。从遴选机构的建立，到工匠遴选标准的设计，再到工匠苗子的发现、选择以及后续的培养，都要逐渐完善起来。

工匠苗子的遴选要不拘一格，千万不能求全责备，要注重专业特长，也要注意考察其工作毅力和韧性。

工匠革新精神的培养十分重要，要完成从农夫意识的小富即安，到猎人意识的永不满足；从农夫意识的重复守旧，到猎人意识的充满好奇；从农夫意识的固执己见，到猎人意识的敢于突破；从农夫意识的信命靠天、不越雷池，到猎人意识的跌倒重来这一"里程碑"式的转变。工匠既需要学习吸收，又需要冒险坚韧；既需要多元包容，又需要探究解惑。

匠心的培养最艰难，也最重要。所谓的匠心，就是要有强质疑精神，擅长跨界思维，追求完美而不失实用。他们兴趣广泛而有侧重，从不惧怕失败，敢冒风险而又能管控风险。

遴选出的工匠苗子，要给予理论、技能和创新技巧的强化培养。既有理论，又有实践；既有基础，又有拔高。不能光撒种子，还要施肥、除草和浇水。

为了让工匠专心致志、不受干扰地进行研究革新，还要为其创造良好的工作环境，也就是工匠工作室的建设。工匠的创新需要有相关的仪器、设施、工具和辅助人员配合。工匠工作室的建设要本着自力更生、因陋就简、就地取材、靠近现场、方便钻研等原则进行。

"不食人间烟火"，出于兴趣爱好的"纯粹"或者"野生"工匠肯定存在，但毕竟数量有限。"人工栽培"有利于大量复制。一般而言，工匠既有梦想和对愿景的追求，也有物质欲望。对他们的激励需要精心设计，包括荣誉激励、信任激励、冠名激励、长远激励、即时物质激励等，要激发他们持续的革新激情。

后勤保障也十分重要，不要让工匠疲于奔命于一些细微琐事，而浪费宝贵的革新时间。这些后勤保障包括资金、材料、人员、设备、环境以及时间等要素。如果条件允许，尽量通过创新简洁的机制和辅助人员协调解决上述相关问题，保障工匠流畅的创新工作流程。反过来，工匠并不是娇惯出来的，也需要困难的磨炼，自身要有面对困难、迎难而上、克服困难、解决问题的韧性。

工匠的初期成果一开始往往是在实验室里的，缺乏批量化检验，也需要专利保护。促进这些成果的价值转化不仅是企业和社会的使命，也是保护工匠革新积极性的重要因素。

工匠的成长不容易，要充分发挥这些工匠的带动作用。通过树立标杆、宣传造势、工匠工作室参观、经验介绍、师带徒等形式，扩大这些工匠的影响。以点带面，带动一片，让更多人羡慕工匠、模仿工匠、学习工匠，走上工匠成长之路。当然，这种"虚"的活动不宜太多，不要让工匠整天沉浸在频繁的"荣誉展示"和"社会活动"之中而忘记本源。保证工匠的创新时间和工作重心同样十分重要，这需要做好平衡。

工匠的绩效评价与鉴定是保障工匠持续涌现的长效机制。

工匠的成长一般可以划分为孕育阶段、成熟阶段、巩固阶段和推广阶段。在孕育阶段，重点在于培养工匠精益求精、执着钻研精神；在成熟阶段，侧重于培养其难题攻关和解决能力；在巩固阶段，侧重培养其创新专利、成果转化能力；在推广阶段，则是培养其经验分享和带动能力，以扩大工匠的社会影响作用。

我们也可以把这四个阶段再细分，将大师划分为八个级别水平。

在工匠成长环境营造中，我们也要注意不要急于求成、揠苗助长；不要搞形式主义，人为塑造；更不可铺张浪费、过分投入，违背"自然天成"的客观规律。

我国是有14亿人口的泱泱大国，这是十分宝贵的人力资源。从电视节目，如《星光大道》《最强大脑》等各种才艺表演、比赛中，我们会发现各式各样的奇才。关键是如何把他们发掘和培养起来。这块资源的开发和潜能发挥，就可以打破任何国际上的技术垄断和封锁，仅靠自力更生就能够让我们研究、创造、发明和制造出世界上任何种类最先进的产品。这就是人口众多的大国优势！

工匠大师成长环境的建设，对于工匠大国的塑造，无疑是具有战略意义的举措。

（4）工匠革新技巧

我们喜欢用工匠"革新"来概括其创造活动。所谓革新，是破旧立新、继承发扬的意思，并不是一切从头开始、凭空创造。

笔者曾经研究过俄国学者根里奇·阿奇舒勒（G. S. Altshuller）创建的TRIZ理论，他对创新的总结和提炼具有划时代意义。

结合工匠革新这个主题，笔者换一个角度，提出全新的分类方式，称作"三十六技"。这"三十六技"，既与《孙子兵法》的"三十六计"谐音，又界定了一种可以区别差异的创新分类方法。

值得指出的是，某些革新内容也许可以同时归类为不同的革新分类范畴，这是因为归类的视角不同，或者因为革新内容本身就具有多质性。例如，某些革新既属于"音变"（一种革新技巧，五音六律）的革新，又属于"渐进"的革新；另外一些革新既属于"聚合"的革新，也属于"缩放"的革新。这"三十六技"无疑可以帮助工匠打开思路，找出革新规律，由自发、自然的革新变成自觉、有序、有效的革新，从而让工匠的创新快速突破、成果倍增。

总结工匠革新"三十六技"，得到如表 5.7-4 所示汇总表。在这个表里，对"三十六技"的名称、标识符号和释义等做了汇总说明。

表 5.7-4　工匠革新"三十六技"汇总

序号	技巧名称	标识符号	释义及相关关键词
第一技	海纳百川		将不同的子系统和个体集聚合在一起，形成合力，或者铸成更加强大功能的革新技巧。其应用的手段包括聚合、融合、整合、组合、凝聚、合成等
第二技	化整为零		将一个整体的构件或者系统拆分成为零散的子构件或者子系统，突出子系统的特色与功能的革新技巧。应用的手段包括分解、分割、分离、削减、离散、抽象、个性化等
第三技	周而复始		应用循环、复古、再现、重现等手段进行的革新技巧
第四技	更新换代		应用迭代、升格、新版、辗转、渐进等手段进行的革新技巧
第五技	重峦叠嶂		应用重构、重组、变异、重排、重序等手段进行的革新技巧

(续)

序号	技巧名称	标识符号	释义及相关关键词
第六技	大道至简		应用简化、简约、弱化、省略、删减、排除、削减等手段进行的革新技巧
第七技	纵横交错		让功能和系统跨越交叉,也是应用交汇、跨界、越界、双赢、共赢等手段进行的革新技巧
第八技	层出不穷		通过"嵌套"或者"叠层"设计来提升创造物功效和价值的革新技巧
第九技	四平八稳		"对称性"的变革,是应用平衡、对称、稳定等手段来实现某种功效的革新技巧
第十技	东倒西歪		应用不对称、反对称、反平衡等手段进行的革新技巧
第十一技	精雕细琢		是追求极致的精准,是设计和工艺上的无微不至、精确、准确、细微和追求完美的革新技巧
第十二技	伸缩自如		应用缩放、扩大与缩小、延展与压缩、展开与折叠等手段进行的革新技巧
第十三技	留有余地		通过设计与革新的冗容、容错或者给出冗余量的手法,避免因为主系统崩溃而造成更大的损害,或者对原系统加以补救、加固,提升系统的可靠性和可持续性的革新技巧
第十四技	草船借箭		应用借能、借势、借力等手段进行的革新技巧

(续)

序号	技巧名称	标识符号	释义及相关关键词
第十五技	五味俱全		通过味道、气味和气体浓度的变化,以及人类触觉感知进行的革新技巧
第十六技	须弥芥子		通过"维变",也就是应用升维、降维、增强、消减、变速、减速、突变、蜕变等手段使创造物脱胎换骨,从而改变其功效、创造价值来进行的革新技巧
第十七技	滴水成冰		应用相位转化、物理变化、化学反应等手段进行的革新技巧
第十八技	偷梁换柱		通过材料、原料变化来实现功能变化、功效变化的革新技巧
第十九技	上下左右		通过位置变化、方向变化、角度变化而进行的革新技巧
第二十技	曹冲称象		通过变参照物、变参数、变数量、变强度、变参照系等手段进行的革新技巧
第二十一技	五光十色		通过改变创造物色彩的手段进行的革新技巧
第二十二技	千形万态		通过改变形态、改变形状、改变样式所进行的革新技巧
第二十三技	五音六律		通过声音变化、音调变化而进行的革新技巧

(续)

序号	技巧名称	标识符号	释义及相关关键词
第二十四技	格物穷理		通过原理变化、机理变化所完成的革新技巧
第二十五技	牵肠挂肚		通过系统联动、连锁、反馈而进行的革新技巧
第二十六技	接连不断		通过物理连接、连通、对接、链接来实现的革新技巧
第二十七技	一反常态		突破常规、逆向和反向思维下的革新技巧
第二十八技	跌宕起伏		关注脉动、振动和脉冲方向及强度变化的革新技巧
第二十九技	虚虚实实		通过改变介质、媒介、填充、中介物及真空状态而进行的革新技巧
第三十技	丢卒保车		有失有得、舍尾求存、舍小得大的置换性革新技巧
第三十一技	否极泰来		包含逆补、逆反、逆袭、变废为宝、变害为利、互补、正反转换等手段的革新技巧
第三十二技	含沙射影		应用反弹、投影、投射、折射、反冲手段而进行的革新技巧

(续)

序号	技巧名称	标识符号	释义及相关关键词
第三十三技	前车之鉴		借鉴前人的经验、做法、产品、设计或者功能,为己所用,包括应用嫁接、移植、模拟等手段进行的革新技巧
第三十四技	势不可挡		造势、顺势,利用或者营造"场势"的革新技巧
第三十五技	相互依存		应用寄生、附着、伴生、共生、互补、衍生等手段完成的革新技巧
第三十六技	天罗地网		启发人们进行结网,应用编织、联络、组织、网罗等手段,形成产品、构件或者虚拟系统的革新技巧

这里再次强调,工匠的革新发明未必是主动或者有意识地按照我们所提炼的技巧而进行的,上述提炼只是对以往工匠发明与革新的归纳总结。正如在门捷列夫发现化学元素周期表之前,人们已经发现了很多化学元素,有了周期表之后发现的某些化学元素也未见得是循着门捷列夫周期表得到的,但仍可归结到周期表的某个位置。因此,门捷列夫的化学元素周期表仍不失为一种非常有指导意义的归纳和总结。

关于工匠革新"三十六技"的更详细内容,请参考笔者的相关专著。

第八节　TnPM+六力三同 N 型班组建设

班组是企业的细胞,所有的管理体系落地都要依赖于班组的执行力,因而班组建设十分重要。TnPM 创造了六力三同 N 型班组模型。

一、"六力钻石班组"的内容

企业的团队就像一个个细胞,是企业活力的基础。管理者的责任就是不断激发每个团队的活力,营造一个可以自己发现问题、解决问题的现场。这要逐渐成为团队可传承的基因,也就是DNA。团队激活模型如图 5.8-1 所示。

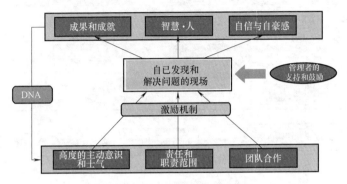

图 5.8-1 团队激活模型

被激活的 TnPM 团队自主管理和小组活动有着具体、丰富的内容,并与生产现场的工作紧密结合。例如,生产现场的 6S 活动,寻找和清除"六源"(6H) 活动,生产现场的六项改善(6I),员工在改善中的有氧活动,包括一点建议(One Point Suggestion,OPS)活动和自我教育的单点课程(One Point Lesson,OPL)培训体系以及设备清扫点检维保规范的建设等都可以成为小组活动的主题。另外,结合生产和设备实际的绩效评价、OEE 的度量、润滑管理、故障鱼骨分析、质量管理、前两位主要问题的 TOP 2 管理、员工风采、明星之角、团队目标、安全小贴士、一帮一结对子活动等,都可以成为小组活动展示的闪光点。

图 5.8-2 给出了基层团队建设的主要内容。显然,基层团队建设不能脱离生产实际,而是紧密结合当前的生产问题、现场问题,聚焦生产需求。

团队建设的基础是什么呢?

1)班组的日常管理。包括班前会、班组工作汇报机制、班组协调、沟通、冲突管理等通用管理机制的建设和完善。

2)班组制度及标准化。包括岗位责任制度、安全生产规

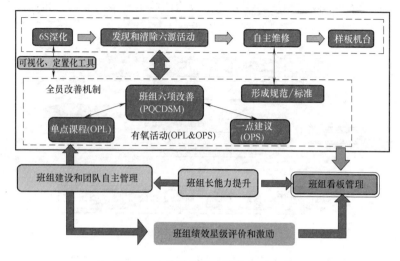

图 5.8-2　基层团队建设的主要内容

范、日常管理考核制度、工作日志填报制度、交接班等各类制度与规范的建设与完善。

3）班组能力转换。打造能够围绕班组生产六大目标、发现问题、识别改善点进行专题攻关的改善能力。这一点是团队基础建设的重点。

那么，什么是"六力钻石班组"呢？这六个力是什么呢？如图 5.8-3 所示。

其中，班组最基本的能力是"制造力"，而良好的"制造力"又依赖于"组织力""执行力""学习力""创造力"和"文化力"；良好的"学习力"离不开"组织力"和"文化力"的支撑；良好的"创造力"又离不开"文化力""学习力"和"组织力"的作用；而组织力要靠"文化力"的影响。因此，"文化力"必然成为六力的根本。

六力钻石班组需要建立三大平台：一是争先创优平台；二是学习交流平台；三是现场管理水平持续提升平台。

争先创优平台要提供一个包括从员工个人的争先创优到班组

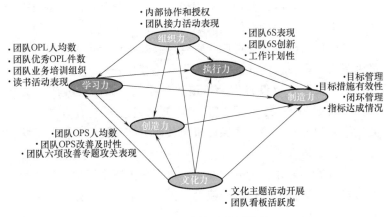

图 5.8-3　六力钻石班组模型

团队的争先创优，从局部模块的争先创优到班组全维度管理争先创优的机制和平台。

学习交流平台包括从班组内部的学习交流到班组间的学习交流，从专业技能的学习交流到管理技能的学习交流园地与平台。

管理水平持续提升平台包括以现场 6S 机制在基层班组的闭环管理为基础，从问题发现到根源追溯，从员工行为到管理机制的可持续发展平台。

六力班组建设要分别从五个方面着手，分别是班组基础建设、班组技能建设、班组文化建设、班组创新建设和班组长队伍建设。

班组基础建设涉及各项管理机制实现从厂级层面到班组层面的落地，与班组日常管理机制充分融合，对班组日常管理手册和行为规范持续更新与完善。

班组技能建设要以现场管理为基础，以五步行动法为指引，以单点课程（OPL）机制为手段，并以基层教练（导师学员）机制进行补充完善，对员工的技能水平进行持续提升和强化，并从过往的专业技能覆盖至管理技能。

班组文化建设要以文宣管理机制为基础，以各项机制运行中的亮点为素材来源,营造一个积极向上、比学赶帮超的班组建设文化氛围,为其他管理机制的运行和目标实现提供有力支撑。

班组创新建设以现场四要素管理有效落地为重点,以提案改善机制为手段,保证现场管理水平的持续提升。

班组长队伍建设将借助班组建设平台,以基层教练(导师学员)机制为手段,与班组月度汇报和评比机制有效结合,从关注结果到过程追踪,在保证班组长能力持续提升的同时选拔培养班组长后备人才。

班组的环境建设十分重要,可以划分为三个层次:技能培养能力建设、动机管理和愿景建设、工作环境和文化建设,由浅入深,逐渐扩展。

1)技能培养能力建设的内容包括素质教育,如沟通、团队、学习能力的培育;技术教育,如机械、电子电气技术以及基层管理的训练。

2)动机管理和愿景建设的内容包括人文资源开发,满足人的成长需求,科学激励机制设计,促进群体、团队愿景的实现。

3)工作环境和文化建设的内容包括良好心理环境的营建,以人为中心——尊重、认同、关怀、分享、感恩、责任;良好物质环境的打造,建设健康、安全、美好的工作环境。

班组管理模式丰富多彩,包括全员参与管理模式、团队活力塑造模式、早晚会管理模式、轮值管理模式、标杆管理模式、人本化激励模式、道场化培训模式、分享式团队学习模式、对标+行动管理模式、专业交叉组合团队等管理模式。企业要灵活选择最适宜的模式,使其在班组建设中发挥最大作用,让班组成为员工的精神家园、乐业福田、成长摇篮和成就舞台。

班组活动丰富多彩,还有很多想象空间。当前比较有效而普遍的一种形式为领结模型,领结的两边分别为班组晨会和班组看板,领结的中心是微信群平台(见图5.8-4)。班组晨会或者晚会是班组成员集中沟通的重要形式,虽然时间很短,但传递的信息很多,包括任务布置、安全注意事项、工作重点、整改方向以及员工激励等。另外一个大家关注的平台是班组看板，它以图文并茂的方式展示成果、分享经验、揭示问题、促进成员之间相互学习。当前，微信是一种十分有用的沟通交流工具，通过微信群可以将上班下班、班内班外连接起来，及时地分享、交流、传递信息和经验，充分发挥团队沟通的核心作用，所以它是领结的中心。

图 5.8-4 班组活动的领结模型

二、三同文化

人在一起叫聚会，心在一起叫团队。对于基层执行组织，同心同德是团队执行力的基础。在企业里，基层团队的三同文化建设是基层卓越绩效的前提。三同即同心、同力和同向，如图 5.8-5 所示。

图 5.8-5 三同文化

有很多故事可以说明三同文化的意义。大家知道，一根筷子也许可以承担 10kg 的力，但 10 根筷子可以承担不止 100kg 的力，甚至高出十几倍。磁铁只有同向才具有磁性，否则就不会出现南北极。只有同向的力叠加，产生的合力才最大。一支足球队，虽然队员各有分工，但只有每个队员心中都有同一个目标——守住自己的球门，攻入对方的球门，而且都愿意为这一目标而牺牲自己，这支球队才有力量。否则，即使有再好的体力或者高超的技艺，也是一盘散沙。因此，三同文化——同心、同力和同向就意味着优秀的执行力和卓越的绩效，如图 5.8-6 所示。

图 5.8-6 三同文化与绩效

三、N 型班组模型

班组可以的塑造类型很多，并不必加以局限。例如，结合班组工作性质和作业特点，可以塑造和谐型班组、工匠（技能）型班组、服务型班组、自主（民主）型、节约型班组、安全型班组、精细型班组、文化型班组、活力型班组、控本型班组、创新型班组、清洁型班组、增效型班组、绩效型班组、学习型班组、教育型班组、智慧型班组等。班组的类型可以展开，可以作为团队的 DNA 传承下去，如图 5.8-7 所示。

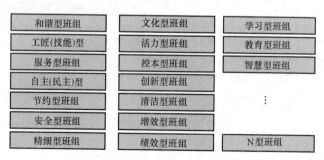

图 5.8-7 N 型班组示意图

四、铸造五星级班组

班组是组织的细胞，也是 TnPM 体系推进的基本单元。一个个班组的优劣决定着体系推进的质量。

1. 星级班组评价

六力班组的评价就是对各班组从制造力、执行力、创造力、学习力、组织力和文化力六个方面对班组进行整体评价,评出星级,营造一个比学赶帮超的竞争局面。

对班组制造力的评价要紧密围绕企业 PCQDSE(Productivity, Cost, Quality, Delivery, Safety, Environment),关键绩效指标,即生产效率、成本、质量、交期准时、安全状况、环境保护等。再向下分解成为一些过程指标,如设备故障率、利用率、设备综合效率(OEE)、单位产品的原料消耗、能源消耗、交期延迟率、产品合格率、返修率、安全事故率、安全及环境隐患发现整改率等。

班组的执行力可以围绕体系建设和队伍建设两大主题进行,更专注于执行过程能力,如班组目标计划率、计划执行率、对 6S 和清除六源(6H)的检查率和整改率等、全员有氧活动参与率、自主维修基准书编写率、自主维修执行率等。

班组的组织力体现在班组例会、团队合作等方面,如班组例会记录、班组例会执行、班组活动的丰富性、团队和谐、团队激励等。

班组的创新力体现在班组 OPS 的活跃度和实施率、自主维修工具的发明率、六项改善(6I)的参与率、针对专题的支柱课题改善成果、创造的效益率等。

班组的文化力体现在班组看板、微信群的活跃度,包括班组愿景、目标、理念、价值观宣传、班组安全文化、质量文化、班组主题活动等。

2. 通过评价引导班组进步

评价的目的就是引导团队进步和塑造优秀的星级班组。班组的星级评价要遵循 TnPM 体系总体评价的大原则。总体来讲,有一个宏观的方向,具体包括以下内容:

一星看态度,全员改善清新现场。要拿到一星,必须看到领导的决心和全员的改善行动,要做好现场的整理整顿,形成清扫清洁的标准和规范，并能够有效运行，6H成果总量和覆盖率达到70%以上。

二星讲方法，定置可视规范现场。要拿到二星，需要在一星的基础上研究定置化和可视化的标准和方法，并在现场付诸实施，能在一定程度上体现出工作效率和经济效果，现场定置可视化率达到50%以上。

三星提素养，有氧班组激活员工。要拿到三星，需要在二星的基础上推行有氧活动和班组建设，激发员工的活力和自我改善意识，一是全员OPS和OPL成果的月覆盖率要达到30%以上，还要有优秀的班组及班组活动展示、优秀员工的现场展示等，同时还要核算企业成本的变化。

四星谈指标，自主维修降本增效：要拿到四星，不仅要把自主维修工作做到位，要有点检、润滑和检维修的基本规范，还要有故障统计和分析，并能科学核算出相应工程实施前后的指标和数据变化，达到自主维修基本水平的样板机台原值总额占本单位设备资产总额的20%以上，设备维修等各成本单耗指标同比下降10%以上。

五星讲全优，三大工程全面贯通。要拿到五星，TnPM体系的基础工程、管控过程和人机工程这三大工程必须能够融会贯通，各部门配合到位，对三大工程的各种工具都能结合实际熟练掌握运用，前面各星级提到的各项指标均能在原标准基础上提高20%（除成本单耗指标），6H成果覆盖率达90%，定置可视化率达70%以上，OPS、OPL月覆盖率达50%以上，样板机台原值总额占比达40%以上，成本单耗同比相较四星标准再下降10%以上。

参考某些企业的做法，班组评价评分按照100分制进行：制造力（30分）+执行力（25分）+创造力（25分）+学习力（10分）+组织力（5分）+文化力（5分）=总分值（100分）。其中，95分以上为五星级班组；90分以上为四星级班组；80分以上为三星级班组；70分以上为二星级班组；60分以上为一星级班组；

60分以下为无星级班组。

企业可以结合自身的体系推进特点，动态地调整评价标准，如由100分制变成200分制或者300分制。

总体原则是：评价过程和标准不可太烦琐复杂，否则会加大评价难度和评价成本；评价要抓住企业关注的核心，有利于基层团队聚焦企业的痛点；评价既要关注结果KPI，又要关注过程，而且权重要偏重于过程，通过过程的规范引导优秀的结果；另外，评价要用到杠杆力，起到四两拨千斤的作用，要有效带动团队进步；最后评价要与激励挂钩，评价之后的激励不可或缺。

第九节　TnPM+设备安全管理

因为设备问题造成的安全事故日益严峻，TnPM提出以安全为中心的维修体系——SCM。它首先聚焦设备维修，这种维修并不限于提升设备运行效率和减少故障，而是强调设备的本质安全；因为安全与人相关，它又涉及人本安全管理。二者结合，最终达到系统本质安全的目标。

一、SCM安全管理理念

SCM的灵魂是安全文化，没有文化支撑的安全是偶然的和非持久的，只有健全文化支撑的安全才是广泛的和可持续的。SCM安全文化吸收和继承了世界上各种安全体系文化的精髓，同时进行了切合我国人文环境的剖析，提出具有中国特色的文化诠释和延伸。其要点如下：

1）安全是各级管理者的第一责任。只有安全成为各级管理者心中的第一责任，安全工作才能落地，才能真正引起全员的重视。

2）安全需要挑剔和过敏式的管理。生命是无价的，是弥足珍贵的，如果安全的举措做过了，可能造成浪费或者无效率，这固然不好；但即使十次用不到，一次用到了，就可以弥补所有的过剩和浪费！宁可挑剔，不要错过一次纠偏；宁可过敏，不可忽视一次安全隐患的发现。这就是我们秉承的原则和文化——因为死亡是无法复活的，对于安全事故造成的伤害，永远是令人追悔莫及的。

3）安全管理无边界，不分内外，不分彼此。对于宝贵的生命而言，安全是不分内外、不分彼此的。员工上班要保证安全，下班仍然要保证安全；本单位的员工要保证安全，外单位的员工也要安全；自己要安全，家人、亲友也要安全。安全是社会、国家和政府的责任，是企业的责任，是各级管理者的责任，也是每个普通人的责任。任何人都不能忽视他人的安全、集体的安全以及自身的安全。

4）全员参与是安全的基本保障。全员参与是当代管理的普适理念。安全是全时空的课题，贯穿人类活动的全部时间段，涉及空间的各个角落。只有全员参与的安全管理才可以做到"天衣无缝"。安全涉及所有人，所有人的行为又关乎他人的安全。所以，全员参与是安全的基本保障。

5）安全事故防范和隐患消除——只有想不到的，没有做不到的。人类的经验有一个积累的过程，当人们想不到的时候，就可能发生出乎意料的安全事故。于是，人们将这些发生过的教训提炼成为规则、行为准则或者防范措施加以实施，以避免类似的事件发生。通过积累经验、提炼成为事故防范，是重要的保证安全途径。然而，人类又具有演绎、类比和推理能力，不一定都要经过血的教训才能提炼出防止安全事故的规则。善于思考者能通过物理、化学或者心理学等方面的原理，推导出某些危险的结果，并研究如何加以防范。从这种意义上说，只有想不到的，没有做不到的。这一理念告诉我们，要审慎思考，要从最坏的方面准备，对危险的可能性加以评估和防范。

6）安全1%法则——1%的不到位会导致100%安全事故的发生。1%只是个概念，并不是精确的度量。这一理念是被无数安全事故所证明了的真理。除了20/80分布律，世界上还有一类特殊的规律，就是99/1分布律，或者说1%法则。1986年1月28日，美国"挑战者"号航天飞机升空后爆炸，机上7名宇航员全部遇难。根据调查这一事故的总统委员会的报告，爆炸是一个 O 形密封圈失效所致。这个密封圈位于右侧固体火箭推进器的两个低层部件之间。失效的密封圈使炽热的气体点燃了外部燃料罐中的燃料。这个小小的 O 形密封圈对于整个航天飞机而言，实在微不足道，比例不够其零件总量的 1%，却毁灭了其余的 99%。在世界上，有无数个 1% 决定着其余 99% 的命运：水加热到 99℃ 并没有烧开，就差 1℃ 才能沸腾，才成为开水；百米赛跑跑完了 99m，最后 1m 的冲刺决定了胜负！

7）时刻准备着——准备周围的人不按照安全规则行事，准备周围环境有不安全的意外发生。这不是危言耸听，而是未雨绸缪。在当前的环境中，因为存在大量不守纪律、不按照规则行事之人，要将周围的人"完全无视安全或者无安全常识"作为常态化事件加以防范。也正是因为很多人不按照安全规则行事，形成了大量不安全的环境隐患，如不坚固的桥梁、不牢固的护栏、无警示的空洞或水井、无反射的弯道、无支撑的危险建筑物……所以，要时刻准备周围会有危险事件发生。

8）对安全而言，"禁止"是最神圣的指令，不容侵犯。"禁止"的规定是严格防范危害的指令，任何人、任何时间不应该以任何借口打破！尽管有时打破"禁止"不一定会出危险，但绝对存在危险的风险！因此，"禁止"是不允许打破的。

9）严格的安全培训不可或缺。安全是一门科学，不是每个人都可以直觉感悟的。不同企业、不同环境都有其安全特色和相关规律与原则。常人没有经过严格的安全培训，是无法领悟或掌握的。氮气是无毒的，某企业的员工在充满氮气的管道里施工而窒息死亡，是因为缺少相关的培训与常识。因此，严格的安全培训不可或缺！后续的章节还会就安全培训进行更详细的论述。

10）人因失误不可避免——即使是最聪明、敏捷且训练有素的人，也可能犯低级、愚蠢的错误。虽然良好的基础素质、聪明、敏捷、训练有素、技能熟练都可以降低人出错的概率，但完全避免几乎不可能。因此，系统安全永远不能寄托在"人不出错"这一前提下。

人因失误可以分为无意识失误和有意识失误两大类。无意识失误表现为滑过、不正确和遗漏，其心理因素为没注意、潜意识中的错误习惯以及忘记；有意识失误表现为错误和破坏两种。错误的心理因素很多，如记错规则、缺乏知识、技艺不熟练，也有的是因为调皮、赌气而形成的故意行为。有意识失误的另一种表现是破坏，这只是少数极端的情形。

人类存在着大量失误的陷阱，这告诉我们，任何管理都不要寄托在"让人不失误"这一前提之下。反之，任何管理都要主动建立在"人可能失误"这一假设之下，并制定切实的措施加以防范。

11）与管理人因失误相比，环境的改善更容易做到——引导团队聚焦于创造一个让人因失误很难发生的环境。我们明白，人因失误是不可避免的现象，而这一点是很难通过管理而完全消失的。所以，我们只好转换管理的方向。与其管理难以管理的人因失误，不如管理容易管理的环境：可以创造一个让人因失误很难实现的环境。例如，通过纠错防错设计，设置人因失误的障碍。

例如，电力系统施工时，人们常挂出一块牌子，上面写着"正在施工，请勿合闸！"但这不一定能避免失误。国际上已实施了挂锁制度，通过挂锁可以基本避免这类的人因失误。

12）安全管理的地盘原则——无论何人、何故发生何种安全事故，区域负责人均要认真负责。安全管理的地盘原则有利于安全责任的落实。换句话说，当设定了这种责任和准则，就意味着区域负责人要对所辖区域的环境安全负责任。区域负责人不但要随时检查和关注本区域的环境安全状况，还要关注来到本区域人员的安全。

13）发生安全事故，重点不在于对事故责任人的追究，而是对事故深层次原因的剖析。一般而言，没有人愿意看到事故和伤害的发生。当事故真的发生了，惩罚责任人往往于事无补，不会因此减轻伤害，也未见得能因此降低未来的伤害。虽然当事人受到惩罚，但如果不能真正明白事故发生的深层次原因，类似的事故仍会发生。

14）安全检查、隐患处理不容拖延。安全检查、隐患处理不容拖延的道理十分简单——安全检查、隐患处理都是在和事故赛跑，看谁跑得快。任何拖延都可能导致事故的发生。发生事故后更要及时处理，因为时间越久，记忆越模糊，离真相越远。只有在当事人对情景的记忆清晰、现场未完全破坏时，才能收集到真实、大量的信息，才能制定出更切合实际的应对方案。

15）安全管理无捷径可走。安全管理需要深入、细致的工作。在这个世界上，安全是没有捷径的。安全是没有终点的马拉松长跑，在付出了大量代价后，才可能换取未来安全无忧的美好结果。

安全是系统工程，安全要全员参与，安全要制度建设，安全要绩效评价，安全要培训到位，安全要手段和工具，安全要不断创新……所有这一切告诉我们——安全管理无捷径可走！

16）系统的任何层次都可能发生安全意义上的失误。一般认为，安全失误主要出在现场和基层，这是一个误解。虽然安全事故是出在现场，但安全的失误却可能出在其他层次。例如，一次培训未到位，致使现场员工不熟悉如何安全操作和自我防护；安全投入不足，防护设施和劳保配备不充分，导致安全伤害发生；企业只重效益，只顾生产，缺乏安全文化建设，结果导致中层、基层都不重视安全，安全事故频发；安全制度建设不健全，缺失的制度未能堵住安全缺口，等等。这些失误属于系统的不同层次，有的属于企业最高管理层，有的属于中层和基层。而且，越是高层的失误，引起的安全事故越多、越严重。

17）有效的安全管理应该着眼于系统改善而非局部调整。这是典型的系统论观点。局部的安全举措可以治标但不能治本，系统的改善才是最本质的改善。系统的改善是指领导对安全的重视、安全文化和制度建设、安全培训体系的建立、安全绩效管理体系的实施等。因为这样才能从人本安全和环本安全两个角度真正建立起牢固可靠的安全防线。

二、以安全为中心维修（SCM）体系架构

以安全为中心维修体系的总体框架如图 5.9-1 所示。

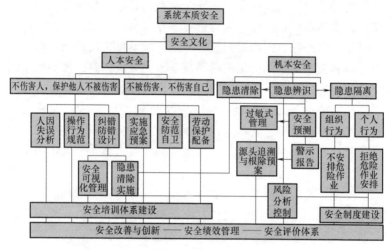

图 5.9-1　以安全为中心维修体系的总体框架

在这一架构里，系统本质安全依赖于两个安全体系的支撑：一个是人本安全；另一个是机本安全，即设备的本质安全。而设备的本质安全是对设备的检查、监测、诊断和维护，包括设备的检修。这一切都围绕着设备的本质安全进行。

在机本安全方面，先从隐患辨识开始，可以排除的则实施隐患清除，不可以排除的则实施隐患隔离。在隐患辨识中，主要依赖隐患预测、风险分析、源头追溯与根除预案、警示报告体系以及过敏式管理几个抓手。在人本安全方面，主要依赖人因失误分析、操作行为规范和纠错放错设计，其中安全可视化管理也是重要抓手之一。

三、SCM 安全绩效管理

安全绩效管理是引导 SCM 的杠杆力。科学的安全绩效管理

既体现整体性的概念，又突出其动态发展的特征。概括来说，它具有以下几个特点：

1) 预见性。一方面，通过对既成事故和大量未遂事故进行统计分析，从中发现规律；另一方面，采用科学的安全分析、评价技术，对生产中人和物的不安全因素及其后果做出准确的判断，坚持"预防为主、善后为辅"的科学管理方法。

2) 系统性。系统要素的动态相关性是事故发生的根本原因，因此，要利用信息流进行系统的动态研究，推行反馈原理指导下的安全评价；在此基础上，还要重视安全价值准则，把安全与效益结合起来，把绩效管理的定量分析和传统管理的定性分析结合起来。

3) 以人为本。在管理活动中必须把人的因素放在首位，人既是管理的主体，又是管理的客体；而且，作为管理对象的诸要素（资金、物质、时间、信息等）和管理系统的诸环节（组织机构、规章制度等）都需要人去运作和实施。因此，根据人的思想和行为规律来实施各种奖励制度可以达到发挥人积极性和创造性的目的。

1. 复合型安全绩效目标体系

有一些企业安全绩效管理的目标体系，强调以结果为导向，习惯采用的目标是企业的工伤死亡率、千人负伤率、死亡人数、工伤人数、重大事故次数等。这样的指标只是对结果的一种衡量，它的导向使人们更加注重结果是否与己有利，而忽略了安全的过程管理和整个系统的建设。很多安全管理者认为，"只要领导平时多念一念，安全员在现场多跑一跑，操作时多注意一点"，就不会出大乱子。这种以结果为导向的目标体系让有些安全管理者开始相信"运气"，而忽略了安全管理的过程和内在规律。

作为安全绩效管理核心部分的目标体系，必须能够从动态性、前瞻性、逻辑性的角度出发，将人员、战略、运营流程和谐地统筹起来，使得员工的执行行为与企业的安全信仰等联系起来，纵向平衡短期与长期发展，横向统筹局部与整体的利益关系，不仅让员工把每个安全细节执行到位，还要使各种安全行为有机联系起来，形成协同效应。

例如，一家企业的安全绩效目标设计要求安全管理实施一票否决，年度应达成以下目标：

1）严格遵守企业各项安全制度，部门员工行为无违规（20分）。

2）部门实施切实可行的安全事故预防方案（20分）。

3）部门全员安全教育达到100%（20分）。

4）隐患整改达标率100%（20分）。

5）特殊工种安全培训考核合格率100%（20分）。

6）安全否决指标如下：一般及以上工伤事故、一般及以上火灾事故、重大以上刑事治安事件、重大以上安全隐患等。

这样复合型安全绩效管理目标的设计既能管到结果，也能管到过程，相对单纯的结果导向更能实现科学的评价，还能让目标承担者更倾向于提升自身的安全管理水平、规范安全管理过程。"过程好，结果自然好"，结果与过程并重、相辅相成，一定程度上预示着获得良好的安全绩效管理结果。

2. 安全绩效目标的分解和落实

企业整体的安全绩效目标确立之后，就要构建一个有层次的目标锁链与目标体系。个人的分目标就是组织总目标对其要求，也是个人对总目标的贡献。企业实行安全绩效管理，就是要把一定时期内完成的安全指标任务，作为目标分解到企业各部门，即安全管理绩效目标层层分解，横向到边、纵向到底，能够让安全指标完全落到基层操作人员身上。

这种安全绩效目标的分解要注重上下左右的关系协调，使得上下目标明确化、具体化，使每个部门及每个人都明确本部门及本人在其中所处的地位和作用，强调自主管理。若目标分解不合适，有的完成了，有的未完成，就会造成总目标不能完成。因此，在确定分目标时，不能是领导说了算，而必须是由分目标执行部门负责人或执行者根据上一级目标及本部门或本人的工作内容、工作能力自己制定，提出具体措施，然后由上一级领导全面考虑、综合协调，最后共同确定分目标。

安全绩效考核是安全管理的重要一环，安全计划的实施必须通过量测、监督及评估来确认执行的绩效。现代企业安全绩效管理主要包括安全绩效计划、安全绩效实施、安全绩效考核及考核结果应用四个环节。安全绩效考核是安全绩效管理的关键，而建立安全绩效指标体系是执行安全绩效考评的基础。然而，由于缺乏科学的绩效指标分解工具，企业安全绩效考核指标体系没有形成方向一致、统一关联的安全绩效目标与指标链。很多企业没有从战略的高度去理解、设计绩效考核指标体系，在考核指标收集上存在不同程度地偏差，例如，企业安全战略与考核指标之间没有实现有效的承接；指标与指标之间缺乏相互关联的逻辑关系，不能解释企业的安全战略。所以，建立一套科学实用的安全绩效考核指标体系就成为一个迫切需要解决的问题。

第十节　TnPM+对智能维护体系的设计

自"中国制造2025"计划发布以来，我国企业在紧锣密鼓地朝着智能制造方向努力。智能维护逐渐浮出水面，成为企业必须思考的问题。未来的智能生产主要关注三个方向：智能制造、智能物流和智能维护。关于 TnPM+体系的智能维护，从以下方向进行了探索：

一、维修策略的智能生成

通过大数据分析，原来需要人脑进行的策略决策，系统将自动生成，如图5.10-1所示。此图与图5.4-3相似，但策略的生成原因不同。值得指出的是，此图并未穷举所有的维修策略，国内外近年涌现出的维修策略很多，可以不断地通过智能方式生成。

二、智能点检监测

设备的点检和状态监测是未来智能维护的基础和主导方向，包括振动监测、油液监测、红外监测以及各种移动终端和智能点

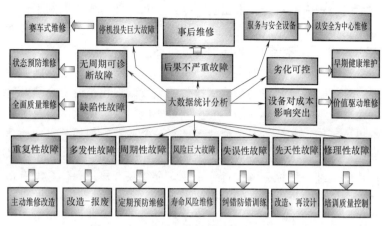

图 5.10-1 通过大数据自动生成维修策略

检工具的使用,这些将起到明察秋毫和防微杜渐的作用,如图 5.10-2 所示。

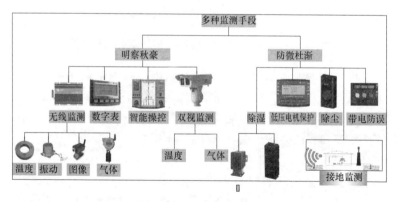

图 5.10-2 智能监测和智能点检工具的使用

移动终端的使用逐渐使点检无纸化,这是一大进步。未来,VR 眼镜的使用将取代移动终端,将员工的双手解放出来。

三、智能润滑

智能润滑也是智能维护的发展趋势之一。智能润滑通过自动按时、按量加油,通过堵塞报警、泄漏报警,避免了人工润滑的不确定性，同时避免了加油过多或者加油不足。自动润滑将"六定、二洁、一密封、三过滤"内容全部涵盖。智能润滑包括集中润滑和分散润滑两种。对于润滑内容相对集中、油品种类较少的设备，宜于采取集中润滑；对于加油部位分散或者润滑油品种类较多的设备，宜于采取分散润滑。智能润滑的加油量适中，既避免过多，又避免过少，与手工润滑相比，具有明显的优点，如图 5.10-3 所示。

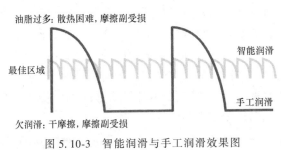

图 5.10-3　智能润滑与手工润滑效果图

四、智能信息流管理

在企业里，与设备相关的流包括工作流、备件资材物流、资金流以及价值流，这些信息流的管理要不断通过计算机和网络加以实现，并不断优化。如图 5.10-4 所示就是一个工作流的运行，

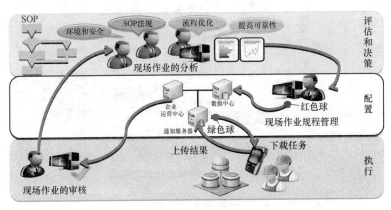

图 5.10-4　工作流的运行

红色球代表 SOP 的形成和优化过程，绿色球代表 SOP 不断被基层员工执行的过程。

五、智能诊断分析

过去的诊断靠人的逻辑思维，自从阿尔法狗（AlphaGo）与人下棋，击败人类职业围棋选手之后，人工智能变得越来越受到关注。其实，机器不会比人聪明，也没有太多的逻辑思维，有的只是大大超越人类的计算速度和惊人的记忆力。是大数据告诉机器棋手如何下棋，而非逻辑规则告诉其怎样行动的。其实，回到故障诊断，如果以往出现过的大数据告诉人们如何判断故障，就自然形成了智能诊断。例如，无数次的因果关系连接被计算机采集，下次再出现同样的因，必然会指向同样的果。这就是智能诊断的基本原理。图 5.10-5 给出计算机显示的故障因果链或者故障树，依此因果关系来判断故障。

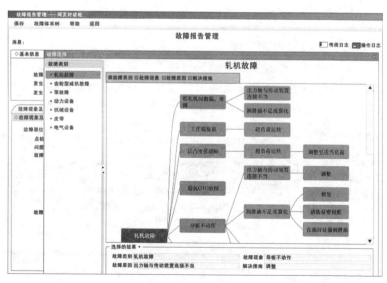

图 5.10-5　故障树的智能生成

六、设备知识资产的智能管理

如今设备知识资产越来越有价值，甚至不亚于物理资产。早年宝钢引进新日铁的钢铁设备，同时引进其点检定修制，花费了8900万美元，这在30年前可以算得上一笔巨款。这就是设备知识资产的价值。

企业的知识资产来源于基层员工、工程师和内部各个层次，还有一部分来自外部网络和云端，如图5.10-6所示。

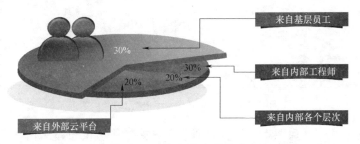

图5.10-6　知识资产的构成

智能化的知识资产管理可以支持对知识的收集、分类和检索，支持员工的碎片化学习。

七、智能维修指引——IETM

IETM是交互式电子技术手册的意思，最早来源于美国军方。它是将设备按照部件、零件树状结构展开，然后通过交互方式建立起来的电子维修指南，即将设备结构做动态化的分解、展示，供检修人员参考学习。还可以将检修经验动态添加、修改，形成动态知识库，如图5.10-7所示结构，可以缩小、放大、移动角度，还可以以录像形式展示拆装过程，便于学习。智能维修指引的出现，解决了检修人员培养的难题。对于越来越复杂的未来设备系统，这无疑变得更加重要。否则，设备检修会变成越来越费时、费力的棘手问题。

八、智能培训体系

关于设备维修的智能培训体系就是通过互联网实现的网络课程学习或者技能培训，资料来源于内部、外部和丰富的互联网渠道，省时、省钱、灵活。

其特点是6A式培训：任何学员、任何时间、任何地点、任

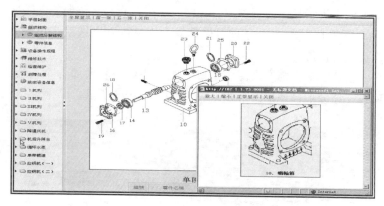

图 5.10-7 交互式电子技术手册（IETM）的展示

何方式、任何课程、任何老师，充分支持移动化和碎片化学习，如图 5.10-8 所示。

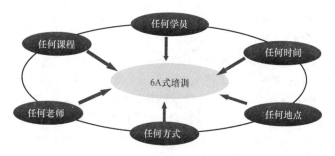

图 5.10-8 6A 式培训

九、智能备件资材管理

智能备件资材管理的内容十分丰富，包括备件自动编码、备件储备模型、备件的 3D 打印再造和修复、备件修旧利废、虚拟备件资材库的建立以及供方的寄售储备方式，还包括 3A 备件优化管理模式，以及 MRO 支持下的备件上门供应体系等，如图 5.10-9 所示。

十、网络安全智能管理

当企业进入物联网时代，越来越依赖网络进行运行管理，网

图 5.10-9　智能备件资材管理的主要模块

络安全变得日益重要，成为设备智能维护不可或缺的环节。

网络安全包括以下内容：工业防火墙、工控主机卫士、监测审计平台、工控漏洞挖掘平台、工控漏洞扫描平台、统一安全管理平台、工控网络态势感知系统、工控网络攻防演练平台等。随着黑客或者竞争对手网络攻击的手段翻新，网络安全的内容也在不断升级。目前，网络安全智能管理的主要环节如图 5.10-10 所示。

图 5.10-10　网络安全智能管理的主要环节

软件维护也是网络安全管理的重要组成部分，包括计算机病毒抵御、软件失效诊断、缺陷代码调试、更改及其影响分析、缺陷规避、系统重启技术等。这些都要纳入网络安全智能管理的研究范畴。

十一、智能工业集成服务——MRO

传统的工业集成服务 MRO 已经发展了几十年，有很多模式，最近若干年才在国内逐渐形成。所有非生产原材料的供应和服务都属于这一范畴。其形式包括 MRO 制造商、MRO 工业分销商、MRO 商业服务中心、MRO 分销商集成体、制造商指导下的 MRO 集成、纯 MRO 集成商、技术供应商集成体、工程、采购与建设集成体（EPC）、运行与维护集成商（O&M）以及上述方式的多样性组合，加上互联网时代，O2O、M2M、B2M 等多种形式涌现，让工业集成服务 MRO 的内容更加丰富多彩。互联网云平台的大数据信息，将主动引导 MRO 各路英豪奔向企业。未来，企业将会获得方便快捷的上门服务，内容包括备件资材、工具附件、管理、技术和软件，不一而足，如图 5.10-11 所示。

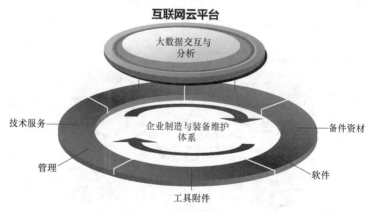

图 5.10-11　未来工业集成服务 MRO 的内容

十二、机器人点检保养检修

未来的工业机器人，除了用于生产工艺的执行，也会在设备的点检、维护、检修环节发挥作用。有人会问，以后机器人是否会完全取代人？从成本和可行性的角度，相当一段时间内不会。首先，因为设备检修是更加复杂和不确定性的作业，如果为此研发出可以用于检修的机器人，其价格会很高。而且，机器人是一种机器，出了故障怎么办？于是还要靠人来维修。目前，机器人实施的检修活动，主要适用于航空、航天、高铁、核工业、军事等危险场合，如图5.10-12所示。

图5.10-12　机器人实施检修活动的场合

智能维护体系总体框架如图5.10-13所示。

图5.10-13　智能维护体系总体框架

随着智能制造的发展，TnPM体系也要做与时俱进的变革。智能维护的相关内容，与互联网+共存寄生的相关现象，将会影响TnPM体系。我们设想，智慧TnPM体系颗粒会不断涌现，不断丰富原有的TnPM体系内容，包括O2O全员创客有氧活动、六项改善等。其设想如图5.10-14所示。

任何管理体系都要随时代进步而做与时俱进的调整。世界上

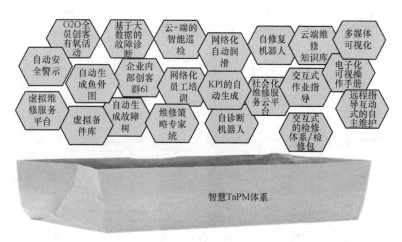

图 5.10-14　智慧 TnPM 体系

没有永恒的真理，只有相对的真理，人机系统管理也是如此。管理体系的生命力在于适应或者创造未来的需求。在互联网+和智能制造时代，世界的"代弱递偿"状态更加明显。也就是企业中人的劳动能力逐渐减弱，取而代之的是使用现代手段的能力、网络思维和网络创新能力、云思考的能力等，其中蕴含着无限的创新空间。

在诸多维修策略中，未来以大数据为基础的维修（BDBM）体系将成为主导方向。这也是 TnPM 智能维护的核心内容，在这里做一综述。

从产生的背景来看，一方面是企业自动化、智能化的技术进步驱使；另一方面是劳动力价格的攀升，加上机电产品硬件价格的持续降低。这样，企业通过智能化降低成本成为可能。另外，从激烈市场竞争和精益的角度，企业不愿意投入大笔经费用于对原来设备状态的采集，而原来设备本身尚有不少数据信息未被发掘利用。所以，可以先从原有设备数据的挖掘开始。

BDBM 的总体框架如图 5.10-15 所示。

在 BDBM 模型里，信息的输入分别来自五个方向：

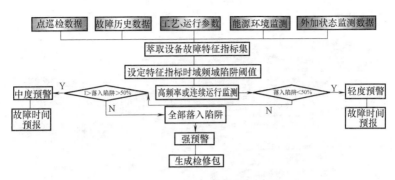

图 5.10-15 BDBM 的总体框架

1) 设备的工艺参数,包括设备的温度、压力、流量、电流、真空度、速度、位移等。这些信息是设备控制系统 DCS 本身自带的,其主要用于反映设备工艺流程、加工质量等信息,将其转化为设备劣化信息。例如,压力太大,可能意味着管路堵塞;压力太小,也许是出现管道泄漏。温度太高或者电流太大,可能是润滑不良。这类信息不应浪费,而是转化为设备劣化信息。

2) 设备的履历信息,包括曾经的故障、失效历史,换件历史等。这部分信息有助于做出判断决策。

3) 设备的点检信息,这部分信息主要来自人类的五感,与人的经验密切相关。只要存在点检体系,这部分信息就需要利用。

4) 设备的能源环境监测信息,这些信息常常可以间接反映设备的劣化,如管道的泄漏等。

5) 设备的状态监测信息,这是根据需要后加给设备的某些传感器,如测温、测振、测压力、超声波监测以及油液监测等。这部分信息直接反映设备劣化。

而 BDBM 的输出则是维修策略、维修时间节点、维修内容、使用工具、拆解范围、换件信息以及使用的工具。

BDBM 应该输出精准的维修包,主要体现为 6W2H1S,如图

5.10-16 所示。

图 5.10-16　精准的检修包（6W2H1S）

其实，并非所有的设备都需要采用 BDBM 维修策略。如果一部分设备或者其中的部件故障后果不严重，事后维修是最为经济的维修策略；另外一部分设备或其中的部件具有明显的耗损周期，则宜于采用定期预防维修策略；此外，还有一部分设备尚无适合的状态信息采集手段，只能放弃。那么，剩下的设备或者部件则是重点实施 BDBM 策略管理的对象。

为了能够在一定优先顺序下重点管理，有必要对设备进行风险评价：

$$风险 = 故障概率 \times 故障后果$$

为了通过色彩进行管理，给出如图 5.10-17 所示风险色彩图。

风险级别	风险值	色彩	
不能容忍	0.5～1		—红色
严重	0.2～0.5		—黄色
一般	0～0.2		—绿色

图 5.10-17　风险色彩图

其中，红色代表不能容忍的风险，黄色代表严重的风险，而绿色则代表一般风险。这样的风险区分旨在让企业的管理者将设备管理的重点放在高风险的设备。BDBM 的应用首先选择高风险的设备，逐渐水平展开到中低风险的设备或者部件。

例如，假设模拟某电厂发动机的风险状态（不是实际状态），得到如图 5.10-18 所示风险地形图。其中深色代表高风险的区域，其次是灰色和浅色。

在 BDBM 中，首先要提取设备的特征值，这些特征值首先来源于设备控制系统，如 DCS 系统、PLC 或者 SCADA 系统，其次来源于传统的点检体系，有些还来源于设备以往的检修历史数

图 5.10-18　发电机组的风险地形图（假设模拟）

据。最后，在上述特征不足以反映设备劣化时，才采用外部的状态监测手段。假如对某设备的三个特征值进行跟踪，分别为流量、温度和电压，如图 5.10-19 所示。其中电压来自设备本身运行数据信息，温度来自移动点检数据信息，只有流量来自外部状态监测数据信息。

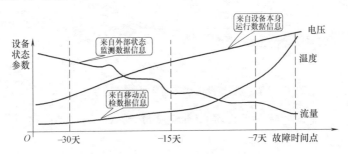

图 5.10-19　某设备在故障前 30 天的特征值走向

结合特征实际给出三条特征曲线的陷阱阈值频域，如图 5.10-20 所示。其中，蓝色代表电压的陷阱阈值频域，绿色代表

温度的陷阱阈值频域,而红色代表流量的陷阱阈值频域。

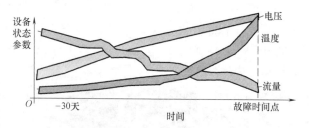

图 5.10-20 设备特征值陷阱阈值频域的设定

随后连续监测设备,对相关特征参数进行跟踪。假如发现 30 天前"流量"特征进入其频域,则启动轻度预警,预测故障在 30 天内发生;后来又发现 15 天前"流量"和"温度"特征进入相关频域,启动中度预警,预测故障在 15 天内发生;之后 7 天前又监测到三个特征分别都进入相关频域,启动强报警,预测故障在 7 天内发生,进入检修决策,并生成检修包,如图 5.10-21 所示。黄色的标识表示设备特征值已经进入陷阱阈值频域。

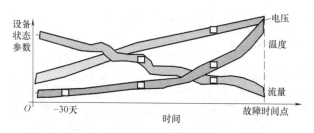

图 5.10-21 监测设备状态落入特征值陷阱阈值频域

强报警之后,系统将自动生成包含 6W2H1S 的检修包。检修包的内容也是可以动态调整的。

因为设备役龄不同、所处的环境不同,可以选择三种不同的检修模式,如图 5.10-22 所示。其中,第一种为恢复性修复,即纠正性维修,旨在通过修复技术恢复设备性能,但不可避免设备性能会逐渐劣化,而且维修频率会逐渐加大,直到不能修复;第二种为换件式修复，每次更换新部件、零件，可以保证设备初始性能不变，维修频率基本不变；第三种为主动升级式修复，是通过不拘泥原有设计的改造性修理，通过导入新部件、备件以及材料或热处理，或做根除故障的局部技术改造，根除故障或者让维修频率下降、设备功能提升。

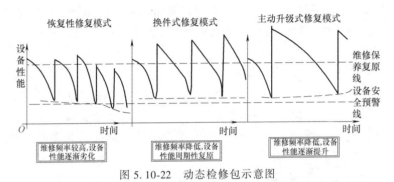

图 5.10-22　动态检修包示意图

BDBM 也需要有自学习功能，通过不断地学习、修正，不断完善，达到精准的预测故障，并精准的生成检修包，如图 5.10-23 所示。在对设备连续运行监测过程中，如果发现预测的故障不精准，就要试图调整特征提取的特征指标，调整指标仍然不精准，就要考虑补充另外的特征指标，或者调整陷阱阈值频域的范围，

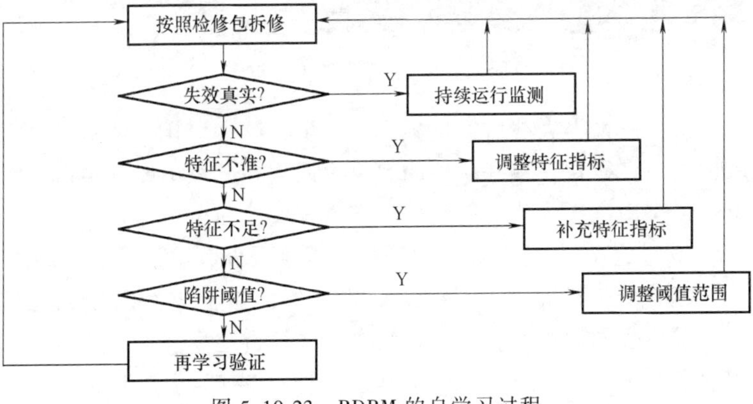

图 5.10-23　BDBM 的自学习过程

直到做出精准预测和精准检修为止。

第十一节　精益 TnPM+

一、精益生产的诞生

1886 年 1 月 29 日，卡尔·奔驰（Karl Benz）发明了汽车。早期的汽车都是依靠手工制作和装配的，生产周期长、成本高，没有通用性。那时的汽车只能作为贵族的奢侈品，无法为大众带来便利。

1908 年，亨利·福特（Henry Ford）发明了移动式汽车装配流水线，并且将工人的工资提高到每天 5 美元，这大大地提高了生产率和员工积极性。自此，一种连续型的生产模式诞生了。伴随着这一革新，福特 T 型车开始以通用的零部件、低廉的价格走进千家万户，如图 5.11-1 所示。

图 5.11-1　福特及其 T 型汽车

第二次世界大战后，世界经济发生了巨大变化，消费者的需求也逐渐多样化，单一品种的大量生产方式已经不能满足市场需求。以丰田汽车为代表的新型生产方式应运而生。

20 世纪 70 年代，第四次阿拉伯战争爆发，石油危机骤起。

随着全球经济的大衰退，百业萧条，在全球性的能源危机中，世界各国制造业，特别是汽车产业惊奇地发现，唯有日本丰田汽车公司在逆流中稳健地挺进，即使减产仍然获得了高额利润。

为什么丰田能够成功？老一辈的丰田左吉曾经提出"要赋予设备类似人的'智能'的思路"；后继者丰田喜一郎结合生产实际，提出"在必要的时候，仅按必要的数量生产必要的产品"。在他们的推动下，大野耐一开始了艰苦的管理实践，摸索出以"准时化"和"自働化"为支柱的"丰田生产方式"。

麻省理工学院组织世界上 14 个国家的专家、学者，花费 5 年时间，耗资 500 万美元，在汽车工业中探索大量生产方式与丰田生产方式的差别，最后由詹姆斯·沃麦克（James Womack）、丹尼尔·琼斯（Daniel Jones）等人编写了介绍丰田生产方式的《改变世界的机器》等书，系统地介绍了这样一种生产方式：精益生产（Lean Production），并由此提炼出可以在更多企业中推广的精益思想。

按照精益思想，需求拉动、后拉看板、价值流分析、快速换线、流程再造、瓶颈管理、防呆纠错、均衡生产等管理工具将被灵活运用于生产管理之中。其逻辑传递路线如图 5.11-2 所示。

图 5.11-2　精益管理的逻辑传递路线

20 世纪七八十年代，为减少无订单生产的各种浪费，日本丰田公司的大野耐一经过不少曲折，为公司研究落地了丰田生产方式（TPS），通过后拉看板管理、流程优化、快速换线等等方法，朝着"零"库存方向迈进。美国人总结提炼出"准时化生产"（JIT）模式，即 Just In Time，又称为及时生产、适时生产模式，即"在适当的时候生产适当的中间或最终产品"。反过来说，也就是"零库存"生产系统。从广义上看，这是一种生产管理哲理，其基本目标是寻求消除企业生产活动各方面的浪费原因，包括员工关系、供货商关系，以及技术、原材料、库存等方面。它还是一种现代经营观念和先进的组织原则，所追求的是生产经营全过程彻底的合理化。从狭义上看，JIT 即是在各个环节消除库存的活动，是杜绝任何浪费的活动。

JIT 主张消除"除了生产不可缺少的最小数量的设备、原材料、零部件和人工以外的任何浪费"，包括库存的浪费、过量生产的浪费、等待时间的浪费、过程（工序）的浪费、动作的浪费、运输的浪费、产品缺陷的浪费等。

JIT 的主要特点是以需求拉动生产系统，消除超前、超量生产，最大限度地减少库存，消除浪费，提高效益，迅速、及时、适时、适量地生产出客户和市场需要的产品。JIT 实施的主要技术手段是按照需求拉动的逆流生产安排以及生产负荷的均衡与准确。

全面质量管理（TQM）是 JIT 的副产物，也是 JIT 的支撑物。因为没有在制品保险储备，自然就形成了一种"确保生产出件件都是合格制品"的强制性约束机制。反过来，只有真正达到可控的工序质量水准，才可能实现 JIT 的目标。

将 JIT 扩展到更广泛的领域，就诞生了精益生产，即所谓的 Lean Production。它以 TPS 为模板，即从最终客户的角度，精确定义价值，确定产品和产品流、价值流，消灭浪费，并让有价值的部分流动起来，按客户需要的时间设计并提供给客户所需的产品，追求产品完美和效益最佳。

二、精益 TnPM 的 888666 模式

众所周知，精益生产起源于像"汽车制造"那样组装类型的工厂，推而广之，在各种各样类型的制造业中都有应用。而对于那些装置密集、技术密集的流程工业，一些精益工具却失去了用武之地。反过来，以设备为主线的 TnPM 管理体系却能发挥最大的作用。精益管理和 TnPM 的紧密融合，将大大扩展其应用范

畴，也就成为管理发展的必然。

将 TnPM 管理体系与精益生产的工具相结合，最终形成了 888666 模式。精益 TnPM 框架如图 5.11-3 所示。

图 5.11-3 精益 TnPM 框架

1. 人因八大损失

传统的人因七大损失可以归类为过量生产的损失、不合理工序工艺的损失、库存损失、搬运损失、等待损失、动作的损失、返工和维修的损失。大野耐一认为，不懂得发挥员工智慧，是最大的损失，控制和减少这些损失，也是精益管理的主要目标。

按照传统精益思想，加上大野耐一的补充，将管理的传统七大损失加上员工智慧的损失，形成人因八大损失，如图 5.11-4 所示。

上述八大损失在相关的精益著述里有详细介绍，本书不再详述。

2. 狭义的设备八大损失

狭义的设备八大损失是指设备本身效能的直接损失。可以归结为：

1) 产能过剩损失（购置设备产能不平衡造成的产能过剩，多余、闲置的设备设施）。

2) 系统内部损失（停水、停电、停气、没有订单、上下游设备停机造成的设备等待等）。

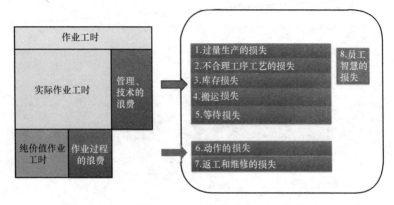

图 5.11-4 人因八大损失

3）故障损失。

4）初始化损失（准备、预热、切换、调整）。

5）速度损失（因设备本身问题开动速度没达到设计要求）。

6）空转或短暂停机损失（设备空转或者时间短暂的频繁停机）。

7）返修废品损失（不良品返修或者报废，但设备时间被占用）。

8）初期不良品损失（在设备新安装调试或者新型号规格上线时产生的不良品损失）。

狭义的设备八大损失结构如图 5.11-5 所示。

虽然前两种损失并非因为特定设备本身管理不当引起，但反映了更高系统的损失，如前期采购不当或者系统内部管理混乱等，也确实是实实在在的设备时间损失。因为无论是在闲置还是工作，设备都在以折旧形式消耗着企业的资金。

3. 广义的设备八大损失

广义的设备八大损失主要来源于不科学的设备管理，如图 5.11-6 所示。

1）设备前期管理损失。设备的可行性研究失误、选型决策不当、设备的合同管理失误、设备安装、调试和初期管理不当，

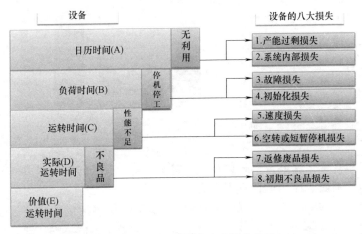

图 5.11-5 狭义的设备八大损失结构

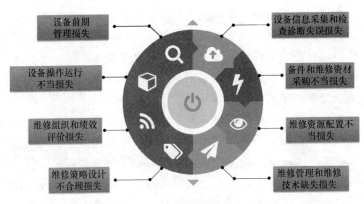

图 5.11-6 广义的设备八大损失

都会造成损失。众所周知,在进行设备选型决策时要争取设备寿命周期费用最小化、寿命周期效益最大化而非价格最小化。不少企业却因为低价中标,而影响后续的运行费用。图 5.11-7 告诉我们,同类型的设备,因为初始可靠性不同,其寿命周期费用差异很大。因此,采购设备不是低价中标,而是要推敲其寿命周期费用(LCC)最小化。

2）设备操作运行不当损失。这里包括不执行操作规程，或者操作规程执行不到位、不标准，没有良好的交接班制度，交接班制度执行缺陷等。此外，为了短期利益拼设备，杀鸡

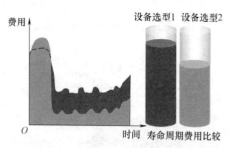

图 5.11-7　不同设备寿命周期费用的比较

取卵式地使用设备，超负荷运行设备，缺乏必要的保养润滑等活动，都属于操作运行不当损失。

3）维修组织和绩效评价损失。维修组织包括集中式、分散式、矩阵式和混合式等。不同维修组织的效率不同，维持费用也不同。不当的维修组织设计，其损失不言而喻。

集中式维修组织是维修资源相对集中，向基层生产单元提供维修服务。它适用于小规模企业、人才短缺的组织，而且各基层生产单元设备相似性较强的企业。这有利于资源共享，节约维修资源；其缺点是响应速度较慢，基层与专业维修部门经常有扯皮现象。分散式维修组织是维修资源下沉到基层生产单元，归基层单元领导指挥。这种组织形式响应速度快，有利于基层设备的改善和改造；但相对来讲，维修资源利用效率参差不齐，时而会有闲置浪费，无法与其他生产单元共享。它适用于大规模企业，而且各生产单元设备差异较大、共享内容不多的情景。矩阵式维修组织，即各个维修单元与生产单元并行，是另外一种形式的二级单位，以内部契约形式为各生产单元提供上下游的维修服务。各维修单元并没有统一的主管领导，它们的绩效是以其提供服务契约履行的质量评价来度量的。这种组织形式在目前企业里应用的并不多。国内企业有很多是集中与分散相结合形式的维修组织。例如，在一家铝厂，电解铝热加工和轧制冷加工不同生产单元是分散式维修；行车部分是通用设备，冷热加工车间都有，则采用集中式维修组织。一般而言，关于维修组织的建议如图 5.11-8

所示。

按照这一建议,资源共享度高加上资源短缺度高的企业适于采用集中式维修组织;反之,资源共享度低且能力要求低的企业适用于分散式维修组织;能力要求高但资源共享度低的企业适用于矩阵式维修组织,或者采用分散为主、集中为辅的维修组织;而资源共享度高、能力要求低或者资源短缺度低的企业,可以采用集中为主、分散为辅的组织形式。显然,不同的维修组织给企业带来的维修绩效和成本是不同的,这里面大有学问,值得认真研究。

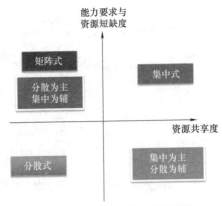

图 5.11-8 关于维修组织的建议

有了维修组织设计,还要有科学的绩效评价设计,才能很好地调动组织的行为。维修组织绩效评价指标设计也很讲究,既要关注引导组织行为的过程指标,也要关注达成绩效的结果指标,重点在于过程指标的设计。

例如,有的企业考核检修队伍的工作量,这就会误导组织忽视检修质量,以便增加检修工作量,这对设备效率的发挥十分不利。

维修组织绩效评价应该从多角度进行,图 5.11-9 给出了绩效评价的蜘蛛网图,供读者参考。其中,评价维度包括组织结构绩效指标、资源消耗水平指标、维护策略与维护规范水平指标、维修维护水平指标以及体现结果的综合绩效类指标。

在绩效评价环节也要进行综合考量。例如,有的企业追求 OEE 最大化,并以此考核基层单位,却忽视了 OEE 与设备的初始可靠性相关,也与设备役龄相关,甚至在追求中忽视了投资回报率(ROI)的变化,如图 5.11-10 所示。

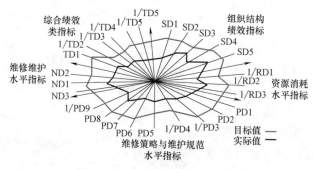

图 5.11-9 绩效评价的蜘蛛网图

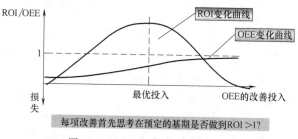

图 5.11-10 OEE 与 ROI 的关系

4）维修策略设计不合理损失。从 20 世纪末到 21 世纪，历时半个世纪，国际上对维修策略的研究十分活跃。传统 TPM 所涉及的维修策略仅仅是计划维修（计划保全）和质量维修（质量保全），而国际上活跃应用的维修策略多达几十种，如状态维修（CBM）、以可靠性为基础的维修（RBM）、以可靠性为中心的维修（RCM）、赛车式维修（PIT STOP）、以安全为中心的维修（SCM）、价值驱动维修（VDM）、全面质量维修（TQMain）、寿命周期风险维修（LCRM）等。不同的维修策略，对维修成本和设备效率的发挥影响十分明显。因此，不当的维护策略从源头和顶层设计上给企业带来的损失往往更加突出。

维修策略是最具有功利性的环节。需要定期维修的没有定期维修，需要状态维修的不做状态维修，会造成大量非计划停机损失；对有些故障后果不严重的设备却进行预防维修，没有充分发挥设备的产能，也是一种浪费；至于有些设备应该采用赛车式维修，有些应该采用以安全为中心的维修等，所有不当策略造成的损失往往十分可观。

例如，某石化工厂常减压装置停机一天损失5000万元，故障停机5天，损失2.5亿元，采用赛车式维修，让停机时间缩短3天，投入500万元，抢回1.5亿元。赛车式维修的特点如图5.11-11所示。

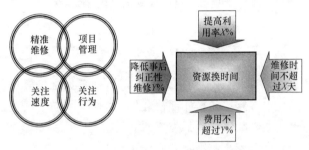

图 5.11-11　赛车式维修的特点

5）设备信息采集和检查诊断失误损失。这方面的损失表现在点检体系的薄弱，包括点检规范流程的缺失或者执行不到位，状态监测的缺失，以及诊断分析不足。由于不能及时准确定位故障，造成大量事后维修、抢修，救火队现象频繁，生产损失显而易见。

6）备件和维修资材采购不当损失，也就是企业MRO的损失。如果在备件资材采购中提出周期备件费用最小化的概念，即在设定的统计基期，要采购费用消耗最小的备件，而非价格最低的备件。这可以让企业从备件采购低价中标的陷阱里走出来。如图5.11-12所示备件费用结构，蓝色代表甲备件，价格较低；棕色代表乙备件，价格较高。在设定的统计基期，甲备件消耗了10件，乙备件消耗了3件。尽管乙备件单位价格较高，但在这一统计基期，乙备件的总消耗费用低于甲备件。所以，购置备件时不能只做低价中标的简单处理，而应提倡周期备件费用最小化。如果将因为备件损坏而造成的设备停机损失算在内，称之为备件综合费用，那么甲备件就更不占优势了。

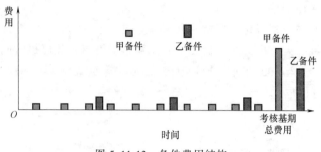

图 5.11-12　备件费用结构

7) 维修资源配置不当损失。工厂里有三类维修资源：一是操作员工自主维修；二是外部社会化、合同化维修资源；三是企业内部专业维修队伍。这三类资源如何搭配，既决定了企业的维修投入，又决定了企业维修效率和状况。

如图 5.11-13 所示，如果以维修技术难度和设备数量与维修频率两个维度为轴，划分四个象限，则不同象限要设计不同的主导资源配置方式。对技术难度高、维修频率低的设备，技术外包最合适。企业没必要保有那些投入负担较大、具有高技术水平但工作量很少的维修人才，其工作不如外包给有承诺的社会化专业

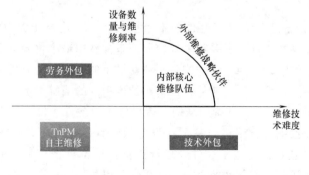

图 5.11-13　经济合理的维修资源配置设计

公司。对那些工作量大、频率高、技术难度低的普通维修工作，则可以外包给社会化的劳务公司，由它们来承担。因为这种方式对企业负担较小，可以让企业更专注自己的核心业务。还有一些技术难度低、维修频率低的设备，可由操作员工自主维修来解决。唯有那些技术难度高且维修频率高的设备，才是本企业内部专业维修队伍要承担的工作。当然，有些工作即使内部专业维修队伍也不一定能够承担，这就要考虑与外部专业维修机构建立战略合作关系来解决。

8）维修管理和维修技术缺失损失。维修管理的损失表现在维修预算、维修计划、维修标准化及其执行力打造等方面。而维修技术包括队伍建设、技术培训以及技术手段的更新等。显然，所有这些不足都会造成诊断和定位故障不当、不及时，设备效率下降，故障停机时间延长，维修费用居高不下，返修增加，甚至会出现损坏性维修。

4. 清除六源（6H）活动

清除六源的目标就是通过引导员工主动查找问题源头，亲自动手加以解决，拾漏补缺，改进工作，也为6S的维持奠定稳固基础，如图5.11-14所示。这方面的内容在前面已做论述，这里不再展开。

在当今企业中，清除六源已经可以通过手机端App辅助进

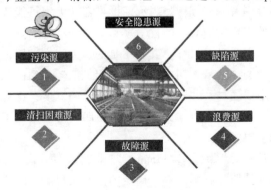

图5.11-14　清除六源的主要内容

行，如图 5.11-15 所示。

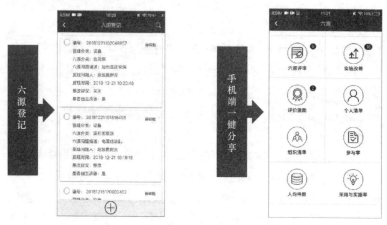

图 5.11-15　手机 App 清除六源辅助软件的界面

5. 六项改善（6I）

在企业里，如果是清除六源是不断发现问题、解决问题，维持企业正常运行的基础，而更高难度的挑战就是六项改善了。六项改善是不安于现状、质疑现状的活动。

《科技日报》总编辑刘亚东曾经讲过一个故事。1997 年他在美国工作时，纽约外国记者俱乐部安排他到佛罗里达州的肯尼迪太空中心参观了奋进号航天飞机发射。航天飞机的外挂液体燃料箱的两侧分别有一个固体燃料火箭助推器。大家可能认为两个火箭助推器的直径是 NASA 的科学家和工程师经过反复测算后确定的最科学、最合理的尺寸。其实不是的。火箭推进器是在犹他州的工厂生产的，之后要用火车从犹他州工厂转运到佛罗里达州发射场，途中要通过一些隧道，而这些隧道的宽度只比火车轨道的轨距宽了一点点。所以，火车轨道的轨距基本上决定了火箭助推器直径的上限。

美国铁路的轨距是 1435mm，即 4.85ft。你可能会说，这一定是美国的铁路工程师测算后确定的。其实也不是。原来，这是英国的铁路标准，因为美国的铁路最早是由英国人设计建造的。

那么，是英国的铁路工程师测算后确定的吗？依然不是！原来，英国的铁路最早是由造有轨电车的人设计的，而4.85ft正是电车轨道所用的标准。电车轨道标准又是从哪里来的呢？原来，最先造电车的人以前是造马车的，他在造第一辆有轨电车时沿用了马车的轮距。那么马车为什么要采用这个轮距呢？因为古罗马人造的罗马战车就是这个轮距，其后一直沿袭下来。你肯定要问：罗马战车的轮距为什么是4.85ft？答案是个冷笑话：这是两匹拉战车的马的屁股的宽度！

现在我们清楚了：当今人类最现代化的航天运载工具的动力装置的直径，竟然是由2000多年前古罗马时期两匹战马屁股的宽度决定的。

这是一种普遍存在的现象，有人管它叫路径依赖（Path-Dependence）。路径依赖是指人类社会中的技术演进或制度变迁均有类似于物理学中惯性的力量支配。人们一旦进入某一路径（无论好坏），就会对这种路径产生依赖；人们一旦做出某种选择，惯性的力量会使这种选择不断强化。

在企业里，管理的惯性时时刻刻存在，不一定有道理，也许根本不合理，但是没有人敢质疑。改善就是鼓励大家的质疑精神，这也是真正的科学精神。六项改善的内容如图5.11-16所示。其具体内容在前面已有详细论述，这里不再展开。

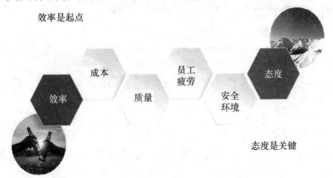

图5.11-16　六项改善的内容

6. 追求要素极限（6Z）

企业经常提起标杆管理或者对标管理，但往往在努力追赶标杆时，忘了被对标的企业也在飞速进步，所以总是追不上标杆。改善的最高境界就是追求极限！有人经常质疑这一点，反而认为是吹牛，是讲大话。因为他们不敢挑战极限。笔者经常这样认为，你想抓星星、摘月亮，也许永远是一个梦，但至少不会抓一手泥。美国总统肯尼迪上任以后，提出登月的计划，当时不少人认为是痴人说梦。后来，苏联的加加林、美国的阿姆斯特朗不是都实现了人类登月之梦吗？我们追求要素极限，就是要挑战最高目标，追求设备零故障、质量零缺陷、现场零事故、安全零伤亡、生产零浪费、工作零差错（即6z）。追求要素极限并不仅仅是一个口号，更是一个管理体系。企业要有追求"零"的管理流程，任何的冲"零"或者"零化"管理都可以参考这个模板，如图5.11-17所示。

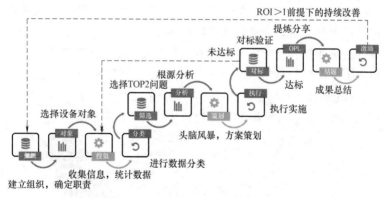

图5.11-17　企业追求要素极限的流程

三、小结

精益生产的主要特点是以客户需求为导向，实施价值流管理和持续改进，在全系统实现流动，减少浪费。对于生产流程而言，精益与JIT的实质是相同的。作为整个生产系统，精益具有更广泛、更深刻的意义，包括非生产组织结构、全公司的节约和改善活动。

精益 TnPM 管理体系是对精益工具和 TnPM 体系工具的融合。那么，什么是精益 TnPM 呢？图 5.11-18 给出了其系统的阐释。左边是精益工具箱，右边是 TnPM 工具箱。精益工具的使用旨在提升价值、降低费用；而 TnPM 工具在于创造人机和谐，从设备角度提升效率，释放和挖掘生产潜能。

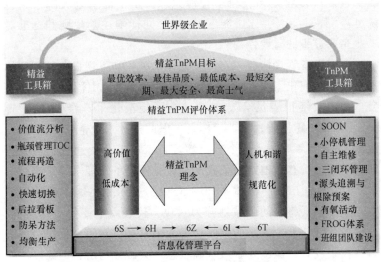

图 5.11-18　精益 TnPM 体系架构

对于装置密集、技术密集、资金募集的流程企业，TnPM 工具将发挥出更大的作用，企业对 TnPM 工具的运用会更加频繁；反之，对离散性设备、集成和组装型企业，精益工具的运用会更加频繁。

对于某些以设备为主的重资产企业而言，当主要应用 TnPM 时，TnPM 就像一部货车，将适当的精益工具装到车上；而对于轻资产、以人力组装为主的企业，精益生产体系就像一部货车，将合适的 TnPM 工具装到车上。

当企业聚焦 888666 这一主线时，作为精益 TnPM 左右支柱的工具自然可以成为很好的辅助和支撑。

第十二节　TnPM+的五阶六维评价体系与《设备管理体系　要求》

"没有规矩，不成方圆"，我国这句古语很好地说明了秩序的重要性。缺乏明确的规章、制度、流程，工作中就非常容易产生混乱，规矩是人类生存与活动的前提与基础。在100多年前出版了《工厂管理》和《科学管理原理》的美国管理大师泰勒也说过："你只能改善你所能度量的。"同样阐述了规则和标准对工业企业进步的重要性。

中国设备管理协会一直以来都非常关注和重视设备管理的体系推进和标准化工作开展，早在2005年，就由中国设备管理协会全面生产维护委员会发布了《全面规范化生产维护体系 要求》，即TnPM五阶六维评价体系，以此指导工业企业对标提升。截至2016年年底，十几个行业的近百家厂矿企业通过了设备管理水平评价，有效地推动了我国工业企业设备管理水平进步。

TnPM的五阶评价体系如图5.12-1所示。在这个蜘蛛网图中，六个箭头将空间区域划分为六块，代表六个评价指标族群，也称为六维。五个封闭的圆圈代表五个阶梯，封闭在最里边的圈内，代表没有突破，处于最基础状态；突破最内层，即第一层圆圈，表示企业水平进入一阶；突破最外层，即第五层圆圈，表示企业进入五阶，达到五星级水平。

五阶意味着对企业循序渐进的引导，事实上，企业的进步应该是扎扎实实、一点一滴的；六维意味着对企业的全面引导，避免平面和脉冲式管理。六维里有五维是关注基础和过程的，只有一维是关注结果指标的，因为我们的理念是：只有过程正确完美，才能有完美的结果。

2016年7月1日，中国设备管理协会新标准T/CAPE 10001—2017《设备管理体系　要求》的编制工作正式启动，并逐渐驶入快车道。

2016年8月15日，中国设备管理协会在山东招远举行专家

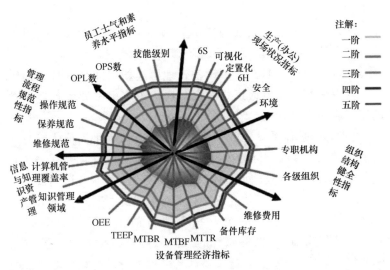

图 5.12-1 TnPM 的五阶评价体系

论证会，来自省市设计协会、行业专家、招金矿业、中国石油、中国石化、中国烟草等企业的代表 20 多人，审核了标准的初稿，对第一轮收集的专家反馈意见做了梳理，并重新构建了体系标准的框架目录，确立了后续完善的方向和重点。

2016 年 9 月 20 日，编写小组提供设备管理标准第二版的征集意见稿，并在无锡举行的中国设备管理大会上向 150 家企业的 600 多名代表发放，进一步征集对标准条文和要求的完善建议。2016 年 12 月 3 日，编写小组完成第三轮的专家意见征集，共收到 80 多家企业的 200 多条完善建议，向中国设备管理协会提交标准的第三版（送审稿）。

2017 年 2 月 16 日，中国设备管理协会召集标准的主要起草单位广州大学、广州学府设备管理工程顾问有限公司、珠海经济特区顺益发展有限公司的代表，并特别邀请了拥有丰富标准编制经验的北京建筑机械化研究院专家代表，齐聚北京，再次逐条、逐句对标准文字进行修改优化，形成标准的报批稿。

2017 年 3~4 月，中国设备管理协会完成了标准的报批和备案工作。

2017年4月25日，国家发展和改革委员会相关领导对报批稿和设备管理标准化工作给予了高度肯定。

2017年6月1日，中国设备管理协会新标准《设备管理体系 要求》在山东招远正式发布，这标志着中国设备管理标准的正式启动。

《设备管理体系 要求》是以TnPM五阶六维评价体系为基本框架，充分吸收国际相关标准，包含资产管理标准ISO 55000和其他相关设备、设施评价体系的合理部分，结合我国制造业的实际和中国制造2025大趋势的要求而形成的。同时，为了便于落地，提供了一些可供企业参考执行的工具手段。新版的TnPM，即TnPM+，也将原有的五阶六维评价体系过渡到应用《设备管理体系 要求》这一新标准进行评价，这意味着评价的并轨和升级。

T/CAPE 10001—2017《设备管理体系 要求》的发布，为广大工业企业规范装备设备管理指明了方向，在接触、了解、认知的过程中，不断会有越来越多的企业导入体系管理，系统地推动企业的设备管理走上规范之路，更快、更好地促进设备管理取得更大的新成就。

第十三节 人机系统精细化管理平台——TnPM+

一、TnPM+的总体框架

当今企业里的管理平台很多，有专注于工艺-质量的，如TQC、TQM、6σ管理，乃至ISO 9000系列标准；有专注于环境-安全的，如杜邦体系、NOSA体系，乃至ISO 14000、ISO 18000标准；还有专注于成本效益的，如一脉相承发展起来的TPS、JIT、精益生产等概念。上述体系均离不开人机系统的支持，甚至包含了对人机系统管理要求的条款，它们分别从质量、安全、健康、环境、成本的不同角度来要求人机系统。然而，除了满足这些体系的要求，人机系统管理是否有自己独立的使命？

人机系统管理的确有其他系统不能覆盖、不同于其他体系的独立使命，这就是专注于设备高效平稳运行，同时降低设备相关的各项费用。通俗地说，就是"又要马儿快快跑，又要马儿少吃草、身体好"！

人机系统是载体，它承载着生产，也密切关系着质量、健康、安全、环境和企业运行成本。随着我国制造业的不断壮大，装置密集、技术密集、资金投入密集型企业以及自动化、流程化企业越来越多。企业的质量、安全、健康、环境、成本越来越依赖于设备的流畅平稳运行和精度保持。建立科学的人机系统精细化管理平台成为历史的必然。

我们所构建的人机系统精细化管理平台称为 TnPM，是在 TPM 的基础上发展起来的，英文是"Total Normalized Productive Maintenance"，也即"全面规范化生产维护"。虽然来自 TPM，但经过近 10 年的发展和完善，TnPM 的内容已经有了很多改变，比 TPM 更丰富、更完备，也更系统化。

TPM 作为一个较成熟的设备管理维护体系，已经在全世界多个国家和地区的企业得到推广应用。与欧美、日韩等发达国家相比，在中国这样的发展中国家实施 TPM 却遇到了极大的挑战和困难。主要原因在于文化与传统不同、企业员工文化水平不同以及习惯和素养不同等。国内外许多文献资料也总结出，TPM 的成功主要在于人力资源管理（员工自主维修），对设备本身的维修模式如何建立涉及的内容却不多，一旦遇到不同国情和员工素养的实际情况，在 TPM 推进和移植上就会遇到麻烦。

通过多年来对几百家企业的调研和指导的实践，以李葆文教授为核心的学府专家团队提出了更适合我国这样发展中国家企业特点的"全面规范化生产维护"管理模式。

简单而言，TnPM 就是以设备综合效率和完全有效生产率为目标，以检维修系统解决方案为载体，以员工的行为规范为过程，以全体人员参与为基础的生产和设备维护、保养和维修体制。

1. TnPM 的四个"全"

TnPM 可概括为四个"全":设备的综合效率和完全有效生产率,简称"全效率";全系统的预防维修体系,简称"全系统";员工的行为规范化,简称"全规范";全体人员参与,简称"全员"。四个"全"之中,全效率是目标,全系统为载体,全规范为过程,全员是基础。四个"全"之间的关系如图 5.13-1 所示。

2. TnPM 的五个"六"架构

五个"六"架构是指:关注生产现场管理的 6S(整理、整顿、清扫、清洁、安全、素养)活动;深入现场,解决常见和基本问题的清除"六源"(6H)(清除"污染源、清扫困难源、故障源、浪费源、缺陷源和危险源")活动;维持现场变革的六项改善(6I)(改善影响生产效率和设备效率的环节、改善影响产品质量和服务质量的细微之处、改善影响制造成本之处、改善员工疲劳状况、改善安全与环境、改善工作与服务态度)活动;辅助 TnPM 推进的有力武器六大工具(6T)(可视化管理、目标管理、项目管理、企业形象法则、建立教育型组织、绩效评估与激励);最后就是 TnPM 追求六个"零"(6Z)(零缺陷、零库存、零事故、零差错、零故障、零浪费)核心要素极限管理体系。

图 5.13-1 四个"全"之间的关系

3. 早期 TnPM 的六大支柱

早期 TnPM 管理体系包括如下六大支柱:
1)小组自主维修和自主管理。
2)OPL 和 OPS 支持下的现场持续改善(CI)活动。
3)建立全系统的规范体系。
4)以 SOON 为核心的维修系统解决方案。
5)员工与企业同步成长的 FROG 模型。

6) 五阶六维评价与激励机制。

TnPM 总体架构如图 5.13-2 所示。

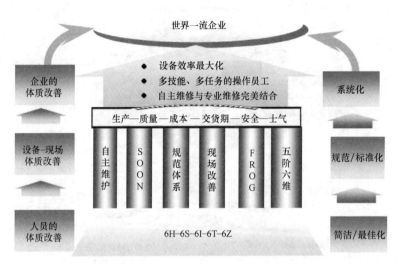

图 5.13-2　TnPM 总体架构

图 5.13-2 中，五个"六"为基础，六个支柱支撑着企业的运行要素——生产、质量、成本、交货期、安全、士气。通过体系推进，达到设备效率最大化目标，培养具有多技能、完成多任务的员工，让自主维修和专业维修达到完美结合。

通过人员素养的改善达到设备-现场状态的改善，最终促进企业竞争力的提升。另外，要尽可能简化、优化管理流程，形成规范和标准，构成系统管理框架。

什么是让企业可以背靠的 TnPM 之树？从图 5.13-3 可以看出，现场管理的四要素是根或者基础；自主维修以及多技能、多任务的团队建设与合作是土壤；FROG 体系以及培训教育型组织的建设是水、阳光和营养，它们将促进大树的成长壮大；OPL、OPS 及六项改善（6I）相当于不断修剪的过程，有利于大树的健康生长；六大工具（6T）相当于树叶，促进大树的光合作用；而 TnPM 组织相当于树枝，支撑着大树的整体；规范与维修系统解决方案（SOON）就是大树的主干。这样健康的大树一定会结出丰硕的果实，那就是核心要素极限（6Z）以及利润、健康、安全、环境与质量。

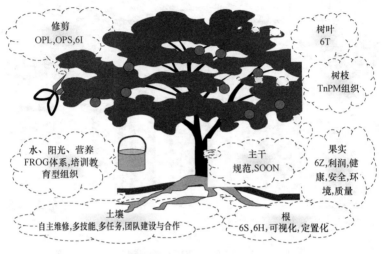

图 5.13-3　TnPM 之树

推进 TnPM 对企业有什么益处？2003—2005 年，在广州石化公司的设备管理工作中，实践性地引入了 TnPM 管理模式后，非计划停车次数明显减少，非计划停车造成的效益损失降幅最大达到 66.3%，修理费用下降比例分别达到 36% 和 19%，为企业减少了大量维修资金的占用。通过开展技术攻关，在 2003—2005 年分别实现效益 544 万元、4818 万元、4175 万元。

鞍山钢铁集团鞍山矿业公司在全面应用 TnPM 管理模式后，连续两年，公司的三座铁矿山、四座辅料矿山、三个选矿厂、六个辅助单位的重大生产、设备、行车等事故为零，生产设备平均故障率明显降低。由于故障率低，生产设备维修费用比推进前同期节省 350 万元，月均节约水电费 168 万元。

日美合资企业曼秀雷敦在引入 TnPM 管理模式后 8 个月的推进中，创造直接经济效益 300 多万元，现场面貌和员工士气大大改观,成绩喜人。

二、TnPM+——与时俱进的人机系统管理

TnPM+是在早期 TnPM 的基础上,紧跟时代和企业的需求,进行了部分补充修订而设计的,如图 5.13-4 所示。

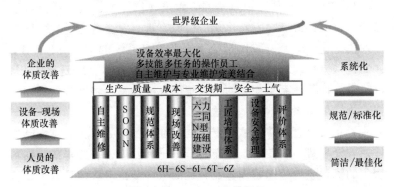

图 5.13-4　TnPM+总体框架

与初始的 TnPM 相比,有四个支柱做了修改,补充了六力三同 N 型钻石班组支柱,将员工成长的 FROG 体系改为工匠培育体系,将五阶六维评价体系改为评价体系,又补充了设备安全管理体系。

之所以增加六力三同 N 型班组建设支柱,是因为班组是企业最基本的细胞和单元,所有体系在企业落地都离不开基层班组。当然,TnPM 体系推进也离不开班组团队。这样,TnPM 与班组就成为不离不弃的关系。传统班组建设更注重班组文化和氛围的打造,当轰轰烈烈的班组拓展活动之后,就出现了递衰、消减状态。班组建设要有丰富内涵,要与企业的人机系统管理密切结合,这也是六力三同 N 型班组模型的意义。六力三同 N 型班组建设这一支柱可以让班组建设充满活力,并可持续发展。

为什么将 FROG 体系修改成为工匠培育体系呢?就人才与企业一同成长这一点而言,FROG 体系的总体架构并没有被放弃,其基本要素仍然会被保存。中国制造 2025 被提出后,时代给我们提出了新的课题,就是如何提升企业乃至一个国家的创新能

力。创新要落地，就需要企业每个个体的革新活动。而这种革新的文化及路径，就依赖于基层员工的工匠精神。工匠，除了拥有匠心之外，还需要经过革新技巧的训练。我们将 FROG 赋予时代的内涵，就是建立工匠培育体系支柱的初衷。

TnPM 的评价体系一直是五阶六维评价体系，这一评价体系已经经过五次改版，不断优化，已经有近百家企业通过这一体系的评价。这一体系有效地带动了企业人机系统的进步。T/CAPE 10001—2017《设备管理体系 要求》这一团体标准是比 TnPM 五阶六维评价体系更加全面、系统的标准体系。将五阶六维评价修改为评价体系，就是基于这一背景。

设备安全管理体系这一支柱的增加是受到当前企业越来越严峻的安全形势所驱使的。由于制造业不断发展，装置密集、技术密集的流程企业越来越多，而企业的很多安全事故都是因为设备故障引起的。反过来，企业的安全越来越"押宝"在设备的安全、稳定、长周期、满负荷、优质运行上。很多企业在推进 TnPM 的行进道路上，往往因为一次重大的安全事故而夭折。系统的本质安全，是"人本安全"和"机本安全"叠加而成的，二者缺一不可。TnPM 是人机系统管理体系，当然不能忽视"机本安全"。因此，设备安全管理这一支柱的重要度不言而喻，适应了企业的需求。

三、TnPM+的主要特色

除了对总体架构的修订，TnPM+还提出智能维护的 12 个方向和智慧 TnPM 体系的概念。通过上述补充和修订，TnPM 给企业提供了人机系统管理的全新视角。

TnPM+的主要特色如下：

1）适应国家、社会对企业安全环保更加严格的要求和品牌诉求。

2）聚焦企业智能制造的新趋势。

3）推动企业创新，让企业技术创新和管理创新并行平衡发展。

4）适应 T/CAPE 10001—2017《设备管理体系 要求》。

5）从降低狭义和广义设备八大损失方面助推企业精益生产。

6）促进企业工匠文化的营造和革新成果的落地，培养工匠人才，提升企业竞争力。

7）对企业基层团队建设提供更强有力的支撑。

8）控制企业进步中的风险。

四、TnPM+对智能制造的支撑作用

智能制造是以自动化、数字化为基础的。面对日益复杂的设备系统，对这一系统全寿命周期的管理就变得不仅必要而且十分关键。无疑，传统 TnPM 已经是智能制造的基础。

而 TnPM+融入了智能维护和很多新的概念，如六项改善、六力三同 N 型班组、工匠培育体系、设备安全体系等，这赋予了体系更多的工具和抓手，可以有效地支撑企业智能制造的进步。